국제도산에서 도산절차와 도산관련재판의
승인 및 집행에 관한 연구

국제도산에서 도산절차와 도산관련재판의 승인 및 집행에 관한 연구

김영석 지음

경인문화사

서문

유엔국제상거래법위원회(UNCITRAL)가 1997년에 성안한 「국제도산에 관한 모델법(CBI 모델법)」으로 외국도산절차를 승인하고 이를 지원하는 국제도산체계가 확립된 지 25년이 넘는 시간이 흘렀다. 그런데 CBI 모델법은 승인대상인 외국도산절차(foreign proceedings)의 의미와 가능한 구제조치(relief)의 범위에 관하여 명확한 입장을 밝히지 않았고 이에 그 적용범위를 둘러싸고 주요국가의 실무가 충돌하였다. CBI 모델법의 적용범위를 넓게 해석하여 채무조정안에 대한 인가결정이나 면책결정의 승인·집행까지 구제조치로 처리할 수 있다는 입장을 취한 미국실무와 Gibbs Rule, Dicey Rule을 기초로 CBI 모델법의 적용범위를 좁게 해석하여 절차적 사항만을 구제조치로 처리하도록 한 영국실무의 대립이 대표적이다. 이러한 실무충돌을 해결하고 CBI 모델법을 보완하기 위해 UNCITRAL은 2018년에 「도산관련재판의 승인 및 집행에 관한 모델법(IRJ 모델법)」을 새로 성안하였다. 이는 외국도산절차가 아니라 '외국도산절차를 구성하는 개별재판'을 승인·집행하는 「도산절차에 관한 유럽연합 규정(EU도산규정)」의 방식을 따랐다는 데에 그 특색이 있다. 나아가 도산관련재판(Insolvency-Related Judgments)의 개념을 정립하고 그 승인·집행 거부 사유를 제한함으로써 폭넓고 원활한 사법공조가 이루어질 수 있는 체계를 확립하였다.

이에 이 책에서는 CBI 모델법의 주요내용과 실무충돌이 발생하는 지점을 먼저 확인하고 CBI 모델법의 적용범위에 관한 미국과 영국의 실무를 비교한 다음, 도산관련재판에 관한 국제규범 동향을 IRJ 모델법을 중심으로 분석한다. 그리고 마지막으로 「채무자 회생 및 파산에 관한 법률」 제5편(국제도산)의 신설을 통해 CBI 모델법을 받아들여 실무충돌에서 자유롭지 않은 우리나라의 현황 및 IRJ 모델법 채택의 필요성을 살펴본다. 특히 UNCITRAL이 영국대법원의 Rubin 판결과 함께 CBI 모델법의 주요사례로 지목한 대법원 2010. 3. 25. 자 2009마1600 결정을 분석하고, 위 대법원 결정의 취지를 오해하여 속지주의(屬地主義, Territorialism)로 회귀하는 실무를 형성하고 있는 우리나라 하급심들의 문제점을 지적한다.

이 책은 위와 같은 논지로 작성된 필자의 법학박사학위 논문인 "국제도산에서 도산절차와 도산관련재판의 승인 및 집행에 관한 연구"(서울대학교 대학원, 2022년 2월)를 수정·보완한 것이다. 사법연수원을 수료하고 국제사법/국제거래법을 공부해보겠다고 나선 석사과정 시절부터 당시로서는 생소했던 국제도산이라는 주제에 관하여 관심을 가질 수 있도록 꾸준히 지도하고 이끌어주신 석광현 교수님께 깊이 감사드린다. 교수님의 지도와 가르침 덕분에 법관으로 근무하면서 해상, 보험, 중재, 도산 등 다양한 국제거래 분야 사건을 두루 경험할 수 있게 되었던 것은 정말 큰 행운이다. 또한, 학위논문 심사과정에서 필자에게 힘이 되는 귀중한 조언을 아끼지 않으신 전원열 교수님, 정순섭 교수님, 김인호 교수님, 정영진 교수님께도 깊이 감사드린다. 심사위원 교수님들의 따뜻한 애정 덕분에 두서없던 글이 조금이나마 정리될 수 있었다. 필자의 학위논문이 출간될 수 있도록 법학연구총서로 선정해주신 서울대학교 법학연구소와 이 책을 출판해주신 경인문화사 및 그 편집담당자님께도 이 자리를 빌어 함께 감사드린다.

　마지막으로 그 누구보다도 이 책이 빛을 볼 수 있도록 필자를 항상 응원해주시고 지원해주신 부모님께 이 글을 바친다. 갑작스런 두 차례의 수술을 받으시는 과정에서도 변함없이 필자를 격려해주신 아버지, 그런 아버지를 간호하시면서도 아버지와 함께 꼼꼼히 교정 작업을 도와주신 어머니와 누이동생의 도움이 없었더라면 이 책은 출간될 수 없었을 것이다. 더불어 항상 필자를 응원하고 지켜봐 주시는 장인어른과 장모님, 그리고 필자에게 용기와 열정이 샘솟을 수 있도록 무한한 힘을 주는 사랑하는 아내 영지와 두 아들 동건이, 도헌이에게도 고맙다는 마음을 전한다. 필자를 가르쳐주시고 이끌어 주신 여러 선생님과 선배님들께 진 빚을 갚아나가기 위해 앞으로도 후속 논의에 관심을 가지고 계속 연구할 것을 다짐해본다. 이 글을 통해 도산관련재판의 승인·집행을 포함한 국제도산 전반에 관한 논의가 보다 활성화되고, 유의미하고 발전적인 후속 논의가 이어지기를 기대한다.

2024년　2월
서초동 사무실에서
김영석

차 례

서 문

약어표

제 1 장 서 론 _ 1

제 2 장 CBI 모델법의 주요내용 및 실무충돌 지점 _ 19

표 목차

별지 목차

약 어 표

1. 법령 등

루가노협약	Convention on Jurisdiction and the Recognition and Enforcement of Judgments in Civil and Commercial Matters (2007) [Lugano Convention]
멕시코파산법	Ley De Concursos Mercantiles(LCM)
미연방파산법	United States Bankruptcy Code
브라질파산법	Recuperação Judicial das Empresas(Law, 11,101/2005)
브뤼셀규정	Regulation (EU) No 1215/2012 of the European Parliament and of the Council of 12 December 2012 on jurisdiction and the recognition and enforcement of judgments in civil and commercial matters(recast)
브뤼셀협약	1968 Brussels Convention on Jurisdiction and the Enforcement of Judgments in Civil and Commercial Matters
스위스 국제사법	Bundesgesetz über das Internationale Privatrecht(IPRG)
종전 브뤼셀규정	Council Regulation (EC) No 44/2001 of 22 December 2000 on jurisdiction and the recognition and enforcement of judgments in civil and commercial matters
종전 EU도산규정	Council Regulation (EC) No 1346/2000 of 29 May 2000 on insolvency proceedings
채무자회생법	채무자 회생 및 파산에 관한 법률
특별관리절차법	Zakon o postupku izvanredne uprave u trgovačkim društvima od sistemskog značaja za Republiku Hrvatsku(OG No. 32/17) [크로아티아]
커먼로	Common Law

프랑스상법	Code de commerce
CBI 모델법	Model Law on Cross- Border Insolvency
CBIR 2006	Cross-Border Insolvency Regulations 2006 [영국]
CCAA	기업회생법(Companies'Creditors Arrangement Act) [캐나다]
EU도산규정	Regulation (EU) No 2015/848 of The European Parliament and of The Council of 20 May 2015 on Insolvency Proceedings(recast)
EU도산협약	Convention on Insolvency Proceedings
Guide to Enactment	Guide to Enactment of the UNCITRAL Model Law on Recognition and Enforcement of Insolvency-Related Judgments
IRJ 모델법	도산관련재판의 승인 및 집행에 관한 모델법(Model Law on Recognition and Enforcement of Insolvency-Related Judgments, 2018)
JIN Guidelines	Guidelines for Communication and Cooperation between Courts in Cross-Border Insolvency Matters
1933년 외국재판(상호집행)법	Foreign Judgments (Reciprocal Enforcement) Act 1933 [영국]
1966년 호주파산법	Australian Bankruptcy Act 1966 [호주]
1982년 민사관할재판법	Civil Jurisdiction and Judgments Act 1982 [영국]
1986년 영국도산법	Insolvency Act 1986
2001년 호주회사법	Australian Corporations Act 2001
2001년 싱가포르회사법	Companies Act 2001
2005년 헤이그관할합의협약	Convention of 30 June 2005 on Choice of Court Agreements
2006년 영국회사법	Companies Act 2006
2019년 헤이그재판협약	Convention on the Recognition and Enforcement of Foreign judgments in civil or commercial matters

2. 기관

너시미지방법원	Nasimi District Court [아제르바이잔]
누에보레온법원	누에보레온연방법원(Tribunal Superior de Justicia de Nuevo León) [멕시코]
뉴욕남부파산법원	United States Bankruptcy Court for the Southern District of New York
뉴욕주법원	Supreme Court of the State of New York
뉴저지파산법원	United States Bankruptcy Court for the District of New Jersey
리우상사법원	리우데자네이루 제7상사법원(7ª Vara Empresarial do Rio De Jaeniro) [브라질]
맨섬법원	High Court in Manx Court [Isle of Man(영국보호령)]
몬테네그로상사법원	Commercial Court of Montenegro [몬테네그로]
미시시피남부지방법원	United States District Court for the Southern District of Mississippi
미시시피남부파산법원	United States Bankruptcy Court for the Southern District of Mississippi
미연방대법원	Supreme Court of the United States
미연방파산법원	United States Bankruptcy Court
버지니아동부파산법원	United States Bankruptcy Court for the Eastern District of Virginia
베오그라드상사법원	Commercial Court in Belgrade [세르비아]
사라예보지방법원	Sarajevo Cantonal Court [보스니아-헤르체고비나]
상파울로법원	상파울로 제2파산법원(Juízo da 2ª Vara de Falências e Recuperações Judiciais da Comarca da Capital de São Paulo) [브라질]
세느상사법원	Tribunal of Commerce of the Seine [프랑스]
싱가포르법원	High Court of Singapore [싱가포르]

영국대법원	Supreme Court of the United Kingdom(UKSC)
영국항소법원	Court of Appeal(England and Wales, EWCA)
온타리오법원	Ontario Superior Court of Justice [캐나다]
온타리오항소법원	Ontario Court of Appeal [캐나다]
자그레브상사법원	Trgovački sud u Zagrebu [크로아티아]
자카르타중앙상사법원	Commercial Court of the Central Jakarta District Court [인도네시아]
제2연방항소법원	United States Court of Appeals for the Second Circuit
제5연방항소법원	United States Court of Appeals for the Fifth Circuit
제5작업반	UNCITRAL Working Group V
추크지방법원	Kantonsgericht Zug [스위스]
캐나다대법원	Supreme Court of Canada
텍사스북부지방법원	United States District Court for the Northern District of Texas
텍사스북부파산법원	United States Bankruptcy Court for the Northern District of Texas
파리상사법원	Tribunal de Commerce de Paris [프랑스]
호주연방법원	Federal Court of Australia [호주]
CJEU	유럽사법재판소(Court of Justice of the European Union)
EU	유럽연합(European Union)
HccH	헤이그국제사법회의(Hague Conference on Private International Law)
High Court	High Court of Justice of England and Wales (EWHC)
JIN	도산사법네트워크(Judicial Insolvency Network)
NSW 주법원	Supreme Court of New South Wales [호주]
Privy Council	추밀원(Privy Council of the United Kingdom)(UKPC)
UNCITRAL	유엔국제상거래법위원회(United Nations Commission on International Trade Law)
WA 주법원	Supreme Court of Western Australia [호주]

3. 판결 또는 도산절차

가. 판결

Morguard Investments 판결   *Morguard Investments Ltd. v. De Savoye* [1990] 3 SCR 1077, 76 D.L.R. (4th) 256 [캐나다]

New Cap 판결   *New Cap Reinsurance Corporations v. Members of Lloyd's Syndicate 991*, [2012] UKSC 46 [영국]

Pacific Andes 판결   *Pacific Andes Resources Development Ltd*, [2016] SGHC 210 [싱가포르]

Pan Ocean 판결   *Fibria Celulose S/A v. Pan Ocean Co. Ltd. and Mr. You Sik KIM* [2014] EWHC 2124 (Ch) [영국]

Rubin 판결   *Rubin and another (Respondents) v. Eurofinance SA and others (Appellants)* [2012] UKSC 46 [영국]

나. 도산절차

Agrokor D.D. 사안   *In re Agrokor D.D.*, Case No. 18-12104 (MG) [뉴욕남부파산법원]

Avanti 사안   *In re Avanti Communications Group PLC*, Case No. 18-10458 (MG) [뉴욕남부파산법원]

CGG S.A. 사안   In re CGG S.A., Case No. 17-11636 (MG) [뉴욕남부파산법원]

Lehman Brothers International(Europe) 사안

   In re Lehman Brothers International (Europe) (in administration), Case No. 18-11470 (SCC) [뉴욕남부파산법원]

Metcalfe 사안   *In re Metcalfe & Mansfield Alternative Investments*, Case No. 09-16709 (MG) [뉴욕남부파산법원]

Oi Brasil Energia 사안   *In re Oi S.A., et al.*, Case No. 16-11791 (SHL) [뉴욕남부파산법원]

Rede Energia 사안   *In re Rede Energia S.A.*, Case No. 14-10078(SCC) [뉴욕남부파산법원]

Sino-Forest 사안   *In re Sino-Forest Corp.*, Case No. 13-10361(MG) [뉴

욕남부파산법원]

| U.S. Steel Canada 사안 | *In re U.S. Steel Canada Inc.*, Case No. 17–11519 (MG) [뉴욕남부파산법원] |
| Vitro, S.A.B. 사안 | *In re VITRO, S.A.B. de C.V.*, Case No. 11–33335 (HDH) [텍사스북부파산법원] |

제 1 장

서 론

제1절 연구의 배경

I. CBI 모델법의 적용범위를 둘러싼 갈등

한 국가에서 개시·진행된 도산절차의 효력이 도산절차가 개시된 국가(이하 '도산법정지국'이라 한다) 외의 국가에까지 미칠 수 있도록 〈외국도산절차의 승인 및 그에 대한 지원 체계〉를 확립한 CBI 모델법이 성안된 지 벌써 약 25년이 지났다. CBI 모델법은 채무자가 보유한 국내외재산을 신속히 도산재단으로 편입하여 채무자뿐만 아니라 채권자와 이해관계인들의 이익을 효과적으로 보호할 목적으로 성안되었는데, 2023. 12. 현재 이를 채택하여 국내법으로 받아들인 국가가 [별지 1] 기재와 같이 59개국으로 평가될 정도로 성공적인 국제규범의 하나로 자리를 잡았다.

채무자의 재산이 소재하는 국가에서마다 도산절차를 개별적으로 각각 진행해야만 했던 번거로움으로부터 벗어나 하나의 단일절차를 통해 효율적으로 집단적 채권·채무관계를 처리할 수 있기 때문에 CBI 모델법은 많은 각광을 받았다. 우리나라도 2005. 3. 31. 채무자회생법을 제정하면서 CBI 모델법을 받아들여 제5편(국제도산)을 신설하였고, 2006. 12. 14. 처음 접수된 미국도산절차의 승인사건(서울회생법원 2006국승1)을 시작으로 2023. 12. 현재까지 [별지 2] 기재와 같이 약 29개의 승인/지원 사건이 꾸준히 접수되어 처리되고 있다.

이와 같은 CBI 모델법은 1958년 외국중재판정의 승인 및 집행에 관한 협약(Convention on the Recognition and Enforcement of Foreign Arbitral Awards, 뉴욕협약), 1980년 국제물품매매협약(Convention on Contracts for the International Sale of Goods, CISG)과 더불어 UNCITRAL이 성안한 가장 성공적인 국제규범 중 하나로 평가받기도 한다.

II. 주요국가 실무의 충돌양상

그런데 지난 25년 동안 CBI 모델법을 채택하여 '외국도산절차'를 승인하고 구제조치를 발령하여 그 외국도산절차를 지원하는 체계를 확립한 국가들 사이에 CBI 모델법의 적용범위에 관하여 상이한 실무례가 형성되었다. 이는 기본적으로 CBI 모델법이 그 자체로는 법적구속력을 가지고 있지 아니한 연성법(soft law)의 성질을 가지는 것이어서 각국이 재량에 따라 임의로 그 텍스트를 수정하여 선별적으로 이를 받아들일 수 있기 때문이다. 나아가 설령 동일한 텍스트를 도입했다고 하더라도 입법국들로서는 저마다 자국의 다른 법령들과 충돌을 일으키지 않는 방향으로 CBI 모델법을 해석·적용할 것이어서, 동일쟁점에 관하여도 서로 상이한 판단을 할 수 있는 측면이 있다.

하지만 CBI 모델법에 관한 UNCITRAL의 불분명한 입장도 주요한 원인이 되었던 것으로 보인다. 이하 제2장에서 보는 것처럼 UNCITRAL은 승인대상인 '외국도산절차'가 구체적으로 무엇을 의미하는지 전혀 설명하지 않았고, 구제조치(relief)로 발령가능한 지원의 범위에 대해서도 전혀 안내하지 않았다. 이에 따라 미국과 영국은 저마다의 해석기준에 따라 CBI 모델법의 적용범위를 달리 판단하였고 결과적으로 주요국가 간의 실무충돌은 일관되고 안정적인 국제도산 실무의 확립을 방해하고 있다. CBI 모델법에 따라 외국도산절차로서 승인을 받았다고 하더라도 적절한 구제조치를 발령받지 못하여 해당 국가에서 고유의 도산절차를 별도로 거쳐야만 한다면, 당사자로서는 굳이 CBI 모델법이 구축한 국제도산 시스템을 이용할 이유가 없다.

실무는 크게 CBI 모델법이 지향하는 보편주의(普遍主義, Universalism)의 확대를 적극적으로 지지하여 그 적용범위를 넓히려는 입장과 CBI 모델법의 적용 범위를 가능한 한 좁게 제한하려는 입장으로 대별된다. 구체적으로는 ① 외국도산절차에서 수립된 회생계획인가재판, 면책재판 등과 같이 이해관계인들의 실체적 권리·의무를 변경하는 재판의 취급에서 차이를 보이고 있고, ② 외국법원에서 진행된 부인재판에 대한 취급(간접관할권 인정의 문제)에서도 차이를 보인다.

먼저 보편주의의 확대를 지지하는 입장에서는 외국도산절차의 승인은 물론이고, 외국도산절차에서 내려진 회생계획인가재판이나 면책재판의 승인·집행까지도 CBI 모델법이 구축한 시스템 내에서 처리되도록 한다. 즉, 모델법상의 구제조치(relief) 발령을 통해 인가재판이나 면책재판을 승인·집행하는 것인데 미국이 이러한 입장을 취하고 있다. 반면에 보편주의의 지나친 확장을 견제하려는 입장에서는 외국도산절차에서 내려진 재판이 당사자 간의 권리·의무내용을 실체적으로 변경하는 것일 때에는 CBI 모델법에 따른 구제조치(relief)로서가 아니라 "외국재판의 승인 및 집행" 절차를 거치도록 한다. 즉, 회생계획인가재판이나 면책재판에 대해서는 이와 같은 절차를 거쳐 대내적 효력을 부여해야 한다는 것인데, 대표적으로 영국이 이와 같은 입장을 취한다.[1]

---

[1] 서울회생법원이 2017. 9. 15. 개최한 국제컨퍼런스(Judicial Conference on Insolvency) 중 제1세션(Major Issues on Cross-border Insolvency)에 필자와 함께 패널로 참여하였던 영국법관 Alastair Norris도 "CBIR 2006에 따라 승인되는 대상은 '도산절차(insolvency proceedings)'로서 권리의 집행에 관한 것이지만, 1933년 외국재판(상호집행)법에 의해 승인되는 대상은 당사자들 간의 '사적권리에 관한 판결(adjudication of private rights)'로서 권리의 확정(establishment)에 관한 것"이라면서 양자를 구분하였다. 즉, 영국은 여전히 CBI 모델법으로 처리할 수 있는 범위를 좁게 해석하고 있는 것으로 보인

영국의 이와 같은 소극적인 입장은 전통적으로 영국에서 확립되어 온 깁스 원칙(The Gibbs Rule, 이하 'Gibbs Rule'이라 한다)[2]과 다이시 원칙(The Dicey Rule, 이하 "Dicey Rule"이라 한다)[3]에 기초한 것이다. Gibbs Rule을 근거로 하여 외국도산절차에서 수립된 〈영국법이 준거법으로 지정된 채권·채무〉에 대한 권리변경효력을 인정하지 않았다. 또한, Dicey Rule을 근거로 하여 외국도산절차에서 혹은 이와 관련하여 내려진 부인재판(이하 '외국도산절차에서 내려진 부인재판'이라 한다)[4]에 관하여 도산관련재판의 특수성을 고려하지 않고

다. 상세는 서울회생법원 조직위원회, 『국제컨퍼런스 Questionnaire & Answer』, 서울회생법원, 2017, 112면을 참조.

[2] 후술하듯이 Gibbs Rule은 1890년에 Antony Gibbs 사건에서 확립된 법리로서 A국법을 준거법으로 지정한 채무는 A국에서만 권리 변경할 수 있다는 것인데, 계약당사자의 기대이익은 보호할 수 있지만 집단적 채무처리절차인 도산절차의 실제에는 부합하지 않는다는 많은 비판을 받고 있다. 그럼에도 ① 영국의 High Court는 비교적 최근인 2011. 2. 17. Bakrie Investindo 판결에서, ② 영국항소법원은 2018. 12. 18. Gunel Bakhshiyeva 판결에서 위 법리가 여전히 유효함을 각 확인한 바 있다. 상세는 김영석, "Gibbs Rule에 관한 주요국가의 현황과 전망", 국제사법연구 제28권 제1호, 한국국제사법학회, 2022, 81면 이하를 참조.

[3] 이하 해당 부분에서 보는 것처럼 Dicey Rule은 A. V. Dicey라는 영국의 저명한 법학자가 커먼로에 따라 확립된 국제사법(Conflict of Laws)을 순번을 붙여 정리한 국제사법상 규칙을 의미하는데, 본문에서 문제되는 규칙은 Rule 43(종래의 Rule 36)이다. 위 Rule 43은 외국법원이 내린 대인적 성격을 가진 재판(in personam judgment)이 영국에서 승인·집행되기 위해서는, 승인·집행을 받게 되는 소송상대방이 ⅰ) 소송절차가 개시될 당시 그 외국에 현존(present)하였거나, ⅱ) 그 소송절차 혹은 관련 절차에서 별소나 반소를 제기하였거나, ⅲ) 그 소송절차에 자발적으로 출석하였거나, ⅳ) 관련 쟁점에 관하여는 해당 외국법원의 관할권에 복속하겠다는 의사를 자발적으로 표시하였어야만 한다는 영국의 법리를 말하는데, 상세는 Lawrence Collins (eds.), *Dicey, Morris and Collins, The Conflict of Laws*, Sweet & Maxwell Ltd (15th Ed.), 2012, para. 14R-054를 참조.

[4] 부인재판은 입법례에 따라 '도산절차'에서 내려질 수도 있고 '도산절차와 관련한 절차'에서 내려질 수도 있다. 가령, 부인권을 "소"나 "청구"의 방식

일반 민·상사재판과 동등한 간접관할권 요건 충족을 요구함으로써 결과적으로 부인재판의 승인·집행을 어렵게 하였다.

Ⅲ. 대법원 2009마1600 결정이 초래한 우리나라의 상황

이처럼 CBI 모델법의 승인대상에 관한 주요국가의 실무가 충돌하는 상황에서 우리나라 대법원도 2010. 3. 25. 자 2009마1600 결정을 통해 영국법원과 같은 소극적인 입장을 취하였다. CBI 모델법상 구제조치(relief)에 상응하는 채무자회생법 제5편(국제도산)상의 지원결정을 통해서는 '배당·변제재원의 확보와 같은 절차적인 지원만이 가능하다'는 법리를 선언한 것이다.[5] 이에 따라 면책결정이나 회생계

으로 행사할 수 있는 회생절차의 관리인이(채무자회생법 제105조 제1항) ❶ '부인의 소'를 제기하는 경우에는 별도의 민사재판부가 부인소송을 진행하지만(종전에는 서울중앙지법의 민사재판부 → 현재는 서울회생법원의 민사재판부(≠해당 도산절차를 담당하지 않는 별도의 독립된 재판부), ❷ '부인의 청구'를 제기하는 경우에는 해당 도산절차를 담당하는 재판부가 직접 부인소송 사건을 직접 담당한다. 따라서 이때 전자(前者)에서 내려진 부인재판은 '도산절차와 관련하여 내려진 재판'으로, 후자(後者)에서 내려진 부인재판은 '도산절차에서 내려진 재판'으로 준별할 수 있는데, 이와 같은 구분은 각 국가의 도산법에 따라 다를 수 있어서 일률적으로 구분하기가 어렵다. 이에 본 글에서는 양자를 구분하지 않고 〈외국도산절차에서 혹은 이와 관련하여 내려진 부인재판〉을 편의상 〈외국도산절차에서 내려진 부인재판〉이라고 표현하기로 한다. 같은 취지에서 〈외국도산절차에서 혹은 이와 관련하여 내려진 재판〉도 편의상 〈외국도산절차에서 내려진 재판〉으로 약칭한다(해당 부분 본문에서 별도로 표시함). 참고로 도산절차개시재판, 채무조정안 수립, 인가재판, 면책재판 등은 도산절차에서 내려지는 것이 당연하므로, 그에 대해서는 〈외국도산절차에서 내려진〉 혹은 〈외국도산절차에서 수립된〉이라는 표현을 그대로 사용한다.

[5] 위 대법원 결정의 주요내용 및 그 의미에 관한 상세는 오영준, "채무자 회생 및 파산에 관한 법률 하에서 외국도산절차에서 이루어진 외국법원의 면책

확인가결정처럼 채무나 책임을 변경·소멸시키는 실체적 권리·의무에 관한 재판에 대하여는 (CBI 모델법에 따른 지원절차가 아니라) 일반적인 외국재판의 승인·집행에 관한 절차를 통해 처리하는 실무례가 형성되어 있다.

그런데 위 사건에서 대법원이 선언한 법리는 결과적으로 외국도산절차를 지원하기 위한 구제조치가 가압류 중지·취소, 강제집행 등 금지와 같이 채무자회생법 제636조 제1항 제2호6)에서 정한 범주를 벗어나지 못하도록 만들었고, UNCITRAL로부터는 국제도산의 이념에 반하는 사례로 지목되기도 하였다. Guide to Enactment7)는 공식적으로 위 대법원 결정을 영국의 Rubin 판결과 함께 CBI 모델법이 확립한 "국제도산체계의 불확실성을 증가시키는 결정(decisions that led to uncertainty)"으로 지적하면서,8) IRJ 모델법의 성안을 정당화하는 주요 사례로 거론하고 있다.

재판 등의 승인", 대법원판례해설 제83호, 법원도서관, 2010, 604면 이하를 참조.

6) 채무자회생법 제636조 제1항 제2호는 "채무자의 업무 및 재산에 대한 강제집행, 담보권실행을 위한 경매, 가압류, 가처분 등 보정절차의 금지 또는 중지"라고 규정하고 있다.

7) Guide to Enactment는 모델법의 입법 배경을 설명하고 보충설명을 함으로써 이를 채택한 국가들이 국내법을 제정하는 데 도움을 줄 목적으로 만들어진 문서를 통칭하는 것으로, UNCITRAL에서 성안된 대부분의 모델법에 존재한다. 이 논문에서 주로 참조할 IRJ 모델법에 관한 Guide to Enactment(=Guide to Enactment of the UNCITRAL Model Law on Recognition and Enforcement of Insolvency-Related Judgments)는 제5작업반이 제52~53차 회의를 통해 만든 것이다. 물론, CBI 모델법에 관한 입법 및 해석지침(Guide to Enactment and Interpretation of the UNCITRAL Model Law on Cross-Border Insolvency, 2013)도 별도로 존재하는데, 이에 관한 상세는 김영석, "국제도산에서 주된 이익의 중심지(COMI)를 둘러싼 제문제", 서울대학교 법학석사 학위논문, 2012, 19면을 참조.

8) Guide to Enactment, para. 2.

제2절 연구의 목적

I. 실무충돌 해결의 필요성

이와 같은 실무의 충돌양상은 그 당부를 떠나 결과적으로 도산실무가에게 큰 충격을 안겨 주었다. 외국도산절차에서 수립된 권리변경의 효력을 다른 국가에서 인정받지 못하게 되거나, 외국도산절차에서 내려진 부인재판에 대하여 국가 간 간접관할권의 범위에 관한 해석의 차이로 그 승인·집행이 이루어지지 못한다면, 결국 채무자는 권리변경을 하고자 하는 채권의 준거법 국가에서 도산절차를 신청하거나 부인대상 재산의 소재지 국가에서 별도로 부인소송을 제기할 수밖에 없게 되기 때문이다.

CBI 모델법을 통해 지원받을 수 있는 구제조치의 내용이 절차적인 사항으로 제한된다면 이는 결국 개별국가에서 별도의 도산절차를 다시 진행하도록 강요하는 셈이어서 보편주의를 지향하는 국제도산의 이념 자체에 반하는 것이기도 하다. 이에 도산실무가들 사이에 효율적이고 효과적인 도산처리 절차를 꾀하기 위해 확립된 국제도산의 이념에 정면으로 반하는 실무의 충돌을 개선해야 한다는 지적이 꾸준히 제기되었다. 특히, 영국대법원이 Rubin 판결[9]을 통해 CBI 모델법의 적용범위에 관한 소극적 입장을 재확인한 이후 이러한

---

[9] 영국대법원은 [2012] UKSC 46 사건에서 2개의 사건을 병합하여 처리하였는데, ① 하나는 우리가 Rubin 판결이라고 알고 있는 "뉴욕남부파산법원에서 내려진 부인재판의 승인·집행"이 다루어진 사안이고, ② 다른 하나는 New Cap 판결로서 "호주의 NSW 주법원에서 내려진 부인재판의 승인·집행"이 다루어진 사안이다. 비록 후자에 대해서는 영국의 CBIR 2006이 직접 적용되지는 않지만, 1986년 영국도산법 제426조 제4항의 의미에 대해서 의미 있는 설시가 내려졌으므로 이하에서 별도로 살펴보기로 한다.

움직임은 더욱 커지게 되었다.

한편, 우리나라도 이와 같은 논의에서 자유롭지 못하다. 우리나라 대법원은 위에서 본 2009마1600 결정을 통해 ① 구제조치(relief)로 발령할 수 있는 범위를 절차적인 것으로 좁게 제한하여 해석하고 있을 뿐만 아니라, ② 외국재판의 승인·집행에 관한 절차를 적용함에 있어서도 도산절차에서 내려진 재판의 특수성을 고려하고 있지 않기 때문이다.

그런데 CBI 모델법이 가진 문제점을 해결하려는 전 세계적인 논의가 이루어지고 있는 현 상황에서, 위와 같은 대법원의 입장은 그대로 유지되기 어려울 것으로 보인다. 위와 같은 태도를 계속 고집한다면, 우리나라의 국제도산제도는 보편주의에 부합하지 않는 폐쇄적이고 효율적이지 않은 체계로 취급되어, 외국법인이나 외국채권자들로부터 외면받아 사실상 사장될 수도 있기 때문이다. 이하 제6장에서 보는 것처럼 현재 우리나라 하급심은 위 대법원 결정을 한층 더 오해하여 외국도산절차에서 내려진 면책재판의 승인·집행 자체를 사실상 인정하지 않는 방향으로 판례를 형성해나가고 있기도 하다.

II. UNCITRAL의 IRJ 모델법 성안

위와 같은 CBI 모델법의 실무충돌을 막고 통일적인 도산절차의 처리를 꾀하기 위해 UNCITRAL은 제5작업반을 통해 2014. 7.경부터 약 4년간의 연구를 한 끝에,[10] 2018. 7. 2. 드디어 IRJ 모델법을 성안하였다.

---

10) 제5작업반은 2014. 7. 제47차 본회의(Commission)를 통해 도산관련재판의 승인·집행에 관한 연구를 위임받은 이후 2014. 12.부터 2018. 5.까지 8차례에 걸친 회의(46th~53rd Session)를 통해 IRJ 모델법의 초안을 만들었다. 그리고 위와 같이 만들어진 초안이 2018. 7. 제51차 본회의(Commission)를 통

IRJ 모델법은 구체적으로 "도산관련재판(Insolvency-Related Judgments, 이하 '도산관련재판'이라 한다)"이라는 별도의 독립된 개념을 설정하고,[11] 위 개념에 포섭되는 경우에는 그 승인·집행이 폭넓게 이루어질 수 있도록 그 요건과 절차 등을 규정하고 있다. IRJ 모델법은 "외국도산절차"를 승인하는 CBI 모델법과 독립된 별개의 규범으로서, CBI 모델법이 확립한 국제도산의 승인/지원의 체계와 충돌하지 않는 범위 내에서 그 실무상의 간격을 메우는 구조를 취하고 있다. 즉, CBI 모델법을 이미 채택한 국가는 물론 그렇지 않은 국가도 부담 없이 IRJ 모델법을 채택할 수 있는데, 이미 채무자회생법 제5편을 통해 CBI 모델법을 채택한 우리나라로서도 기존에 확립된 국제도산의 틀과 모순·저촉되지 않는 범위 내에서 IRJ 모델법을 받아들여 현재 발생한 주요국가 간의 실무충돌 문제를 극복해나갈 수 있는 것이다.

흥미로운 점은 IRJ 모델법이 '도산절차(foreign proceedings)'를 승인하고 그에 대해 구제조치(relief)를 발령하는 CBI 모델법과 달리 "도산절차를 구성하는 개별재판"을 승인·집행하는 방식으로 구성되었다는 점이다. 이는 EU도산규정의 입법체계, 즉, 도산절차에서 내려진 재판을 그 성질에 따라 일정한 유형으로 구분하여 도산절차와 밀접한 관련이 있는 재판에 대해서는 보다 원활한 승인·집행을 보장해주는 체계(=승인은 자동으로 이루어지도록 하고, 집행에 대해서도 브뤼셀규정[12]이 완화된 요건으로 적용되도록 함)를 따른 것이므로,[13]

해 수정되어 IRJ 모델법으로 채택된 것이다. IRJ 모델법의 성안 과정에 관한 상세는 Report of the UNCITRAL Commission 51st Session Report, A/73/17, 2018, paras. 113~115를 참조. 참고로 필자는 오스트리아 빈(Vienna, Austria)에서 2015. 12. 14.부터 2015. 12. 18.까지 개최된 제5작업반 48th Session에 참가하였다.

11) IRJ 모델법, 제2조 제(d)호.

12) 브뤼셀규정은 EU회원국 법원에서 내려진 민·상사재판의 집행 등에 관한 규범인데, 아래와 같은 과정을 거쳐 현재에 이르고 있다. 브뤼셀협약에 관

EU도산규정에 관한 기존 EU의 실무를 검토하는 것은 향후 IRJ 모델법의 해석·적용에 많은 도움이 될 것이다.

한 상세는 석광현, "민사 및 상사사건의 재판관할과 재판의 집행에 관한 유럽공동체협약(일명 브뤼셀협약)", 『국제사법과 국제소송 제2권』, 박영사, 2002, 321면 이하를, 브뤼셀규정에 관한 상세는 석광현, "민사 및 상사사건의 재판 관할과 재판의 집행에 관한 유럽연합규정 브뤼셀규정-브뤼셀협약과의 차이를 중심으로", 법학논총 제20권 제1호, 한양대학교 법학연구소, 2003, 75면 이하를, 루가노협약에 관한 상세는 한애라, "루가노 협약상 재판의 승인·집행의 요건과 절차", 국제규범의 현황과 전망: 2008년 국제규범 연구반 연구보고 및 국제회의 참가보고, 법원행정처, 2008, 285면 이하를 각 참조.

순번	구분	비고
1	1968년 브뤼셀협약(Brussels Convention) -당시 EU회원국이던 6개국(벨기에, 서독, 프랑스, 이탈리아, 룩셈부르크, 네덜란드) 간의 협약으로 시작	-1968. 9. 27. 체결 -1973. 2. 1. 발효 -1978(영국, 아일랜드, 덴마크), 1982(그리스), 1996(오스트리아, 핀란드, 스웨덴)
2	종전 브뤼셀규정(1차본, 2005) No. 44/2001	-2002. 3. 1.부터 발효
3	현행 브뤼셀규정(2차본, 2012) No. 1215/2012	-2차본 -2013. 9. 1.부터 발효
비고	루가노협약 (Lugano Convention) -당시 EU회원국(6개) ↔ EFTA 회원국 -브뤼셀협약의 병행협약(parallel convention)	-1988. 9. 16. 체결 -2007. 10. 30. 개정

13) EU도산규정 제32조 제1항, 제2항은 종전 EU도산규정 본문 제25조 제1,2항을 그대로 따르면서도 "회원국이 개인의 자유(personal freedom) 또는 우편의 비밀(postal secrecy)을 제한하는 결과가 될 수 있는 경우에는 제25조 제1항에 규정된 재판을 승인 또는 집행할 의무를 부담하지 아니한다"는 종전 EU도산규정 제25조 제3항을 승계하지 않았다. 이로써 EU도산규정이 구축한 도산관련재판의 승인 및 집행 시스템이 적용될 수 있는 범위를 확장한 것이다. 상세는 김영석, "유럽의회와 유럽연합이사회의 2015년 5월 20일 도산절차에 관한 2015/848(EU) 규정(재구성)에 관한 검토- 전문(Recital)에 관한 시역(試譯)을 중심으로", 국제사법연구 제21권 제2호, 한국국제사법학회, 2015, 324면을 참조.

참고로 EU도산규정은 EU회원국 사이에만 적용되는 지역적 규범으로서 우리나라와 같은 비(非)회원국에 직접 적용되지는 않는다. 하지만, CBI 모델법은 EU도산규정의 전신인 1995년 EU도산협약을 기초로 제정되었고,[14] 위에서 본 바와 같이 IRJ 모델법은 EU도산규정을 주요 참조자료로 삼아 성안되었으므로,[15] EU도산규정에 관한 실무 연구는 우리나라에서도 충분히 그 의미가 있다.

III. 법원 간 공조를 통한 해결의 한계

한편, IRJ 모델법이나 EU도산규정처럼 직접적 해결방안은 아니지만, CBI 모델법 제25~27조에서[16] 규정한 외국법원 등과의 공조(Cooperation with foreign courts and foreign representative)를 통하여 실무 간의 충돌을 해결하려는 움직임도 있다. JIN에서 "외국도산절차의 승인 관련 핵심원칙(core principles on recognition of foreign insolvency proceedings)"에 관한 연구를 진행하는 것[17]도 이러한 노력의 일환일 것이다.

---

14) 상세는 김영석(주 13), 322면 이하를 참조.
15) 제5작업반 제46차 회의에서 EU도산규정에 명시된 도산관련재판 승인·집행에 관한 검토가 심도 있게 이루어졌다. 상세는 UNCITRAL Working Group V 46th Session Report, A/CN.9/WG.V/WP.126, 2014, para. 21 이하를 참조.
16) 참고로 EU도산규정은 CBI 모델법에서 한 걸음 더 나아가, i) 도산관리인 간의 공조, 도산법원 간의 공조, 도산관리인과 법원간의 공조까지 세 가지 범주로 공조의 유형을 분리하고 있을 뿐만 아니라 ii) 도산절차와 2차적 도산절차[secondary proceedings: 모델법상의 종절차(non-main proceedings)와 유사한 개념이다] 간의 공조(제41조~44조) 이외에도 iii) 기업집단을 구성하는 두 개 혹은 그 이상의 개별기업들의 도산절차 간 공조 및 교신에 관한 규정까지 별도로 두고 있다(제56~58조). 상세는 김영석, "국제도산사건에서의 공조실무현황-서울회생법원의 최근동향", 2017년 국제규범의 현황과 전망, 법원행정처, 2018, 93면을 참조.
17) 필자는 2018. 9. 21.부터 2018. 9. 23.까지 뉴욕에서 진행된 JIN 제2차 회의에

다만, CBI 모델법 제27조는 도산관리인 등의 선임, 정보의 교신, 채무자의 자산 및 업무에 대한 관리와 감독의 조정, 절차 간의 조정에 관한 합의, 병행절차 간의 조정 등 다소 절차적인 성질을 가지는 사항에 관해서만 공조할 수 있는 것으로 규정하고 있다. 따라서 채무나 책임의 소멸이나 변경 등과 같이 실체적인 권리·의무와 관련된 사항을 전적으로 공조를 통해서만 해결하기는 쉽지 않아 보인다.

우리나라의 실무도 마찬가지다. 채무자회생법 제641조 제1항은 CBI 모델법 제27조와 유사한 입장을 취하고 있고,18) 서울회생법원이 채택한 JIN Guidelines도 실체적 권리의 변경에 간섭하는 것을 의도하는 것은 아니라고 Guideline 4(iv)에서 스스로 선언하고 있기 때문이다. 즉, 공조는 구체적 쟁점에 관한 법원 간 의견교환 등을 통해 발생 가능한 결과를 공유하고 합리적인 결론을 도출해가는 과정으로 기능할 수는 있겠지만, 이로써 회생계획인가재판이나 면책재판 내지 부인재판의 취급에 관한 종국적인 해답을 얻기는 어려워 보인다.

서울회생법원 대표로 참석하였는데, 위 회의에서 ① 외국도산절차의 승인 관련 핵심원칙(a set of core principles on recognition of foreign insolvency proceedings), ② 법원 간 공조를 위한 교신 방법(Modalities for court-to-court communication), ③ 도산법과 해상법 간의 상호관계(The interaction between insolvency law and admiralty law). ④ 중개, 중재 등 도산절차에서의 대체적 분쟁해결(Alternative dispute resolution for insolvency disputes: in particular mediation and arbitration)에 관한 연구를 진행하기로 결의하였다.

18) 채무자회생법 제641조 제1항도 모델법 제27조와 유사하게 공조대상을 ⅰ) 의견교환, ⅱ) 채무자의 업무 및 재산에 관한 관리 및 감독, ⅲ) 복수절차의 진행에 관한 조정, ⅳ) 그 밖에 필요한 사항으로 규정하고 있다.

제3절 연구의 범위 및 방법

이에 본 논문에서는 위와 같은 실무충돌을 막고 통일적인 도산절차의 처리를 꾀하기 위해 UNCITRAL이 2018. 7. 성안한 IRJ 모델법의 내용을 검토하고, 그 도입을 통한 우리나라 국제도산 실무의 개선가능성을 논의해 보고자 한다. 대법원 2009마1600 결정 등을 통해 전 세계가 CBI 모델법에 관한 우리나라의 국제도산 실무를 그 어느 때보다도 주목하고 있으므로 이에 관한 연구를 통해 우리나라가 향후 IRJ 모델법에 관하여 어떠한 입장을 취할지 미리 논의할 필요가 있기 때문이다.

또한, IRJ 모델법을 채택하는 입장을 취하였다고 하더라도 여전히 검토해야 할 사항이 많다. IRJ 모델법은 ① Article X[=CBI 모델법에서 사용되던 구제조치(relief)를 통해 도산관련재판의 승인·집행을 할 수 있다는 점을 확인하는 내용의 조문만을 받아들임으로써,19) 기존 CBI 모델법이 구축한 체계 안에서 모든 것을 해결하도록 하는 방법, ② IRJ 모델법의 조문들을 전면적으로 받아들임으로써, 도산관련재판이라는 개념을 새로 설정하고 CBI 모델법과 IRJ 모델법의 상호보완 체계를 구축하는 방법 중 하나를 자유로이 선택할 수 있도록 하기 때문이다. 만약 후자의 방법을 선택하더라도 구체적으로 채무자회생법 제5편(국제도산)의 일부로 편입시킬지, 외국재판의 승인·집행에 관한 규정을 두고 있는 민사소송법/민사집행법에 특칙으로 편입시킬지, 아예 제3의 독립된 법률로 제정할지 등 여러 방안이 논의될 수 있다. 또한, 연성법의 성질을 가지고 있는 모델법의 특성상, IRJ 모델법을 선별적으로 받아들일 수 있기 때문에 그 실체적 내용

---

19) IRJ 모델법, Article X 참조. 이하 제5장에서 구체적으로 살펴본다.

이 우리나라의 기존 법체계와 모순·저촉되는 부분은 없는지 미리 연구할 필요도 있다.

그런데 위와 같은 쟁점들을 해결하기 위해서는 전 세계의 주요국가들이 CBI 모델법을 그동안 어떻게 운영해왔는지를 먼저 파악할 필요가 있다. 주요국가들의 CBI 모델법 적용사례들을 검토함으로써 CBI 모델법의 문제점을 파악하고 실무 간의 충돌이 발생한 근본적 원인을 확인할 수 있기 때문이다. 또한, 외국법원에서 내려진 재판의 승인·집행에 관한 다른 국제규범과의 비교도 필요하다. IRJ 모델법이 성안되기 오래전부터 HccH에서 논의해 온 국제규범들과의 관계를 확인하고, 특히 외국도산절차에서 내려진 재판의 승인·집행 체계를 안정적으로 확립한 EU도산규정 및 그에 관한 CJEU 사례를 통해 IRJ 모델법의 도입방법 및 그 범위를 구체적으로 결정할 수 있기 때문이다.

따라서 본 논문에서는 주요국가(미국, 영국 등)의 실무(CBI 모델법), IRJ 모델법과 외국재판의 승인·집행에 관한 국제규범(2005년 헤이그관할합의협약, 2019년 헤이그재판협약 등)과의 관계, 특히 EU도산규정의 내용과 도산관련재판의 승인·집행이 문제되었던 CJEU의 사례 등을 분석하는 방법으로 연구를 진행하고자 한다. 이를 기초로 IRJ 모델법의 내용을 검토한 다음, 우리나라가 현재 취하고 있는 국제도산 실무 및 그 문제점을 지적한 이후 마지막으로 IRJ 모델법에 관하여 우리나라가 취하여야 할 입장을 논의한다.

제4절 논의의 순서

본 논문의 구성은 아래와 같은 순서로 진행한다. 먼저, 본격적인 논의에 들어가기에 앞서 제2장에서는 CBI 모델법의 주요 내용을 간단히 살펴보고 실무 간의 충돌이 발생하는 지점을 확인한다. 특히, CBI 모델법상의 승인대상인 '외국도산절차'가 무엇인지를 확인하고, 구제조치(relief)의 형식으로 발령 가능하다고 규정된 지원의 내용에는 본래 어떠한 것이 있는지 살펴본다. 그리고 주요국가 간에 입장이 대립하는 회생계획인가재판과 부인재판에 대한 취급도 소개한다.

제3장에서는 CBI 모델법에 관한 미연방파산법원의 사례들을 살펴본다. 미연방파산법 제1507조, 제1521⒜⑺을 폭넓게 적용하여 외국도산절차(캐나다, 영국, 프랑스, 브라질, 크로아티아, 멕시코의 각 도산절차)에서 수립된 채무조정안에 대한 인가재판의 승인·집행까지 CBI 모델법으로 폭넓게 처리한 미연방파산법원의 전향적인 사례들을 소개하고, IRJ 모델법에 관한 향후 미국의 입장도 예상해본다.

이어서 제4장에서는 CBI 모델법에 관한 영국법원의 사례들을 살펴본다. CBIR 2006(CBI 모델법을 입법한 영국의 국내법)이 EU도산규정이나 1986년 영국도산법 제426조 제4항(Commonwealth 국가들에 우선 적용되는 규정) 등 국제도산 규범들과 어떠한 관계에 있는지(브렉시트 이후의 상황에 대한 전망 포함)를 보고, 도산절차를 보수적으로 바라보았던 영국의 전통적인 입장을 소개한다. 특히, 영국법원이 CBI 모델법의 적용범위를 제한적으로 해석할 수밖에 없도록 영향을 미친 Gibbs Rule, Dicey Rule을 검토하고, 이와 관련된 Cambridge Gas 사건, Rubin 사건, New Cap 사건 및 위 법리들에 반대하는 최근의 국제동향을 확인한다.

이후 제5장에서는 이와 같은 실무충돌을 해결하고자 성안된 국제규범들을 살펴본다. HccH에서 성안한 2005년 헤이그관할합의협약, 2019년 헤이그재판협약이 도산관련재판의 승인·집행에도 적용될 여지가 있는지를 검토하고, IRJ 모델법이 취한 체계를 이미 선제적으로 구축한 EU도산규정의 관련 내용(도산절차를 구성하는 개별재판의 승인·집행)을 소개한다. 그리고 UNCITRAL이 성안한 IRJ 모델법의 내용(도산관련재판의 개념, 승인·집행의 요건 및 거부사유, 승인·집행의 효과 등)을 검토한다.

그리고 제6장에서는 우리나라의 국제도산 사건의 실무현황을 살펴보고, 이어서 IRJ 모델법 채택의 필요성을 살펴본다. CBI 모델법과의 간극을 메우려는 우리나라 법원 실무의 노력, 그럼에도 제한된 유형의 지원결정만 내려지는 원인을 분석해보고, 대법원 2009마1600 결정의 파급효과 및 그에 따른 하급심 실무례의 동향도 파악해본다. 이후 IRJ 모델법 채택의 필요성과 구체적인 입법방안을 검토하고, IRJ 모델법과 CBI 모델법의 상호보완에 따른 조화로운 공존가능성을 모색한다.

마지막으로 제7장에서는 위에서 논의한 사항들을 다시 한 번 정리하면서, IRJ 모델법의 채택을 포함하여 우리나라의 국제도산 실무가 질적으로 성장하기 위해 나아가야 할 몇 가지 방법을 제안해본다.

제 2 장

CBI 모델법의 주요내용 및
실무충돌 지점

제1절 CBI 모델법의 주요내용

I. CBI 모델법의 목적과 취지

UNCITRAL이 1997. 5. 성안한 CBI 모델법은 다수의 국가에 재산을 가지고 있거나 국제적으로 영업활동을 하는 채무자에 대한 도산절차를 효율적으로 처리하려는 목적에서 성안되었다. 종래의 속지주의(屬地主義, Territorialism)에 의하면 한 국가에서 개시된 도산절차는 다른 나라에 전혀 영향을 미치지 않게 되므로 채무자가 국외재산을 은닉하거나 채권자들이 국외에 있는 채무자 재산에 개별집행을 함으로써 도산재단에 편입되어야 할 재산이 산일되는 경우가 많았는데, CBI 모델법은 이를 극복하기 위해 한 국가에서 개시된 도산절차의 효력을 다른 국가에서도 그대로 인정할 수 있도록 하는 체계를 구축한 것이다.[1]

특히 CBI 모델법은 채무자의 주된 이익의 중심지(Center of Main Interests, 이하 'COMI'라 한다)가 위치한 국가에서 개시된 도산절차를 이른바 주절차(main proceedings)로 취급하여, 도산법정지국 외에서도 자동중지(automatic stay order)와 같은 막강한 효력을 부여받을 수 있도록 하였다.[2] 즉, 채무자로서는 굳이 불필요한 수개의 병행도산

---

1) 이에 관한 상세는 김영석, "국제도산에서 주된 이익의 중심지(COMI)를 둘러싼 제문제", 서울대학교 법학석사 학위논문, 2012, 1면 이하를 참조.

2) CBI 모델법은 "채무자가 COMI를 가지는 곳에서 계속 중인 외국도산절차"를 주절차로, "채무자가 영업소(establishment)를 두고 있는 곳에서 계속 중인 주절차가 아닌 외국도산절차"를 종절차로 구분하면서[제2조 제(b), (c)회], 양 절차를 구분하는 표지로 COMI를 사용하고 있다. 참고로 여기서 영업소란 채무자가 인적 수단과 재화 또는 용역을 가지고 일시적이 아닌 경

절차를 진행할 필요가 없게 되는 것이어서 CBI 모델법은 많은 국가들로부터 지속적으로 주목을 받아 왔다.

II. CBI 모델법 채택국의 증가

이와 같은 많은 국가의 관심 속에 CBI 모델법은, 1997년에 성안된 이래 현재까지 미국, 영국, 캐나다, 호주, 일본, 한국, 브라질을 포함한 59개의 국가들에 의해 채택되면서 점점 그 영향력이 커지고 있다.[3]

[표 1] CBI 모델법 채택국 현황(2015년 이후)

채택연도	국가	비고
2015	Abu Dhabi Global Market, Benin, Burkina Faso, Cameroon, Central African Republic, Chad, Comoros, Cote d'Ivoire, Democratic Republic of the Congo, Equatorial Guinea, Gabon, Guinea-Bissau, Kenya, Malawi, Mali, Niger, Senegal, Togo	중동지역 1개국 아프리카 15개국
2016	Albania, Jamaica, Panama	남미지역 2개국 유럽지역 1개국
2017	Singapore[4]	아시아 1개국
2018	Bahrain, Israel,[5] Jordan, Marshall Islands, Morocco, Zimbabwe	중동지역 3개국 아프리카 2개국 오세아니아 1개국
2019	Dubai International Financial Centre[6]	중동지역 1개국

제활동(a non-transitory economic activity)을 하는 영업장소를 의미한다.

[3] 'State'가 아닌 'Jurisdiction'을 기준으로 하면 62개국이 된다. CBI 모델법상 United Kingdom of Great Britain의 Jurisdiction은 3개(Great Britain, British Virgin Islands, Gibraltar)로 구분되고, United Arab Emirates는 2개(Abu Dhabi Global Market, Dubai International Financial Centre, 이하 'DIFC'라 한다)로 구분되기 때문이다. CBI 모델법을 채택한 국가의 현황에 관한 상세는 http://www.uncitral.org/uncitral/en/uncitral_texts/insolvency/1997Model_status.html 참조 (최종검색일 2023. 12. 31.).

2020	Brazil, Ghana, Myanmar	남미지역 1개국 아프리카 1개국 아시아 1개국
2021	Angola, Rwanda	아프리카 2개국
2022	Saudi Arabia	중동지역 1개국
총계		총 33개국

4) 싱가포르는 2017. 5. 23. Companies (Amendment) Act 2017을 통과시키는 방법으로 CBI 모델법을 채택하여, 현재 활발하게 외국도산절차의 승인/지원을 하고 있는 중이다. 참고로 CBI 모델법에 관한 조문인 Companies (Amendment) Act 2017의 관련 조문은 354A, 354B. 354C이다.

5) 이스라엘은 2018. 3. 5. Insolvency and Rehabilitation Law 5778-2018을 통과시킴으로써 CBI 모델법을 받아들였는데(제9장이 CBI 모델법을 받아들였음), 위 법률은 2019. 9. 15.부터 발효되므로 국제도산에 관한 승인/지원이 실질적으로 어떻게 진행되는지 지켜봐야 한다. 이스라엘은 종래에는 '외국법원에서 내려진 개별적인 도산관련재판'을 개별적으로 승인하는 방식으로 사건을 처리하였던 것으로 보인다. 텔아비브 지방법원(Tel-Aviv District Court)이 2002. 5. 28. Tower Air 사안(1383/00)에서 〈미국의 델라웨어파산법원(U.S. Bankruptcy Court for the District of Delaware)에서 내린 liquidation judgments'에 관한 승인·집행 결정을 내린 것〉이 이스라엘 최초의 국제도산 사례로 알려져 있다. 상세는 Eitan S. Erez, Insolvency procedures in Israel, Eurofenix Winter 2012/2013, 33면 이하를 참조. 참고로 위 Tower Air 사안은 2000. 2. 29. 델라웨어파산법원에 Chapter 11 절차로 신청되었다가 2000. 12. Chapter 7로 전환(conversion)되었다. 그 배경에 관한 상세는 In re: TOWER AIR, INC., Debtor Charles A. Stanziale, Jr., Chapter 7 Trustee of Tower Air, Inc., Appellant v. Finova Capital Corporation. 397 F.3d 191, 195 (3d Cir. 2005)를 참조.

6) 정확히 말하면 UAE 중 "DIFC"가 CBI 모델법을 채택한 주체이다. 참고로 2004년에 설립된 DIFC는 UAE(United Arab Emirates)를 구성하는 7개의 구역(Emirates) 중 하나인 Emirate of Dubai에 위치하면서도 민·상사분야에 관한 독립된 관할권(independent jurisdiction)을 가지고 있는데, 2019. 7. 13. DIFC Insolvency Law No. 1 of 2019를 통해 종래 적용되던 DIFC Insolvency Law No. 3 of 2009를 대체하고 CBI 모델법을 받아들였다. DIFC의 사법시스템에 관한 상세는 Damien P. Horigan, "A Legal Oasis", Hawaii Bar Journal, February 2012, 20면 이하를 참조.

특히 위 [표 1]에서 보는 바와 같이, 2015년 이후 아프리카(Africa) 와 중동(Middle East) 지역에 소재한 국가들이 적극적으로 참여하고 있는데, 비교적 최근에 절반을 넘는 33개의 국가가 CBI 모델법을 받아들여 자국의 도산법을 입법하였다는 점은 주목할 만하다. 효율적이면서도 공정하게 도산절차를 진행하기 위해 CBI 모델법에 따라 외국도산절차를 승인하고 이를 지원하는 것이 필요하다는 점을 전 세계 국가들이 공감하고 있다는 증거이다.

비록 독일, 프랑스, 이탈리아, 스페인, 러시아, 인도, 중국 등 주요 국가가 CBI 모델법을 채택하지는 않았지만, 그중 일부는 UNCITRAL 에서 국제도산 분야를 담당하는 제5작업반에 참여하여 적극적으로 의견을 개진하고 있다.[7] 또한, 스위스처럼 CBI 모델법을 받아들인 것으로 공식 취급되지는 않지만 사실상 CBI 모델법의 핵심원칙을 받아들인 국가도 있어서,[8] 향후 CBI 모델법이 확립한 외국도산절차의

---

[7] 김영석, "해운회사의 국제도산에 관한 연구-선박 관련 쟁점을 중심으로", 사법논집 제64집, 법원도서관, 2017, 404면을 참조.

[8] 스위스는 국제사법에 관한 연방법률(Bundesgesetz über das Internationale Privatrecht, IPRG) 제166조 이하에서 이미 외국도산절차에서 내려진 파산명령을 승인하는 제도를 두고 있었다. 위 법률이 시행된 1989. 1. 1.부터 위와 같은 제도가 운영되어 온 것인데, 위 법률은 2019. 1. 1. 개정되어 ① COMI 개념을 도입하고(제166조 제1항 제(c)호 제2목), ② 승인요건 중 기존에 요구해오던 상호보증 요건을 제외시켰으며(제166조 제1항), ③ 공조기능에 준하는 조정절차 조문(제174b조)을 신설하는 등 국제도산 관련 법령을 정비함으로써 CBI 모델법에 한 걸음 더 가까이 다가갔다. 이러한 점을 고려하여 INSOL International, "New Cross-border Insolvency and Restructuring Law in Switzerland", Technical Series Issue No. 41, November 2018, 2면 이하에서는 스위스를 사실상 CBI 모델법의 핵심원칙을 받아들인 나라로 평가하고 있다. 기존 스위스 국제사법에 관한 상세는 석광현, "스위스 국제사법(IPRG)", 국제사법연구 제3호, 한국국제사법학회, 1998, 55면 이하, 2019년 개정 스위스 국제사법에 관한 상세는 석광현, "스위스의 국제사법 재론", 국제사법연구 제26권 제1호, 한국국제사법학회, 2020, 571면 이하를 각 참조. 참고로 일반적인 회생절차나 파산절차는 Bundesgesetz über Schuldbetreibung

승인/지원 시스템을 활용하는 국가는 더욱 많아질 것으로 기대된다. 이미 실무상으로도 리먼브러더스(Lehman Brothers)나 ㈜한진해운(이하 '한진해운'이라 한다)과 같은 대규모 국제도산사건이 안정적으로 처리되는 데에 기여하였다.

III. EU도산규정과의 비교

한편, EU가 회원국 간의 통일적이고 효율적인 도산절차의 처리를 위해 2000. 5. 29.자 제정,9) 2015. 5. 20.자 개정을 거쳐 현재 권역 내에서 시행하고 있는 EU도산규정10)도 점점 그 역할이 커지고 있다. 이미 주지하는 바와 같이 EU도산규정은 회사집단(group of companies)이라는 개념을 도입하여 기업집단도산절차에 관한 기초를 확립하였고,11)

---

und Konkurs(=Federal Code on Debt Enforcement and Bankruptcy)에 규정하면서 외국도산절차에 관하여 대내적 효력을 부여하는 조항들만 위와 같이 '국제사법'에 두고 있다는 점도 스위스 법체계의 흥미로운 대목이다.

9) 종전 EU도산규정은 EU에서 제정된 최초의 국제도산 관련 규범으로 많은 역할을 수행하여 왔다. 위 규정에 관한 상세는 석광현, "유럽연합의 國際倒産法制", 『국제사법과 국제소송 제3권』, 박영사, 2004, 309면 이하를 참조.

10) EU도산규정에 주요 개정내용은 김영석, "유럽의회와 유럽연합이사회의 2015년 5월 20일 도산절차에 관한 2015/848(EU) 규정(재구성)에 관한 검토－전문(Recital)에 관한 시역(試譯)을 중심으로", 국제사법연구 제21권 제2호, 한국국제사법학회, 2015, 286면 이하를 참조.

11) EU도산규정에서 규정하고 있는 〈기업집단도산절차〉에 관한 상세는 김영석, "전면개정 EU도산규정과 기업집단 도산절차", 서울대학교 BFL 제81호, 서울대학교 금융법센터(2017), 124면 이하를 참조. 한편, UNCITRAL도 EU도산규정의 뒤를 이어 기업집단의 도산절차에 관한 연구를 계속 진행하고 있고, 2019년에 기업집단도산에 관한 모델법(Model Law on Enterprise Group Insolvency)을 성안하였다. 이 글에서는 위 모델법을 다루지는 않지만, 이에 관한 상세는 한민(집필부분), 『2018, 2019 도산관련 UNCITRAL 모델법 입법방안 연구』, 이화여자대학교 산학협력단(법무부 용역보고), 2020, 163면 이

COMI의 개념을 구체화하여 채무자의 법정지 쇼핑(forum shopping)을 방지하였으며, 도산등록부(insolvency registers)의 창설 및 상호연결을 통해 회원국 간의 도산절차 정보 공유를 꾀하는 등12) 종전 EU도산규정이 15년간 시행되면서 직면하였던 당초에는 예상하지 못했던 많은 쟁점들을 해결해주었기 때문이다. 비록 브렉시트(Brexit)로 인하여 이제 영국에서는 적용될 수 없겠지만,13) [별지 3] 기재와 같이 27개의 EU회원국 중 덴마크를 제외한14) 26개국 전역에서는 여전히 법규적 효력을 가지는 규범으로서 일괄 적용되고 있으므로, EU도산규정은 앞으로도 일관되고 안정적인 도산절차의 기틀을 다진 역내 규범으로 기능할 것으로 보인다.

참고로 EU도산규정의 적용을 받는 EU회원국 중 CBI 모델법을 받아들여 별도의 독립된 국제도산법령을 둔 국가는 (이제 EU를 탈퇴하는 영국을 제외한다면) 그리스, 폴란드, 루마니아, 슬로베니아 4개국 정도로 파악된다. 그런데 비(非)유럽회원국(가령, 미국)에서 개시된 도산절차를 승인하고 지원하기 위해서는 EU회원국에만 적용되는 EU도산규정 외에 별도의 독자적인 국제도산규범이 필요하다. 따라서

하를 참조.

12) 유럽전자사법포탈(European e-Justice Portal)을 통해 각 회원국이 개별적으로 운영하는 도산등록부(Insolvency registers)를 연결하는 시스템을 구축하였는데, 가령, 독일이 현재 운영하고 있는 도산등록부는 https://www.insolvenzbekanntmachungen.de에서 접속할 수 있다(최종검색일 2023. 12. 31.).

13) 가령, 독일에서 개시된 도산절차를 승인하는 경우에 영국법원은 그동안 미국이나, 일본, 한국 등 EU 비(非)회원국에서 개시된 도산절차를 승인하는 경우에 적용하였던 CBIR 2006을 그대로 적용할 것이므로, 그만큼 CBI 모델법이 가지는 역할이 더욱 커졌다고 평가할 수 있다. EU회원국이 저마다 두고 있는 개별 국제도산법과 EU도산규정 상호 간의 관계에 대해서는 김영석(주 1), 48면을 참조.

14) 덴마크는 처음부터 종전 EU도산규정이 제정된 시점부터 위 규정의 적용을 받지 않겠다고 유보선언을 하였고, 현재까지도 같은 입장을 취하고 있다. EU도산규정 전문(前文, Recital) 제88항 참조.

나머지 EU회원국들도 장기적으로는 CBI 모델법을 받아들여 국제도
산 관련 국내 규범을 정비할 가능성이 크다고 생각된다.

Ⅳ. 우리나라의 CBI 모델법 도입

이처럼 속지주의를 벗어나 보편주의의 입장을 받아들이려는 국제
적 움직임에 발맞추어,15) 우리나라도 채무자회생법 제5편(국제도산)
의 신설을 통해 CBI 모델법을 받아들였음은 앞에서 본 바와 같다. 물
론, 위 제5편(국제도산)이 CBI 모델법을 전면적으로 받아들였다고 보
기는 어렵다. ❶ COMI를 도입하지 아니하여 주절차(main proceedings)
와 종절차(non-main proceedings)를 구분하지 않고 있고, ❷ 주절차의
성질을 가지는 외국도산절차에 대해서도 중지명령과 같은 지원처분
이 자동적으로 발령되는 승인/지원 구조를 확립하지 못하였으며,16)

---

15) 다만, 속지주의를 취하고 있던 구 파산법 제3조 제2항(2002. 1. 26. 법률 제
6627호로 개정된 것, 외국에서 선고한 파산은 한국 내에 있는 재산에 대하
여는 그 효력이 없다는 취지의 조항)의 체제에서도, 대법원은 "위 조항이
외국에서 선고된 파산은 한국 내에 있는 재산에 대하여 파산선고의 본래
적 효력인 포괄집행적 효력이 미치지 않는다는 것을 선언함에 그치고, 나
아가 외국에서 파산선고가 내려진 사실 또는 그에 따라 파산관재인이 선
임되었다는 사실 자체를 무시한다거나, 그 선고의 결과 파산선고를 한 해
당 국가에서 선임된 파산관재인이 그 국가의 법률에 따라 한국 내에 있는
파산자의 재산에 대한 관리처분권을 취득하는 것까지 부정하는 것은 아니
다"라고 판시하여(대법원 2003. 4. 25. 선고 2000다64359 판결), 극단적 속지
주의의 입장을 취하지는 않았다. 임치용, "판례를 통하여 본 국제도산법의
쟁점", 서울대학교 BFL 제38호, 서울대학교 금융법센터, 2009, 98면은 위 판
결에 대하여 외국 파산선고의 효력을 "포괄집행적 효력"과 "관리처분권이전
의 효력"으로 나누어 속지주의의 범위를 전자에 한정하고 후자에 관하여는
속지주의의 효력이 미치니 아니하는 해석론을 전개하였다고 평가한다.
16) CBI 모델법은 승인대상인 외국도산절차가 〈주절차〉의 성질을 가지는 때

❸ 외국도산절차의 대표자(foreign representative) 이외에 '국제도산관
리인'이라는 별도의 독자적인 개념을 설정하는 등[17] CBI 모델법과는
다소 상이한 구조와 체계를 갖추고 있기 때문이다.

하지만 우리나라는 외국도산절차를 승인하고 지원하는 기본체계

에는 승인 결정과 동시에 그 외국도산절차에 대해 CBI 모델법 제20조 제1
항에서 정한 구제조치를 자동으로 부여하도록 하고 있다. 반면에, 외국도
산절차가 〈종절차〉의 성질을 가지는 때에는 CBI 모델법 제21조 제1항에 명
시된 구제조치들을 재량에 따라 부여하도록 규정하고 있다. 그런데 채무자
회생법 제636조는 '법원이 재량으로 지원결정을 내릴 수 있다'고만 규정할
뿐 주절차/종절차를 구분하거나 그에 따라 구제조치의 효과를 차등적으로
부여하고 있지 않다.

[17] CBI 모델법 제21조 제1항 제(e)호는 입법국법원(승인법원)이 내릴 수 있는
구제조치 중 하나로 "입법국에 소재하는 채무자의 자산의 전부 또는 일부
를 관리 또는 환가할 권한을 외국도산절차의 대표자 또는 법원이 지명하
는 자에게 위임"하는 내용의 지원처분을 규정하고 있어, 우리나라의 국제
도산관리인이 위 조문상의 "법원이 지명하는 자(another person designated
by the court)"에 포섭될 여지는 있다. 다만, 그렇다고 하더라도 CBI 모델법
을 채택한 국가의 대부분은 국내자산에 대해서도 '외국도산절차의 대표자'
에게 직접 처분권한을 부여하고 있다는 점에서 전형적인 CBI 모델법의 모
습은 아니라고 볼 것이다. 이는 사실상 일본의 외국도산처리절차의 승인원
조에 관한 법률(外国倒産処理手続の承認援助に関する法律, 이하 '승인원조
법'이라 한다) 제32조 제1항에서 규정하고 있는 "승인관재인(承認管財人)"
이라는 개념을 차용한 것으로 보이는바, 그 원문은 아래와 같다.

구분	원문
승인 원조법	第三十二条 (管理命令) ① 裁判所は、承認援助手続の目的を達成するために必要があると認めるときは、利害関係人の申立てにより又は職権で、外国倒産処理手続の承認の決定と同時に又はその決定後、債務者の日本国内における業務及び財産に関し、承認管財人による管理を命ずる処分をすることができる。
번역	제32조 (관리명령) ① 재판소는 승인원조절차의 목적을 달성하기 위하여 필요하다고 인정하는 때에는 이해관계인의 신청에 의하거나 직권으로 외국도산처리절차의 승인결정과 동시에 또는 그 결정 후에 채무자의 일본국 내에서의 업무 및 재산에 관하여 승인관재인에 의한 관리를 명하는 처분을 할 수 있다.

를 확립하였을 뿐만 아니라, 이하 제6장에서 보는 것처럼 실무의 운영을 통해 COMI의 부재(不在) 등 CBI 모델법과의 간극을 메우려고 노력하여 왔다. 특히, 서울회생법원은 공조를 위한 실무준칙 제504호(국제도산 사건에서의 법원 간 공조)를 제정하고, JIN Guidelines(JIN에서 성안한 법원 간 공조에 관한 절차규범) 및 Modalities of Court to Court Communication(JIN Guidelines의 세부원칙)을 모두 채택함으로써,18) 국제적인 기준에 비추어 보더라도 구체적으로 타당한 결론을 도출할 수 있는 시스템을 구축하기도 하였다.19) 서울회생법원에 외국도산절차의 승인/지원 사건이 지속적으로 접수되고 있다는 것은 우리나라 국제도산 실무가 그만큼 많은 도산관계인으로부터 안정적이고 신뢰할 수 있는 제도로 인정받고 있음을 보여주는 증거라고 할 것이다.20)

---

18) 서울회생법원은 2017년도부터 JIN Guidelines의 채택 여부를 논의하여 오다가, 2018. 5. 16. JIN을 주도하는 싱가포르대법원(Supreme Court of Singapore)을 직접 방문하여 그 실무현황을 확인한 이후, 당초 6개의 조문으로 구성되어 있던 실무준칙 제504호에 제7조를 추가하는 방법으로 JIN Guidelines를 채택하여 2018. 7. 1.부터 이를 시행하였다. 또한, 2020. 1. 1.부터 시행하여 오고 있는 Modalities of Court to Court Communication도 제7조의 문구를 수정하는 방법으로 채택되었는데, 그 구체적 내용은 김영석, "국제도산에서의 법원 간 공조에 관한 구체적 방안", 재판자료 제140집(외국사법연수논집 39), 법원도서관, 2020, 243면 이하를 참조.

19) 참고로 필자를 포함한 서울회생법원 대표단이 위와 같이 싱가포르대법원을 방문하던 중인 2018. 5. 16. 서울회생법원과 싱가포르대법원 사이에 국제도산 사건에 관한 양해각서(Memorandum of Understanding between the Supreme Court of Singapore and the Seoul Bankruptcy Court)가 체결되기도 하였다. 상세는 김영석, "국제도산사건에서의 공조실무현황 -서울회생법원의 최근동향", 2017년 국제규범의 현황과 전망, 법원행정처, 2018, 91면 이하를 참조.

20) [별지 2]에서 보는 것처럼 2021년만 하더라도 연이어 2건의 국제도산사건이 접수되었다. ① "개인채무자"에 관하여 진행된 호주도산절차(2021국승100000), ② "개인채무자의 상속재산"에 관하여 진행된 일본의 파산절차

제2절 실무충돌 지점

I. CBI 모델법상의 승인/지원 대상

CBI 모델법은 문언상 "외국도산절차(foreign proceeding)"를 승인대상으로 삼고 있고(CBI 모델법 제15조 제1항), 승인국법원이 구제조치(relief)의 발령을 통해 이와 같이 승인된 외국도산절차를 지원하는 체계를 확립하였는데, 구제조치의 주요내용은 아래 [표 2]와 같다.21)

문제는 여기서 승인대상이 되는 "외국도산절차"가 구체적으로 무엇을 의미하는지, 추가적인 지원(additional assistance, CBI 모델법 제7조)이나 추가적인 구제조치(additional relief, 같은 모델법 제21조 제1

(2021국승100001, 2021국지100000)에 대한 승인, 지원신청이 그것이다. 종래 법인채무자의 전유물로 여겨졌던 국제도산이 다양화되고 있는 셈이다. '상속재산파산'에 관한 상세는 김주미, "상속재산파산의 실무상 쟁점연구", 법조 통권 제733호, 법조협회, 2019, 307면 이하를 참조.

21) [표 2]는 김영석(주 7), 423면에 사용된 표를 바탕으로 일부 내용을 수정·추가한 것이다. 결국 우리나라의 채무자회생법은 CBI 모델법 제21조 제1항 중 제(d),(f)호를 받아들이지 않은 셈이다. 생각건대, ❶ 만약, 제(d)호를 받아들였다면 외국도산절차의 대표자로서는 채무자가 보유한 국내자산 및 업무현황, 거래상대방과의 권리관계 등에 관한 증거수집을 통해 보다 많은 정보를 확보할 수 있었을 것이므로, 우리나라의 국제도산 실무는 더욱 많은 관심을 받았을 것으로 보인다(물론, 제636조 제1항 제5호를 넓게 해석하여 사실상 (d)호와 같은 조치를 발령할 수 있다고 해석할 여지도 있으나 아직까지 그와 같은 지원결정이 신청되거나 내려진 적은 없다). ❷ 한편, 구제조치를 발령할 시 그 효력기한을 정하고 있지 않아 연장 자체가 불요한 우리나라 법원의 실무상(→ 이와 달리 외국실무는 기한을 정하여 구제조치를 발령하는 경우가 많음), 제(f)호의 조치가 필요하지 않은 측면도 있다. 그러나 장기적으로는 효력기한을 정하여 구제조치를 발령하고 이를 연장해 주는 방법으로 실무를 운영하는 것이, 도산절차의 지연/남용을 방지하는데 도움이 될 것으로 보인다.

항 제(g)호)를 통해 승인법원이 도산절차를 지원할 수 있는 내용의 범
위가 어디까지인지이다.

[표 2] CBI 모델법상의 구제조치 내용

구제조치 내용 (§21①)	승인 전 구제조치 (§19①)	주절차 (§20①)	종절차 (§21①)	채무자회생법과의 비교
(a) 채무자의 자산, 권리 의무 기타 책임에 관한 개별 소송이나 절차의 개시/중지	X	자동으로 중지되는 구제조치		636조 제1항 제1호와 유사
(b) 채무자의 자산에 대한 집행의 중지	O			636조 제1항 제2호와 유사
(c) 채무자의 자산을 양도/담보로 제공하거나 기타 이를 처분할 권리의 정지	O			636조 제1항 제3호와 유사
(d) 채무자의 자산, 업무, 권리, 의무 또는 책임에 관한 증인신문의 규정, 증거의 수집 또는 정보의 교부	O		재량적 구제조치	X
(e) 입법국 소재 채무자 자산의 전부/일부를 관리·환가할 권한을 외국대표자나 법원이 지명하는 자에게 위임	△22)	재량적 구제조치		636조 제1항 제4호와 유사
(f) 제19조 제1항에 따라 부여되는 구제조치의 연장	X			X
(g) 입법국의 법률에 따라 도산관리인이 부여받을 수 있는 추가적인 구제조치	O			636조 제1항 제5호와 유사
[비고] 앞에서 본 바와 같이 채무자회생법은 COMI를 도입하지 않아, 주절차와 종절차를 구분하지 못하고 있음				

만약 승인대상이 되는 외국도산절차가 '개시되어 종결 내지 폐지
되기까지의 도산절차 일체'를 의미하는 것이라면 CBI 모델법의 적용
범위를 넓게 본 미국의 입장을 쉽게 이해할 수 있다. 외국도산절차
전체를 승인한 이상 그 과정에서 내려진 회생계획인가재판, 면책재

---

22) CBI 모델법 제19조 제1항 제(b)호는 "그 성질 또는 기타 사정으로 부패하거나
가치가 떨어지기 쉬운 또는 그 밖의 위험한 상태에 있는 자산의 보호 및
그 가치의 보전"을 위한 요건이 구비되어야만, 승인 전에도 제21조 제1항
제(e)호와 같은 구제조치를 발령할 수 있다고 규정하고 있다.

판, 부인재판에 대해 대내적 효력을 부여하는 구제조치(승인·집행)를 발령하는 것은 승인대상의 일부를 지원하는 것으로서 지극히 자연스럽게 때문이다. 반면에, 승인대상이 되는 외국도산절차가 '도산개시결정재판'만을 의미하는 것이라면 영국의 입장을 이해할 수 있다. 회생계획인가재판, 면책재판, 부인재판은 처음부터 승인대상이 아니었으므로 당연히 승인대상이 아닌 도산절차의 나머지 구성부분을 지원하는 데에는 더 소극적이 될 수밖에 없기 때문이다.

그런데 제5작업반이 최초에 CBI 모델법 성안 작업을 논의하기 시작하였을 무렵 ① 외국재판의 승인·집행에 관한 기존 절차는 대립당사자 간의 분쟁(in two-party disputes)에서 내려진 금전배상이나 금지명령에 관한 것만을 대상으로 하므로 집단적 처리절차(collective proceedings)의 성질을 가지는 도산절차와는 정합하지 않는 점, ② 외국도산절차에 대한 구제조치 발령을 재판의 승인(recognizing a judgment)과 동일하게 볼 수 없다는 점이 CBI 모델법 성안의 배경으로 설명되었다.[23] 따라서 적어도 최초 논의 당시 승인대상으로 삼으려고 했던 것은 도산절차를 구성하는 개별재판보다는 보다 큰 개념이었을 것으로 보이기는 한다. 다만, UNCITRAL은 이와 같은 승인대상 및 지원의 범위에 관하여 명확한 입장을 표시하지 않고 있다.

이에 많은 도산실무가들은 그 문언에 따라 '외국도산절차 자체'를 승인대상인 것처럼 해석하여 왔고, 특히 미연방파산법원은 이에 충실하게 실무를 운영하여 온 것이다. 이후 그 해석에 관한 실무충돌이 발생하자 UNCITRAL은 뒤늦게 IRJ 모델법을 통해 CBI 모델법의 해

---

23) CBI 모델법의 입법배경에 관하여는 UNCITRAL Working Group V 18th Session Report, A/CN.9/WG.V/WP.42, 1995, para. 12를 참조. 그러나 최종적으로 성안된 CBI 모델법은 제2조 제(a)호에서 "foreign proceeding"의 자체의 개념만을 정의하고 있을 뿐이고, CBI 모델법에 관한 입법 및 해석지침도 "foreign proceeding", "additional assistance", "additional relief"에 관하여 구체적으로 설명하고 있지 않다.

석에 관한 입장을 밝히고 있는데, 이하에서 보는 것처럼 기본적으로 'CBI 모델법상의 승인대상은 사실은 도산절차개시재판이었다'라는 태도를 취하면서도 '하지만 구제조치를 통해 도산관련재판의 승인·집행을 허용하는 것도 가능하다'는 입장(Article X)을 함께 허용함으로써 여전히 혼란스러운 상태에 있다.[24]

II. 회생계획인가 또는 면책재판 등에 대한 취급

먼저 미국은 앞서 본 것처럼 CBI 모델법의 적용범위를 가능한 폭 넓게 인정해야 한다는 입장에서 '외국도산절차에서 수립된 채무조정안 및 그에 대한 인가재판'의 승인·집행까지 CBI 모델법상의 구제조치(relief)의 발령으로 처리해오고 있다. 이하 제3장에서 보는 것처럼 미연방파산법원은 캐나다의 CCAA에 따른 회생계획,[25] 2006년 영

---

[24] 석광현, "도산 관련 재판의 승인 및 집행에 관한 2018년 UNCITRAL 모델법의 소개와 우리의 입법 방향", 국제거래와 법(통권 제33호), 동아대학교 법학연구소, 2021, 19면은 UNCITRAL이 IRJ 모델법을 통하여 어차피 EU도산규정에 상응하는 규범체계(=도산절차의 승인이 아니라 도산절차를 구성하는 개별재판의 승인·집행을 기초로 하는 체계)를 구축할 것이었으면 왜 처음부터 이러한 점을 명확하게 하지 않아 불필요하게 실무의 충돌을 야기하였는지 의문이라고 이를 비판하고 있다.

[25] 캐나다의 도산절차는 (은행, 보험회사 등에 적용되는 Winding-Up and Restructuring Act상의 절차와 철도회사에 적용되는 Canada Transportation Act상의 회생절차를 제외한다면) 크게 ① Bankruptcy and Insolvency Act(이하 'BIA'라 한다)가 적용되는 일반적인 회생·파산절차와 ② Companies' Creditors Arrangement Act(이하 'CCAA'라 한다)가 적용되는 법인회생절차로 구분된다. 5,000,000 캐나다달러(CAN$) 미만의 채무를 부담하고 있는 법인은 BIA상의 회생절차를 선택할 수밖에 없는 반면에, 5,000,000 캐나다달러(CAN$) 이상의 채무를 부담하고 있는 법인의 경우에는 BIA상의 회생절차와 CCAA상의 회생절차 중 선택할 수 있는 것이다. 그런데 BIA상의 회생절차는 구

국회사법상 채무조정계획(Scheme of Arrangement, 이하 'SOA'라 한다)
에 따른 채무조정안(Scheme),[26] 프랑스상법에 따른 보호계획(Plan de
sauvegarde),[27] 브라질파산법에 따른 구조조정계획(Plano),[28] 크로아

체적이고 엄격한 규율을 하고 있어 진행과정에서 법원의 재량의 여지가
적은 반면에, CCAA상의 회생절차는 법원의 재량에 따라 절차가 탄력적이
고 융통성 있게 진행될 수 있기 때문에 대규모회사나 국제도산사건 등의
경우에 적합한 회생절차로 평가된다. 상세는 김범준, "캐나다의 기업회생
절차 연구", 외국사법연수논집 제136집, 법원도서관, 2018, 157~160면을 참
조. 참고로 캐나다가 CBI 모델법을 받아들여 입법한 국제도산 관련 조항은
CCAA의 Part Ⅳ(제44~61조)에 규정되어 있다.

[26] 영국의 SOA는 영국의 2006년 영국회사법 중 제26파트(Part 26)에 규정된 절
차인데, 이를 승인의 대상이 되는 외국도산절차로서 인정하는 미연방파산
법원과 달리, 정작 EU에서는 SOA가 EU도산규정 본문 제1조에서 정한 집단
적 채무처리절차(public collective proceedings)로서의 성질을 가지고 있지
않다는 입장을 취하고 있다(승인대상이 되는 외국도산절차를 나열한 부속
서 A에서 이를 제외하였다). Jennifer Payne, *Scheme of Arrangement: Theory,
Structure and Operation*, Cambridge University Press, 2014, 308면은 SOA가 ①
정상적인 지불능력이 있는 법인(solvent companies)들도 활용할 수 있고, ②
도산법이 아닌 회사법에 규정되어 있기 때문에 배제되었을 수도 있다면서,
이와 같은 장애를 극복하기 위해, 최근에는 채무자들이 SOA를 독립적으로
진행하지 않고 1986년 영국도산법상의 관리절차(Administration)와 결합하
여 진행하는 경우가 많다고 설명한다. 실제로 뉴욕남부파산법원이 *In re
Avanti Commc'n Grp. PLC*, Case No. 18-10458 (MG) 사건에서 승인한 외국도
산절차는 SOA였지만 이후 *In re Lehman Brothers International (Europe)*, Case
No. 18-11470 (SCC) 사건에서 승인한 외국도산절차는 SOA와 관리절차
(Administration)와 결합한 것이었다.

[27] 프랑스상법은 제6편(LIVRE Ⅵ)에서 "Des difficultés des entreprises"라는 표제
하에 도산 관련 규정들을 두고 있는데, 그중 보호절차(Safeguard proceedings)
라는 뜻을 가지고 있는 "Procédure de sauvegarde"은 2006. 1. 1.부터 새로 시
행된 절차이다. 보호계획(Safeguard plan)을 뜻하는 Plan de sauvegarde는 위
절차에서 채무자가 작성해야 하는 계획인데, 원칙적으로 10년 이내의 범위
내에서 채무를 변제하는 내용으로 작성하여야 하고 그에 대하여 이해관계인
들의 동의를 얻어야 한다는 점에서 채무자회생법상의 회생계획과 유사하다.
상세는 Céline Domenget-Morin/Bruno Pousset/Marie Gicquel/Emilie Cobigo,

티아 특별관리절차법에 따른 채무조정계획(Sporazum o nagodbi)[29] 및 위 각 채무조정안에 대한 인가재판을 미연방파산법 제15장[30]상의 제1521[a][7][추가적인 구제조치(additional relief)], 제1507조[추가적인 지원(additional assistance)] 등을 근거로 승인·집행한 것이다. 멕시코파산법에 따른 채무조정계획(Convenio)[31] 및 그 인가재판도 결과

"Insolvency 2019 Second Edition -France", Global Practice Guides, 2019, para. 6 이하를 참조.

[28] 브라질파산법은 2005. 2. 9. 개정을 통해 브라질의 도산절차들을 재정비하였는데, 그중 사법적 회생(judicial recovery)을 의미하는 "Recuperação Judicial"은 브라질 도산절차 중 미연방파산법 제11장 절차와 가장 유사한 성격을 가지고 있다. "Plano de Recuperação Judicial"은 위 절차에서 채무자가 작성하여 채권자들의 동의를 얻어야 하는 계획안으로 앞서 본 프랑스의 Plan de sauvegarde와 마찬가지로 채무자회생법상의 회생계획과 유사하다. 상세는 Giuliano Colombo et al., "Cross-Border Insolvency in Brazil: A Case for the Model Law", UNCITRAL Congress material, 2017, 4면 이하를 참조.

[29] 크로아티아는 파산법(OG No. 71/15, 104/17), 회사법(OG No. 11/93~40/19)을 통해 각 회생절차와 청산절차를 규정하고 있음에도, 2017. 4. 7. 주요산업을 담당하는 법인에 관한 특별관리절차법을 추가 제정하였다. 5,000명 이상의 근로자들과 HRK 7,500,000,000(크로아티아의 화폐단위인 '쿠나'를 기준으로 한 금액으로 약 10억 유로에 해당) 이상의 채무를 부담하는 국가의 주요 기능 담당 법인에 대해서는 특별한 도산절차를 적용할 수 있도록 한 것이다. "sporazum o nagodbi"는 위 특별관리절차에서 채무자가 작성·제출하여 채권자들의 동의를 얻어야 하는 합의안을 의미한다. 상세는 Pavo Novokmet/ Toni Smrček, "Insolvency 2019 Second Edition-Croatia", Global Practice Guides, 2019, para. 2.1 이하를 참조.

[30] 미국은 2005. 4. 20. CBI 모델법의 내용에 따라 미연방파산법 제15장(Chapter 15, 제1531~1532조)을 제정하여 외국도산절차의 승인/지원에 관한 규정을 두었고, 2005. 10. 17. 이후 접수되는 사건부터 위 제15장을 적용하여 오고 있다.

[31] 다만, 이하에서 보는 것처럼 Vitro, S.A.B. 사안에서는 멕시코도산절차에서 수립된 채무조정안의 승인·집행을 거부하였다. 참고로 멕시코파산법은 도산절차를 조정절차(conciliación)와 파산절차(quiebra)로 구분하고 있는데, 위 채무조정계획은 그중에서 미연방파산법 제11장에 유사한 성질을 가진 것으로 알려진 '조정절차'에서 수립된 채무조정안이었다. 참고로 멕시코파산

적으로 승인·집행하지는 못했지만 여전히 그 가능성을 열어두었다.

반면에 영국법원은 이하 제4장에서 보는 것처럼 CBI 모델법상의 구제조치로는 절차적인 사항만을 규율할 수 있으므로 실체적인 권리가 변경되는 채무조정안 및 그 인가재판의 승인·집행에 관한 사항은 CBI 모델법상의 구제조치로 처리할 수 없다는 입장을 취하고 있다. 그리고 한 걸음 더 나아가 영국법이 준거법으로 지정된 채권·채무에 대해서는 Gibbs Rule을 근거로, 일반적인 외국재판의 승인·집행절차를 통해서도 대내적 효력을 부여할 수 없다는 입장을 취하고 있다.

III. 부인소송에 대한 취급

부인소송(avoidance actions)에 관하여도 실무상 충돌이 있다. 부인소송이란 도산절차 개시 전 채권자/담보권자를 해하는 것을 알고 한 채무자의 행위 또는 다른 채권자/담보권자와의 평등을 해하는 채무자의 행위의 효력을 부인하고 일탈된 재산의 회복을 목적으로 하는 것이다.[32] 이와 같은 부인권은 채권자취소권과 함께 로마법상의 파울루스 소권(actio Pauliana)에 그 기원을 두고 있는 권리로서 채권자취소권과 그 실질이 유사한데, 가령 독일과 같은 나라에서는 도산절

법은 제342개의 조문으로 구성되어 있는데, 가장 최근의 개정은 2020. 1. 22.에 이루어졌다. 상세는 Fernando Perez-Correa Camarena/Zulima González García, *Mexico: Restructuring & Insolvency Laws & Regulations*, ICLG, 2020을 참조.

32) 서울회생법원 재판실무연구회, 『회생사건실무(상)(제5판)』, 박영사, 2019, 333면에서의 정의한 내용을 소개하였다. 부인권은 도산절차의 핵심적인 조항인데, 가령 우리나라의 채무자회생법상으로는 회생절차에 관하여는 제100조 이하에서, 파산절차에 관하여는 제391조 이하에서, 개인회생절차에 관하여는 제584조 이하에서 각 찾아볼 수 있다.

차상의 취소권과 도산절차 외의 취소권으로 양자를 구분하면서 양 제도를 동일한 관점에서 실무를 운용해오고 있기도 하다.[33]

즉, 부인소송은 일반 민사소송과 마찬가지로 대심적 구조를 가지고 있기 때문에(도산관리인이 채무자와 거래행위를 한 상대방을 상대로 제기함), 우리나라에서는 물론이고, 미연방파산법 제15장 절차에서도 당연히 다툼의 상대방이 존재하는 형식의 소송(adversary proceedings)으로 진행된다.[34] 외국도산절차에서 내려진 부인재판에 대해서는 CBI 모델법상의 구제조치가 아닌 '외국재판의 승인 및 집행 절차(혹은 외국도산재판에 관한 특수한 승인 및 집행 절차)'를 통해 대내적 효력을 부여해야 한다는 점에 큰 이견이 없었던 것은 이러한 점에서 기인한 것으로 보인다.

다만, 부인소송은 이처럼 일반 민사소송과 동일한 구조로 진행되는 것이면서도 그 목적과 취지는 일반 민사소송과 차이가 있다. 소송을 제기한 개별채권자의 채권을 회수하기 위한 것이 아니라, 채권자일반을 위한 변제자원 마련이나 채무자의 운영자금 확보와 같은 도산절차의 원활한 진행을 위해 도산관리인이 제기하는 것이기 때문이다. 이에 부인소송이 도산절차에서 차지하는 핵심적인 역할과 지위 등을 고려하여, 부인재판의 승인·집행에 대해서는 일반 민사재

---

33) 상세는 전원열(연구책임자), 김영주(연구참여자), 『사해행위취소 및 부인권 제도에 관한 개선방안 연구』, 법원행정처 용역보고, 2017, 23면을 참조. 주요국가(미국, 독일, 프랑스, 일본 등)에서의 입법례에 관한 상세는 위 법원행정처 용역보고, 2017, 21면 이하를 참조.

34) 도산절차에서 채무자 등 이해관계인들이 도산법원으로부터 발령받고자 하는 처분은 통상 "contested matter"의 형태로 구분되어 별도의 사건번호를 부여받지 않은 상태에서 해당 도산절차에서의 motion의 형식으로 처리되는데(Federal Rules of Bankruptcy Procedure, § 9014), 이와 달리 대심적 구조의 본질을 가지고 있는 특정한 유형의 처분은 "adversary proceedings"라는 형태로 구분되어 별도의 사건번호를 부여받아 독립적으로 처리된다(Federal Rules of Bankruptcy Procedure, § 7001).

판의 승인·집행과 다른 특별한 취급을 해주어야 한다는 지적이 있었고, 이는 부인소송의 관할권을 인정하는 범위에 관한 주요국가의 실무대립으로 이어졌다.

구체적으로 미연방파산법원은 소송상대방이 반드시 미국에 주소를 가지고 있지 않거나 명시적으로 미국의 관할권에 복종한다는 의사를 표시하지 않는다고 하더라도 폭넓게 부인소송의 관할권을 허용할 수 있다는 입장에서 부인재판의 특수성을 인정해주고 있다. 반면에 영국대법원은 일반 민사재판에 적용되는 원칙인 Dicey Rule을 그대로 적용하여, 다소 엄격한 입장을 취하고 있다. 이와 같은 미국과 영국 간의 입장 차이는 Rubin 판결과 New Cap 판결 등을 통해 극명하게 드러나는데, 이하 제4장에서 구체적으로 살펴본다.

제 3 장

CBI 모델법의 적용범위에 관한
미국의 입장

제1절 미연방파산법원의 전향적(前向的) 태도

주지하다시피 미국은 Bankruptcy Abuse Prevention and Consumer Protection Act of 2005를 통해 도산 관련 법령을 전반적으로 정비하는 과정에서, 미연방파산법 제304조를 삭제하고,[1] 제15장(Chapter 15)

---

[1] 제304조는 1978년에 미연방파산법에 추가된 "Case ancillary to foreign proceedings"라는 이름의 조문으로서 제15장이 제정되기 전까지 외국도산절차의 지원에 관한 체계를 규정하는 조문으로 기능하였다. 상세는 Paul L. Lee, "Ancillary Proceedings under Section 304 and Proposed Chapter 15 of the Bankruptcy Code", 76 American Bankruptcy Law Journal, 2002, 115면을 참조. 참고로 제304조 원문은 아래와 같은데, CBI 모델법상의 '승인'에 해당하는 개념은 없지만, 외국도산절차를 지원할 수 있는 구제조치(relief) 및 그 요건에 관하여 규정하고 있다. 현재 미연방파산법 실무에서 중요한 역할을 하는 § 1521(a)(7)과 유사한 기능을 하는 § 304(b)(3)가 종래부터 존재해왔다는 점이 특기할만하다(밑줄과 강조는 필자가 임의로 표시).

> **§304. Cases ancillary to foreign proceedings**
>
> (a) A case ancillary to a foreign proceeding is commenced by the filing with the bankruptcy court of a petition under this section by a foreign representative.
>
> (b) Subject to the provisions of subsection (c) of this section, if a party in interest does not timely controvert the petition, or after trial, the court may—
>
> (1) enjoin the commencement or continuation of—
>
> (A) <u>any action against—</u>
>
> (i) a debtor with respect to property involved in such foreign proceeding; or
>
> (ii) such property; or
>
> (B) <u>the enforcement of any judgment against the debtor with respect to such property</u>, or <u>any act or the commencement or continuation of any judicial proceeding</u> to create or enforce a lien against the property of such estate;
>
> (2) order turnover of the property of such estate, or the proceeds of such property, to such foreign representative; or
>
> (3) <u>order other appropriate relief.</u>
>
> (c) <u>In determining whether to grant relief under subsection</u> (b) of this section, the court shall be guided by what will best assure an economical and expeditious

을 신설하는 방법으로 CBI 모델법을 채택하였다.[2] 그중에서도 외국
도산절차를 지원할 수 있는 구제조치(relief)에 관하여 규정하고 있는
제1519~1521조가 실무상 빈번하게 활용되고 있는데,[3] 특히 미연방파
산법원은 회생계획인가 또는 면책재판처럼 당사자들의 실질적인 권
리·의무관계에 영향을 미치는 외국재판의 효력을 대내적으로 부여하
는 근거 법률로서 제1521(a)(7) 및 제1507조를 들고 있어 흥미롭다.

I. 추가적인 구제조치(additional relief)로서의 제1521(a)(7)

미연방파산법 제1521(a)은 외국도산절차가 승인된 경우 외국도산
절차를 지원하기 위해 그 대표자에게 발령할 수 있는 구제조치(relief)
의 유형을 나열하고 있는데, 모델법 제21조 제1항을 그대로 받아들여

administration of such estate, consistent with—
(1)~(6) 생략.

[2] 관련 법령의 입법 경위에 관한 상세는 석광현, "채무자회생 및 파산에 관한
법률(이른바 統合倒産法)에 따른 국제도산법", 국제거래법연구 제15집 제2
호, 국제거래법학회, 2006, 320면을 참조.

[3] 제1519조(Relief that may be granted upon filing petition for recognition)는 채무
자회생법 제635조에 상응하는 조문으로서 승인결정이 내려지기 전에 먼저
발령할 수 있는 구제조치에 관하여 규정하고 있다. 반면에 제1520조(Effects of
recognition of a foreign main proceeding)는 외국도산절차가 주절차로서의
성격을 가지고 있을 때 승인과 동시에 자동적으로 부여되는 효력을 규정하
고 있는 조문으로서 채무자회생법상 이에 상응하는 규정은 없다. 앞서 본
것처럼 채무자회생법은 COMI를 도입하지 않아 주절차/종절차를 알지 못하
기 때문이다. 한편, 제1521조(Relief that may be granted upon recognition)는
주절차/종절차에 관계없이 미연방파산법원이 승인결정과 함께 발령할 수
있는 유형의 구제조치를 나열하고 있는데, 그 구체적인 내용은 이하에서
별도로 살펴본다.

채무자에 대한 개별소송이나 절차(individual action or proceeding)의 금지 또는 중지, 채무자의 자산(debtor's assets)에 대한 집행중지, 미국 내에 소재하는 채무자의 자산 전부 또는 일부의 관리나 환가(administration or realization)를 외국대표자 또는 법원이 지명하는 자[검사인(examiner)⁴)을 포함]에게 위임하는 것 등 7가지 유형의 구제조치를 나열하고 있다[제(1)~(7)호].

특히, 그중에서도 제(7)호는 "추가적인 구제조치(additional relief)"라는 이름으로, 활용될 수만 있다면 미국도산절차에서 내려지는 구제조치[다만, 법 제522, 544, 545, 547, 548, 550, 724(a)에 따른 구제조치는 제외]⁵)까지도 외국도산절차를 지원하기 위해 폭넓게 발령될 수 있음을 선언하고 있다. 이는 앞서 본 바와 같이 제15장 제정 전부터 미연방파산법 제304(b)(3)에서 규정되어 있던 조항인데, 미연방파산법원은

---

4) 검사인(Examiner)이란 미연방파산법 제1104조에 따라 법원이 선임할 수 있는 자로서, 회사의 관리처분권한을 위임받아 경영 등 영업활동을 책임지는 도산관리인(Trustee)과는 달리, 특정이슈에 대해서만 조사하고 이를 보고하는 역할을 수행한다. 따라서 Examiner가 선임되었다는 사정만으로 DIP가 채무자에 대한 경영권을 잃게 되는 것은 아니다. 실무상 U.S. Trustee가 공인회계사 내지 변호사 중에서 선택하여 추천하는 방식을 통해 선임되는데, 제1106조에서는 Examiner가 준수하여야 하는 의무들이 규정되어 있다. 상세는 William L. Norton Ⅲ, *Norton Bankruptcy Law and Practice 3rd Dictionary of Bankruptcy Terms (3rd Ed.)*, 2020을 참조.

5) 위와 같은 단서 부분은 주로 도산관리인(DIP 내지 Trustee)의 부인권행사와 관련되어 있다. 즉, 미연방파산법은 외국도산절차의 대표자가 제15장 절차에서 위 각 조문에 따른 부인권을 곧바로 행사할 수는 없고, 별도의 미국도산절차를 제기한 이후 그 절차 내에서 위 각 조항에 따른 부인권을 행사하도록 하고 있는 것이다. 그러나 이하에서 보는 것처럼 제5연방항소법원은 Condor Insurance Ltd 사건에서 미연방파산법이 아닌 "외국법(foreign avoidance law)"에 따라 부인권행사를 할 때는 제15장에서 그와 같은 내용의 구제조치를 발령할 수 있다고 판시하였다. 즉, 미국은 외국도산절차의 신속한 처리를 위해 가능한 해당절차의 대표자에게 많은 권한을 부여하려고 노력하고 있는 것으로 보인다.

제15장 도입 이후에도 실제로 이를 실무에서 활발하게 활용하고 있다. 채무자회생법 제636조 제1항 제5호에서 이와 유사한 규정을 두고도 단 한 번도 활용하지 못하고 있는 우리나라와 사뭇 다른 모습이다.

구분	원문(밑줄과 강조는 필자가 임의로 표시)
CBI 모델법	**Article 21. 1**(g) Granting any **additional relief** that may be available to [insert the title of a person or body administering a reorganization or liquidation under the law of the enacting State] under the laws of this State.
미연방파산법	**§1521**(a)(7) granting any **additional relief** that may be available to a trustee, except for relief available under sections 522, 544, 545, 547, 548, 550, and 724(a)
채무자회생법	**제636조 제1항** 5. **그 밖에** 채무자의 업무 및 재산을 보전하거나 채권자의 이익을 보호하기 위하여 **필요한** 처분

II. 추가적인 지원(additional assistance)으로서의 제1507조

미연방파산법 제1507조는 CBI 모델법 제7조를 그대로 받아들여 "추가적인 지원(additional assistance)"이라는 이름으로, 미연방파산법뿐만 아니라 다른 법률(other laws of the United States)에 따른 조치도 외국도산절차의 대표자를 지원하기 위해 내려질 수 있다고 규정하고 있다. 물론 이와 같은 추가적인 지원은 국제예양(principles)에 부합하고, 제1507(b) 각호에서 규정된 공정성 요건(fairness consideration)[6]을

---

6) 뉴욕남부파산법원의 법관 Shelley C. Chapman이 *In re Rede Energia S.A.*, 515 B.R. 69, 90 (Bankr. S.D.N.Y. 2014)에서 사용한 용어로서, 도산재단에 대한 권리보유자들에 대한 정당한 취급(just treatment), 외국도산절차에 참여하

충족하는 경우에만 발령될 수 있다고 규정하는 등 CBI 모델법에서는
두고 있지 않은 다소 엄격한 요건을 제시하고 있다.

구분	원문(밑줄과 강조는 필자가 임의로 표시)
CBI 모델법	**Article 7** Nothing in this Law limits the power of a court or a [insert the title of the person or body administering a reorganization or liquidation under the law of the enacting State] to provide **additional assistance** to a foreign representative under **other laws of this State**.
미연방파산법	**§1507** (a) Subject to the specific limitations stated elsewhere in this chapter the court, if recognition is granted, may provide **additional assistance** to a foreign representative under **this title** or under **other laws of the United States**. (b) In determining whether to provide additional assistance under this title or under other laws of the United States, the court shall consider whether such additional assistance, consistent with **the principles of comity**, will reasonably assure- (1),(2),(3),(4),(5) 생략.
채무자 회생법	상응하는 조문 없음

그러나 미연방파산법원은 앞에서 살펴본 제1521(a)(7)을 근거로 하여
서도 발령하기 어렵거나 애매한 조치에 대해서 제1507조를 적극적으로
활용하여 외국도산절차에서 내려진 실체적 결정에 대내적 효력을 부여
하는 등 실무상 위 조문을 빈번하게 활용하고 있다. 특히, 본질적으로
형평법원(courts of equity)의 성질을 가지고 있는 미연방파산법원은 형
평법에 따른 절차(proceeding in equity)의 성질을 가지고 있는 도산절차
에서,[7] 채무자나 채권자 기타 이해관계인의 보호를 위해 법원이 필요하

기 어려운 미국 내 권리보유자들의 보호(protection of claim holders in the
United States) 등 미연방파산법 제1507(b)의 각호에 규정된 5개의 조건을 말
한다.
[7] *Local Loan Co. v. Hunt*, 292 U.S. 234, 240.

고 적절하다고 생각하는 명령 등을 임의로 발령할 수 있는데,[8] 국제도 산의 맥락에서는 제1507조가 위와 같은 역할을 하는 것으로 보인다.

가령, 미국에서는 회생계획안에 채무자 외 비(非)채무자(non-debtor) 에 대해서까지 채무를 감경하거나 면책한다는 취지의 조항(Third-party Release, 이하 '제3자 면제조항'이라 한다)을 두는 경우가 있고, 이때 그 적법·유효성을 두고 미국의 연방항소법원 사이에서도 [별지 5]에서 보는 것처럼 치열하게 견해가 대립하고 있다. 그런데 미국 제 2연방항소법원은 이하에서 보는 것처럼 In re Avanti Communications Group PLC 사건[9]에서 제1507조를 근거로 이와 같은 제3자 면제조 항[10]이 포함된 영국의 SOA 및 이를 인가한 영국법원의 Sanction

---

[8] 미연방파산법 제105(a)는 이와 같은 형평법상의 권한을 명시적으로 규정하였 다. 참고로 앞서 본 2014국지1 사건에서 필자와 공조하였던 버지니아동부파 산법원의 법관인 Brian F. Kenney도 위 조문을 근거로 [별지 4] 기재와 같이 서울회생법원과의 공조결정(Order Establishing Protocol for Communication with the Seoul Bankruptcy Court)을 내리기도 하였다. 뉴욕남부파산법원, 델 라웨어파산법원과 달리 JIN Guidelines를 채택하지 않아 공조결정을 내릴 수 있는 별도의 명시적인 근거규정이 없자, 위와 같이 일반적으로 광범위 한 권한을 부여하고 있는 제105(a)를 근거로 삼은 것으로 추측된다. 참고로 해당 조문의 원문은 아래와 같다(밑줄과 강조는 필자가 임의로 표시).

> **§ 105. Power of court**
> (a) The court may issue **any order, process, or judgment** that is **necessary or appropriate** to carry out the provisions of this title. No provision of this title providing for the raising of an issue by a party in interest shall be construed to preclude the court from, sua sponte, taking any action or making any determination necessary or appropriate to enforce or implement court orders or rules, or to prevent an abuse of process.

[9] *In re Avanti Communications Group PLC*, 582 B.R. 603 (Bankr. S.D.N.Y. 2018).
[10] 미연방파산법은 채무자가 아닌 제3자에 대해서는 면책의 효력이 미치지 않음을 명시적으로 밝히고 있고[제524(e)], 공동채무자에 대해서는 일정한 경 우 채무자와 더불어 단지 집행중지의 효력을 부여해줄 뿐이라고 규정하고 있을 뿐이다[제1201조, 제1301조]. 그러나 그럼에도 가령, 채무자의 officer에 대한 면제를 통해 채무자의 재건에 더욱 박차를 가할 수 있고, 위와 같은

Order를 함께 승인하면서, 제3자 면제조항의 효력이 미국 내에서 부인된다면 채권자들이 손해를 입고 결국 재건절차의 공정하고 효율적인 진행이 방해될 것이라는 점을 근거로 제시하기도 하였다.

III. 채무조정안 및 그 인가재판에 대한 폭넓은 승인·집행

미연방파산법원은 이와 같은 미연방파산법 제1521(a)(7) 내지 제1507조를 근거로 외국도산절차에서 수립된 채무조정안의 승인·집행을 폭넓게 허용하고 있다. 이는 '외국도산절차'를 승인하는 전형적인 CBI 모델법상의 승인을 넘어 '외국도산절차에서 수립된 채무조정안'에 대내적 효력을 부여하는 구제조치(=채무조정안의 인가결정을 승인·집행하는 내용)를 발령하는 것이어서 그 의미가 크다.

조항이 포함된 회생계획안에 동의를 한 채권자에 대해서까지 이를 무효로 할 필요는 없다는 등의 이유로, 앞서 본 제105(a)를 근거로 제3자 면제조항의 유효성을 인정하는 견해가 제기되다가 다수를 차지하게 된 것이다. 물론, 이와 같은 견해를 취하는 입장에서도 일정한 요건이 구비되는 경우에만 그 효력을 인정하도록 하고 있고 회생계획안에 반대하는 자에 대한 구속력까지 인정하는 것은 아닌데, 가령 제3연방항소법원에서는 ① 제3자가 채무를 대신 변제하고 채무자를 상대로 구상권을 가지게 되는 경우(가령, 보증인)일 것, ② 제3자가 회생계획의 변제자원으로 사용할 수 있는 자산을 제공할 수 있을 것, ③ 제3자에 대한 면제가 없으면 회생절차가 도저히 더이상 진행될 수 없을 것, ④ 권리행사를 제한받는 채권자들 중 거의 대부분(overwhelmingly)이 위와 같은 제3자 면제조항에 동의할 것, ⑤ 회생계획에 따른 변제율이 100%이거나 거의 100%(all or substantially all)에 이를 것 등을 제시하고 있다. 위 요건에 관한 상세는 *In re Zenith Electronics Corp.*, 241 B.R. 92 (Bankr. Del. 1999)를 참조. 참고로 연방항소법원 별로 취하고 있는 입장은 [별지 5]와 같은데, 향후 미연방대법원에서 입장을 정리할 필요가 있다고 생각된다. 항소법원별 입장에 관한 상세는 Elizabeth D. Lauzon, "Validity of Non-Debtor Releases in Bankruptcy Restructuring Plans", 18 American Law Reports Fed. 3d Art. 2, 2016을 참조.

즉, 당사자들의 실체적인 권리·의무관계를 조정하는 내용의 외국
재판을 CBI 모델법상의 구제조치로서 승인·집행할 수 있도록 한 것
인데, CBI 모델법상의 구제조치로는 절차적인 내용의 지원만 가능하
다고 본 영국 및 우리나라 대법원의 소극적인 입장과 대비된다. 구
체적으로 미연방파산법원은 캐나다의 CCAA 절차, 영국의 SOA 절차,
프랑스의 보호절차, 브라질의 구조조정절차, 크로아티아의 특별관리
절차 등 주요국가의 외국도산절차에서 수립된 채무조정안 및 그 인
가재판을 승인·집행하였는데(다만, 멕시코의 조정절차에 있어서는
그 승인·집행이 거부된 적이 있음), 그 주요 내용은 아래 [표 3]과 같
고, 개별 사안의 상세한 내용은 절을 바꾸어 살펴본다.

[표 3] 미연방파산법원의 외국도산절차 인가재판 승인·집행사례

관할	외국도산절차	주요사례	주요내용
제2연방 항소법원 (뉴욕을 관할)	캐나다 CCAA 절차	·U.S. Steel Canada 사안 ·Metcalfe 사안 ·Sino-Forest 사안	CCAA 절차에서 수립된 Plan 및 인가 재판을 승인·집행
	영국 Scheme of Arrangement 절차	·Avanti 사안 ·Lehman Brothers International Europe(LBIE) 사안	·SOA 절차에서 수립된 Scheme 및 인가재판을 승인·집행 ·서울회생법원 2016국승100001, 2016 국지100001로도 처리됨
	프랑스 보호절차	·CGG S.A. 사안	보호절차에서 수립된 Plan 및 인가 재판을 승인·집행
	브라질 구조조정 절차	·Rede Energia 사안 ·Oi Brasil Energia 사안	구조조정절차에서 수립된 Plan 및 인가재판을 승인·집행
	크로아티아 특별관리절차	·Agrokor D.D. 사안	·특별관리절차에서 수립된 화해계 약 및 인가재판의 승인·집행 ·미국 이외의 다른 국가들에 "외국 도산절차"의 승인을 신청 ❶ 영국/스위스: ○ ❷ EU: ○(자동승인) ❸ 세르비아/몬테네그로/슬로베니아/ 보스니아헤르체고비나: ×

제5연방 항소법원 (텍사스를 관할)	멕시코 조정절차	·Vitro, S.A.B. 사안	·조정절차에서 수립된 Plan 및 인가 재판을 승인·집행 X

제2절 채무조정안 및 그 인가결정 등에 대한 대내적 효력부여 사례

I. 캐나다 CCAA 절차에서 수립된 Plan 등에 대한 취급

이하에서 보는 것처럼 미연방파산법원은 CBI 모델법상의 구제조치를 통해 캐나다의 CCAA 절차에서 수립된 채무조정안 및 그 인가결정을 승인·집행하였다. 이하에서 살펴볼 사안들은 미연방파산법 제1507조, 제1521(a)(7)의 적용범위를 적극적으로 해석한 대표적인 사례들로 소개되는데, 특히 Metcalfe 사안과 Sino-Forest 사안에서는 제3자 면제조항이 포함된 채무조정안에 대해서도 대내적 효력을 인정함으로써 많은 주목을 받기도 했다.

1. CCAA 절차에서 수립된 Plan의 성질

앞에서 본 것처럼 CCAA는 5,000,000 캐나다달러(CAN$) 이상의 채무를 부담하고 있는 법인채무자의 회생절차를 규율하는 법인데,[11]

---

[11] 흥미롭게도 CCAA § 3(1)은 단일 채무자에 대한 채무가 5,000,000 CAN$를 넘는 경우뿐만 아니라 채무자와 밀접하게 관련된 관계회사들(affiliated debtor companies)에 대한 채무의 합계액이 5,000,000 CAN$가 넘는 경우에도 CCAA가 적용될 수 있다고 규정하고 있다.

미연방파산법 제105(a)처럼 광범위한 재량을 부여하는 제11조[12]를 규정함으로써, 법원이 CCAA 절차를 구체적인 상황에 따라 탄력적으로 운용할 수 있도록 지원하고 있다.

물론, CCAA 절차는 ⅰ) 회생계획(plan of compromise or arrangement)이 수립된 이후 채무자, 채권자 등 이해관계인의 신청이 명시적으로 있어야만 법원이 채권자집회(a meeting of creditors)를 개최할 수 있는 점,[13] ⅱ) 집회에 참석한 채권자들이 보유한 채권액 총액의 3분의 2 이상에 해당하는 동의뿐만 아니라 그 집회에 참석한 채권자들 수의 과반 동의까지 있어야만 해당 조에서 가결될 수 있는 점,[14] ⅲ) 개

---

[12] CCAA § 11는 법원이 적절하다고 생각하는 어떤 명령이든지 발령할 수 있다는 것으로서, 그 원문은 아래와 같다(밑줄과 강조는 필자가 임의로 표시).

> **General power of court**
> 11 Despite anything in the Bankruptcy and Insolvency Act or the Winding-up and Restructuring Act, if an application is made under this Act in respect of a debtor company, **the court**, on the application of any person interested in the matter, may, subject to the restrictions set out in this Act, on notice to any other person or without notice as it may see fit, make **any order** that it considers appropriate in the circumstances.

[13] CCAA § 4, 5 참조. 참고로 "compromise"는 채권자들에 대해 부담하는 채무액을 조정하는 내용의 합의안을 의미하고, "arrangement"는 채무액 조정뿐만 아니라 법인채무자의 업무 전반에 관한 조정을 포함하는 보다 광범위한 의미의 회생계획을 의미하는 것인데, 양자가 엄격하게 구분되는 것은 아니다. 반면에 우리나라는 회생계획안의 제출이 있는 때에는 법원이 채무자 등의 신청이 없더라도 그 회생계획안의 심리를 위한 관계인집회를 소집하도록 하고 있다(채무자회생법 제224조).

[14] 우리나라는 (주주의 경우를 제외한다면) "집회에의 참석여부에 관계없이" 의결권을 행사할 수 있는 권리보유자를 기준으로 가결요건을 산정하고 있다. 회생담보권자/회생채권자의 경우 의결권 총액의 일정 기준 이상에 해당하는 의결권을 가진 자의 동의를 요구하고 있을 뿐 "의결권을 가진 권리보유자들의 수 자체"에 관한 요건은 두고 있지 않은 것이다(채무자회생법 제237조). 그런데 흥미롭게도 2014. 12. 30.부터 도입되어 시행 중인 소액영업소득자에 대한 간이회생절차에서는 회생채권자조에 대해 (기존의 가결

시결정이 있더라도 채무자의 재산에 대한 강제집행중지 등은 자동적으로 부여되는 것은 아니고 법원이 재량에 따라 결정할 수 있는 점[15] 등에서 우리나라의 회생절차와 차이가 있다. 그러나 채무자의 재건을 위하여 수립된 회생계획이 결의를 거쳐 법원의 인가(court sanction)[16]를 받아야 비로소 그 효력이 발생하게 된다는 점에서 전체적인 체계는 채무자회생법상의 회생절차와 유사한 것으로 보인다.

2. U.S. Steel Canada 사안[17]

가. CCAA 절차의 진행경과

채무자인 캐나다법인 U.S. Steel Canada Corporation은 2007년 10월

요건 이외에) 〈의결권을 행사할 수 있는 회생채권자의 의결권의 총액의 2분의 1을 초과하는 의결권을 가진 자의 동의 + 의결권자의 과반수의 동의〉를 대체적 가결요건으로 함께 적용하고 있다(제293조의8 제2호). 즉, 이때는 예외적으로 '의결권을 행사할 수 있는 권리보유자'가 회생채권자 조에서도 그 기준으로 작용한다.

[15] 우리나라는 일단 "회생절차개시결정"이 내려지면 채무자의 재산 등에 강제집행을 신청할 수 없고 계속 중인 집행절차도 중지되도록 하고 있다(채무자회생법 제58조). 물론 이는 회생절차의 "신청"과 동시에 채무자에게 집행중지의 효력이 자동적으로 부여되는 미국의 자동중지(Automatic Stay)의 정도에 이르는 것은 아니다. 그래도 캐나다의 CCAA 절차보다는 채무자 보호에 유리한 것으로 보인다.

[16] 캐나다는 회생계획안의 내용이 공정하고 합리적인지(fair and reasonable), 모든 법령상 요건(statutory requirements)을 충족했는지, 법원이 내린 이전 명령들을 모두 준수했는지, 해당 회생계획안이 수행가능한지(feasible) 등을 기준으로 인가여부를 판단한다. 상세는 Barbara Romaine/Robert Drain/Mary Jo Heston/D.J. Miller, "Comparison of U.S. and Canadian Restructuring Proceeding", NCBJ International Program, 2019, 11면 이하를 참조.

[17] 뉴욕남부파산법원에 접수된 제15장 절차의 사건번호는 *In re U.S. Steel Canada Inc.*, Case No. 17-11519 (MG)이다. 한편, 제15장 절차의 진행 과정에서 CCAA 절차가 승인되고 그 절차에서 수립된 Plan 등을 승인·집행하는 내

경 미국법인 U.S. Steel Corporation에게 인수되어 그 자회사로서 활동하고 있었다. 그런데 2008년 금융위기로 철강제조시장이 위축되어 재정상태가 지속해서 악화되자, 2014. 9. 16. 캐나다 온타리오법원18)에 CCAA 절차를 신청하였다.

이후 위 CCAA 절차에서 Bedlock이라는 인수자가 나타나 모회사인 U.S. Steel Corporation으로부터 채무자의 주식을 양수하는 대신 채무자에게 자금을 지원하는 것을 주요 내용으로 하는 Plan이 작성되었다. 위 Plan은 2017. 4. 27. 일반채권자 조(class of General Unsecured Creditors), 급여채권자 조(class of Salaried Employees)에서 각각 95%가 넘는 높은 비율로 가결되었고, 온타리오법원은 2017. 6. 9. 위 Plan을 인가하는 결정(Sanction Order)을 내렸다.

그런데 흥미롭게도 위 Plan은 "온타리오법원이 발령한 위 인가결정이 미연방파산법원의 제15장 절차에서 승인되고 미국 내에서 완전한 효력(given full force and effect in the U.S.)을 가지는 경우"에 비로소 그 효력을 발생하는 것을 조건으로 작성되었고,19) 이에 채무자는 위 인가결정을 받기 전인 2017. 6. 2. 뉴욕남부파산법원에 CCAA

용의 구제조치가 발령되었는데(ECF Doc. #12), 담당 법관인 Judge Martin Glenn이 해당 결정에 관하여 작성한 Opinion Memorandum은 *In re U.S. Steel Canada Inc.*, 571 B.R. 600 (Bankr. S.D.N.Y. 2017, 이하 'U.S Steel Canada Inc.'라 한다)이라는 별도의 사건번호로도 분류되었다.

18) Barbara Romaine/Robert Drain/Mary Jo Heston/D.J. Miller(주 16), 1면에 의하면 캐나다의 온타리오 주(Province of Ontario), 퀘벡 주(Province of Quebec), 앨버타 주(Province of Alberta)에는 도산사건을 전문적으로 취급하는 Commercial Courts가 있어서, 국제도산에 관한 사건이 다른 법원에 비해 많이 집중되는 편이라고 한다.

19) Plan에 명시된 다른 조건들(Plan이 가결될 것, 인가결정이 내려질 것, 인가결정에 관한 불복기간이 도과할 것, Bedlock이 합의된 바에 따라 자금을 예정대로 지원할 것)은 본문에서 다루는 쟁점과 직접적인 관련이 없어 별도로 논의하지 아니한다. 위 조건에 관한 보다 구체적인 내용은 U.S Steel Canada Inc.(주 17), 606~607면을 참조.

절차 및 Plan의 승인과 CCAA 절차를 지원하기 위한 적절한 조치 등
을 내려줄 것을 신청하게 된 것이다.

나. 제15장 절차에서의 주요 결정

위와 같은 신청에 대해 뉴욕남부파산법원의 담당 법관인 Martin
Glenn은 2017. 6. 29. 채무자의 COMI가 캐나다에 있다고 판단하여
CCAA 절차를 주절차로 승인하였다.[20] 그리고 그에 따라 제1520조에
규정된 구제조치를 함께 발령하면서,[21] 외국도산절차의 대표자[22]에
게 미국 내에서 영업할 수 있고 도산관리인(Trustee)으로서 권한도
행사할 수 있음을 선언해주는 등 여러 내용의 명령을 발령하였다.[23]

---

[20] 채무자의 등록된 사무소(registered office)의 소재지뿐만 아니라, *In re SphinX,
Ltd.*, 351 B.R. 103 (Bankr. S.D.N.Y. 2006) 사건에서 설시된 COMI의 판단요소
[=채무자의 본사(headquarter) 소재지, 경영자들의 위치, 주된 자산(primary
assets)의 소재지, 채권자들의 소재지 등]를 함께 검토하여 채무자의 COMI
가 캐나다에 있다고 판단하였다. COMI의 결정요소에 관한 상세는 김영석,
"국제도산에서 주된 이익의 중심지(COMI)를 둘러싼 제문제", 서울대학교
법학석사 학위논문, 2012, 59면 이하를 참조.

[21] 앞에서 본 바와 같이 제1520조는 외국도산절차가 "주절차(main proceeding)"
로 승인되는 경우, 승인 결정과 동시에 자동으로 발령되는 구제조치를 규정
하고 있는데, 제361조(Adequate protection), 제362조(Automatic stay), 제363조
(Use, sale, or lease of property), 제549조(Post-petition transactions), 제552조
(Post-petition effect of security interest) 등이 명시되어 있다.

[22] 온타리오법원은 미연방파산법원에 Chapter 15 절차가 신청될 수 있도록
2017. 5. 26. 채무자를 foreign representative로 지정하는 결정을 내렸다. 미
연방파산법은 제101(41)에서 individual 이외에 partnership이나 corporation
도 "person"에 포함된다는 규정을 두고 있었기 때문에, 채무자는 '법인'임에
도 적법한 foreign representative로 인정될 수 있었던 것이다. 채무자회생법
도 해석상 그와 같이 실무를 운영할 수 있지만, 이와 같은 구체적인 규정
을 두고 있다면 더욱 바람직할 것으로 보인다.

[23] 상세는 *In re U.S. Steel Canada Inc.*, Case No. 17-11519 (MG), ECF Doc. #12를
참조.

특히 위 Plan 및 인가결정에 대해서도 미연방파산법 제105(a), 1507, 1521(a)(7)에 따라 이를 모두 승인하고 미국 내에서 완전한 효력 및 그에 따른 효과를 가진다고 명시하였다.[24]

다. Plan 및 인가결정 관련 판시사항

위 담당 법관은 ⅰ) 채무자가 CCAA 절차에서 채권자뿐만 아니라 정부 기구(governmental body)와도 협상하였고, ⅱ) 위와 같은 과정을 통해 수립된 Plan은 채권자들의 압도적인 지지(overwhelming support)를 받아 가결되었으며, ⅲ) 제15장 절차에서 승인·집행을 받는 것이 CCAA에서의 Plan 및 그 인가결정이 효력을 발생하는 조건일 뿐만 아니라, ⅳ) 채무자의 신청에 대해 뉴욕남부파산법원에 이의를 제기한 자가 없었다는 점 등을 고려하여, Plan 및 인가결정을 승인하고 대내적 효력을 부여하는 구제조치를 발령하였다. 무엇보다도 그와 같이 논증하는 과정에서 제1507조에 명시된 "국제예양의 원칙(principles of international comity)"을 주된 논거로 언급하였다는 점이 흥미롭다.[25]

아마도 미국에서 설립되어 활동하고 있는 채무자의 모회사가 주요한 이해관계인으로 존재하고, CCAA 절차에서 수립된 재무구조 조정안에 따라 미국채권자들도 그 권리·의무관계에 상당한 영향을 받게 되는 점 등이 고려되었을 것으로 보이는데, 주목할 것은 앞에서 언급한 것처럼 뉴욕남부파산법원이 (일반적인 민사판결의 승인 및

---

[24] Plan과 인가결정(Sanction Order)을 승인한 부분에 관한 결정 원문은 아래와 같다(밑줄과 강조는 필자가 임의로 표시).

> ORDERED that the **Sanction Order**, the **Plan**...and all other related orders and documents are **recognized,** granted comity, and entitled to **full force** and **effect** in the United States pursuant to sections 105, 1507, and 1521 of the Bankruptcy Code;

[25] *U.S Steel Canada Inc.*(주 17), 606면, 612면을 각 참조.

집행에 관한 절차가 아니라) 미연방파산법 제15장상의 추가적인 구제조치(additional relief) 또는 추가적인 지원(additional assistance)의 형태로서, CCAA 절차에서 수립된 Plan 및 그에 대한 온타리오법원의 인가결정에 대내적 효력을 부여했다는 점이다.

3. Metcalfe 사안[26]

가. CCAA 절차의 진행경과

채무자는 Metcalfe & Mansfield Alternative Investment II Corp.를 포함한 7개의 법인으로, 도관회사들(Conduits)로부터 자산을 수탁받아 이를 기초로 하는 자산담보부기업어음(Asset Backed Commercial Paper, 이하 'ABCP'라 한다)을 발행하는 업무를 수행하는 회사들(Issuer Trustee)이었다. 그런데 2007. 8.경 미국에서 시작된 이른바 서브프라임 모기지(sub-Prime Mortgage) 사태의 여파로 ABCP의 신규발행 등을 통한 자금융통이 어려워져 만기가 돌아오는 ABCP를 상환할 수 없게 되었다. 이에 채무자는 32억 CAN$에 달하는 규모의 채무를 조정하기 위해 캐나다 온타리오법원에 CCAA 절차를 신청하였고,[27] 2008. 3. 17. 그 절차가 개시되었다.

이후 CCAA 절차에서 어음소지인들에게 새로운 내용의 어음을 발행

---

26) 뉴욕남부파산법원에 접수된 제15장 절차의 사건번호는 *In re Metcalfe & Mansfield Alternative Investments*, Case No. 09-16709 (MG)이다. 한편, 제15장 절차의 진행과정에서 CCAA 절차가 승인되고 그 절차에서 수립된 Plan 등을 승인·집행하는 내용의 구제조치가 발령되었는데(ECF Doc. #28), 담당 법관인 Judge Martin Glenn이 해당 결정에 관하여 작성한 Opinion Memorandum은 *In re Metcalfe & Mansfield Alternative Investments*, 421 B.R. 685 (Bankr. S.D.N.Y. 2010, 이하 'Metcalfe'라 한다)라는 별도의 사건번호로도 분류되었다.

27) Metcalfe(주 26), 687면에 의하면, 당시까지 접수된 캐나다의 도산사건 중 역대 최대 규모의 부채를 다루었다고 한다.

하여 주고 도관회사들이 가지고 있는 자산을 새롭게 설립되는 법인에 이전하여 위 어음금지급채무에 관한 담보물로 제공될 수 있도록 하는 내용의 Plan이 수립되었다. 위 Plan은 2008. 4. 25. CCAA 절차에서 구성된 유일한 조인 어음채권자 조에서 96%에 달하는 높은 비율로 가결되었고,28) 온타리오법원은 2008. 6. 5. 위 Plan을 인가하는 결정(Sanction Order)과 Plan의 원활한 이행을 위한 결정(Plan implementation Order)을 내렸다.29)

그런데 위 Plan 및 인가결정은 i) 채무자에 대하여 수탁자의 지위를 가지는 도관회사들(Conduits), ii) 위 도관회사들에 자산을 매각한 금융회사들(Asset provider),30) iii) 채무자가 자금난에 빠져있을 때 자금을 융통해 주기로 한 유동성 공급자(Liquidity Provider) 등 (채무자 아닌) 제3자의 채무도 면제시켜주는 제3자 면제조항을 포함하고 있었고, 나아가 위와 같이 면제되는 제3자(Released parties)들을 상대로 소송을 제기해서는 안 된다는 금지명령(injunction)까지 포함하고 있었다.

이후 온타리오법원으로부터 위 CCAA 절차와 관련하여 외국도산절차의 대표자로 선임된 Ernst & Young Inc.31)이 2009. 11. 10. 뉴욕남

---

28) 채권자의 수(votes by number)와 채권액(votes by value)에 있어서 모두 96%를 넘는 높은 비율로 가결되었다.

29) 일부 이해관계인들이 위 결정에 불복하였으나 온타리오항소법원은 2008. 8. 18. 만장일치로 위 결정을 그대로 유지하였고, 캐나다대법원은 이에 관한 심사를 개시하지 않음으로써(denied review), 위 결정들은 확정되었다. 상세는 Metcalfe(주 26), 687면을 참조.

30) Bank of America, Canadian Imperial Bank of Commerce, Citibank, Deutsche Bank, HSBC Bank USA, Merrill Lynch International, Royal Bank of Canada, Royal Bank of Scotland, Swiss Re Financial Products Corporations 등 미국과 캐나다 이외에도 영국, 독일, 스위스 등 다양한 국가에 설립된 금융기관들이 채무자에게 자산을 매각하였다.

31) 영국에 본사를 두고 있는 회계법인인 Ernst & Young은 이 사건 CCAA 절차에서 Monitor로 선임된 자인데, 온타리오법원으로부터 외국법원에 CCAA

부파산법원에 CCAA 절차의 승인을 신청하면서 그 구제조치로서 인가결정과 이행결정의 승인·집행까지 함께 구한 것이다.

나. 제15장 절차에서의 주요 결정

위와 같은 신청에 대해 뉴욕남부파산법원의 담당 법관인 Martin Glenn은 이 사건 CCAA 절차를 주절차로 승인할 수 있는 것은 당연하지만,[32] 제3자 면제조항이 포함된 인가결정 및 이행결정에 대내적 효력을 부여하는 내용의 구제조치까지 발령할 수 있는지는 고민된다고 하였다. 그러면서도 결국 2010. 1. 5. 주절차로서의 승인과 함께 위 인가결정/이행결정이 미연방파산법 제105(a), 1507, 1521(a)(7)에 따라 미국 내에서 완전한 효력 및 그에 따른 효과를 가진다고 판시하였다.[33]

다. 인가결정과 이행결정 관련 판시사항

위 담당 법관은 i) 제3자 면제조항이 포함된 Plan은 거의 만장일

절차의 승인을 신청할 수 있는 foreign representative로서의 권한까지 부여받았다. 참고로 Monitor는 채무자의 영업활동과 재정적 상황을 감시하는 역할을 하는 자로서 CCAA 절차에서는 법원이 반드시 선임하도록 되어 있는데(CCAA § 11.7), 채무자의 현금흐름표(cash-flow statement)를 검토하고 채무자의 재무상황에 관한 보고서를 제출하는 등의 업무를 수행한다(CCAA § 23). Monitor에 대한 상세는 김범준, "캐나다의 기업회생절차 연구", 외국사법연수논집 제136집, 법원도서관, 2018, 172면을 참조.

[32] 실제 결정문(ECF Doc. #28)에서는 Issuer Trustee의 자격을 가지는 채무자들의 COMI가 캐나다에 있다는 점이 간단하게라도 명시되었으나, 위 사건에 관한 Opinion Memorandum에서는 해당 쟁점이 거의 다루어지지 않았다.

[33] 인가결정(Sanction Order)과 이행결정(Plan implementation Order)을 승인한 부분에 대한 결정 원문은 아래와 같다(밑줄과 강조는 필자가 임의로 표시).

> 3. **The Canadian Orders** are hereby given **full force** and **effect** in the United States and are **binding** on all persons subject to this court's jurisdiction pursuant to sections 1521(a)(7), 1507 and 105(a) of the Bankruptcy Code.

치에 가까운 채권자들의 지지(near-unanimous creditor support)를 받
아 가결되었고, iii) 위 면제조항 및 이와 관련된 금지명령이 포함된
인가결정과 이행결정은 모두 불복절차를 거쳐 온타리오법원의 상급
심으로부터 적법한 것으로 확인받았으며, iii) 미연방파산법원이 이
와 같은 캐나다의 결정에 대한 실질적 재심사(second guess)를 할 권
한이 없을 뿐만 아니라, iv) 채무자의 이와 같은 신청에 대해 뉴욕남
부파산법원에 이의를 제기한 자가 없었다는 점 등을 고려하였다. 그
리고 이에 따라 인가결정 및 이행결정을 승인하고 대내적 효력을 부
여하는 구제조치를 발령했다.

특히 제3자 면제조항에 관해 "국제예양 원칙(principles of comity)
에 따라 이 법원이 판단해야 하는 것은 온타리오법원의 결정에 대내
적 효력을 부여할지 여부인 것이고 이는 미국도산절차에서 실제로
제3자 면제조항을 인정하고 있는지 여부와는 관계가 없다"면서,[34]
이 사건 제3자 면제조항이 제2연방항소법원에서 요구하고 있는 요
건[35]을 충족하고 있는지는 직접적인 쟁점이 되지 못한다고 강조한

---

[34] Metcalfe(주 26), 696면, 700면을 각 참조.
[35] Elizabeth D. Lauzon(주 10), §5에 의하면, 제2연방항소법원 관할구역에서 제
3자 면제조항이 유효한 것으로 취급받기 위해서는 i) 이러한 조항을 둘
수밖에 없는 특별한 사정(truly unusual circumstances)이 있고, ii) 그러한 조
항이 회생계획의 수행에 중요한 의미를 가지며, iii) 일정한 한도의 면제가
회생계획의 수행에 필요하다는 점이 증명되어야 한다. 참고로 제2연방항
소법원은 In re Metromedia Fiber Network, Inc., 416 F.3d 136 (2d Cir. 2005)
사건에서 확립된 요건, 즉, ① 면제이익에 상응하는 만큼 도산재단에 실질
적인 이익(substantial consideration)이 있을 것, ② 제3자 면제조항으로 그
행사가 금지된 채권(enjoined claims, 이하 '금지채권'이라 한다)들은 소멸하
는 것이 아니라 당사자 간의 합의를 통해 조성된 별도의 기금(settlement
fund)으로부터 만족을 받게 되는 구조일 것, ③ 금지채권은 종래 구상권의
행사를 통해 채무자의 재건에 간접적으로라도 영향을 미치는 성질을 가지
는 것이었을 것, ④ 위 금지채권에 대하여 전액 변제되는 것으로 회생계획
이 수립될 것, ⑤ 이로 인한 영향을 받는 채권자들이 동의할 것 등을 기초로

점은 주목할 만하다. 또한 "미국과 같은 커먼로 전통(Common law traditions)과 법의 기본원칙(fundamental principles of law)을 가지고 있는 캐나다에서 내려진 결정이고, 제3자 면제조항에 대하여 미국에서 논의되는 쟁점들이 온타리오법원과 그 상급심에서 다루어졌으므로 인가결정/이행결정에 대내적 효력을 부여한다고 하더라도 미국의 공서(public policy)에 명백히 위반되는 것도 아니다"라고 설시한 부분36)도 흥미롭다.

한편, 국제예양의 원칙과 함께 미연방파산법 제1509(b)(3)에 따라 부여되는 외국법원(foreign court) 또는 외국도산절차 대표자(foreign representative)와의 공조의무도 외국도산절차를 폭넓게 지원하여야 하는 근거규정으로 소개되었는데, 이하에서 보는 것처럼 미국 내에서도 항소법원의 관할에 따라서는 제3자 면제조항을 포함하는 외국법원의 회생계획에 대하여 소극적인 모습을 보인 사례도 있으나,37) 적어도 뉴욕남부파산법원은 제15장상의 조치를 통하여 외국도산절차뿐만 아니라 그 절차에서 내려진 각종 결정을 광범위하게 인정해 주려는 적극적인 태도를 보이고 있다.

관련 법리를 발전시켜나가고 있다. 위 요건에 관한 상세는 *In re Metromedia Fiber Network, Inc.*, 416 F.3d 136, 142 (2d Cir. 2005).

36) 미연방파산법 제1506조는 채무자회생법 제632조 제2항 제3호나 제636조 제3항에 상응하는 조문으로, 외국도산절차를 승인하거나 지원하는 것이 명백하게(manifestly) 미국의 공서(public policy)에 반하는 경우에는 미연방파산법원이 제15장에 따른 조치를 취하는 것을 거부할 수 있다고 규정한 조문인데, 문언 그대로 "명백한" 경우에만 적용할 수 있으므로 가능한 그 적용범위를 좁게 해석하여야 한다는 법리가 설시되어 있다. 상세는 *In re Ephedra Prods. Liab. Litig.*, 349 B.R. 333, 336 (Bankr. S.D.N.Y. 2006)를 참조.

37) 제5연방항소법원에서 판시한 *In re Vitro S.A.B. de C.V.*, 701 F.3d 1031, 1043 (5th Cir. 2012)가 대표적인데 이하 해당 부분에서 살펴본다.

4. Sino-Forest 사안[38]

가. CCAA 절차의 진행경과

채무자는 산림조림업(forest plantation) 등을 영위할 목적으로 온타리오 주법에 따라 설립되고 토론토 증권거래소(Toronto Stock Exchange)에 상장된 법인이었다.[39] 그런데 경영실적을 좋아 보이게 할 목적으로 가공매출을 기록하는 등으로 장부를 조작한 사실이 발각되어 2011. 6. 경부터 온타리오 증권감독위원회(Ontario Securities Commission)의 조사를 받았고, 2011. 8. 그 주식의 거래가 정지되었다. 또한, 채무자, 그 자회사, 채무자와 자회사의 임직원 등을 공동피고로 하는 집단소송(class action)이 캐나다와 미국에서 제기되기도 하였다.[40] 이에 정

---

38) 뉴욕남부파산법원에 접수된 제15장 절차의 사건번호는 *In re Sino-Forest Corp.*, Case No. 13-10361 (MG)이다. 제15장 절차의 진행과정에서 CCAA 절차가 승인되고 그 절차에서 수립된 Plan 등을 승인·집행하는 내용의 구제조치가 발령되었는데(ECF Doc. #16), 앞서 본 다른 사건들과 달리 그에 대한 Opinion Memorandum은 별도로 작성되지 않았다. 그러나 이후 온타리오 법원이 2013. 3. 20. 발령한 Settlement Order에 대한 대내적 효력을 부여하는 결정(ECF Doc. #32)에 대해서는 담당 법관인 Judge Martin Glenn가 Opinion Memorandum을 작성하였고, 이는 *In re Sino-Forest Corporation*, 501 B.R. 655 (Bankr. S.D.N.Y. 2013, 이하 'Sino-Forest'라 한다)라는 별도의 사건번호로도 분류되었다.

39) 채무자는 온타리오주의 Business Corporations Act에 따라 설립된 캐나다법인이었지만 사실 중국과 밀접한 관련이 있었다. 채무자가 포함된 Sino-Forest Companies는 총 67개의 중국법인을 포함한 총 137개의 다국적 법인으로 이루어진 기업집단이었고, 특히 채무자는 중국의 다양한 지역에 위치한 위 중국 법인들로부터 입목(standing timber)을 수입하여 가공·판매하는 기능을 수행하고 있었기 때문이다. 채무자의 주요 임원들의 사무실도 홍콩에 위치하고 있었다. 채무자의 연혁 및 업무현황에 관한 상세는 Gail B. Wright/Charles P. Cullinan, "Sino-Forest Corporation: The case of the standing Timber", Global Perspective on Accounting Education(Vol. 14), 2017, 10면 이하를 참조.

상적인 영업활동을 통해 만기가 돌아오는 채권을 상환할 수 없는 상황에 이르자 채무자는 캐나다 온타리오법원에 CCAA 절차를 신청하였고, 2012. 3. 20. 그 절차가 개시되었다.

이후 위 CCAA 절차에서 i) 새로운 법인을 설립하여 채무자의 자산을 해당 법인으로 이전하고 신설되는 위 법인의 주식과 위 법인이 발행하는 어음을 채권자들에게 부여하는 내용의 Restructuring Transaction과 ii) 채무자뿐만 아니라 그 자회사, 채무자와 자회사의 임직원 등 제3자가 부담하는 채무도 면제하여 주는 것을 주요한 내용으로 하는 Plan이 수립되었다. 위 Plan은 2012. 12. 3. CCAA 절차에서 구성된 채권자 조에서 99%를 초과하는 높은 비율로 가결되었고,[41] 온타리오법원은 2012. 12. 10. 위 Plan을 인가하는 결정(Sanction Order)을 내렸다.

그 후 온타리오법원으로부터 위 CCAA 절차와 관련하여 외국도산절차의 대표자로 선임된 FTI Consulting Canada Inc.[42]가 2013. 2. 4. 뉴욕남부파산법원에 CCAA 절차의 승인을 신청하면서 그 구제조치로서 인가결정의 승인·집행까지 함께 구한 것이다.

나. 제15장 절차에서의 주요 결정

위와 같은 신청에 대해 뉴욕남부파산법원의 담당 법관인 Martin

---

[40] 집단소송은 캐나다 온타리오(Ontario Superior Court of Justice, 사건번호: CV-11-431153-00CP), 퀘벡(Quebec Superior Court, 사건번호: 200-06-000132-111), 서스캐처원(Saskatchewan Court of Queen's Bench, 사건번호: 2288 of 2011)의 법원에서 각 1건씩 진행되었고, 미국에서는 뉴욕주 법원(사건번호: 6502 58/2012)에서 제기되었다.

[41] 채권자의 수(votes by number)와 채권액(votes by value)에 있어서 모두 99%를 넘는 높은 비율로 가결되었다.

[42] 미국에 본사를 두고 있는 금융컨설팅회사인 FTI Consulting Inc.는 이 사건 CCAA 절차에서 Monitor로 선임된 자인데, 온타리오법원은 Metcalfe 사건과 마찬가지로 외국법원에 CCAA 절차의 승인을 신청할 수 있는 foreign representative로서의 권한까지를 위 법인에 부여하였다.

Glenn은 2013. 4. 15. 이 사건 CCAA 절차를 주절차로 승인하면서, 제3
자 면제조항이 포함된 Plan 및 그 인가결정도 미연방파산법 제105(a),
1507, 1521(a)(7)에 따라 미국 내에서 완전한 효력을 가지도록 한다는
내용의 구제조치를 발령하였다.43) 특히 ⅰ) Restructuring Transaction
에 규정된 바에 따라 채권자들과 이해관계인들의 권리·의무가 조정
되고, 그에 반하는 권리행사는 영구적으로 금지되며(제4항), ⅱ) 제3
자 면제조항도 미국 내에서 완전한 대내적 효력을 가지게 되는 것이
라고 명시하는 등(제5항) 실체적 권리·의무와 관계된 Plan의 핵심적
인 사항을 재확인하고 있어, 기존 사건에서보다 한 걸음 더 나아간
것으로 보인다.

참고로 이 사건 Plan은 "집단소송에서 피고로 제소된 제3자(Named
Third Party)"에 대해서는 특정한 조건이 모두 충족된 경우에만 비로
소 면제효력이 발생하는 것으로 정했는데, 위 구제조치 결정 제5항
후단에서는 그와 같은 지위에 있는 제3자에 대해서는 면제효력이 즉
시 발생하는 것이 아니라고 명시하여 이러한 점을 재확인해주고 있
다. 그중에서도 채무자의 외부감사인(external auditor)이었던 회계법
인 Ernst & Young이 집단소송에서 원고들과 체결한 화해계약에 대한
처리가 문제 되었는데, 이에 관하여는 항을 바꾸어 살펴본다.

다. 화해허가결정(Settlement Order) 관련 판시사항

Ernst & Young은 2007년부터 2010년까지 채무자의 회계장부를 감
사하여 온 법인이었다. 그런데 그동안 채무자의 분식회계 사실을 밝
혀내지 못하고 오히려 재무제표가 관련 법령에 따라 적정하게 작성
되었다고 판단하였다. 이에 채무자 주식을 매입하거나 그 사채를 매

---

43) Plan 및 인가결정(Sanction Order)을 승인한 부분에 대한 결정은 ECF Doc.
 #16)이다.

입한 투자자들에게 손해를 끼쳤다는 이유로 집단소송에서 공동피고 중 1인으로 제소를 당하였다.

그런데 Ernst & Young은 위 집단소송 진행 중인 2012. 11. 29. 소송 상대방인 원고들과 〈117,000,000 캐나다달러(CAN$)를 출연하여 화해 기금(Settlement Trust)을 조성하는 대신에 채무자와 관련된 모든 책임 으로부터 면제받는 것〉을 주요한 내용으로 하는 합의에 이르렀다.44) 그리고 온타리오법원은 2013. 3. 20. 위와 같은 내용으로 화해계약을 체결하는 것을 허가하는 결정(Settlement Order)을 내렸다.

이후 Ernst & Young은 온타리오법원의 허가를 받아 2013. 9. 23. 뉴 욕남부파산법원에 〈미국에서 위 Settlement Order의 효력을 발생시켜 달라〉는 신청을 하였고,45) 담당 법관 Martin Glenn은 2013. 11. 26. 이를 받아들여 미국에서 위 결정에 대한 대내적 효력을 부여한다는 결정을 하였다.46) 위 담당 법관은 i) Settlement Order는 신뢰할만한 법체계를 가진 온타리오법원에서 내린 것이고, 그 이행을 위해 미국법원의 지원 을 명시적으로 요청하고 있는 점,47) ii) 외국도산절차의 대표자로 지 정된 FTI Consulting Canada Inc.와 집단소송의 원고들도 Settlement

---

44) Ernst & Young LLP(Canada) 이외에도 Ernst & Young Global Limited 및 관련 회사들도 합의의 주체로 포함되었다.

45) 참고로 이 신청에는 외국도산절차의 대표자로 지정된 FTI Consulting Canada Inc.와 집단소송에서의 원고들도 함께 참가하였고, Ernst & Young의 신청을 지지하였다.

46) 화해허가결정(Settlement Order)을 승인한 부분에 대한 결정(ECF Doc. #32) 원문은 아래와 같다(밑줄과 강조는 필자가 임의로 표시).

> 2. The **Settlement Order** is hereby given **full force** and **effect** in the United States and is binding on all persons subject to this Court''s jurisdiction pursuant to sections 105(a) and 1507 of the Bankruptcy Code, including, but not limited to, the following provisions of the Settlement Order:
> -Paragraph 8, 9, 12, 13 of the Settlement Order

47) Settlement Order의 제22항에서 이를 구체적으로 설시하고 있다.

Order의 승인을 원하고 있는 점, iii) Ernst & Young의 위와 같은 신청에 대해 뉴욕남부파산법원에 이의를 제기한 자가 없었다는 점 등을 근거로 제1507조 등을 근거로 대내적 효력을 부여하는 구제조치를 발령하였다. 한편, 부수적으로 Ernst & Young이 채무자, 그 자회사, 채무자나 자회사의 임직원 등을 상대로 행사할 수 있는 구상권(indemnification claims)을 모두 포기하고 Plan을 통해 채무자로부터 변제받을 수 있는 권한도 주장하지 않기로 한 점도 제3자의 지위에 있는 Ernst & Young의 면제를 정당화해줄 수 있는 논거로 언급되었다.

II. 영국 SOA에서 수립된 Scheme 등에 대한 취급

이하에서 보는 것처럼 미연방파산법원은 영국 SOA에서 수립된 채무조정안 및 그 인가결정도 적극적으로 승인·집행하였다. EU도산규정에서는 정작 도산절차로 인정받지 못하였던 SOA를 〈CBI 모델법에 따른 외국도산절차〉로 인정하여 승인하고 SOA에서 수립된 채무조정안/인가결정을 승인·집행해주었다는 점에서 도산에 대한 미국의 적극적인 태도를 엿볼 수 있다. 특히 후술하는 Lehman Brothers International Europe 사안은 서울회생법원에서도 함께 승인된 적이 있어 더욱 의미가 크다.

1. 영국 SOA에서 수립된 Scheme의 성질

영국의 SOA에 따른 Scheme은 2006년 영국회사법 제26파트(Part 26)에 따른 채무조정절차에서 수립된 채무조정안(compromise or arrangement)[48]을 의미한다.[49] ⅰ) 채무자가 채권자(creditor)나 구성원

---

48) 2006년 영국회사법 s.895(2)에서 "arrangement"를 "상이한 종류의 주식을 병합하거나 동일한 성질의 주식을 다양한 유형으로 분할하는 등의 방법으로

(member) 전부 혹은 일부와 채무조정안을 수립하는 단계, ii) 이후
소집된 채권자집회에서 위와 같이 수립된 채무조정안을 가결하는
단계(=의결권 총액의 4분의 3 이상에 해당하는 동의뿐만 아니라 그

통해 자본구조를 개편하는 것"으로 정의하고 있기는 하지만 CCAA에서와 마
찬가지로 "compromise"와 "arrangement"를 명확히 구분하고 있지는 않다. 통
상적으로는 후자가 전자를 포함하면서도 더 넓은 개념으로 사용되는데, 상
세는 Jennifer Payne, *Scheme of Arrangement: Theory, Structure and
Operation*, Cambridge University Press, 2014, 21면을 참조.

49) SOA는 채무자가 채권자(creditors)뿐만 아니라 채무자의 구성원(members),
즉, 채무자를 구성하는 주주 내지 지분권자 등과의 권리·의무를 조정하는
데까지 활용되고 있지만, 이하에서는 채권자와 협의하여 채무조정안을 수
립하는 경우를 전제로 논의하기로 한다. 참고로 2006년 영국회사법의 s.
112는 "members"를 i) 채무자의 memorandum of association에 서명하고 등
록된 자, 혹은 ii) 채무자의 구성원이 되는 것으로 동의하고 등록된 자로
정의하고 있다. Jennifer Payne(주 48), 82면 이하에 의하면 SOA가 활용되는
유형은 아래와 같이 구분된다.

구분	주요 내용	
	주로 활용되는 방법	기타 활용방법
채권자와 의 SOA	채무구조조정 (debt restructuring)을 하려는 경우	-보험회사들이 미해결되었거나 장래 발생할 채무(outstanding or future claims)를 미리 감축하거나 조정하는 경우 -주주가 채무자에게 채권(shareholder claims)을 가지고 있는 경우, 채권자가 채무자에게 자금을 공급하기에 앞서 위 주주보다 채무자의 자산에 대한 우선권을 가지고 있다는 점을 확인받으려는 경우 -청산형계획안을 수립하려는 경우
구성원과 의 SOA	채무자 인수 (take-over)를 하려는 경우	-채무자가 속한 기업집단에 지주회사(holding company)를 설립하려는 경우 -채무자를 다른 법인과 합병(merger)하거나 분할(demerger)하려는 경우 -구성원들의 주식/지분을 다른 종류의 주식/지분과 병합하거나 분할하려는 경우 -소수주주(minority shareholders)들을 채무자법인에서 몰아내려는 경우

집회에 참석한 권리자들 수의 과반 동의가 필요),50) iii) 마지막으로
가결된 채무조정안에 대하여 법원으로부터 인가를 받는 단계를 거
쳐서 비로소 확정된다는 점에서, 채무자회생법상 회생절차에서의
회생계획과 유사한 측면이 있다.

다만, SOA는 채권자집회 소집 결정(조 분류를 포함)51)과 인가결정
이라는 두 가지 국면에서만 법원의 통제를 받을 뿐,52) 기본적으로는
당사자 간에 자유로운 방식을 통해 탄력적으로 채무조정절차를 진행
할 수 있다. 따라서 1986년 영국도산법상의 도산절차53)와는 차이가 있
고 이러한 사정 등이 고려되어 EU도산규정의 부속서 A에서는 승인대
상이 되는 외국도산절차의 목록에서 제외되어 있다. 나아가 (도산법이
아닌) 회사법에 규정되어, 도산법상 재건절차인 Company Voluntary

---

50) 2006년 영국회사법, s. 899(1).
51) 이 단계에서는 채권자집회의 소집이 신청된 Scheme의 실질적 내용은 검토
하지 않고 단지 형식적 요건(채무조정안이 당사자 간의 합의를 통해 수립
된 것인지 등)만을 검토하면 된다. 실무상으로는 채권자 조를 분류해야 하
는지 여부를 판단하는 과정이 가장 치열하게 다투어진다고 한다. 하나의
조에서라도 부결될 시에는 인가될 수 없기 때문이다. 상세는 Jennifer Payne
(주 48), 36면 이하를 참조.
52) 채무조정안이 가결되었다고 하더라도 법원이 이를 반드시 인가해야 하는
것은 아니고, 인가 여부는 법원의 재량에 달려있다. 앞서 본 것처럼 2006년
영국회사법 s. 899(1)에서 인가요건을 명시하고 있지는 않지만, 실무상 i)
채무조정안에 동의한 과반수의 채권자가 그 조(class)를 공정하게 대표하고
있는지, ii) 합리적인 사람이라면 해당 채무조정안을 승인할 것인지 등과
같은 기준을 고려해야 한다고 한다. 상세는 Jennifer Payne(주 48), 69면 이
하를 참조.
53) 영국의 도산규범은 역사적으로 "청산절차(liquidation)"를 중심으로 발전하
여 왔는데, 1982년에 발표된 Cork Report(Report of the Review Committee on
Insolvency Law and Practice) 등을 통해 재건절차가 필요하다는 공감대가 형성
됨에 따라, 1986년 영국도산법에서 드디어 Company Voluntary Arrangements
(CVA)와 Administration이 처음으로 도입되었다. 위 도산법에 따른 도산절차
를 크게 5가지 유형으로 구분하면 아래와 같다.

Arrangement나[54] Administration[55]처럼 집행중지효력(moratorium)을 가

구분		도산절차
재건절차	Part I	Company Voluntary Arrangements (CVA)
	Part II	Administration ※ 구체적 내용이 상술된 Schedule B1은 2002년 기업법 (Enterprise Act 2002) s. 248(2)을 통해 개정되었음
수탁제도	Part III	Receivership -Administrative receivership -Other Receivership
청산절차	Part IV	Winding Up (Registered Companies) -Member's Voluntary Winding Up (MVW/MVL) -Creditor's Voluntary Winding Up (CVW/CVL) -Winding Up by the Court
	Part V	Winding Up (Unregistered Companies)

54) 가령, CVA는 채무자가 채권자들과 자발적으로 채무조정을 할 수 있도록 협의의 장을 열어주는 성질의 절차로서 채무자의 이사(director), 청산인 (liquidator, Winding Up 절차가 이미 진행 중인 경우), 관리인(Administrator, Administration 절차가 이미 진행 중인 경우)이 임의로 법원에 그 개시를 신청할 수 있는데, 채권자(creditor)나 구성원(member)이 조정안을 제안할 수 없다는 점에서 SOA 절차와 차이가 있다. 무엇보다도 1986년 영국도산법 Schedule A1, para. 3(2)이 "2006년 회사법 제382조 제3항에 명시된 small company의 세 가지 요건 중 두 개 이상을 충족한 채무자"에 대해서는 CVA 절차가 개시된 경우 집행중지효력(moratorium)까지 부여하고 있다는 점에서 가장 큰 차이가 있다.

55) 한편, Administration에 대해서도 1986년 영국도산법은 Schedule B1, para. 42, 43 을 통해 집행중지효력(moratorium)을 부여하고 있다. para. 42는 Administration 이 개시된 경우에는 특별한 사정이 없는 한 Winding Up에 따른 절차가 진행될 수 없다고 규정하여 재건절차를 청산절차에 우선하는 채무자회생법 제58조 제1항 제1호, 제2항 제1호와 유사한 태도를 취하고 있다. para. 43도 채무자의 자산 등에 대한 담보권행사나 집행 등 각종 법률에 따른 절차를 진행할 수 없는 것이 원칙이라고 명시하여 채무자회생법 제58조 제1항 제2 호, 제2항 제2호와 비슷한 구조를 가지고 있다. 다만, Administrator가 동의 하거나 법원이 허가하는 경우에는 집행절차를 계속 진행할 수 있도록 하는데, 이는 "회생에 지장이 없다고 인정하는 때"에만 중지된 절차 또는 처

지지도 못한다.

그러나 SOA는 위와 같은 불리한 점에도 불구하고, ⅰ) 도산상태에 빠지지 않은 채무자도 사용할 수 있고, ⅱ) 기존 대표자가 DIP로서 채무자의 경영권과 재산의 관리처분권한을 그대로 유지한 상태에서 절차를 진행할 수 있으며,56) ⅲ) 가결요건을 충족하고 인가결정까지 받는다면 채무조정안에 동의하지 않은 담보권자(secured creditors)의 권리까지 변경·제한할 수 있다는 점57) 등에서 실무에서 많이 활용되고 있다.

분의 속행을 명할 수 있도록 한 채무자회생법 제58조 제5항보다 훨씬 탄력적이라고 생각된다. 참고로 1986년 영국도산법 Schedule B1, para. 43의 관련 부분 원문은 아래와 같다(밑줄과 강조는 필자가 임의로 표시).

> **43 Moratorium on other legal process**
> (1) This paragraph applies to <u>a company in administration</u>.
> (2) <u>No step</u> may be taken <u>to enforce **security** over the company's property</u> except−
>   (a) with the consent of the administrator, or
>   (b) with the permission of the court.
> (6) <u>No legal process (including **legal proceedings, execution, distress and diligence)**</u> may be instituted or continued <u>against the company or property of the company</u> except−
>   (a) with the consent of the administrator, or
>   (b) with the permission of the court.

56) Jennifer Payne(주 48), 281면은 이처럼 SOA 절차가 사실상 DIP의 형태로 진행될 수 있다는 점이 별도의 관리인이 선임되는 관리절차(Administration)와 비교하여 가장 큰 매력 중 하나라고 설명하고 있다. 영국도산절차는 미연방파산법과 달리 기존 대표자가 도산절차가 개시된 이후에도 그대로 관리처분권한을 유지하는 Debtor-in-Possession 시스템을 받아들이고 있지 않기 때문이다.

57) 회생계획이 인가된 경우에는 '그 계획에 동의하지 않은 회생담보권자'의 권리까지지도 변경할 수 있는 채무자회생법상의 회생절차와는 달리, 1986년 영국도산법상의 재건절차인 Company Voluntary Arrangement 절차는 '채무조정안에 동의하지 않는 담보권자'의 권리에 대해서는 임의로 변경할 수 없도록 하고 있다[1986년 영국도산법 s. 4(3)]. Administration 절차도 유동담보(floating charge)의 방식으로 담보권이 설정된 물건을 처분하는 것과 같

2. Avanti 사건[58]

가. SOA의 진행경과

영국법률에 따라 설립된 채무자 Avanti Communications Group은 유럽, 중동 및 아프리카 지역에 인공위성을 통한 서비스를 제공하면서 독일, 스웨덴, 터키, 케냐, 나이지리아 등의 국가에 여러 자회사를 두고 있는 글로벌 기업이었다. 그런데 인공위성의 제작 및 발사 작업 등이 예상보다 지연되면서 경제적 어려움을 겪게 되자, 당시 부담하고 있던 약 $998,300,000의 채무를 조정하기 위해 주요 이해관계인들과의 사이에 채무조정협의를 진행하였다.[59]

그중 2023년에 만기가 도래하는 약 $557,000,000의 채무에 관하여 SOA가 진행되었는데, 그 절차에서 채권자들에게 위 채무액 상당의

___

은 특별한 경우를 제외하고는 담보권자의 권리에 관여하거나 이를 변경·제한하지 못하도록 하고 있다[1986년 영국도산법, Schedule B1, para. 70]. 상세는 Jennifer Payne(주 48), 240면을 참조.

58) 뉴욕남부파산법원에 접수된 제15장 절차의 사건번호는 *In re Avanti Communications Group PLC*, Case No. 18-10458 (MG)이다. 한편, 제15장 절차의 진행과정에서 SOA 절차가 승인되고 그 절차에서 수립된 Scheme 등을 승인·집행하는 내용의 구제조치가 발령되었는데(ECF Doc. #15), 담당 법관인 Judge Martin Glenn이 해당 결정에 관하여 작성한 Opinion Memorandum은 *In re Avanti Communications Group PLC*, 582 B.R. 603 (Bankr. S.D.N.Y. 2018, 이하 'Avanti Communications Group'이라 한다)라는 별도의 사건번호로도 분류되었다.

59) 채무자는 ⅰ) Super Senior Facility Agreement에 따라 2020년에 만기가 도래하는 $118,000,000, ⅱ) Senior Secured Notes에 따라 2021년에 만기가 도래하는 $323,300,000, ⅲ) Senior Secured Notes에 따라 2023년에 만기가 도래하는 $557,000,000을 각 상환해야 할 상황에 있었는데, 2017. 1. 26. 위 채권자들 사이에 체결된 Inter-creditor Agreement에 따라 "2020년 만기 채권자들"은 2021년, 2023년 만기 채권자들보다 채무자의 자산에 관한 우선적 지위를 가지고 있었다. 이하에서 보는 것처럼 SOA가 진행된 대상은 위 각 채무 중 2023년에 만기가 도래하는 $557,000,000 부분이다.

신주를 발행하여 주는 대신 채무자의 자회사 등 제3자가 보증하고 있
는 채무까지도 일괄하여 면제하기로 하는 내용의 Scheme이 수립되었
다. 그리고 위 Scheme은 High Court의 결정으로 개최된 2018. 3. 20.자
채권자집회에서 98.3%에 달하는 높은 비율로 가결되었고,[60] 위 법원
은 2018. 3. 26. Scheme에 대한 인가결정(Sanction Order)을 내렸다.

이후 위 SOA절차와 관련하여 영국법원으로부터 외국도산절차의
대표자로 선임된 Patrick Willcocks가[61] 뉴욕남부파산법원에 SOA 절
차의 승인을 신청하면서 그 구제조치로서 제3자 면제조항이 포함된
Scheme 등의 승인·집행을 함께 구한 것이다.

나. 제15장 절차에서의 주요 결정

뉴욕남부파산법원의 담당 법관인 Martin Glenn은 2018. 4. 6. 영국
의 SOA가 법원의 감독하에 있는 절차(court-supervised proceeding)로
서 미연방파산법 제101(23)에 따른 외국도산절차에 해당한다고 판단
한 다음,[62] 채무자의 COMI가 영국에 있다고 판단하여 SOA를 주절차

---

[60] 2023년에 만기가 도래하는 채권을 보유한 "2023 Note Holder"들만이 Scheme
에 의해 영향을 받는 유일한 이해관계인들이었기 때문에, 채권자 조는 위
채권자들만으로 구성된 조가 유일했다.

[61] 채무자는 2018. 2. 15. 영국법원에 채권자집회를 개최하여 달라는 신청을
하였는데, 영국법원은 2018. 2. 19. 그 신청을 받아들여 2018. 3. 20.에 채권
자집회를 개최한다는 결정을 하면서 그와 동시에 "Patrick Willcocks를 미연
방파산법원에 제15장 절차를 신청할 수 있는 외국도산절차의 대표자로 선
임한다"는 결정도 함께 내렸다.

[62] SOA가 미연방파산법 제101(23)에 정의된 외국도산절차(foreign proceeding)의
개념인 집단적 사법/행정절차(collective judicial or administrative proceeding)
에 포섭된다는 취지인데, CBI 모델법 제2(a)를 기초로 입법된 위 조항은 마
찬가지로 외국도산절차의 개념을 정의하는 EU도산규정 본문 제1, 2조와
큰 차이가 없다. 그럼에도 EU도산규정에서와 달리 "SOA"를 외국도산절차
의 하나로 폭넓게 인정하는 것은 결국 CBI 모델법이 구축한 국제도산 체계
를 적극적으로 활용하겠다는 미연방파산법원의 의지에 따른 것으로 이해

로 승인하였다.63) 또한, 제3자 면제조항이 포함된 Scheme 및 그 인가
결정도 미연방파산법 제1507, 1521(a)(7)에 따라 미국 내에서 완전한
효력을 가진다고 선언하면서(제6항), Scheme이 발효되면 그에 반하
는 조치는 미국에서 금지되고(제7항), 제3자 면제조항을 포함한 일체
의 면제효력이 미국에서도 완전히 발생한다고 재확인하였다(제8항).
Sino-Forest 사건에서와 마찬가지로 실체적 권리·의무와 관계된
Scheme의 주요 사항을 상세하게 설명한 것이다.64)

다. Scheme 및 인가결정 관련 판시사항

위 담당 법관은 i) 제3자 면제조항이 포함된 이 사건 Scheme에 대
한 심리에 참여하고 투표할 수 있는 충분하고 공정한 기회(a full and
fair opportunity)를 부여받은 채권자가 압도적 찬성으로(overwhelmingly)
이를 가결하였고, ii) 제3자 면제조항, 특히, 채무자의 계열사가 한

된다. Horst Eidenmüller, *What is an Insolvency Proceedings?*, 92 American
Bankruptcy Law Journal 53, Winter 2018에서는 SOA와 이하에서 살펴볼 프랑
스상법상의 신속금융보호절차(Sauvegarde financière accélée)는 전형적인 도
산절차의 성질을 가지고 있으므로 그 범주에서 제외되어야 한다는 주장을
하고 있기도 하다. 채무자회생법이 이와 같은 '외국도산절차'의 개념조항
을 두고 있지 않은 것은 아쉬운 대목이다.
63) Avanti Communications Group(주 58), 613면은 "영국의 SOA"가 종전부터 미
연방파산법 제15장 절차의 승인대상이 되는 외국도산절차, 즉, collective
judicial proceedings로 꾸준히 인정되어 왔다고 판시하면서, 뉴욕남부파산
법원이 처리한 *In re Castle Holdco 4, Ltd.*, No. 09-11761 (REG) (Bankr.
S.D.N.Y. May 7, 2009) 등 십여 개의 사건들을 언급하고 있다.
64) Scheme 및 인가결정(Sanction Order)에 관한 승인결정은 ECF Doc. #15를 참
조. 위 결정에서는 i) Scheme과 인가결정에 대해서 완전한 대내적 효력을
부여한다는 부분(제6항), ii) Plan이 발효되면 그에 반하는 조치는 미국에서
금지된다는 부분(제7항), iii) Plan이 발효되면 제3자 면제조항을 포함한 면
제효력이 미국에서도 완전히 발생하고 그에 반하는 조치는 금지된다는 부
분(제8항) 등이 구체적으로 명시되어 있다.

보증(affiliate guarantee)에 관한 면제는 영국의 SOA에서도 널리 활용되고 있으며,65) iii) 미연방파산법원이 제3자 면제조항을 승인·집행하지 않는다면 채권자들이 손해를 입고 재건절차의 공정하고 효율적인 관리(fair and efficient administration)를 저해할 뿐만 아니라, iv) 채무자의 이와 같은 신청에 대해 뉴욕남부파산법원에 이의를 제기한 자가 없었다는 점 등을 고려하였다. 그리고 Scheme 및 인가결정 등을 승인하고 대내적 효력을 부여하는 구제조치를 발령하였다.

3. Lehman Brothers International(Europe) 사건66)

가. Administration 절차 등의 진행경과

채무자 Lehman Brothers International Europe(이하 'LBIE'라 한다)은 리먼브러더스 그룹의 지주회사인 리먼브러더스 홀딩스(Lehman Brothers Holdings, Inc., 이하 'LBHI'라 한다)의 주요 자회사로서 영국에서 설립된 법인이다.67) 그런데 2008년경 전 세계적으로 촉발된 이른바 금융위기로 리먼브러더스 그룹 내의 거의 모든 현금자산을 관리하고 있

---

65) Avanti Communications Group(주 111), 618면에서는 영국법에 따른 SOA에서 제3자 면제조항이 널리 인정되어왔다면서 영국법원이 처리한 *In re T & N Ltd and others (No 4) [2006] EWHC 1447 (Ch)* 등 수 개의 사건들을 설시하고 있다.

66) 뉴욕남부파산법원에 접수된 제15장 절차의 사건번호는 *In re Lehman Brothers International (Europe) (in administration)*, Case No. 18-11470 (SCC)이다. 제15장 절차의 진행 과정에서 Administration과 SOA가 결합된 절차가 승인되고, 그 절차에서 수립된 Scheme 및 인가결정(Sanction Order) 등을 승인·집행하는 내용의 구제조치가 발령되었는데(ECF Doc. #15), 그에 대한 Opinion Memorandum은 별도로 작성되지 않았다.

67) 참고로 LBHI는 미국에서 설립된 법인으로서 그에 대한 도산절차는 영국이 아닌 미국의 뉴욕남부파산법원에 제11장 절차로 신청되었고, 그 사건번호는 *In re Lehman Holdings Inc.*, Case No. 08-13555 (SCC)이다.

던 LBHI의 재무상황이 악화되었고, 채무자도 LBHI의 보증을 받을 수
없어 지급불능상태에 빠질 상황에 빠졌다. 이에 LBIE는 2008. 9.경
High Court에 관리절차(Administration, No. 7942 of 2008)를 신청하여,
2008. 9. 15. 그 개시결정을 받고 해당 절차를 진행하였다.[68]

그런데 위 관리절차에서 채무자가 변제하여야 하는 것으로 인정된
채무(admitted claims)를 모두 갚고도 £6,607,000,000 이상의 변제자원
이 남았다.[69] 이에 채권자들 간에 그 잔여 자원(Surplus)의 배분방법
등에 관한 다툼이 발생하여 이에 관한 소송이 진행되었다.[70] 그러한

---

[68] 영국법상의 Administration 절차는 채무자에 대한 절차를 관리할 관리인
(administrator)이 선임된 경우에 개시되고 그 선임의 효력이 유지되는 경우
에는 절차가 계속되는 것으로 보는데[1986년 영국도산법, Schedule B1, s.
1(2)], 이 사건에서는 2008. 9. 15. 영국에 본사를 두고 있는 회계법인인
PricewaterhouseCoopers(PWC) 소속의 회계사 4명이 공동관리인(Joint
Administrator)으로 선임됨으로써 채무자에 대한 Administration 절차가 개시
되었다.

[69] 당시 현금화되어 있던 금액이 위와 같았다는 것이고 그 밖에 향후 도산재단
으로 편입될 것으로 예상되는 금액도 £1,200,000,000 내지 £1,700,000,000에
달하였다고 한다.

[70] 이 사건 Administration 절차와 관련하여 이른바 Waterfall proceedings I, II,
III라고 불리는 세 가지 유형의 소송이 진행되었는데, Waterfall proceedings
I는 2017. 5. 영국대법원의 판결인 [2017] UKSC 38을 통해, Waterfall
proceedings III는 2017. 12. 당사자 간의 합의를 통해 각 종국 처리되었으나,
Waterfall proceedings II는 여전히 마무리되지 못하고 있었다. 참고로
Waterfall proceedings I를 통해 잔여금액(surplus)로부터 먼저 변제받을 수
있는 채권이 i) 2016년 도산규칙[The Insolvency(England and Wales) Rules
2016] 제14.23조에 따라 발생한 이자(8%와 약정이자율 중 더 큰 이자율에
따른 금액), ii) non-provable debt(도산절차에서 provable debt에 대한 변제
가 완전히 이루어질 때까지 변제받지 못하는 지위에 있는 채권을 말한다),
iii) 후순위채권(subordinated debt), iv) 주주의 순서로 결정되어, 이하에서
보는 Lock-up Agreement와 Scheme에서는 이와 같은 순서를 기초로 채무조
정안이 마련되었다. 상세는 *In the Matter of Lehman Brothers International
(Europe) (In Administration) v. In the Matter of the Companies Act 2006* [2018]

과정에서 2017. 12. 22. 위 관리절차의 공동관리인(Joint Administrator)
과 주요 채권자인 Senior Creditors Group(SCG) 및 Wentworth Group 사
이에 합의(Lock-up Agreement)가 이루어졌다.[71]

이후 위 합의를 기초로 채권자들을 네 그룹으로 나눈 다음 〈합의
된 우선순위 및 변제방법에 따라 잔여 변제자원을 사용하는 대신,
이해관계인 간에 진행 중인 관련 소송이나 신청을 모두 마무리하고,
공동관리인과 공동관리인이 소속된 회계법인인 PWC 및 채무자와
같은 기업집단에 속한 리먼브러더스 계열사 등 제3자가 부담하는 채
무까지도 모두 면제하기로 하는 내용〉의 Scheme이 수립되었다.[72] 그

EWHC 1980(Ch, 이하 "*Lehman Brothers International Europe*"이라 한다), 142
면 이하를 참조.

[71] 앞서 본 영국의 2016년 도산규칙 제14.23(7)에서는 잔여금액(surplus)이 남는
경우에는 변제대상 채무에 대한 '이자' 지급에 사용하여야 한다고 규정하고
있었는데, 그럼에도 불구하고 후순위채권자(Subordinated Creditor)의 지위에
있던 Wentworth Group의 구성원들 중 일부는 위 잔여금액이 일반채권자들
에 대한 '이자'에 앞서 자신들의 원금에 충당되어야 한다고 주장하면서 다
투기 시작하였던 것이다. 이에 일반채권자의 지위에 있는 SCG와 Wentworth
Group가 주요 당사자로서 Lock-up Agreement에 참여하게 된 것이다. 채권
자들이 손해를 떠안게 될 우려가 생기자 먼저 주요 채권자 사이에 합의를
시도하게 된 셈이다.

[72] 이 사건 Scheme에서 흥미로운 것은 Higher Rate Creditors에 대한 취급이었
다. 앞에서 본 것처럼 [2017] UKSC 38 (Waterfall proceedings Ⅰ)에서의 판시
를 통해, 8% 이자율과 약정이자율 중 높은 이자율을 적용하여 채권자마다
변제받을 금액을 산정하면 된다는 대원칙은 결정되었는데, 고정이자율
(Specified Interest)의 형태로 약정한 채권자들과 달리, 거래상황에 따라 적
용될 이자율이 변동될 수 있다고 약정한 채권자들은 별도의 확정절차를
거쳐야만 이자율을 결정할 수 있도록 약정되어 있어서 절차가 지연되고
다툼이 발생할 우려가 있었다. 이에 위 Scheme에서는 이자율이 고정되지
않은 채권자들에게 ⅰ) 10.5%(=8%+2.5%)의 이자율을 적용받고 나머지 권리
를 포기하는 옵션, ⅱ) 약정이자율을 그 주장과 같이 개진할 수 있되 채무
자와 합의가 이루어지지 않는 때에는 independent adjudicator의 판단에 따
르기로 하는 옵션 중 선택할 기회를 부여하는 Settlement Premium 프로그

리고 위 Scheme은 영국법원의 결정으로 2018. 6. 5. 네 종류의 조로
분류되어 개최된 채권자집회에서 모두 가결되었고,73) 영국법원은
2018. 6. 18. Scheme에 대한 인가결정(Sanction Order)을 내렸다.74)

그리고 영국법원으로부터 위 Administration 절차에서 외국도산절차의
대표자로 선임된 Russel Downs가75) 2018. 5. 14. 뉴욕남부파산법원에 SOA
를 포함한 Administration 절차 등의 승인을 신청하면서, 그 구제조치로서
제3자 면제조항이 포함된 Scheme 등의 승인·집행을 함께 구하였다.

램을 적용하기로 하였다. 따라서 이하에서 보는 것처럼 이들은 (같은 조로
분류된 8% Creditor 및 Specified Interest Creditor와 달리) Higher Rate
Creditor라는 별도의 조로 분류되게 되었다.

73) *Lehman Brothers International Europe*(주 70), 133, 134면에 의하면 구체적인
가결현황은 아래와 같다.

구분	Votes by number	Votes by value
8% Creditor & Specified Interest Creditor	97.7%	96.3%
Higher Rate Creditor	94.9%	88.0%
Members of the SCG	100.0%	100.0%
Subordinated Creditors	100/0%	100.0%

74) 조 분류에 문제가 있다거나 찬성표를 던진 자들이 해당 그룹에 속한 자들
의 권리를 공정하게 대변(fair representation)하지 못하였다는 등의 이의가
제기되었으나, 담당 법관인 Mr. Justice Hildyard는 이를 모두 받아들이지 않
고 인가결정(Sanction Order)을 내렸다. 상세는 Mr. Justice Hildyard가 이 사
건 Scheme과 관련하여 내린 첫 번째 결정인 *Lehman Brothers International
(Europe) (In Administration) v. In the Matter of the Companies Act 2006* [2018]
EWHC 1854(Ch)와 두 번째 결정인 *Lehman Brothers International Europe*(주
70), 142면 이하를 각 참조.

75) Russel Downs는 2011. 11. 2.부터 채무자에 관한 Administration 절차의 공동
관리인 중 1인으로 선임되어 활동하여 온 자이다. 이하에서 보는 것처럼
위 Russel Downs는 2018. 12. 13.부터 우리나라의 국제도산지원절차(서울회
생법원 2016국지100001호)에서도 줄리안 가이 파(Julian Guy Parr)를 이어
채무자의 국제도산관리인으로 선임되어 활동하였다.

나. 제15장 절차에서의 주요 결정

뉴욕남부파산법원의 담당 법관인 Shelly C. Chapman은 2018. 6. 19. "English Proceeding"을 주절차로 승인하면서,[76] 제3자 면제조항이 포함된 Scheme 및 그 인가결정도 미연방파산법 제105(a), 1507, 1521, 1525에 따라 미국 내에서 완전한 효력을 가진다고 선언하였다. Avanti 사건에서와 마찬가지로, Scheme 및 그 인가결정이 미국 내에서 완전한 효력을 가지고(제5항), Scheme이 발효되면 채무자 재산에 대한 강제집행 등 그에 반하는 조치는 미국에서 금지되며(제6항), 채무자가 감면받은 채무와 관련된 판결들은 어느 국가에서 선고국가와 선고시점에 상관없이 미국에서 집행될 수 없다는 점을 강조하는 등(제7항), Scheme의 주요 사항을 상세하게 설명하고 있다.[77]

흥미로운 점은 이 사건에서는 SOA가 그 자체로 미연방파산법 제15장의 대상이 되는 외국도산절차에 해당하는지에 대해서 다루어지지 않았다는 점이다. SOA가 단독으로 진행된 것이 아니라, 1986년 영국도산법에 명시된 도산절차의 한 유형인 〈Administration 절차〉와 결합하여 진행되었기 때문으로 생각된다. 또한, Scheme 등에 대내적 효력을 부여하는 근거로 국제도산사건에서의 공조에 관한 미연방파산법 제1525조[78]를 명시하였다는 점도 주목할 만하다. 외국도산절차에 적정한 구제조치를 폭넓게 발령하는 것이 공조의 목적과 취지에

---

76) 승인결정(ECF Doc. #15) 원문에서는 승인대상이 되는 외국도산절차를 "English Proceeding"이라고만 표현되어 있을 뿐 Administration 절차나 SOA라는 식으로 특정하고 있지는 않지만, 양 절차를 모두 포괄하는 것으로 이해된다.

77) Scheme 및 인가결정(Sanction Order)을 승인한 부분은 ECF Doc. #15를 참조.

78) 제1525조는 CBI 모델법 제25조를 받아들여 입안된 조문으로서, 미연방파산법원이 외국법원 또는 외국도산절차의 대표자와의 사이에 국제도산의 목적과 취지에 부합하는 한도 내에서 최대한도로 공조하여야 한다는 조항이다. 우리나라 채무자회생법 제641조와 유사한 역할을 한다.

부합하는 것이라는 점을 강조하는 것으로 이해되기 때문이다. 그 밖에 Scheme 및 인가결정 관련 판시사항은 앞에서 본 Avanti 사건에서와 유사하다.

다. 우리나라에서의 국제도산승인/지원 절차[79]

한편, LBIE는 대한민국에서도 자산을 보유하고 있었는데, 그 자산을 환가하고 본국으로 송금하여 영국에서 진행 중인 Administration 절차를 지원하고자 하였다. 이에 2016. 8. 31. 서울회생법원에 위 Administration 절차를 외국도산절차로 승인하여 달라는 신청(2016국승100001호)을 하여 2016. 10. 10. 그 승인 결정을 받았고, 마찬가지로 위 절차에 관하여 국제도산관리인을[80] 선임하여 달라는 지원신청(2016국지100001호)을 하여, 2016. 11. 9. 국제도산관리인 선임 결정을 받았다.[81]

이후 위 국제도산관리인은 서울회생법원의 허가를 받아 그 무렵

---

79) 이 사건 승인/지원신청은 당초 서울중앙지방법원 파산부로 접수되었으나 서울회생법원이 2017. 3. 1. 설립되면서 위 사건을 이어받았고, 필자가 주심 판사로서 이하에서 보는 국제도산승인사건(2016국승100001호)과 지원사건(2016국지100001호)을 담당하였다.

80) 채무자회생법에 따르면 "국제도산관리인"만이 채무자의 업무수행 및 재산에 대한 관리·처분 권한은 국제도산관리인에게 전속하고, 특히, 대한민국 내에 있는 채무자의 재산을 처분하거나 국외로 반출·환가할 수 있는 권한은 국제도산관리인에게만 있으므로(법 제637조 제1, 2항), 실무상 외국도산절차의 대표자(foreign representative)는 우리나라에 외국도산절차의 승인신청과 함께 국제도산관리인 선임에 관한 지원신청을 하는 것이 일반적이다. 앞서 본 것처럼 이는 일본의 승인원조법 제32조를 차용한 것인데, CBI 모델법을 채택한 대부분의 국가들이 외국도산절차의 대표자에게 직접 자산의 처분 권한을 부여하고 있는 것과는 상이하다. 참고로 승인관재인의 권한을 규정하고 있는 승인원조법 제34조의 원문은 아래와 같다(밑줄과 강조는 필자가 임의로 표시).

부터 수년간 채무자의 국내자산을 확보하기 위해 노력하였고, 그 과
정에서 대우건설 주식회사의 보통주 4,020,946주, 금호산업 주식회사
의 보통주 185,822주 등을 매각하여 약 29,777,797,214원의 국내자산
을 취득하였다. 서울회생법원은 2018. 7. 5. 심문기일 등을 통해 국내
채권자들이 위 영국의 Administration 절차에서 외국 채권자들과 동
등한 취급을 받았고 그 절차에 참여할 기회를 충분히 제공받았다는
점 등을 확인하였다. 이후 2018. 9. 5.부터 2020. 6. 1.까지 3회에 걸쳐
국제도산관리인이 환가 등을 통해 취득한 약 29,777,797,214원의 매
각대금을 영국으로 송금하는 것을 허가하고, 2020. 6. 23. 위 국제도
산지원절차를 종결하였다.

구분	내용
승인원조법 제34조	第三十四條 (承認管財人の權限, 승인관재인의 권한) 管理命令が發せられた場合には、債務者の日本國內における業務 の遂行並びに財産の管理及び処分をする權利は、承認管財人に專 屬する。
채무자회생법 제637조	제637조(국제도산관리인) ① 국제도산관리인이 선임된 경우 **채무자의 업무의 수행 및 재산 에 대한 관리·처분권한**은 국제도산관리인에게 전속한다. ② 국제도산관리인은 대한민국 내에 있는 **채무자의 재산을 처분 또는 국외로의 반출, 환가·배당** 그 밖에 법원이 정하는 행위를 하는 경우에는 법원의 허가를 받아야 한다. ③ 제2편제2장제1절(관리인) 및 제3편제2장제1절(파산관재인)에 관한 규정은 국제도산관리인에 관하여 준용한다.

81) Administration 절차에서 2013. 3. 22.부터 공동관리인(Joint Administrators) 중
1명으로 선임되어 채무자의 업무와 영업 및 자산을 관리하여 온 영국인 줄
리안 가이 파(Julian Guy Parr)가 당초에는 국제도산관리인으로 선임되었다.
그런데 위 줄리안 가이 파가 PWC에서 퇴직하게 됨에 따라 채무자의 신청
으로 2018. 12. 13. 국제도산관리인을 러셀 다운스(Russel Downs, 2011. 11.
2.부터 이 사건 외국도산절차의 공동관리인 중 1명으로 선임되어 그 업무
를 수행하여 오던 자)로 변경하게 된 것이다. 앞에서 본 것처럼, 위 러셀 다
운스는 뉴욕남부파산법원에 외국도산절차의 대표자로서 제15장 절차를 신
청한 자이기도 하다.

이 사건은 서울회생법원이 처리한 국제도산 사건 중에서 가장 큰 규모의 자산환가 및 송금이 이루어진 건이었다. 전 세계적으로 이목이 쏠린 대규모 금융기관 도산사건에서 서울회생법원이 국제도산의 이념에 부합하게 외국채무자의 자신이 효율적으로 관리될 수 있도록 지원하였다는 점에서 의미가 있다고 생각된다. 또한, 이와 같은 업무처리를 통해 외국법원 및 외국채무자 등에게 서울회생법원의 국제도산 실무에 대한 신뢰도를 높이고, 향후 국내도산절차의 채무자가 국외에 소재하는 자산을 환가하여 송금받아야 하는 경우에도 우리나라가 외국도산법원으로부터 안정적이고 적극적인 지원을 받을 수 있는 토대를 마련한 것으로 평가할 수 있다.

흥미로운 것은 뉴욕남부파산법원에 신청된 제15장 절차와 달리, 우리나라에 승인의 대상으로 신청된 외국도산절차는 Administration 절차뿐이었다는 점이다. 이는 기본적으로는 이 사건 승인신청이 이루어진 2016. 8.경 당시에는 아직 영국에서 SOA가 진행되기 전이었기 때문일 것이다. 그러나 보다 근본적으로는 권리·의무의 조정 대상이 될만한 채권자가 국내에는 존재하지 않았기 때문일 것으로 추측된다. Scheme의 영향을 받는 국내채권자가 있었다면 동인에 대한 안정적인 지위 부여와 동인의 Scheme에 반하는 개별집행을 막기 위해서라도 우리나라에 Scheme 자체에 대한 승인·집행 신청이 재차 이루어졌을 것이기 때문이다. 향후 우리나라가 국제금융시장 중심지의 역할을 담당하게 되면 단지 도산재단의 관리·처분을 하는 역할을 넘어서 도산재단에 대한 권리보유자들의 권리·의무를 직접 조정하는 기능까지도 수행할 수 있을 것이다.

III. 프랑스 보호절차에서 수립된 보호계획
(Plan de sauvegarde) 등에 대한 취급

이하에서 보는 것처럼 미연방파산법원은 프랑스 보호절차에서 수립된 채무조정안 및 그 인가결정도 승인·집행하였다. 채무자의 자회사인 미국법인이 채무조정안에서 정해진 바에 따라 채무자를 대신하여 담보부채무를 변제(미국법인의 어음 발행·교부로 기존 채무를 변제하는 내용)할 수 있도록 적극 지원한 셈이다. 미연방파산법원의 도산절차에 대한 적극적인 태도를 엿볼 수 있다.

1. 프랑스 보호절차에서 수립된 보호계획의 성질

앞서 본 것처럼 보호절차(Procédure de sauvegarde)에서 수립된 보호계획(Plan de sauvegarde)은 2005. 7. 26.자 법률개정(Law No. 2005-845)을 통해 프랑스상법에 도입되어 2006. 1. 1.부터 시행되고 있는 보호절차에서 수립된 채무조정안을 말한다.[82] i) 보호절차가 개시된 시점부터 최대 18개월간 진행되는 관찰기간(période d'observation) 동안에 개별집행이 자동중지되고,[83] ii) 채무자의 대표자가 기존 경영권

---

[82] 2005. 7. 26.자 Law No. 2005-845를 통해 처음 보호절차(Procédure de sauvegarde)가 도입된 후 i) 2010. 10. 22.자 Law No. 2010-1249를 통해 신속금융보호절차[Sauvegarde financière accélérée(Accelerated Financial Safeguard, AFS)]가, ii) 2014. 3. 12.자 Order No. 2014-326 및 2014. 9. 26.자 Order No. 2014-1088을 통해 신속보호절차[Sauvegarde accélérée(Accelerated Safeguard, AS)]가 추가로 정비되고, iii) 2015. 8. 6.자 Law No. 2015-990(일명 '마크롱법'이라고 지칭되기도 한다)을 통해 일정 규모 이상의 법인에 관한 도산절차를 담당하는 전문상사법원이 설립되는 등 수차례에 걸쳐 법 개정이 이루어졌다. 상세는 Céline Domenget-Morin/Bruno Pousset/Marie Gicquel/Emilie Cobigo, "Insolvency 2019 Second Edition -France", Global Practice Guides, 2019, para. 2.1 이하를 참조.

을 그대로 유지할 수 있으며,[84] iii) 법에서 규정하고 있는 가결요건(=
두 종류의 채권자협의회 및 필요한 경우엔 일반채권자 조에서까지
각 의결권 총액의 3분의 2 이상에 해당하는 동의)[85]을 거쳐 법원으
로부터 인가를 받아야만 비로소 그 조정안이 확정된다는 점에서,[86]

---

83) 법원은 관찰기간(=기본적으로 6개월간 지속하고 총 두 차례에 걸쳐 6개월
씩 추가로 연장이 가능) 동안 채무자가 계속 영업을 할 가능성이 있는지를
판단하는데, 수행가능성이 있는 적정한 보호계획이 수립되고 가결·인가되
는 경우에는 이로써 보호절차가 종료되지만, 그렇지 못한 경우에는 회생절
차나 파산절차의 개시로써 보호절차가 종료되기도 한다. 상세는 한정석,
"프랑스 기업도산제도", 외국사법연수논집(33), 법원도서관, 2014, 366면 이
하를 참조.

84) 보호절차에서 별도의 관리인[Administrateur Judiciaire(Judicial Administrator)]
이 선임되기는 하지만, 이는 채무자를 지원하기 위한 것이고, 경영권을 빼
앗기 위한 것은 아님에 유의해야 한다.

85) 일반적인 채권자 조 이외에 '채권자협의회(Comités de créanciers)'에서도 별
도로 가결되어야 한다는 점이 채무자회생법이나 미연방파산법 등과 가장
큰 차이점이다. 재무제표를 외부감사인이나 회계사에 의하여 감사받는 채
무자로서 i) 그 근로자 수가 150명을 넘거나, ii) 연매출액이 €20,000,000을
초과하는 때에는 Judicial Administrator가 해당 채무자에 관한 두 가지 종류
의 채권자협의회(Comités de créanciers)를 구성해야 한다. 즉, 금융기관채권
자들(établissements de crédit)로 구성된 협의회와 상거래채권자들(principaux
fournisseurs de biens ou de services)로 구성된 협의회를 하나씩 구성해야 하
는데, 만약 위와 같은 유형에 포함되지 못하는 일반채권자(bondholder)들이
있다면 그들만으로 구성된 별도의 general meeting에서도 함께 채무조정안
에 대한 찬부를 투표하게 되는 것이다. 이에 더하여 출자전환(debt-for-
equity swap) 등 특정이슈가 문제 되는 때에는 '주주 조'까지 구성하여 찬부
를 물어야 하는 경우도 발생하는데, 상세는 Céline Domenget-Morin/Bruno
Pousset/Marie Gicquel/Emilie Cobigo(주 82), para. 6.4를 참조. 한편, Rod Cork/
Marc Santoni, "France: Restructuring and insolvency procedures", International
Financial Law Review(IFLR), 2009, 6면에 의하면, 종래에는 의결권 총액의 3
분의 2 이상에 해당하는 동의뿐만 아니라 각 집회에 참석한 권리자들 수의
과반 동의까지 필요했으나 2008. 12. 18.자 Ordinance(Ordinance 2008-1345)
로 보호절차를 개정하면서 2009. 2. 15.부터 위 과반수 요건이 삭제되었다
고 한다.

채무자회생법상 회생절차에서의 회생계획과 유사한 측면이 있다.

다만, 위 보호절차는 지급정지(cessation des paiements)[87] 상태에 빠져있지 않은 당사자가 향후 도산상태에 처하는 것을 방지할 목적으로 도입된 예방적 성격을 가지는 절차이다. 따라서 도산상태에 빠진 당사자만 신청할 수 있는 [별지 6]에 따른 프랑스상법상의 전형적 도산절차[88]와는 차이가 있다.[89] 또한, 최초 6개월의 관찰기간 동안

---

[86] 장원규, "프랑스상법상 기업도산 전 회생절차", 회생법학 제17호, 한국채무자회생법학회, 2018, 73면에 의하면, 법원은 가결된 보호계획으로 i)채무자가 현실적으로 구제될 가능성이 있는지(상법 L. 626-1), ii) 모든 채권자의 이익이 충분히 보호되고 있는지(상법 L. 626-31)를 검토하여 인가 여부를 결정해야 한다고 설명하고 있다.

[87] 지급정지(cessation des paiements)는 "처분가능한 자산을 통하여 만기가 도래한 채무의 변제를 할 수 없는 상태(dans l'impossibilité de faire face au passif exigible avec son actif disponible)"를 의미하는 것으로 프랑스상법 L. 631-1에서 정의하고 있는데, 조응경, "프랑스 국제도산법의 소개 및 우리 법과의 비교", 국제사법연구 제24권 제2호, 한국국제사법학회, 2018, 346면에서는 위 개념이 우리나라에서의 '지급정지'보다는 '지급불능'에 가까운 것으로 보인다고 평가한다. 참고로 위 조문은 이하에서 살펴볼 프랑스의 회생절차(Redressement Judiciaire)에 관한 조문인데, 그 원문은 아래와 같다(밑줄과 강조는 필자가 임의로 표시).

> **Article L. 631-1**
>
> Il est institué une procédure de redressement judiciaire ouverte à tout débiteur mentionné aux articles L. 631-2 ou L. 631-3 qui, dans l'impossibilité de faire face au passif exigible avec son actif disponible, est en **cessation des paiements**. Le débiteur qui établit que les réserves de crédit ou les moratoires dont il bénéficie de la part de ses créanciers lui permettent de faire face au passif exigible avec son actif disponible n'est pas en cessation des paiements(이하 생략).

[88] 프랑스의 도산절차는 상법 제6편(LIVRE VI)에서 규율하고 있는데, [별지 6]에서 보는 바와 같이 크게 i) 법원이 당사자 간의 합의를 지원하는 역할을 하는 데에 그치는 도산방지절차, ii) 지급정지(cessation des paiements) 상태에 이르기 전에 선제적으로 채무조정을 할 수 있도록 지원하는 예방적 성격을 가지는 보호절차, iii) 채무자가 도산상태에 이른 이후에야 비로소 진행할 수 있는 회생/파산절차로 구분할 수 있다. 참고로 EU도산규정에서 규정하고 있는 부분, 즉, EU 내에 COMI가 소재한 채무자에 관하여 개시된 외

보호계획이 인가되지 못할 시에는 채무액을 조정하는 내용의 강제인가(cram-down)는 불가능하고, 단지 10년을 넘는 기간 동안 채무를 변제할 수 있도록 기한을 유예하여 주는 정도의 채무조정안만을 강제할 수 있는 등 일반적인 도산절차에 비해서는 다소 제한적인 측면도 발견된다.[90]

다만, 보호절차는 채무초과 상태에 처해는 있지만, 지급정지에까지 이르지는 않아 본격적으로 회생/파산절차를 활용할 수 없는 당사자가 선제적으로 유연하게 채무조정을 할 수 있도록 지원하는 절차로서 의미가 있다.[91] 『예방적 구조조정제도·면책·자격상실 및 구조조정·도산·면책 절차의 효율성을 촉진하기 위한 조치에 관한 2019년 EU 지침』[92]의 취지에 부합할 뿐만 아니라, 프랑스의 도산절차 중에

국도산절차에 대한 취급과 관련된 부분은 TITRE XI(L.690-1~L.696-1)에서 규정되어 있다.

[89] 따라서 신청 당시 이미 지급불능에 이르러 도산상태(insolvent)에 빠진 당사자들의 경우에는 보호절차(Procédure de sauvegarde)를 신청할 수 있는 자격이 없고, 단지 회생절차(Redressement Judiciaire)나 청산절차(Liquidation judiciaire)만을 신청할 수 있을 뿐이다. 즉, 보호절차는 본격적인 경제적 어려움에 처하기 "전"에 채무자로 하여금 먼저 채무조정에 착수할 수 있도록 유인하는 긍정적 효과를 가지고 있는데, 한정석(주 83), 360면에 의하면 보호절차는 "조기회생절차(Redressment judiciaire anticipé)"로 평가되고 있다고 한다.

[90] 상세는 Céline Domenget-Morin/Bruno Pousset/Marie Gicquel/Emilie Cobigo(주 82), para. 6.3을 참조. 참고로 채무자회생법상의 회생절차에서도 회생계획에 의하여 채무의 기한을 유예하는 경우 그 기간은 사채를 발행하지 아니하는 한 회생계획인가결정일로부터 10년을 넘지 못한다(법 제195조).

[91] 장원규, 『예방적 기업회생법제 연구』, 한국법제연구원, 2018, 127면에 의하면, 프랑스는 이미 오래전부터 기업도산에 관한 예방적 조치에 주목하고 있기 때문에, 회생절차에 대한 보충적이고 추가적인 제도개선은 이루어지고 있지 않은 상황이라고 한다.

[92] 위 2019년 EU 지침, 즉, Directive (EU) 2019/1023은 구조조정과 도산에 관한 종전 지침인 Directive (EU) 2017/1132를 2019. 6. 20. 개정한 것으로서 2019. 7. 16.부터 발효되었는데(이로써 EU회원국들은 2021. 7. 17.까지 위 지침에 부합하도록 국내 법령을 제정·개정해야 하는 상황에 있다), 그 정식 명칭

서는 미연방파산법 제11장 절차에 가장 유사한 채무조정절차로 평가받고 있기도 하다.[93] 이에 향후 우리나라의 국제도산 실무에서도 많이 다루어질 것으로 예상한다.

2. CGG S.A. 사안[94]

가. 보호절차(Procédure de sauvegarde)의 진행경과

채무자는 하층토(subsoil) 등을 지질학적으로 분석하여 천연자원을 발견하고 개발할 목적으로 프랑스 법에 따라 설립된 CGG 기업집단의 지주회사로,[95] 파리 증권거래소(Paris Stock Exchange)와 뉴욕 증권

은 "Directive (EU) 2019/1023 of the European Parliament and of the Council of 20 June 2019 on preventive restructuring frameworks, on discharge of debt and disqualifications, and on measures to increase the efficiency of procedures concerning restructuring, insolvency and discharge of debt, and amending Directive (EU) 2017/1132 (Directive on restructuring and insolvency)"이다. 위 지침은 도산가능성(likelihood of insolvency)이 있는 채무자에게 예방적 구조조정절차를 제공하자는 취지에서 내려진 것으로 총 36개의 조문으로 구성되어 있는데, 상세는 한민(연구책임자), 『향후 기업구조조정제도의 종합적인 운영방향』, 이화여자대학교 산학협력단(법무부 용역보고), 2019, 173면 이하 및 장원규(주 91), 87면 이하를 각 참조.

93) Weil, Gotshal & Manges, *Comparative Guide to Restructuring Procedures*, 2012, 44면.

94) 뉴욕남부파산법원에 접수된 제15장 절차의 사건번호는 *In re CGG S.A.*, Case No. 17-11636 (MG)이다. 제15장 절차의 진행과정에서 보호절차가 승인되고(ECF Doc. #17), 그 절차에서 수립된 보호계획 등을 승인·집행하는 내용의 구제조치가 발령되었는데(ECF Doc. #25), 담당 법관인 Judge Martin Glenn이 보호계획 등의 승인·집행 결정에 관하여 작성한 Opinion Memorandum은 *In re CGG S.A.*, 579 B.R. 716 (Bankr. S.D.N.Y. 2017, 이하 'CGG S.A.'라 한다)이라는 별도의 사건번호로도 분류되었다.

95) 채무자는 다국적 계열사들로 이루어진 기업집단인 CGG Group의 지주회사였는데, CGG Group은 전 세계적으로 임직원 수가 5,766명, 2016년 연매출이 $1,195,000,000에 이를 정도로 커다란 규모의 기업집단이었다. 채무자

거래소(New York Stock Exchange)에 상장되었다. 그런데 2013년도부터 시작된 원유가격의 하락으로 원유/천연가스를 개발하려는 투자자들의 수요가 줄어들어 영업이익이 줄고 곧 변제기가 도래하는 채무를 제대로 변제할 수 없는 위험에 처하게 되자, 채무자는 파리상사법원에 보호절차를 신청하였고, 2017. 6. 14. 그 절차가 개시되었다.

이후 위 보호절차에서 i) 담보부채권자에 대해서는 채무변제에 갈음하여 위 기업집단의 미국계열사인 CGG Holding(U.S.) Inc. 명의의 5년 만기 어음을 발행·교부하여 주고,[96] ii) 선순위사채/전환사채권자에 대하여는 채권액 상당의 신주를 발행하여 주는 출자전환을 행하며, iii) 그 밖에 사채발행 내지 증자를 통하여 $500,000,000의 자금을 조달하는 것을 주요한 내용으로 하는 보호계획이 수립되었다.[97] 이후 위 보호계획은 채권자협의회 및 일반채권자 조에서 진행된 2017. 7. 28.자 결의와 주주 조에서 진행된 2017. 11. 13.자 결의에서,[98] 각각 채권액

내지 CGG Group의 연혁 및 업무현황에 관한 상세는 *In re CGG S.A.*, Case No. 17-11636 (MG)의 ECF Doc. #1, 11면 이하를 참조.

[96] 한편, 채무자에 관한 프랑스 보호절차와는 별도로, 위 CGG Holding(U.S.) Inc.을 포함한 CGG 그룹 약 14개 계열사에 관한 Chapter 11 절차가 뉴욕남부파산법원에서 *In re CGG Holding (U.S.) INC., et al.*, Case No. 17-11637 (MG)로 진행되었는데, 위 미국법인이 채무자에 대한 Secured Loans Holder에게 발행·교부하기로 한 어음은 위 제11장 절차에서의 Plan에서도 함께 다루어졌다.

[97] *In re CGG S.A.*, Case No. 17-11636 (MG)의 ECF Doc. #19-4의 Exhibit D로 첨부된 Safeguard Plan(English Translation), 27면을 참조.

[98] 주주 조(General meeting of Shareholders)는 처음 개최된 2017. 10. 31.자 집회에서는 정족수를 채우지 못하여 표결까지 가보지도 못하고 부결되었으나, 이후 개최된 2017. 11. 13.자 집회에서 정족수뿐만 아니라 전체 의결권 중 90%를 보유한 주주들의 찬성을 확보함으로써 가결되었다. 상세는 Alan W. Kornberg/Brian S. Hermann/Paul Weiss, "Organization, Recognition and Implementation of parallel and coordinated proceedings in France and the United States", Symposium Organized by International Insolvency Institute and France Ameriques, 2018, 8면 이하를 참조.

의 3분의 2를 초과하는 높은 비율로 가결되었다. 그리고 파리상사법
원은 2017. 12. 1. 이를 인가하는 결정(Sanction Order)을 내렸다.

한편, 프랑스 상사법원으로부터 위 보호절차와 관련하여 외국도
산절차의 대표자로 선임된 Béatrice Place-Faget[99])는 ⅰ) 파리상사법원
에 위 보호절차를 신청한 날인 2017. 6. 14. 뉴욕남부파산법원에 그
보호절차의 승인을 구하는 제15장 절차를 동시에 신청하였고, ⅱ) 보
호계획이 인가된 이후인 2017. 12. 6. 보호계획과 인가결정 등의 승
인·집행까지 구제조치로서 신청하였다.

나. 제15장 절차에서의 주요 결정

뉴욕남부파산법원의 담당 법관인 Martin Glenn은 먼저 2017. 7. 13.
이 사건 보호절차를 주절차로 승인하면서 관련된 구제조치를 발령
하였고, 다음으로 2017. 12. 21. 보호계획 및 그 인가결정에 대해서도
미연방파산법 제105(a), 1507, 1521(a)(7) 등에 따라 미국 내에서 완전한
효력을 가지도록 한다는 내용의 구제조치를 발령하였다.[100] 특히,
위 2017. 12. 21.자 결정문에서는 "보호계획이나 관련 계열사에 관하
여 진행 중인 제11장 절차에서 수립된 Plan에서 정한 사항을 이행하
기 위한 소송, 집행, 거래 등은 금지되지 않는다"는 점을 명백히 밝
히고 있어, CGG 그룹의 구조조정이 불명확한 해석의 다툼으로 지연
되지 않도록 명확히 하고 있다(제2, 3항 후단).

---

99) CGG 그룹의 General Counsel로 재직 중이던 여성법률가이다. 파리상사법원
   은 채무자의 요청을 받아들여, 채무자가 2017. 5. 5.자 이사회를 거쳐 뉴욕
   남부파산법원에 제15장 절차를 신청할 권한이 있는 자로 선정한 Béatrice
   Place-Faget를 외국도산절차의 대표자로 선임하였다.
100) Safeguard Plan 및 인가결정(Sanction Order)에 관한 승인결정은 ECF Doc.
   #25를 참조.

다. 보호계획 및 인가결정 관련 판시사항

위 담당 법관은 ⅰ) 이 사건 보호계획은 이해관계인들의 압도적인 찬성(overwhelming support)으로 가결되었고, 프랑스 법원은 충분한 심리 및 기록검토 등을 거쳐 이를 인가하였으며,101) ⅱ) 채무자 및 채무자의 미국자산을 상대로 각종 법적 절차가 진행되면 CGG 그룹이 계획하고 있는 금융구조조정(Financial Restructuring)이 제대로 수행될 수 없게 될 뿐만 아니라, ⅲ) 계열사들에 관하여 진행된 제11장 절차에서 수립된 Plan은 프랑스 법원의 인가결정 및 뉴욕남부파산법원의 그에 대한 승인을 발효조건으로 삼고 있는 점 등을 고려하여, Safeguard Plan 및 인가결정 등을 승인하고 대내적 효력을 부여하는 구제조치를 발령하였다.

Ⅳ. 브라질 구조조정절차(Recuperação Judicial)에서 수립된 구조조정계획(plano de recuperação judicial) 등에 대한 취급

후술하듯이 미연방파산법원은 CBI 모델법상의 구제조치를 통해 브라질의 구조조정절차에서 수립된 채무조정안 및 그 인가결정을 승인·집행하였다. 특히, Rede Energia 사안에서는 브라질에서 수립된 채무조정안에 따른 변제순위 및 방법이 미연방파산법의 그것과 다

---

101) 전환사채권자(Convertible Bondholder)들이 "채권자들 간에 차별적인 취급이 이루어져 공정·형평의 원칙에 부합하지 않는다"는 취지로 Safeguard Plan의 인가에 반대하였으나, 파리상사법원은 상황에 따라서는 적절한 범위 안에서 채권자들을 달리 취급할 수 있고, 이 사건 보호계획으로 CGG 그룹의 자금경색이 해소되어 궁극적으로는 모든 이해관계인이 보호받을 수 있다고 판단하여 위와 같은 이의에도 불구하고 인가결정을 내렸다.

소 상이하다고 하더라도 그와 같은 사정만으로 위 채무조정안을 승
인·집행하는 것이 공서위반(미연방파산법 제1506조)이 되는 것은 아
니라고 판단하여, 외국도산절차를 적극적으로 지원하려는 입장에
있음을 재확인하였다.

1. 브라질 구조조정절차에서 수립된 구조조정계획의 성질

브라질의 구조조정계획(plano de recuperação judicial)은 2005. 2. 브
라질파산법이 개정되면서(Law, 11,101/2005), 새롭게 도입된 재건형
절차인 구조조정절차(Recuperação Judicial)에서 수립된 채무조정안을
의미한다.102) 위 채무조정안은 ⅰ) 구조조정절차 진행 과정에서 법원
에 작성·제출된 이후 채권자집회에서 이에 관한 결의를 거쳐야 하

---

102) Giuliano Colombo et al., "Cross-Border Insolvency in Brazil: A Case for the
   Model Law", UNCITRAL Congress material, 2017, 4면 이하에 의하면, 종래
   브라질의 도산절차는 청산형 절차 중심으로 운영되어 왔는데, 엄격한 방
   식으로 운영되어 많이 활용되지 못하였던 기존 재건형 절차에 대한 반성
   으로 위와 같은 구조조정절차(Recuperação Judicial, Judicial Reorganization)
   가 도입되었다고 한다. 참고로 브라질파산법은 아래와 같은 체계로 구성되
   어 있고, 그중 구조조정절차는 Chapter 3(제47조~ 제72조)에서 규정되어 있다.

구분	도산절차
CAPÍTULO I (Chapter 1)	DISPOSIÇÕES PRELIMINARES [제1~4조] (Preliminary Provisions)
CAPÍTULO II (Chapter 2)	DISPOSIÇÕES COMUNS À RECUPERAÇÃO JUDICIAL E À FALÊNCIA [제5~46조] (Provisions applicable to Judicial Recovery and Bankruptcy)
CAPÍTULO III (Chapter 3)	DA RECUPERAÇÃO JUDICIAL [제47~72조] (The Judicial Recovery)
CAPÍTULO IV (Chapter 4)	DA CONVOLAÇÃO DA RECUPERAÇÃO JUDICIAL EM FALÊNCIA [제73~74조] (Reorganization of Judicial Recovery into Bankruptcy)

고,103) ii) 가결된 채무조정안에 대하여 법원으로부터 인가를 받아야
만 비로소 그 효력이 발생하며, iii) 채무자가 그대로 경영권을 유지
할 수 있다는 점104) 등에서 채무자회생법상 회생절차에서의 회생계
획과 유사한 측면이 있다.

CAPÍTULO V (Chapter 5)	DA FALÊNCIA [제75~160조] (The Bankruptcy)
CAPÍTULO VI (Chapter 6)	DA RECUPERAÇÃO EXTRAJUDICIAL [제161~167조] (The Extrajudicial Recovery)
CAPÍTULO VII (Chapter 7)	DISPOSIÇÕES PENAIS [제168~188조] (General Provisions)
CAPÍTULO VIII (Chapter 8)	DISPOSIÇÕES FINAIS E TRANSITÓRIAS [제189~201조] (Final and Transitory Provisions)

103) 브라질파산법은 제41조에서 채권자 조를 임금채권자(기타 근로관계 포함),
담보채권자, 무담보채권자(후순위, 선순위채권자가 있는 경우에는 함께
포함), SME(Small or Medium-Sized Enterprises) 채권자 등으로 구분하도록
하면서, 제45조에서 아래에서 보는 바와 같이 조별로 가결요건을 달리하
고 있다.

구분	가결요건
임금채권자(제41조 , I)	집회에 참석한 권리자들 수의 과반 동의(제45조 제2항)
담보채권자(제41조, II)	집회에 참석한 권리자들이 보유한 의결권 총액의 2분의 1 이상에 해당하는 동의뿐만 아니라 그 집회에 참석한 권리자들 수의 과반 동의(제45조 제1항)
무담보채권자(제41조, III)	
SME 채권자(제41조, IV)	집회에 참석한 권리자들 수의 과반 동의(제45조 제2항) ※ SME 채권자의 개념에 대하여는 "Lei Complementar no. 147, de 2014"라는 별도의 법령을 통해 상세히 규정하고 있다.

104) 구조조정절차에서 별도의 관리인[Administrador judicial (Judicial Administrator)]
이 선임되기는 하지만, 채무자의 일상적 운영을 감독하고 채권조사확정절
차를 관리하는 역할만을 수행할 뿐이다. 즉, 경영권은 그대로 채무자에게
남아 있게 된다. 이와 같이 선임된 관리인이 담당하는 역할에 관하여는 브
라질파산법 제22조를 참조.

위 구조조정절차는 채무자가 구조조정절차 개시 시점으로부터 반
드시 60일 이내에 구조조정계획을 제출하여야 하고,[105] 위 계획의
제출 이후 30일 동안 이의를 제기한 채권자가 없는 경우에는 채권자
집회의 소집 없이 바로 인가될 수 있다는 점[106] 등에서 채무자회생
법상의 회생절차보다 더 효율적인 측면이 있다. 그러나 다른 한편으
로는 구조조정계획의 내용이 채권자집회에서 직접 수정될 수 있
고,[107] 채권자집회에서 부결되는 경우 채무자는 바로 파산선고를 받

---

[105] 브라질파산법 제53조는 구조조정계획의 제출기한을 "구조조정절차가 개
  시된 시점부터 60일 이내"로 한정하고 있기 때문에 신속하게 절차가 진행
  될 것으로 예상된다. 이는 채무자회생법에서 i) 결의를 위한 관계인집회
  의 제1기일부터 2월 이내에, ii) 회생절차개시일로부터 1년 이내에 가결되
  어야 한다는 규정만 두고 있을 뿐, 회생계획안의 제출기한 자체에 관하여
  는 법령상 제한을 두고 있지 않은 것과 대비된다. 실무상으로는 법원이 회
  생절차개시결정을 하면서 회생계획안의 제출기한을 특정일로 정해두었다
  가 인가 전 M&A 등 회생절차 진행 과정에서 발생하는 여러 가지 사정으
  로 인하여 당사자의 신청 혹은 직원으로 회생계획안의 제출기한을 연장
  하는 경우가 많은데, 상세는 서울회생법원 재판실무연구회, 『회생사건실
  무(상)(제5판)』, 박영사, 2019, 643면 이하를 참조.
[106] 브라질파산법은 제58조에서 인가요건에 관하여 상세한 규정을 두고 있는
  데, 먼저 i) 이의기간 동안 구조조정계획에 이의를 제기한 채권자가 없거
  나, ii) 구조조정계획이 채권자집회에서 가결되는 경우에는 법원이 "필요
  적으로" 구조조정계획을 인가하여야 한다고 규정하고 있다. 흥미로운 것
  은 강제인가 규정인데, 설령 위와 같은 요건을 구비하지 못했다고 하더라
  도, 부결된 구조조정계획이 ① (조에 관계없이) 집회에 참석한 전체 권리
  자들이 보유한 의결권 총액의 2분의 1 이상의 동의를 얻고, ② 적어도 2개
  의 조에서 가결되었으며(만약, 전체적으로 2개의 조밖에 없었다면 1개의
  조에서 가결될 것), ③ 부결된 조에서도 3분의 1 이상의 수의 권리자들이
  참석한 가운데 3분의 1 이상의 채권액 상당의 동의를 얻었을 뿐만 아니라,
  ④ 그 계획이 부결된 조에 속한 채권자들을 차별적으로 취급하고 있지 않
  은 때에는 법원이 "재량으로" 강제인가를 할 수 있도록 하고 있다.
[107] 물론 브라질파산법 제56조 제3항은 "채무자가 명시적으로 동의하는 것
  (desde que haja expressa concordância do devedor)"을 전제로 위와 같이 규
  정하고 있지만, 이는 채무자회생법의 체계(=회생계획안을 제출한 관리인

게 되는 등108) 채무자에게 부담이 되는 측면도 발견된다.

2. Rede Energia S.A. 사안109)

가. 구조조정절차(Recuperação Judicial)의 진행경과

채무자는 브라질 최대의 전력 관련 기업집단인 Rede Group에 속한 법인으로서 브라질 시민들에게 직접 전기를 공급하는 역할을 하는 8개의 계열사(Rede Concessionaires)의 모회사로 기능하여 왔다. 그런데 브라질 정부의 2012. 8. 29.자 임시명령에 따른 관계당국(Agência Nacional de Energia Elétrica, ANEEL)의 2012. 8. 31.자 조치로 위 8개 계

이 이를 수정·제출하여 채권자집회에 다시 붙일 수 있을 뿐, 채권자들이 집회에서 직접 회생계획안의 내용을 수정하는 것은 허용되지 않음)와는 차이가 있다.

108) 이는 회생계획인가가 내려진 후 회생절차폐지 또는 간이회생절차폐지 결정이 확정된 경우에만 필요적으로 파산선고를 하게 되어 있는 채무자회생법상의 회생절차의 체계와는 차이가 있는 것이다(채무자회생법 제6조 제1항 참조). 상세는 서울회생법원 재판실무연구회, 『회생사건실무(하)(제5판)』, 박영사, 2019, 288면 이하를 참조. 참고로 채권자집회에서의 부결을 필요적 파산선고의 원인으로 규정하고 있는 브라질파산법 제56조 제4항의 원문은 아래와 같다(밑줄과 강조는 필자가 임의로 표시).

> **Art. 56.**
> § 4º Rejeitado o plano de recuperação pela **assembléia-geral de credores**, o juiz decretará **a falência do devedor**.

109) 뉴욕남부파산법원에 접수된 제15장 절차의 사건번호는 *In re Rede Energia S.A.*, Case No. 14-10078 (SCC)이다. 제15장 절차의 진행과정에서 구조조정절차(Recuperação Judicial)가 승인되고(ECF Doc. #18), 그 절차에서 수립된 구조조정계획 등을 승인·집행하는 내용의 구제조치가 발령되었는데(ECF Doc. #35), 담당 법관인 Judge Shelley C. Chapman이 보호계획 등의 승인·집행 결정에 관하여 작성한 Opinion Memorandum은 *In re Rede Energia S.A.*, 515 B.R. 69 (Bankr. S.D.N.Y. 2014, 이하 '*Rede Energia*'라 한다)라는 별도의 사건번호로도 분류되었다.

열사는 재무구조를 개선하기 전까지는 전기공급 사업을 영위할 수
없게 되었다. 이에 채무자를 포함한 Rede Group의 5개 주요법인(이하
'Rede Debtors'라 한다)은[110] 위 8개 계열사를 포함한 Rede Group에 대
한 채무조정안을 마련할 목적으로 2012. 11. 23. 상파울로법원에 구
조조정절차를 신청하였고, 2012. 12. 19. 그 절차가 개시되었다.

이후 위 절차의 진행 과정에서 Rede Debtors는 Energia라는 법인과
의 사이에 Rede Group[111]의 지분을 넘기는 대신 위 법인으로부터 자
금을 지원받기로 하는 내용의 투자계약을 체결하였다. 그리고 채무
자는 위와 같은 투자계약을 통해 확보된 자금을 기초로 〈담보채권자
/일반채권자가 ⅰ) 보유채권을 Energia에 양도하는 대신에 그 채권액
의 25%에 상당하는 금액을 구조조정절차의 종결일에 즉시 변제받거
나, ⅱ) 소정의 이자율(만약, 채무자에 추가로 자금을 대여한다면 더
높은 이자율이 적용됨)이 적용된 보유채권 원금액 상당의 22년 만기
어음을 채무자로부터 다시 발행·교부받는 방안 중 선택할 수 있도록
하는 것)을 기본적인 내용으로 하는 채무조정안을 수립하였다.[112]

---

110) Rede Group의 중간지주회사(=약 14개의 계열사의 모회사로 기능하고 있
   음)인 채무자 이외에, 채무자의 모회사인 Empresa de Eletricidade Vale
   Paranapanema S.A. (EEVP), 위 EEVP의 모회사인 Denerge Desenvolvimento
   Energético S.A. (Denerge) 등 4개 법인에 대한 구조조정절차도 상파울로법
   원에서 함께 진행되었다. 그러나 브라질 정부의 2012. 8. 29.자 임시명령(=
   전기공급 회사는 그 사업의 승인기간이 종료되기 전에는 브라질파산법에
   따른 도산절차를 신청할 수 없다는 취지)에 따라, 본문에 명시된 8개 계열
   사에 관한 도산절차는 진행되지 못했다. 상세는 Rede Energia(주 109), 77
   면 이하를 참조.
111) Rede Group의 지배주주(Controlling Shareholder)인 Mr. Jorge Queiroz de
   Moraes Junior가 위 기업집단에 관하여 보유하고 있는 자신의 전(全) 지분
   을 Energia에게 이전하기로 했다.
112) 다만, 이 사건 구조조정계획은 일반채권자(Unsecured Creditors)를 다시 아
   래와 같이 3그룹으로 나누고, 그중 제1, 2그룹에 대해서는 (위와 같은 기본
   적인 선택권 이외에) '강제집행에 착수하지 않고 기타 실체적 권리를 행사하

위와 같은 내용의 구조조정계획은 2013. 7. 5. 개최된 채권자집회의 담보채권자조에서만 가결되고 일반채권자조에서는 부결되었지만, 상파울로법원은 2013. 11. 14. 이를 강제인가하는 결정을 내렸다.[113]

지 않는다면, 절차종결일로부터 60일 이내에 100% 변제를 받을 수 있도록 하는 추가적인 '옵션'을 부여하였다(추가옵션에 관한 상세는 *In re Rede Energia*, Case No. 14-10078 (SCC), ECF Doc. #26, para. 83 이하를 참조). 이에 이하에서 보는 것처럼 제3그룹에 속한 Ad Hoc Group은 위와 같은 구조조정계획이 제3그룹에 속한 일반채권자들을 차별적으로 취급하는 것이라고 주장하면서, 브라질 도산절차에서의 강제인가 결정에 반대하고, 제15장 절차에서의 구조조정계획/인가결정 승인에 대해서도 반대한 것이다. 참고로 채무자는 위와 같은 구조조정계획을 2013. 3. 15. 법원에 제출했는데, 이는 브라질파산법 제53조에 따라 구조조정절차가 개시된 2012. 12. 19.부터 60일이 되기 하루 전인 59일째 되는 시점이었다.

구분	채권자	비고
제1그룹	8개 계열사와 거래하면서 Rede Debtors로부터 이에 관한 보증을 받은 자로서 Rede Debtors에 대해 guaranty, surety, joint claims를 보유한 채권자	Concessionaire Creditor Claims 라고 지칭됨
제2그룹	계열사 간 거래에 따라 Rede Debtors에 대해 채권자로서 권리를 보유한 8개 계열사	Subsidiary Concessionaire Claims 라고 지칭됨
제3그룹	Rede Debtors가 직접 발행한 Perpetual Note 등에 따른 권리를 보유한 채권자	★ Ad Hoc Group =채무자가 발행한 Perpetual Notes 중 합계 약 37%에 달하는 어음을 소지한 투자펀드 간의 협의체(대부분은 라틴아메리카에서 활동하는 금융기관으로 구성되어 있지만, 미국에서 활동하는 Merrill Lynch Pierce도 참여)

113) 당초 2013. 7. 5. 개최된 채권자집회에서는 담보채권자조와 일반채권자조에서 모두 가결된 것으로 집계되어 상파울로법원은 2013. 9. 9. 해당 구조조정계획을 인가하는 결정을 내렸다. 그런데 이후 일반채권자조에서 집회에 참석한 권리자들이 보유한 의결권 총액의 2분의 1 이상에 해당하는 동의만 있었을 뿐이고 '그 집회에 참석한 권리자들 수의 과반 동의'까지는 얻지 못했다는 사실이 확인되어 해당 조에서 부결된 것으로 결론이 내려

이후 상파울로법원으로부터 위 구조조정절차와 관련하여 외국도
산절차의 대표자로 선임된 José Carlos Santos가 2014. 1. 16. 뉴욕남부
파산법원에 위 절차의 승인을 신청하면서, 그 구제조치로서 구조조
정계획 및 인가결정 등의 승인·집행을 함께 구한 것이다.

나. 제15장 절차에서의 주요 결정

뉴욕남부파산법원의 담당 법관인 Shelly C. Chapman은 먼저 2014.
3. 6. 이 사건 구조조정절차를 주절차로 승인하면서 관련 구제조치를
발령하였고, 다음으로 2014. 8. 27. 구조조정계획 및 그 인가결정에
대해서도 미연방파산법 제1507, 1521(a)(7) 등에 따라 미국 내에서 완
전한 효력을 가지도록 한다는 내용의 구제조치를 발령하였다.[114]
이처럼 두 차례로 나누어 결정이 내려진 것은 이 사건 구조조정절

지자, 위 법원은 2013. 11. 14. "일반채권자조에서 근소한 차이로 부결되었
고, 해당 구조조정계획은 강제인가의 요건을 충족하고 있다"는 이유로 위
와 같은 결정을 내린 것이다. 참고로 가결현황은 아래와 같은데, i) 전체
채권액의 2분의 1이 넘는 74% 상당의 동의가 있었고, ii) 두 개의 조 중 적
어도 하나의 조에서는 가결되었으며, iii) 부결된 일반채권자조에서도 3분
의 1 이상의 채권자들이 참석한 가운데 전체 채권액의 3분의 1이 넘는 동
의가 있었으므로, 앞에서 본 브라질파산법 제58조상의 강제인가 요건은 준
수한 것으로 보인다. 가결현황에 관한 상세는 *In re Rede Energia*, Case No.
14-10078 (SCC), ECF Doc. #26, Exhibit R을 참조.

구분	Votes by number		Votes by value	
Secured Creditors	1	100.00%	R$712,519,688	100.00%
Unsecured Creditors	67	47.76%	R$2,080,604,151	66.34%
Totals(for Cram down)	N/A		R$2,793,123,819	74.00%

114) 참고로 앞서 본 다른 사건들과는 달리, 구조조정계획 및 그 인가결정에 관
한 승인결정(ECF Doc. #35)은 이 사건의 Opinion Memorandum, 즉, *In re
Rede Energia S.A.*, 515 B.R. 69 (Bankr. S.D.N.Y. 2014)로 갈음되었고, 별도의
독립된 결정문은 작성되지 않았다.

차에 일반채권자로 참여하면서 해당 구조조정계획의 강제인가를 반대했던 Ad Hoc Group이 본건 제15장 절차에서도 위 계획 및 그 인가결정의 승인·집행을 반대하면서 적극적으로 이의를 제기하여, 이 부분에 대해서는 별도의 추가심리를 거친 이후 결정을 내렸기 때문이다.

이 사건에서 Ad Hoc Group은 구조조정계획에 대한 대내적 효력을 부여하는 것이 제1521조에 의하여 발령가능한 구제조치라는 점은 인정하였다. 다만, 이 사건 구조조정계획은 유사한 지위에 있는 채권자들(similarly situated creditors), 특히 미국에 기반을 둔 채권자들(U.S.-based creditors)을 차별적으로 취급하는 내용으로 구성되어 있어서 미국 내에서 이에 대한 집행을 허용한다면 공서에 반하는 결과가 발생하여 제1506조에 저촉될 것이라는 등의 주장을 하였다.[115] 그러나 위 담당 법관은 외국도산절차의 대표자가 구하는 모든 구제조치, 즉, ⅰ) 인가결정을 집행하는 구제조치, ⅱ) 인가결정에 반하는 행위를 금지하는 구제조치, ⅲ) 구조조정계획 수행에 필요한 조치를 이행토록 하는 구제조치는 모두 제1521조 또는 제1507조에서 규정하고 있는 요건을 충족한 적절한 조치이고, 미국의 공서(United States public policy)에 명백히 반한다고 볼 수도 없다고 판시하였다.

다. 구조조정계획 및 인가결정 관련 판시사항

1) 제1521조 관련

이 사건에서 Ad Hoc Group은 제1521조에 근거하여 구조조정계획의 대내적 이행을 위한 구제조치(Plan Enforcement Relief)를 부여할 수 있다는 점은 인정하였다. 다만, 이 사건의 경우에는 그와 같은 구제조치를 발령하기에 적절하지 않다는 취지로 주장하였다.

---

[115] 이에 관한 더욱 자세한 내용은 Ad Hoc Group이 2014. 2. 25. 제출한 이의신청서, 즉, *In re Rede Energia*, Case No. 14-10078 (SCC), ECF Doc. #16을 참조.

그러나 위 담당 법관은 ⅰ) 법 제1521조(a)(7)에 규정된 "appropriate relief"는 미연방파산법 제15장이 도입되기 전에도 제304(b)(3)를 통해 널리 활용되어 오고 있던 구제조치의 유형이고, ⅱ) 미연방파산법 제11장 절차에서도 인가된 구조조정계획의 이행을 위해 제1142(b)를 통해 당사자들에게 관련 명령을 내리는 것이 일반적이며,116) ⅲ) 이 사건 구조조정계획의 이행을 지원하여 조속히 변제가 시작되도록 하는 것이 Perpetual Note를 보유하면서도 Ad Hoc Group에 속하지 않은 제3그룹 소속 63% 채권자들의 이익을 보호하는 것인 동시에 채무자의 재건을 위해서도 바람직하여 제1522조에 명시된 채무자/채권자 이익 보호의 원칙에도 부합한다고 보았다.117)

2) 제1507조 관련

또한, 1507(b) 각호에서 명시된 공정성 요건(fairness consideration)이 모두 충족되었기 때문에 제1507조에 의하더라도 위와 같은 구제조치가 정당하게 발령될 수 있다는 점도 추가로 판시되었다. 구체적으로 ⅰ) 채권자들이 이 사건 구조조정절차에 참여하여 정보를 얻고 상파울로법원으로부터 충분히 심리를 받는 등 공정한 취급(just

---

116) 미연방파산법 제1142(b)는 인가된 회생계획의 이행을 위한 조치(자산양도, lien 설정, 기타 조치)가 필요한 경우에는 법원이 당사자들에게 그와 같은 사항을 이행하도록 명령할 수 있다고 규정하고 있다.

117) 만약, 미국법원이 이 사건 구조조정계획을 승인·집행하지 않는다면 Rede Debtors로서는 결국 브라질 도산절차로 돌아가서 Ad Hoc Group과 재협상해야 하는 결과가 발생하는데, 이는 Ad Hoc Group에게 편파적으로 기회를 한 번 더 부여하는 것일 뿐만 아니라, 그와 같은 계획이 성공할 수 있을지도 불분명한 상태에서 절차를 불필요하게 지연시킬 수 있다는 점도 지적되었다. 한편, 미연방파산법 제1522(a)는 법원이 제1519~1521조상의 구제조치를 발령할 때는 채무자와 기타 이해관계인들의 이익이 충분히 보호되는지를 고려하여야 한다는 것으로 우리나라 채무자회생법의 제636조 제2항과 유사한 조문이다.

treatment)을 받았고,[118] ii) 미국 채권자들(U.S. Creditors)도 위 절차에 참여할 기회를 부여받는 등 불리한 취급(prejudice and inconvenience) 을 받지 않았으며, iii) 이 사건 구조조정계획에 따라 수립된 변제방법(distribution of proceeds)이 미연방파산법에서 정한 원칙과 비교하여 크게 다르지 않다는 점이 강조되었다.

특히 마지막 요건과 관련하여 Ad Hoc Group은 이 사건 구조조정계획이 후순위채권자들(structurally subordinated creditors)과 주주들의 권리를 과다하게 보호하여 미연방파산법상의 절대우선의 원칙(Absolute Priority Rule)[119]을 위반하는 내용으로 변제방법이 수립되었

---

[118] "Additional assistance"를 발령하기 위한 공정성 요건(fairness consideration) 의 하나로 제1507(b)(1)에 명시된 "just treatment"에 관하여는, 기존 제304 (c)(1)에도 명시되어 있었던 "just treatment" 관련 *Argo Fund, Ltd. v. Bd. of Dirs. of Telecom Argentina, S.A.*, 528 F.3d 162(2d Cir. 2008, 이하 "Argo Fund, Ltd."라 한다)의 판시가 그대로 주요한 해석기준으로 사용된다. 이에 따르면 외국도산절차가 채권자들에게 정보에 대한 접근권한을 부여하지 않아 동인들이 절차에 참여하여 충분히 심리 받지 못하였다면(access to information and an opportunity to be heard in a meaningful manner) 기본적인 적법절차의 원칙(fundamental requisites of due process)을 형해화 하는 것이어서 just treatment를 충족하지 못하게 된다(상세는 위 판결 170면 이하를 참조). 이 사건에서는 채권자들, 특히 Ad Hoc Group이 브라질에서 진행되는 구조조정절차에 참가하여 채권신고를 하고, 구조조정계획에 관한 투표권을 행사하였으며, 인가결정에도 이의하였으므로, 충분히 그 절차에 참여하여 심리를 받은 것으로 판단되었다.

[119] 회생계획에 의해 권리가 변경되는 일반채권자(impaired unsecured creditors) 조가 반대함에도 강제인가(cram-down)를 하고자 할 때, 법원으로서는 해당 회생계획의 내용이 공정하고 형평에 맞는지(fair and equitable) 등을 판단해야 한다[제1129(b)(1)]. 이때 일반채권자에 대한 변제방법과 관련하여 준수되어야 하는 원칙을 이른바 〈절대우선의 원칙(Absolute Priority Rule)〉이라고 부른다. 위 원칙은 당초 미연방대법원의 *N. Pac. Ry. Co. v. Boyd*, 228 U.S. 482, 508, 33 S.Ct. 554, 57 L.Ed. 931 (1913) 사건에서 확립되었다가 1978년에 제1129(b)(2)(B)(ii)를 통해 성문화 된 것이다. 이에 따르면 일반채권자에게 i) 회생계획의 효력발생일(effective date of the plan) 현재 확정된

다고도 주장하였다. 그러나 구조조정계획의 내용은 아래에서 보는 바와 같이 제1506조에 명시된 미국의 공서(public policy)에 반하지 않는다는 이유로 받아들여지지 않았다. 이에 관하여는 이하에서 항을 달리하여 살펴본다.

3) 제1506조 관련

이와 관련하여 담당 법관은 먼저 304(c)(4)에 관하여 확립되어 있던 "외국도산절차에서 적용된 변제의 우선순위가 반드시 미연방파산법상의 순위와 동일할 필요는 없다(the priority rules of the foreign jurisdiction need not be identical to those of creditors)"는 법리가 이 사건에도 그대로 적용될 수 있다고 보았다.[120] 그리고 아래 논거들을

채권액(allowed claims)을 변제하거나 보유토록 하는 내용으로 회생계획을 수립하여야 하고, ii) 만약 그와 같은 계획을 수립할 수 없다면, 후순위채권자 내지 주주에 대해 그 어떤 변제나 이익 보유도 허용해서는 안 된다. 다만, 2005년 BAPCPA(Bankruptcy Abuse Prevention and Consumer Protection Act)의 개정으로 제1115조가 신설되고 제1129(b)(2)(B)(ii) 단서가 추가됨으로써 자연인 채무자(=individual debtor, 제11장 절차를 따르는 개인으로 채무자회생법상 '일반회생절차'의 채무자에 상응)는 위와 같은 원칙에도 불구하고 일부 재산을 보유할 수 있게 되었다. 상세는 Mark A. Salzberg, "Did BAPCPA abolish ABSOLUTE PRIORITY RULE for individual debtors? 9th Circuit gives its view", American Bankruptcy Institute Journal, 2016을 참조. 절대우선의 원칙을 소개한 국내문헌으로는 김성용, "회생절차 관련 도산법 개정 동향-자동중지와 절대우선의 원칙에 관한 논의를 중심으로-", 비교사법 제16권 4호(통권 제47호), 한국비교사법학회, 2009, 79면 이하를 참조.

120) 앞에서 본 것처럼 기존 제304(c)(4)는 [현행 1507(b)(4)와 동일하게] "외국도산절차에 적용된 변제방법이 미연방파산법상의 기준과 실질적으로 부합해야 한다(substantially in accordance)"는 규정을 두고 있었는데, 제2연방항소법원은 Argo Fund, Ltd. 사건에서 본문과 같은 설시를 통해, 아르헨티나 도산절차에서 수립된 변제계획(Acuerdo Preventivo Extrajudicial, APE)의 이행을 구하는 구제조치를 발령한 뉴욕남부파산법원 결정은 적법하게 내려진 것이라고 판시하였다. 상세는 Argo Fund, Ltd.(주 118), 170면을 참조.

근거로 이 사건 구조조정계획의 대내적 이행을 위한 구제조치(Plan Enforcement Relief)를 발령하는 것이 제1506조에도 반하지 않는다고 설명하였다.

첫째, 브라질파산법에 의하면 당해 주주들의 동의가 없는 이상 지분을 소각할 수 없고 그에 따라 이 사건 구조조정계획에서도 Rede Debtors에 대한 주주들의 지분은 여전히 남아 있다. 그러나 주주들로부터 지분을 양도받게 되는 Energia가 i) Rede Group이 부담하고 있는 채무의 상당 부분을 인수하면서, ii) 그 채무의 변제를 위해 1,950,000,000 브라질달러(R$)를 직접 채권자들에게 지급할 계획이고, iii) 특히 관계당국이 요구하는 바에 따라 8개의 계열사(Rede Concessionaires)에게 1,200,000,000 브라질달러(R$)를 별도로 직접 투자하기로 되어 있다. 즉, Rede Debtors와 투자계약을 체결한 Energia는 이 사건 구조조정절차에서 상당한 금액을 투자하였고 보유하게 되는 지분의 가치도 희석될 것이므로, New Value Exception 원칙[121]

---

121) 미연방대법원이 1939년 *Case v. Los Angeles Lumber Products Co.* 사건에서 확립한 법리로서 〈주주들이 신규자본(new capital)을 투여하는 등 채무자에게 새로운 가치(new value)를 부여한 경우에는 선순위채권자들이 채권액 전부를 변제받지 못하는 경우에도 예외적으로 주주들이 회생계획을 통해 지분을 보유할 수 있다는 원칙〉을 의미한다. 즉, 절대우선의 원칙에 대한 '예외'로 기능하는 법리인데, 상세는 William and Mary Survey, "Absolute Priority and Continued Vitality of the 'New Value Exception'", Journal of Bankruptcy Law and Practice, 1992, 594면 이하를 참조. 한편, Ad Hoc Group 은 *Bank of New York v. Treco*, 240 F.3d 148, 157 (2d Cir. 2001) 사례 【=Bahamas 법에 따라 설립된 은행에 대하여 Bahamas에서 파산절차가 개시/진행되었고, 그 절차에서 파산관재인으로 선임된 자가 제304조에 근거하여 "Bank of New York에 보유되어 있는 채무자의 자금을 Bahamas로 반출하는 것을 허가하여 달라"고 신청하였는데, 제2연방항소법원이 i) 미국 법에 따라 채무자의 자산에 담보권을 가지는 Bank of New York이 바하마 법 규정에 따라 해당 담보물에 관하여 공익채권(administrative expenses) 보유자보다 열후한 지위에 있게 된다면 이는 304(c)(4)에 반하는 것이어서

에 비추어 보더라도 절대우선의 원칙과 모순되지 않는다.

둘째, 관계당국은 브라질 시민들에 대한 안정적 전기공급을 위해, 8개 계열사(Rede Concessionaires)의 파산신청을 금지하고 위 계열사들의 재무구조를 안정적으로 조정하도록 요구하였다. Rede Debtors는 위 계열사들의 부채를 줄이기 위해 제1그룹에 속한 채권자들(Concessionaire Creditor Claims, 8개 계열사의 거래상대방으로서 Rede Debtors의 보증을 받은 채권자)에게 채권 전액을 변제하는 내용의 구조조정계획을 수립할 수밖에 없었고, 마찬가지의 이유로 위 계열사들의 자산을 늘리기 위해 제2그룹에 속한 채권자(Subsidiary Concessionaire Claims, 8개 계열사)들에 대해서도 채권 전액을 변제할 수밖에 없었다. 따라서 결과적으로 제3그룹에 속한 채권자들이 상대적으로 불공평한 취급을 받은 것은 사실이지만, 이러한 차별적 취급은 브라질의 자원을 직접 보호하고 경제정책을 입안하는 관계당국이 요구하는 바에 따라 어쩔 수 없이 이루어진 것으로서 그 정당성이 인정된다.

셋째, 브라질파산법은 제58조에서 일정한 요건에서만 강제인가를 할 수 있도록 규정하는 등 이를 무분별하게 활용하고 있지 않다. 그리고 이 사건 구조조정계획에 반대표를 던진 일반채권자(unsecured creditors) 조의 표결현황(47.76% Votes by number, 66.34% Votes by value)은 미연방파산법상 가결요건에 비추어 보더라도 단지 채권자

허용될 수 없다고 하면서, ii) Bank of New York 보유채권을 담보하는 범위를 초과하는 부분의 자금만 반출할 수 있다는 취지로 판시한 사례】가 이 사건에도 적용될 수 있다고 주장하였다. 그러나 담당 법관은 위 사례는 담보권자(secured creditors)의 권리에 관한 사건이고, 바하마의 법이 미국의 공서에 반하는지가 다루어진 것이 아니라고 판시하면서 이를 받아들이지 않았다. 참고로 위 담당 법관은 현행 미연방파산법 제1521(b)의 해석에 따르더라도 미국의 채권자들은 당연히 최우선적으로 보호되어야 하므로 위 *Bank of New York v. Treco* 사안의 결론은 여전히 유효한 것이라고 첨언하기도 하였다.

수에 있어서 2.3%, 의결권총액에 있어서 0.3% 정도만 모자라는 것이
어서,[122] 미국의 공서 기준에 명백히 반한다고 볼 수도 없다.

3. Oi Brasil Energia 사안[123]

가. 구조조정절차(Recuperação Judicial)의 진행경과

채무자는 세계 최대의 통신사업 기업집단인 Oi Group에 속한 법
인으로서 브라질 시민들에게 유·무선통신서비스를 제공하는 역할을
하는 계열사들의 모회사로 기능하여 왔다. 그런데 재무상황이 악화
되어 위 기업집단이 부담하고 있는 약 65,000,000,000 브라질달러(R$)
의 부채를 상환할 수 없게 되자, 채무자를 포함한 Oi Group의 7개 주
요법인(이하 'Oi Debtors'라 한다)은[124] 2016. 6. 20. 리우상사법원에

---

122) 미연방파산법은 제1126(c)에서 ⅰ) 2분의 1 이상의 채권자들이 참석한 가운
데, ⅱ) 3분의 2 이상의 채권액 상당의 동의가 있는 것을 가결요건으로 삼
고 있다. 즉, 이 사건 구조조정계획은 위 기준에 따르면 채권자의 수가
2.3%(=50%-47.76%), 채권액은 0.3%(=66.6% - 66.34%) 가량 각 부족한 셈이 되
는 것이다.

123) 뉴욕남부파산법원에 접수된 제15장 절차의 사건번호는 *In re Oi S.A., et
al.*, Case No. 16-11791 (SHL)이다. 제15장 절차의 진행과정에서 구조조정절
차(Recuperação Judicial)가 승인되고(ECF Doc. #38), 그 절차에서 수립된 구
조조정계획 등을 승인·집행하는 내용의 구제조치가 발령되었는데(ECF
Doc. #280), 담당 법관인 Judge Sean H. Lane이 구조조정계획 등의 승인·집
행 결정에 관하여 작성한 Opinion Memorandum은 *In re Oi S.A., et al.*, 587
B.R. 253 (Bankr. S.D.N.Y. 2018, 이하 'OI S.A.'라 한다)라는 별도의 사건번호
로도 분류되었다.

124) 브라질 법에 따라 설립되어 Oi Group의 지주회사로서의 역할을 하는 채무
자 이외에도 ⅰ) 채무자의 완전자회사로서 유선통신서비스를 제공하는
Telemar Norte Leste S.A.(Telemar), ⅱ) Telemar의 완전자회사로서 무선통신/
위성통신서비스를 제공하는 Oi Móvel S.A.(Móvel), ⅲ) 채무자의 완전자회사
로서 그룹에 자금을 조달할 목적으로 설립된 네덜란드 법인 Oi Brasil
Holdings Cooperatief U.A.(Coop) 및 Portugal Telecom Int'l Finance B.V.(PTIF),

구조조정절차를 신청하여, 같은 날 그 절차가 개시되었다.

위 절차에서 Oi Debtors는 ⅰ) 일반채권자들에게 변제방법을 선택할 수 있도록 하되, 기본적으로는 거치기간을 두고 원금의 일부만 분할·상환하거나 채무액 상당의 어음이나 주식을 발행해 주는 방법으로 35,000,000,000 브라질달러(R$) 상당의 부채를 줄이고, ⅱ) 이와 동시에 Oi Group에 속한 모든 법인들이 위 채권자들에게 부담하는 채무들을 면제하도록 하는 한편, ⅲ) 4,000,000,000 브라질달러(R$) 상당의 유상증자를 통해 재무구조를 정상화하는 것을 기본적인 내용으로 하는 구조조정계획을 수립하였다.125) 그리고 위 계획은 2017.

ⅳ) 그룹이 보유한 부동산을 관리할 목적으로 설립된 Telemar의 완전자회사 Copart 4 Participações S.A.(Copart 4) 및 채무자의 완전자회사 Copart 5 Participações S.A.(Copart 5)에 대한 구조조정절차도 리우상사법원에서 함께 진행되었다. 참고로 이하에서 보는 것처럼 이 사건 구조조정절차 중 아래와 같은 'Oi Debtors 중 일부에 관하여 진행된 도산절차'는 미국의 뉴욕남부파산법원, 영국의 High Court of England and Wales, 포르투갈의 Tribunal judicial da comarca de lisboa(Judicial Court of the Region of Lisbon)에 외국도산절차로 승인신청되어 그 결정이 내려졌는데, 상세는 *In re Oi S.A.*, Case No. 16-11791 (SHL), ECF Doc. #232 para. 102 이하를 참조.

순번	Oi Debtors (이 사건 구조조정절차의 채무자들)	미국	영국	포르투갈	비고
1	Oi. S.A.(채무자)	승인 O	승인 O	승인 O	브라질 법인
2	Telemar Norte Leste S.A.(Telemar)	승인 O	승인 O	승인 O	
3	Oi Móvel S.A.(Móvel)	승인 O	승인 O	승인 O	
4	Oi Brasil Holdings Cooperatiéf U.A. (Coop)	승인 O	신청 X	신청 X	네덜란드 법인
5	Portugal Telecom Int'l Finance B.V. (PTIF)	신청 X	신청 X	신청 X	
6	Copart 4 Participações S.A. (Copart 4)	신청 X	신청 X	신청 X	브라질 법인
7	Copart 5 Participações S.A. (Copart 5)	신청 X	신청 X	신청 X	

125) 구조조정계획은 2016. 9. 5. 그 초안이 처음으로 법원에 제출된 이래 수차례에 걸쳐 수정되었는데, Oi Debtors가 2017. 12. 12. 제출한 구조조정계획 수정안에 2017. 12. 19.부터 이틀간 진행된 채권자집회에서 논의된 사항을

12. 19. 및 2017. 12. 20. 이틀에 걸쳐 개최된 채권자집회의 모든 조에서 가결요건을 초과하는 높은 비율로 가결되었고,[126] 리우상사법원은 2018. 1. 8. 이를 인가하는 결정을 내렸다.[127]

한편, i) 리우상사법원으로부터 위 구조조정절차의 외국도산절차 대표자로 선임된 Ojas N. Shah가 절차가 개시된 다음 날인 2016. 6. 21. 즉시 뉴욕남부파산법원에 위 구조조정절차의 승인을 구하는 제15장 절차를 신청하였고, ii) 2017. 7. 18. 위 구조조정절차에서 새로운 외국도산절차의 대표자로 선임된 Antonio Reinaldo Rabelo Filho가 구조조정계획이 인가된 이후인 2018. 4. 17. 위 구조조정계획 및 인가결정 등의 승인·집행을 구하는 구제조치를 신청하였다.

반영하여, 2017. 12. 20. 이 사건 구조조정계획이 최종적으로 완성되었다.

[126] 이 사건 구조조정계획은 Oi Debtors의 자산 및 책임이 모두 병합되는 것(consolidation of the assets and liabilities)을 전제로 하고 있었기 때문에 본격적인 찬반투표에 앞서 "위 7개 법인의 각 채권자들이 이와 같은 유형의 병합(=회사법 등에 따른 인수/합병이 아니라 이 사건 구조조정절차에서의 자산배분을 목적으로 한 병합)에 찬성하는지"를 묻는 투표가 먼저 진행되었는데, 7개 법인의 각 채권자들로 구성된 7개의 그룹은 각 96.87%에서 100%에 이르는 높은 비율로 모두 위와 같은 병합을 찬성하였다. 이후 본격적으로 이 사건 구조조정계획에 관한 투표가 진행되었고, 아래 표에서 보는 바와 같은 높은 비율로 각 조의 가결요건을 충족하였다.

구분	Votes by number	Votes by value
Labor-related Creditors (Class Ⅰ)	100.00%	N/A
Secured Creditors (Class Ⅱ)	100.00%	100.00%
Unsecured Creditors (Class Ⅲ)	99.56%	72.17%
SME Creditors (Class Ⅳ)	99.8%	N/A

[127] 참고로 이 사건 구조조정계획에 관한 인가결정이 2018. 2. 5. 공고된 이후 그 의미의 확인을 요구하는 신청(motions for clarification)과 더불어 인가결정효력 중지신청이 제기되었으나, 리우상사법원은 중지신청을 기각하였다.

나. 제15장 절차에서의 주요 결정

뉴욕남부파산법원의 담당 법관인 Sean H. Lane은 먼저 2016. 7. 22. 이 사건 구조조정절차를 주절차로 승인하면서 관련된 구제조치를 발령하였고, 다음으로 2018. 7. 9. 구조조정계획 및 인가결정에 대해서도 미연방파산법 제1507, 1521(a)(7) 등에 따라 미국 내에서 완전한 효력을 가지도록 한다는 내용의 구제조치를 발령하였다.

특히 이 사건 구조조정절차에 채권자로 참여하면서 해당 구조조정계획의 인가를 반대했던 Pharol Parties는 이 사건 구조조정계획의 승인·집행 이슈에 대해서도, 브라질에서 여전히 이 사건 구조조정계획과 관련하여 소송, 중재, 조정절차가 진행 중임에도 그 결과를 기다리지 않고 즉시 승인·집행을 통해 대내적 효력을 부여하는 것은 인정되어서는 안 된다는 등의 의견을 제기하였으나, 이하에서 보는 바와 같이 위 담당 법관은 그와 같은 주장을 모두 배척하였다.

다. 구조조정계획 및 인가결정 관련 판시사항

먼저, 위 담당 법관은 만약 Pharol Parties의 주장대로 브라질에서 진행 중인 소송 등의 결과를 기다리고 그때까지 미국에서의 대내적 효력을 인정해주지 않는다면, 이는 인가결정의 효력을 중지하여 달라는 신청을 기각한 리우상사법원의 판단을 뒤집는 결과가 되어, 국제예양(comity)의 관점에서 적절하지 않다고 판시하였다. 승인법원의 역할은 외국법원이 외국도산절차에서 내린 결정을 실질적으로 재심사하거나 뒤집는 것(second-guess or overrule), 즉, 외국도산절차를 감독하는 것이 아니라 이를 돕는 것(to assist the foreign insolvency proceeding, not to supervise it)이므로 이를 넘어서는 조치를 취하는 것은 자제되어야 한다고 설시한 것인데, 국제도산체계의 목적과 기능에 초점을 맞춘 의미 있는 설시로 생각된다.

또한, 승인·집행의 지연으로 인하여 발생할 수 있는 채권자들 간의 형평성 문제를 지적한 부분도 흥미롭다. 구체적으로 ⅰ) 기존 채무에 갈음하여 미국 주식을 새로 발행받기로 한 채권자들의 경우 이 사건 구조조정계획의 승인지연으로 미국에서 주식을 적시에 발행받지 못하여 손해를 입을 수 있고, ⅱ) 브라질에서는 채권이 소멸한 것으로 취급되는 채권자들이 아직 미국에서는 면책의 효력이 발생하지 않았음을 이유로 개별적인 소송/집행 절차에 착수하면서 이해관계인들 간에 복잡한 법률관계가 발생할 수 있다는 점이 지적되었다.

V. 크로아티아 특별관리절차(Postupak izvanredne uprave)에서 수립된 화해계약(Sporazum o nagodbi) 등에 대한 취급

미연방파산법원은 Agrokor D.D. 사안에서, CBI 모델법상의 구제조치를 통해 크로아티아의 특별관리절차에서 수립된 채무조정안 및 그 인가결정을 승인·집행하였다. 위 사안은 미국 외에도 영국, 스위스, 세르비아, 몬테네그로, 슬로베니아, 보스니아-헤르체고비나에도 함께 CBI 모델법에 따른 승인신청이 이루어져 많은 국제도산 쟁점이 다루어졌다. 특히 미연방파산법원이 영국의 Gibbs Rule에 대한 비판적 입장을 견지하여 도산실무가들에게 많은 화두를 던지기도 했다.

1. 크로아티아 특별관리절차에서 수립된 채무조정계획의 성질

크로아티아 특별관리절차(Postupak izvanredne uprave)에서의 화해계약(Sporazum o nagodbi)은 2017. 4. 7. 제정된 특별관리절차법에 따른 채무조정절차에서 수립된 채무조정안을 의미한다. 위 화해계약

은 i) 법원으로부터 선임된 특별관리인(Izvanredni povjerenik)이 특별
절차개시일로부터 12개월 이내에 채권자협의회(Vjerovničko vijeće)[128]
의 동의를 얻어 법원에 합의안을 제출하면,[129] ii) 채권자들로부터
위 법이 정한 정족수를 넘는 동의를 얻어야 하고,[130] iii) 이후 법원으
로부터 인가결정까지 받아야만 비로소 위 합의안이 그에 반대하였
던 채권자들까지 구속하는 효력을 발생하게 된다는 점[131] 등에서 우
리나라 채무자회생법상의 회생절차와 유사하다.[132]

물론 5,000명 이상의 근로자를 보유하고 있는 동시에 HRK(크로아티
아의 화폐단위 쿠나) 7,500,000,000 이상의 채무를 부담하는 회사, 그것

---

128) 채권자협의회(Vjerovničko vijeće)는 각 채권자 그룹을 대표하는 채권자들로
구성하여야 하는데, 최대 9인까지 참여시킬 수 있고 홀수로 구성하여야
한다는 점에 그 특색이 있다(특별관리절차법 제18조 제1항). 참고로 우리
나라 채무자회생법상의 채권자협의회는 그 구성원 수에 법령상의 제한이
없지만 실무상 채권액을 기준으로 상위 4~5명의 회생담보권자/회생채권
자로 구성되는 경우가 많고, 그 구성 권한이 기본적으로 법원이 아닌 관리
위원회에게 부여되어 있다는 차이가 있다(채무자회생법 제20조).

129) 법원은 특별관리인의 요청에 따라 합의안의 제출기간을 3개월 더 연장할
수 있다(특별관리절차법 제43조 제2항).

130) 특별관리절차법 제43조 제14항은 i) 각 조마다 합의안에 찬성한 채권자
들의 보유채권액이 합의안에 반대한 채권자들의 보유채권액보다 많을 뿐
만 아니라, 채권자들 수의 과반 동의까지 있어야만 위 합의안이 가결되는
것으로 규정하면서도, ii) 합의안에 찬성한 채권자들의 보유채권액이 전
체 채권액의 3분의 2를 초과하는 경우에는 동의채권자들의 '수'가 과반을
넘지 않더라도 가결요건을 충족한 것으로 본다.

131) 법원은 가결요건을 충족한 합의안에 대해 인가결정을 하여야 하는 것이
원칙이지만(특별관리절차법 제43조 제15항), 합의안의 내용이나 절차의
진행이 법령을 위반하고 그 하자가 치유되지 않은 경우, 합의안에 대한 투
표가 도저히 받아들일 수 없는 방법으로 이루어진 때에는 법원이 직권으
로 인가결정을 거부해야 한다고 규정하고 있다(같은 조 제16항).

132) 그 밖에 특별관리절차를 포함한 크로아티아의 파산법 일반에 관하여는
Jelena Nushol Fijačko/Relja Rajkovic, "Restructuring and Insolvency Law in
Croatia", CMS Expert Guide to restructuring and insolvency law, 2020을 참조.

도 국가의 기간산업을 담당하는 법인의 경우에만 활용할 수 있다는 점에서 특별관리절차는 그 적용범위가 제한적이고,133) 현재까지도 이하에서 살펴볼 Agrokor Group 사안, 단 1건에서만 적용되는 등 아직 그 실무례가 충분히 집적되어 있지 못한 것이 사실이다. 하지만 크로아티아 파산법(Stečajni zakon)상의 파산절차(Stečajni postupak)와 사전파산절차(Predstečajni postupak)에서 명시된 개시원인을 모두 특별관리절차의 개시원인으로 폭넓게 인정하고 있고,134) 단일한 법인이 아

---

133) 물론, 채무자 이외에 "같은 기업집단에 속한 자회사나 계열사"에 속한 근로자들이나 위 각 회사가 부담하는 채무를 포함하여 계산해도 무방하다 (특별관리절차법 제4조 제2항).

134) 크로아티아 파산법(Stečajni zakon)은 사전파산절차(Predstečajni postupak)에서는 채무자의 지급불능이 염려될 것을 그 개시원인으로(제4조), 파산절차 (Stečajni postupak)에서는 채무자가 실제로 지급불능상황에 처했거나 채무초과상태에 빠졌을 것을 각 그 개시원인으로 삼고 있는데(제5조), 특별관리절차법은 제4조에서 파산절차와 사전파산절차에서의 개시원인 모두를 특별관리절차의 개시원인으로 폭넓게 인정하고 있다. 이를 정리하면 아래와 같다.

구분	개시원인	근거 법률
사전파산절차 (Predstečajni postupak)	채무자의 지급불능이 염려될 때 (Prijeteća nesposobnost za plaćanje)	파산법 제4조
파산절차 (Stečajni postupak)	채무자가 지급불능에 빠졌을 때 (Nesposobnost za plaćanje) 채무자가 채무초과상태일 때 (Prezaduženost)	파산법 제5조
특별관리절차 (Postupak izvanredne uprave)	위 세 가지 사유 중 하나가 있을 때	특별관리절차법 제4조 [원문은 아래와 같음(밑줄과 강조는 필자가 임의로 표시)]

Članak 4.

(1) Postupak izvanredne uprave primijenit će se na dioničko društvo dužnika (u daljnjem tekstu: dužnik) i sva njegova ovisna i povezana društva <u>ako je utvrd̄eno postojanje bilo kojeg od stečajnih razloga u smislu članka 5. Stečajnog zakona</u> (»Narodne novine«, br. 71/15., u daljnjem tekstu: Stečajni zakon) ili predstečajnog razloga iz članka 4. Stečajnog zakona u odnosu na dužnika kao vladajuće društvo

닌 〈기업집단〉에 관한 구조조정을 하나의 합의안으로 처리할 수 있는 유일한 절차라는 점에서[135] 향후에도 많이 활용될 것으로 보인다.

2. Agrokor D.D. 사안[136]

가. 특별관리절차(Postupak izvanredne uprave)의 진행경과

채무자는 크로아티아 국내총생산의 약 15%를 담당하는 기업집단인 Agrokor Group에 속한 기업이다. 크로아티아에서 슈퍼마켓 체인, 생수 제조 및 판매, 아이스크림과 냉동식품의 유통 등을 영위하는 약 155개 계열사의 모회사로 기능하여 왔다. 그런데 위 기업집단이 부담하고 있는 채무의 만기를 연장하지 못하여 어려움에 빠지게 되자, 채무자를 포함하여 크로아티아에 본사를 두고 있는 77개의 법인(이하 'Agrokor Debtors'라 한다)이 자그레브상사법원에 특별관리절차를 신청하여,[137] 2017. 4. 10. 그 절차가 개시되었다.[138]

---

i koje dioničko društvo je samostalno ili zajedno sa svojim ovisnim ili povezanim društvima od sistemskog značaja za Republiku Hrvatsku.

135) Pavo Novokmet/Toni Smrček, "Insolvency 2019 Second Edition -Croatia", Global Practice Guides, 2019, para. 6.6.
136) 뉴욕남부파산법원에 접수된 제15장 절차의 사건번호는 *In re Agrokor D.D.*, Case No. 18-12104 (MG)이다. 제15장 절차의 진행 과정에서 ⅰ) 먼저 크로아티아에서 진행된 특별관리절차가 2018. 9. 21. 주절차로서 승인되었고 (ECF Doc. #30), ⅱ) "향후 크로아티아 법원이 특별관리절차에서 발령한 인가결정이 확정되면, 위 절차에서 수립된 화해계약 등을 승인·집행할 수 있다"는 Written Opinion이 2018. 10. 24. 작성되었는데(ECF Doc. #31), ⅲ) 이후 위 인가결정이 2018. 10. 26. 최종적으로 확정되자, 뉴욕남부파산법원은 2018. 12. 14. 특별관리절차에서 내려진 화해계약 등을 승인·집행한다는 구제조치를 발령하여 미국에 그 대내적 효력을 인정하였다(ECF Doc. #34). 한편, 이 사건의 담당 법관인 Martin Glenn이 작성한 위 Written Opinion은 *In re Agrokor D.D.*, 591 B.R. 163 (Bankr. S.D.N.Y. 2018, 이하 '*Agrokor D.D.*'라 한다)이라는 별도의 사건번호로도 분류되었다.

위 특별관리절차에서 ⅰ) 새로운 법인을 설립하여 Agrokor Debtors
가 보유하고 있는 자산과 부담하고 있는 채무를 모두 이전시키고, ⅱ)
위 신설법인이 발행하는 채권으로 채권자들에 대한 채무의 변제에
갈음하기로 하되, ⅲ) 이로써 위 채무를 보증한 제3자까지 면제하기로
하는 것을 주요한 내용으로 하는 내용의 채무조정안이 수립되었

---

137) 특별관리절차법 제6조 제1항에 따라 특별관리절차에 관한 관할권은 자그
레브상사법원이 전속적으로 가지고 있기 때문이다. 국가의 기간산업을 담
당하는 기업집단에 관한 재건절차인 만큼 수도에 있는 법원에서 위 절차
를 담당하도록 하려고 한 것이다.
138) 기업집단을 이루는 전체 155개 법인 중 크로아티아 내에 본사를 두고 있는
77개 법인만이 특별관리 절차를 신청하였고, 그중에서도 채무자를 포함한
9개의 법인에 관한 도산절차에 관한 승인신청만이 이루어졌다. 아래 표에
서 보는 것처럼 미국의 뉴욕남부파산법원, 영국의 High Court of England
and Wales, 스위스의 추크지방법원만이 외국도산절차로서 승인하였고, 슬
로베니아, 세르비아, 보스니아-헤르체고비나, 몬테네그로의 법원은 그 승
인신청을 기각하였는데, 상세는 *Agrokor D.D.*(주 136), 175 면 이하를 참조.

순번	Agrokor Debtors (이 사건 특별관리절차의 채무자들)	미국	영국	스위스	기타 (승인 X)
1	Agrokor. D.D.(채무자)	승인 O	승인 O	승인 O	·슬로베니아 ·세르비아 ·보스니아-헤르체고비나 ·몬테네그로
2	Agrokor Trgovina d.o.o.				
3	Belje d.d.				
4	Ledo d.d.				
5	Jamnica d.d.				
6	Konzum d.d.				
7	PIK-Vinkovci d.d.				
8	Vupik d.d.				
9	Zvijezda d.d.				
10~77	크로아티아에 본부 있는 나머지 법인	신청 X			
비고	기업집단에 속한 155개 중 나머지 78개 법인은 이 사건 특별관리절차를 신청 X ∵특별관리절차는 크로아티아에 주된 영업의 소재지가 있는 법인만이 신청할 수 있기 때문에(특별관리절차법 제5조), 크로아티아 이외의 국가에서 영업활동을 하는 나머지 법인들은 특별관리절차를 신청할 적격이 없었기 때문이다.				

다.[139] 그리고 위 채무조정안, 즉, 화해계약은 2018. 7. 4. 개최된 채권
자집회에서 78.52%에 달하는 채권자들의 동의를 얻어 가결되었고, 자
그레브상사법원은 2018. 7. 6. 이를 인가하는 결정을 내렸다.[140]

이후 자그레브상사법원으로부터 위 특별관리절차와 관련하여 외
국도산절차의 대표자로 선임된 Fabris Peruško[141]가 2018. 7. 12. 뉴욕
남부파산법원에 Agrokor Debtors 중 채무자를 포함한 9개의 법인에
대한 도산절차의 승인을 신청하면서, 그 구제조치로서 화해계약 및
인가결정 등의 승인·집행을 함께 구한 것이다.

나. 제15장 절차에서의 주요 결정

1) 주절차로서의 승인 등

뉴욕남부파산법원의 담당 법관인 Martin Glenn은 먼저 2018. 9. 21.
이 사건 특별관리절차를 주절차로 승인하면서 관련된 구제조치를
발령하였다. 위 9개 법인의 COMI가 크로아티아에 있다고 판단하면
서 다른 사건들에서와 마찬가지로 미연방파산법 제1520조에 따른
구제조치가 자동적으로 부여됨을 확인한 것이다.

---

[139] 이후 실제로 위 채무조정안 이행을 위해 2019. 4. 1. 크로아티아에 본사를
둔 Fortenova Grupa가 설립되었는데, 위 기업집단은 €1.16 billion 상당의 4
년 만기 채권을 발행하여 기존 채무의 만기를 연장하고, 이에 더하여 추가
로 €1.2 billion 상당의 4년 만기 채권을 발행하여 신규자금을 조달받는 방
법으로 재무구조의 건전성을 이루었다.

[140] 위와 같은 인가결정에 대해 92개의 항고가 제기되었으나, 이하에서 보는
것처럼 자그레브고등법원은 2018. 10. 18. 항고를 모두 기각하는 결정을
내렸고, 그 결정이 2018. 10. 26. 확정되었다.

[141] 당초에는 특별관리인(Izvanredni povjerenik)으로 Mr Ante Ramljak가 선임되
었으나 2018. 2. 28. Fabris Peruško로 변경되었다. 참고로 Fabris Peruško는
대규모 기업집단에 관한 일괄적인 채무조정이 요구되었던 이 사건 특별
관리절차를 원활히 진행하였다고 평가받으며, 2019년도에 International
Company Transaction 부문에서 TMA Turnaround and Transaction Award를
받기도 하였다.

흥미로운 점은 화해계약과 인가결정의 승인 및 집행을 통해 미국에서의 대내적 효력을 구하는 구제조치 신청 부분에 관하여는 일단 그 판단을 유보한다고 명시하였다는 점이다.[142] 자그레브상사법원이 내린 인가결정에 대항 항고심 재판이 계속 중이라는 절차적 측면과 아울러, 위 화해계약에 영국법을 준거법으로 하는 채무의 조정이 포함되어 Gibbs Rule과의 충돌이 예상되고,[143] 제3자 면제조항도 포함되어 있는 등 검토해야 할 실체적 측면도 있다는 점이 고려된 것인데, 이에 대해서는 위 담당 법관이 Written Opinion을 통해 별도의 결정으로 판단하였다. 이하에서 항을 달리하여 살펴본다.

2) Written Opinion에서의 주요 설시 내용

위 담당 법관은 2018. 10. 24. Written Opinion을 통해 "자그레브상

---

[142] *In re Agrokor D.D.*, Case No. 18-12104 (MG), ECF Doc. #30, para. 3으로서 그 원문은 아래와 같다(밑줄과 강조는 필자가 임의로 표시).

> 3. The Court **reserves** decision as to the recognition and enforcement of the terms of the Settlement Agreement within the territorial jurisdiction of the United States, including any waiver, release, discharge or guarantee of any debt governed by English law.

[143] Agrokor Debtors가 부담하고 있던 채무 합계 약 €2,585 million 중 i) €1,660 million(약 64%)은 English Law를 준거법으로 하는 채무였고, ii) 나머지 €925 million(약 36%)은 New York Law를 준거법으로 하는 채무였다. 이에 '당사자 간에 이 사건 특별구조조정절차를 통해 English Law를 준거법으로 하는 채무를 조정하는 합의안이 도출되더라도 Gibbs Rule에 따라 정작 영국에서 해당 채무에 관한 변경이 승인·집행되지 못할 것이므로, 그와 같은 불안한 내용이 포함된 이 사건 화해계약과 인가결정을 승인·집행할 필요가 없다'는 의견이 일부 채권자들로부터 제기되었다. 하지만 뉴욕남부파산법원은 이하에서 보는 것처럼 '영국법원이 실제로 향후 어떠한 입장을 취하든지 간에 그와 같은 사항은 이 사건 특별관리절차에서 수립된 화해계약과 인가결정을 승인하고 집행하는데 아무런 영향이 없다'고 판단하면서 그와 같은 주장을 받아들이지 않았다.

사법원이 내린 인가결정이 그대로 유효한 것으로 확정"된다면 미연 방파산법 제1507, 1521(a)(7) 등에 따라 이 사건 특별관리절차에서 수립된 화해계획과 그에 대한 인가결정을 승인·집행할 수 있다는 의견을 제시하였다.[144] 국제도산에서 외국도산절차를 지원할 때 가장 중요한 기준으로 작용하는 국제예양의 원칙(principles of comity)에 비추어, 화해계약/인가결정에 대해 대내적 효력을 부여하는 것이 타당하다고 판단한 것인데, 주요한 논거들은 아래와 같다.

첫째, 도산절차는 대물적(對物的, in rem) 성격을 가진 절차이므로,[145] 법원이 채권자들에 대한 인적관할권(人的管轄權, personal jurisdiction)을 가지고 있지 않더라도 적정한 통지 등을 통해 절차를 적법하게 진행하면 된다. 가령 미연방파산법 제1141(d)(1)(A)[146]에서 규정된 것처럼 도산개시결정 전 발생한 채권(pre-petition claims)의 내용을 감면하는 결정도 내릴 수 있다.[147] 그런데 자그레브상사법원

---

144) 참고로 앞에서 본 사건들과 달리 구조조정계획 및 그 인가결정을 승인한 부분에 대한 결정(ECF Doc. #35)은 이 사건의 Opinion Memorandum, 즉, *In re Rede Energia S.A.*, 515 B.R. 69 (Bankr. S.D.N.Y. 2014)로 갈음되었고, 이와 별도의 독립된 결정문은 작성되지 않았다.

145) 미연방대법원은 개인채무자의 Chapter 7 절차가 다루어졌던 *Tennessee Student Assistance Corp. v. Hood*, 541 U.S. 440, 447, 124 S.Ct. 1905, 158 L.Ed.2d 764 (2004) 사건에서 도산절차가 대물적 성격을 가지는 절차(in rem proceedings)라고 명시적으로 선언하였다. 도산절차의 목적은 채무자가 새로운 출발을 할 수 있도록 일괄적으로 채무를 감면하는 데에 있으므로, 법원은 (채권자들이 아니라) 채무자와 그 도산재단에 근거하여 관할권을 행사하기 때문이라는 것이다.

146) 미연방파산법 제1141조는 제11장 절차에서 인가결정의 효과(effect of confirmation)를 설명하고 있는데, 그중에서도 (d)(1)(A)는 일단 인가결정이 내려지면 채권신고 여부, 시·부인 내역, 해당 채권자가 회생계획안에 동의했는지 여부와 관계없이 무조건 회생계획안에 명시된 대로 해당채권에 관한 채무내용이 변경된다는 점을 명시하고 있다.

147) 이러한 점에서 영국, 홍콩, 싱가포르 등 커먼로 국가들에서 확립된 역외적(域外的) 효력을 가지는 자산동결처분(Worldwide Freezing Order, WFO)과는

은 채권자들에게 적정한 방법으로 주요 사항을 통지하는 등으로 이 사건 특별관리절차를 공정하게 진행하였고, 달리 화해계약/인가결정에서 성립된 채무조정을 미국에서 대내적으로 허용하지 않을 이유가 없다.

둘째, 일단 외국도산절차에 대한 승인결정이 내려진 이후에 부여되는 구제조치(post-recognition relief)는 국제예양의 원칙(principles of comity)과 외국법원과의 공조(cooperation with foreign courts)를 고려하여 그 발령 여부를 판단해야 한다.148) 그런데 이 사건 특별관리절차에서 자그레브상사법원은 (절차만 계속 중인 상황인 것이 아니라) 이미 실체관계에 관한 재판을 하였다. 따라서 해당 국가의 판단을 더욱 존중해야 한다(deference to a case already being adjudicated abroad).

셋째, 제3자 면제조항과 관련하여서는 이미 Metcalfe 사건, Avanti 사건 등에서 '미연방파산법 제11장 절차 등을 통해서는 그와 같은 방식의 일괄면제가 허용될 수 없다고 하더라도, 국제예양 및 외국법원과의 공조의 관점에서 제15장 절차를 통해서는 허용될 수 있다'는 법리가 형성되어 있다. 또한, 제3자 면제조항이 포함된 이 사건 화해계약을 가결하는 과정에서 제1129(a)(10)에 위반될만한 내부자 투표(insider votes) 등의 문제도 발견되지 않았다.149)

정반대의 성질을 가진다. WFO는 특정 자산에 대한 대물적 처분이 아니어서, 인적관할권이 미치는 피신청인이기만 하다면 동인이 보유한 자산에 대해서는 그 소재지와 관계없이 처분의 대상으로 삼을 수 있기 때문이다. 상세는 김영석, "Worldwide Freezing Order의 국제적 동향 -영국에서의 논의를 중심으로", 국제사법연구 제26권 제1호, 한국국제사법학회, 2020, 98면 이하를 참조.

148) 상세는 Allan L. Gropper, "Current Developments in International Insolvency Law: A United States Perspective", 15 Norton Journal Bankruptcy of Law and Practice, Apr. 2006, 26면 이하를 참조.

149) 미연방파산법 제1129조는 회생계획의 인가요건에 관하여 상세하게 규정하고 있는데, 그중에서 (a)(10)은 적어도 하나의 조(組, class)에서는 제안된

넷째, 외국도산절차가 절차적으로 공정하게 진행되었는지(procedurally fair)를 판단하기 위한 〈제2연방항소법원이 확립한 기준〉에 비추어 보더라도,[150] 특별관리절차법이나 이 사건 특별관리절차에 특별한 문제가 있다고 보기 어렵다. 크로아티아의 특별관리절차법에서 두고 있는 절차적/실체적 사항은 모두 전 세계적으로 널리 인정된 도산법의 원칙과 부합하고, 자산배분의 순위 및 방법도 미연방파산법의 그것과 특별히 상이하지 않으며, 도산절차의 진행상황은 법원의 홈페이지 등을 통해 공고되어 잠재적 채권자들도 해당 절차를 숙지하도록 하는 방안이 마련되어 있기 때문이다.

다섯째, 이 사건 화해계약/인가결정의 승인 및 집행에 반대하는 의견이 제기되지 않았고, 대내적 효력을 부여함으로써 미국의 공서에 반하는 결과가 초래된다고 볼만한 자료도 없으며, Agrokor Group을 보호하고 제15장 절차의 목적을 달성하기 위해서는 이와 같은 유

회생계획안에 관한 가결요건이 충족되어야 하고, 이때 내부자의 투표는 그 찬성표를 계산하는데 포함되어서는 안 된다는 점을 명시하고 있다. 참고로 이하에서 살펴볼 *In re Vitro S.A.B. de C.V.*, 701 F.3d 1031, 1043 (5th Cir. 2012)에서는 내부자 지위에 있는 계열사들의 찬성표가 없었다면 채무조정안이 가결되지 못하였을 것이라는 점을 주요 논거로 삼아 멕시코 도산절차에서 수립된 채무조정안(제3자 면제조항이 포함되어 있었다)의 승인·집행신청을 받아들이지 않았다.

150) 제2연방항소법원은 *Finanz AG Zurich v. Banco Economico, S.A.*, 192 F.3d 240, 249 (2d Cir. 1999) 사건에서 외국절차의 절차적 공정 여부를 판단하는 8가지 기준을 소개하고 있다. 이는 ① 동일한 조에 속한 채권자들이 동일하게 변제를 받는지, ② 도산관리인이 법원에 대해 수탁자의 지위를 가지고 법원에 대해 책임을 지는 지위에 있는지, ③ 채권이 부인되는 경우 채권자를 위한 조사확정재판절차가 마련되어 있는지, ④ 도산관리인이 잠재적 채권자들에게도 관련 절차를 통지할 것이 요구되는지, ⑤ 채권자집회를 위한 규정이 있는지, ⑥ 외국의 도산법률이 해당 국가의 국민에게 우호적인지, ⑦ 일괄적인 자산 분배를 위해 도산재단이 포괄적으로 관리되는지, ⑧ 자동중지(automatic stay)와 그 해제(lift)에 관한 조항이 있는 지다. 참고로 위와 같은 8가지 기준은 예시조항(non-exclusive factors)으로 설명되고 있다.

형의 구제조치가 반드시 필요하다.151)

한편, 위 담당 법관은 이 사건 화해계약과 인가결정을 승인·집행하더라도 어차피 그 효력은 미국 내에서만 대내적으로 미치므로 미국법원으로서는 국제예양을 판단함에 있어 다른 부분까지 폭넓게 분석할 필요는 없고 단지 미국의 관점에서만 판단하면 된다고도 설시하였다. 영국법이 적용되는 채무에 대해 이의를 제기하고 싶은 채권자로서는 영국법원에서 Administration 또는 SOA와 같은 별도의 절차를 통해 그와 같은 주장을 하면 충분하다고 본 것인데, 국제도산법제에서 Gibbs Rule 자체에 대한 평가가 이루어진 부분은 이하 해당 파트에서 별도로 살펴본다.

3) 화해계약/인가결정의 승인 및 집행

이후 자그레브고등법원이 2018. 10. 18. 자그레브상사법원이 내린 인가결정에 대한 항고를 기각하고, 그 결정이 2018. 10. 26. 확정됨에 따라, 담당 법관인 Martin Glenn은 2018. 12. 14. 특별관리절차에서 수립된 화해계약과 그 인가결정을 승인·집행하는 결정을 내림으로써 대내적 효력을 부여하였다.

특히 이 사건 화해계약에 포함된 제3자 면제조항은 외국도산절차의 승인을 신청한 9개 법인 이외에도, ⅰ) Agrokor Group에 속하지만

---

151) 그 밖에 외국도산절차의 대표자가 구하고 있는 구제조치는 (미국 내에서 환가된 금원을 국외로 송금하는 것을 허가하여 달라는 제1521(b)에 관한 것이 아니라) 미국 내에서 도산재단을 관리·환가하는 권한을 외국도산절차의 대표자에게 부여하여 달라는 제1521(a)(5)에 관한 것뿐이라는 점도 설시되었다. 국외송금을 허가하기 위해서는 미국의 국내채권자들이 충분히 보호를 받았는지 여부를 추가로 검토해야 하는데(provided that the court is satisfied that the interests of creditors in the United States are sufficiently protected), 사안의 경우에는 그와 같은 추가요건을 판단할 필요가 없으므로 그 요건 검토가 더 용이하다는 취지로 이해된다.

보스니아-헤르체고비나에서 설립되어 이 사건 특별관리절차의 채무
자의 지위에 있지도 않은 3개의 법인,152) ii) Agrokor Group의 채권자
를 위해 도산관리인(Trustee)으로 업무를 수행하는 BNY Mellon까지도
면제의 대상으로 포함하고 있었다.153) 그런데 위 담당 법관은 2018.
12. 14.자 결정문에서 면제의 효력이 미치는 대상을 구체적으로 설시
함으로써 제3자 면제조항이 효력을 가짐을 분명히 밝혔다.154)

---

152) 위 3개의 법인(=① Ledo d.o.o. Čitluk, ② Sarajevski kiseljak d.d., ③ Konzum
d.o.o. Sarajevo)이 Agrokor Group이 부담하고 있는 채무의 상당 부분을 보
증하고 있었기 때문에, 기업집단의 재건을 위해서는 이들 보증인에 대한
Guarantor Release가 반드시 필요했다. 위 법인들에 대한 면제는 이 사건
화해계약의 29.8조에 구체적으로 기재되어 있는데, 흥미로운 점은 29.8.1
에서 위와 같은 면제조항이 (법인 이외에) 그 법인의 directors, officers,
members of management, supervisory board members와 같은 자들에 대해서
까지 적용되는 것은 아님을 밝히고 있다는 점이다. 법인을 구성하는 직원
들의 업무상 과실 등으로 발생한 손해에 대해서는 해당 개인들이 개별적
으로 책임을 져야 한다는 취지로 이해된다.

153) 이 부분 면제는 이 사건 화해계약의 18.3조에 구체적으로 기재되어 있는
데, 향후 화해계약의 이행 과정에서 채권자들을 대신하여 변제를 받는 등
기타 행정적인 업무 처리를 하게 될 도산관리인(Trustee)을 보호하기 위한
조항으로서, 위 BNY Mellon의 계열사, 자회사, directors, officers 등까지 포
괄적으로 면제의 효력을 누릴 수 있는 것으로 명시되어 있다.

154) 제3자 면제조항의 적용대상을 구체적으로 설시한 부분은 *In re Agrokor
D.D.*, Case No. 18-12104 (MG), ECF Doc. #34, para. 1로 그 원문은 아래와
같다(밑줄과 강조는 필자가 임의로 표시).

> 1. The Settlement Agreement is **recognized and given full force and effect** within
> the territorial jurisdiction of the United States in accordance with its terms.
> Such recognition shall extend, without limitation, to the waiver, **release, and**
> **discharge** of any and all rights or claims against (i) the nine Foreign Debtors—
> Agrokor d.d.; Agrokor Trgovina d.o.o.; Belje d.d.; Ledo d.d.; Jamnica d.d.;
> Konzum d.d.; PIK-Vinkovci d.d.; Vupik d.d.; and Zvjezda d.d., (ii) **the Trustee**
> **Release**, and (iii) **the Bosnian-Herzegovinian Guarantor Release**. The holders
> of claims released thereby shall be precluded from asserting such claims within
> the territorial jurisdiction of the United States.

다. 다른 국가에서의 외국도산절차 신청

한편, 이 사건 특별관리절차는 미국 이외의 다른 국가에서도 외국도산절차로서 그 승인신청이 이루어졌다. 러시아의 국영은행인 Sberbank of Russia,[155) 세르비아 최대의 민간은행인 Banca Intesa a.d. Beograd[156)와 같은 개별채권자들이 제3국에서 개별소송을 제기하자, 해당 국가에서 그 소송들을 중지할 목적으로 진행된 것이다. (EU에서 자동승인된 부분을 제외한다면) 총 6개의 국가 중에 영국과 스위스에서는 승인결정이 내려지고, 나머지 4개의 국가에서는 승인신청이 기각되었다. 물론 이는 이 사건 화해계약이나 인가결정이 아닌 특별관리절차의 승인을 구한 것에 불과한 것이기는 하지만, 해당 결정 중 흥미로운 판시사항을 몇 가지 소개하면 아래와 같다.

1) 승인 결정들
가) 영국의 승인 결정

영국의 High Court는 이 사건 특별관리절차가 CBIR 2006에 따른 승인요건을 충족하였다고 판단하여 2017. 9. 11. 그 승인 결정을 내렸다. 특별관리절차법의 목적이 CBIR 2006과 유사하고 위 특별관리절차는 법원에서 선임한 관리인의 통제하에 진행되는 점, 위 절차의

---

155) 참고로 Sberbank of Russia는 러시아의 수도 모스크바에 본사를 두고 있는 러시아의 국영은행으로서 특히 러시아와 동유럽지역에서 많은 거래를 하는 것으로 알려져 있는데, 이에 크로아티아(Croatia)에 본사를 두고 있는 Agrokor Group에 대해서도 주요 채권자의 지위를 가지고 있어서, 이 사건 특별관리절차에 참여하게 되었다. 이하에서 보는 것처럼 위 은행은 아제르바이잔(Azerbaijan)의 OJSC International Bank와 금융거래를 하다가 결과적으로 Gibbs Rule이 여전히 유효함을 재확인시킨 Gunel Bakhshiyeva 사건에서도 당사자로 관여하였다.

156) Banca Intesa a.d. Beograd는 세르비아의 수도 베오그라드(Belgrade)에 본사를 두고 있는 세르비아의 최대민간은행인데, 이탈리아의 금융그룹인 Intesa Sanpaolo S.p.A.가 최대주주로 있다.

목적은 채무자의 재건을 위한 것이고 이를 승인하더라도 영국의 공
서에 위반되지 않는 점 등을 그 주요한 논거로 하였다.[157]

　주목할 것은 위 법원이 이 사건에서는 '외국도산절차'를 승인하는
것뿐이고 향후 위 특별관리절차에서 화해계약이 수립·인가되는 경
우 그에 대한 승인·집행은 별도의 결정을 통해 판단되어야 할 것이
라고 명시하여 양자를 분명하게 구분하고 있다는 점이다. 채권자 간
평등원칙(principle of pari passu)의 적용이 영국법에 따라 제한될 수
도 있다고 명시한 부분은 Gibbs Rule에 따라 영국법을 준거법으로 하
는 채무에 대한 조정이 영국 내에서는 그대로 인정받을 수 없음을
넌지시 밝힌 것으로 생각된다.

나) 스위스의 승인 결정

　스위스는 국제사법(Bundesgesetz über das Internationale Privatrecht,
IPRG)을 적용하여 이 사건 특별관리절차 개시 결정을 승인하였다. 구
체적으로 추크지방법원(Kantonsgericht)은 2018. 2. 2. 국제사법 제175조
에 따른 원용되는 같은 법률 제166조부터 제170조에서 명시된 요건이
충족되었다고 보아,[158] 위 절차를 승인하였다. 즉, ① 이 사건 특별관
리절차는 채무자를 재건하는 성질을 가지고 있고, ② 위 절차는 채무
자가 주소지에서 개시되었으며, ③ 그 결정은 스위스에서 집행할 수

---

157) High Court는 [2017] EWHC 2791(Ch)에서 특별관리인의 승인신청을 받아들
였고, 이후 Sberbank of Russia가 영국항소법원에 위 인용결정에 대해서 불
복하였으나 그 결과는 아직 확인되지 않고 있다. 상세는 영국법원 결정문
이 첨부된 *In re Agrokor D.D.*, Case No. 18-12104 (MG), ECF Doc. #21,
Appendix B-4를 참조.

158) 스위스 국제사법은 총 200개의 조문으로 구성되어 있는데, 그중 제11장(제
166조~제175조)에서 약 10개의 조문을 통해 도산절차에 관한 규정을 두고
있다. 2019. 1. 1. 개정된 스위스 국제사법에 관한 상세는 석광현, "스위스
의 국제사법 재론", 국제사법연구 제26권 제1호, 한국국제사법학회, 2020,
571면 이하를 참조.

있는 형태의 것이고, ④ 특별히 국제사법 제27조에 따른 거부 사유도 존재하지 않을 뿐만 아니라, ⑤ 상호주의의 측면에서도 크로아티아와 전혀 문제가 없다고 판단하여 특별관리인의 신청을 받아들였다.[159]

스위스가 CBI 모델법을 채택한 국가가 아닌 까닭에 도산절차 자체가 아닌 〈도산절차의 개시 결정〉을 승인한 것이 흥미롭고, 이 사건 특별관리절차를 도산절차가 아닌 '도산에 유사한 성격을 가진 절차'로 판단하여 국제사법 제175조[160]를 통해 승인절차를 진행한 것이 인상적이다. 뒤에서 보는 바와 같이 동유럽국가들은 이 사건 특별관리절차가 도산절차의 성질을 지니고 있지 않다는 이유로 승인신청을 기각하였는데, 위와 같이 완충적인 역할을 하는 조문이 있었다면 다른 결론이 내려졌을 가능성도 있기 때문이다. 탄력적으로 도산실무를 운영할 수 있도록 해준다는 점에서 우리나라도 입법론적으로 고려해볼 만한 대목이다.

다) EU의 자동승인

한편, EU도산규정의 부속서 A(Annex A)가 EU도산규정이 적용되는 EU 내의 도산절차를 열거하고 있다는 점은 앞에서 본 바와 같은데, EU는 2018. 7. 4. 위 부속서의 크로아티아 항목에 '특별관리법에 따른 절차'를 추가함으로써 이 사건 특별관리절차가 EU회원국에서 승인된다는 점을 분명히 하였다.

주지하다시피 EU도산규정은 도산절차를 개시하는 결정에 대해서

---

[159] 추크지방법원은 EN 2017 6 사건에서 위와 같은 결정을 내렸고, 이에 대해 불복이 이루어지지 않아 위 결정은 그대로 확정되었다. 상세는 스위스 법원 결정문의 영어번역본이 첨부된 *In re Agrokor D.D.*, Case No. 18-12104 (MG), ECF Doc. #21, Appendix B-6를 참조.

[160] 스위스 국제사법 제175조는 화의(composition)나 그에 유사한 절차(similar proceeding)도 제166조 내지 제170조에 명시된 요건을 충족하는 경우에는 스위스에서 승인될 수 있다는 내용의 조문이다.

(CBI 모델법이 취하고 있는 결정승인제가 아닌) 자동승인제를 취하고 있다(EU도산규정 제3조 제1항).161) 따라서 이 사건 특별관리절차의 개시결정은 크로아티아에서 그 효력이 발생한 2017. 4. 10.부터 EU의 다른 회원국에서도 자동으로 승인되어 그 효력을 가지게 된다. 다만, 위와 같은 개정이 2018. 7. 4.에 비로소 이루어진 까닭에 이하에서 보는 것처럼 EU회원국인 슬로베니아에서 2017년에 다루어진 승인사건에서는 EU도산규정이 적용되지 못하였다.

2) 승인기각 결정들

가) 세르비아

세르비아는 CBI 모델법을 채택하여 외국도산절차의 승인/지원 체계를 구축한 국가인데,162) 베오그라드상사법원은 2017. 8. 28. 이 사건 특별관리절차가 세르비아 파산법 제174조 제2항에 따라 승인의 대상이 되는 "외국도산절차"에 해당하지 않는다는 이유로 승인신청을 기각하였다.163) 크로아티아의 특별관리절차법은 ⅰ) 국가산업의

---

161) COMI가 소재한 회원국에서 개시된 도산절차 개시결정에 대해 명시적으로 자동승인의 입장을 취하고 있는 EU도산규정 제19조 제1항의 원문은 아래와 같다(밑줄과 강조는 필자가 임의로 표시).

> **Article 19(Principle)**
> 1. Any judgment opening insolvency proceedings handed down by a court of a Member State which has jurisdiction pursuant to Article 3 **shall be recognised in all other Member States** from the moment that it becomes effective in the State of the opening of proceedings.

162) [별지 1]에서 보는 것처럼 세르비아는 2004년에 CBI 모델법을 채택하였다.

163) 베오그라드상사법원은 No. 3 St 157/17 사건에서 위와 같이 특별관리인의 승인신청을 기각하였다. 이후 특별관리인은 위 기각결정에 대해서 불복하였으나 Commercial Appellate Court는 2017. 11. 13. 원심결정을 그대로 유지하였다. 특별관리인은 이에 대해 다시 Constitutional Court of Serbia에 불복하였으나 그 결과는 아직 확인되지 않고 있다. 상세는 세르비아 법원 결정문의 영어번역본이 첨부된 *In re Agrokor D.D.*, Case No. 18-12104

유지를 위해 도산원인이 존재하지 않는 채무자법인(solvent debtors)까지 함께 채무조정을 할 수 있도록 하고, ii) 채권자들의 이익을 보호하는 집단적 채무처리절차라기보다는 국가의 이익을 위한 방향으로 절차가 진행되므로 도산 관련 법률이라고 볼 수 없다는 것이다. 즉, 위 법률에 근거한 이 사건 특별관리절차 역시 세르비아 파산법 제174조 제2항에 따라 승인의 대상이 되는 "외국도산절차"에 해당한다고 볼 수 없다고 판단하였다.

나) 몬테네그로

몬테네그로 역시 CBI 모델법을 채택한 국가인데,164) 몬테네그로상사법원은 2017. 10. 16. 세르비아 법원이 설시한 것과 같은 논리, 즉, 이 사건 특별관리절차는 채권자들의 이익이 아니라 크로아티아의 경제적, 사회적, 재정적 안정성을 높이기 위한 목적으로 진행되는 절차일 뿐이고, 도산절차로서의 실질을 가지지 못하고 있으므로, 몬테네그로 파산법 제178조 제2항에 따른 '외국도산절차'에 해당한다고 볼 수 없다는 이유로 승인신청을 기각하였다.165)

다) 슬로베니아

마찬가지로 CBI 모델법을 채택한 슬로베니아에서 진행된 상황도 같다. The Court of First Instance는 이해관계인들의 이의신청을 받아들여 (종전에 내렸던 2017. 7. 14.자 승인결정을 스스로 번복하고) ①

(MG), ECF Doc. #21, Appendix B-2를 참조.

164) [별지 1]에서 보는 것처럼 몬테네그로는 2002년에 CBI 모델법을 채택하였다.

165) Commercial Court of Montenegro는 Rs. no. 21/17 사건에서 위와 같이 특별관리인의 승인신청을 기각하였다. 특별관리인은 위 결정에 대해 다시 상급심에 불복하였으나 그 결과는 아직 확인되지 않고 있다. 상세는 몬테네그로 법원 결정문의 영어번역본이 첨부된 *In re Agrokor D.D.*, Case No. 18-12104 (MG), ECF Doc. #21, Appendix B-5를 참조.

특별관리절차는 크로아티아 정부가 추천하는 자를 특별관리인으로
선임하여 크로아티아 국가의 이익을 위한 방향으로 채무조정이 이
루어지는 점, ② 이에 따라 슬로베니아의 채권자들은 위 특별관리절
차에서 자국법에 따른 수준만큼의 보호를 동등하게 받지는 못하는
점, ③ 과거 유고슬라비아 공화국의 일원으로서 유사한 도산법 체제
를 가진 세르비아, 몬테네그로에서도 이미 기각결정을 내렸으므로
동일한 입장을 취하는 것이 공서의 측면에서도 바람직한 점 등을 근
거로 2017. 10. 26. 승인신청을 기각하였다.166)

　흥미로운 점은 앞서 슬로베니아와 크로아티아는 모두 EU회원국이
므로 이 사건 특별관리절차에 대해서는 (CBI 모델법을 받아들인 슬
로베니아의 도산법이 아니라) EU도산규정이 적용되어야 하는 것이
아닌지도 검토되었는데, i) 슬로베니아에 승인신청이 이루어진 당
시에는 아직 EU도산규정의 Annex A에 특별관리절차가 승인대상이
되는 회원국 내에서 개시된 도산절차에 아직 추가되지 않았고, ii)
크로아티아와의 사이에 체결된 Treaty on Legal Assistance in Civil and
Criminal Matters에 의하면 승인 결정을 내릴 국가의 법에 따라 판단
하게 되어 있어서(제20~23조), iii) 결국 EU도산규정이 아니라 이 사건
특별관리절차의 승인을 신청받은 슬로베니아의 도산법(Zakon o
finančnem poslovanju, postopkih zaradi insolventnosti in prisilnem
prenehanju, ZFPPIP)167)을 적용하였다는 것이다. 결국 위 도산법 제

---

166) The Court of First Instance는 R-st 642/2017 사건에서 위와 같이 특별관리
　　인의 승인신청을 기각하였다. 이후 특별관리인은 위 기각결정에 대해서
　　불복하였으나 Supreme Court of Slovenia는 2018. 3. 14. 위 기각결정을 그
　　대로 유지하였다. 특별관리인은 위 결정에 대해 다시 Constitutional Court
　　of Slovenia에 불복하였으나 그 결과는 아직 확인되지 않고 있다. 상세는
　　슬로베니아 법원 결정문의 영어번역본이 첨부된 *In re Agrokor D.D.*, Case
　　No. 18-12104 (MG), ECF Doc. #21, Appendix B-1을 참조.
167) 참고로 영어로는 위 법률이 Financial Operations, Insolvency Proceedings

459조168)에 규정된 바에 따라 슬로베니아 국제사법의 원칙이 승인의 기준으로 적용되었다.

라) 보스니아-헤르체고비나

보스니아-헤르체고비나는 CBI 모델법을 채택한 국가는 아니다. 그러나 파산법 제205조 제1항 제3호에서 외국도산절차나 도산에 유사한 절차에서 내려진 결정이 공화국의 질서에 반하지 않는 때에는 이를 승인할 수 있다는 규정을 두고 있어서, 그 조항 등이 이 사건 특별관리절차의 승인 여부를 결정하는 기준으로 기능하였다. 그런데 사라예보지방법원은 2017. 11. 7. 앞서 본 사건들과 마찬가지로 크로아티아의 특별관리절차는 채권자들의 이익이 아니라 크로아티아 국가를 보호하기 위해 진행되었기 때문에, 채권자들을 공평하게 취급하지 않고 있어 보스니아-헤르체고비나 파산법상의 기본원칙에 위반된다는 점, 승인국에서 존재하지 않고 익숙하지도 않은 크로아티아의 특수한 절차에서 내려진 결정을 승인함으로써 질서위반이 예견된다면 Law on Resolving Conflict of Laws with Regulations of Other Countries in Certain Matters 제91조에 따라 이를 승인할 수도 없는 점

---

and Compulsory Winding-up Act라는 명칭으로 번역된다.

168) 슬로베니아 도산법은 총 500개의 조문으로 구성되어 있는데, 국제도산과 관련하여서는 ⅰ) 외국도산절차의 승인과 구제조치에 관한 Section 8.3(제459조~제470조), ⅱ) 공조에 관한 Section 8.4(제471~473조), ⅲ) 병행도산절차에 관한 Section 8.5(제474~478조) 등이 있다. 그중 제459조는 외국도산절차의 승인신청이 들어온 경우의 판단기준에 관하여 규정하고 있는데, 해당 조문의 영어번역본은 아래와 같다(밑줄과 강조는 필자가 임의로 표시).

> 459. Article 459(application of rules on procedure)
> Recognition of foreign insolvency proceedings shall be subject to the **general rules on the recognition and implementation of foreign court rulings** provided for by the act governing **international private law and procedure**, unless otherwise provided for in Section 8.3 of this Act

등을 근거로 승인신청을 기각하였다.169)

VI. 멕시코 조정절차에서 수립된 채무조정계획 등에 대한 취급

미연방파산법원은 Vitro, S.A.B. 사안에서는 멕시코 조정절차에서 수립된 채무조정안 및 그 인가결정을 승인·집행을 거부하였다. 지금까지 살펴봤던 미국의 입장과는 사뭇 달라 보이는 측면도 있지만, 이는 외국도산절차상 채무조정안을 결의하는 과정에서 내부자(insider)들이 별도의 조로 분류되지 않아 절차상 하자가 있다는 것을 이유로 한 것이어서, 앞에서 살펴본 사례들과 다른 입장을 취하고 있다고 보이지는 않는다.

1. 멕시코 조정절차에서 수립된 채무조정계획의 성질

멕시코의 채무조정계획(concurso plan)은 멕시코파산법170)상의 재

---

169) 사라예보지방법원은 09 V 029120 17 사건에서 위와 같이 특별관리인의 승인신청을 기각하였다. 이후 특별관리인은 위 기각결정에 대해서 불복하였으나 Supreme Court of Bosnia Herzegovina는 2017. 12. 18. 위 기각결정을 그대로 유지하였다. 특별관리인은 위 결정에 대해 다시 Constitutional Court of Bosnia Herzegovina에 불복하였으나 그 결과는 아직 확인되지 않고 있다. 상세는 보스니아-헤르체고비나 법원 결정문의 영어번역본이 첨부된 *In re Agrokor D.D.*, Case No. 18-12104 (MG), ECF Doc. #21, Appendix B-3을 참조.

170) Baker McKenzie, "Global Restructuring & Insolvency Guide -Mexico", Baker Mckenzie Publication, 2017, 1면에 의하면, 위 멕시코파산법은 2000. 5. 12.부터 시행되어 '1943. 4. 20.부터 멕시코 구조조정절차를 규율하여 오던 Ley de Quiebras y Suspensión de Pagos(Mexican Bankruptcy and Suspension of Payments Law, BSPL)'를 대체하였다.

건형 절차인 조정절차(conciliación)에서 수립된 채무조정안(convenio)을 의미한다. 그런데 위 채무조정안은 ⅰ) 조정절차에서 선임된 조정인(conciliador)[171]의 협조를 얻어 채권자집회에서 채권자들로부터 채무조정안에 관한 동의를 얻어야 하고,[172] ⅱ) 가결된 채무조정안에 대하여 법원으로부터 인가를 받아야만 비로소 그 효력이 발생하며,[173] ⅲ) 특별한 사정이 없는 한, 채무자가 그대로 경영권을 유지할 수 있다는 점[174] 등에서 채무자회생법상 회생절차에서의 회생계획

---

[171] 조정인[conciliador(conciliator)]은 조정절차가 원활히 진행될 수 있도록 ⅰ) 채무자의 재무제표를 기초로 도산채권에 대한 시·부인을 하고, ⅱ) 수립된 채무조정안이 채권자들로부터 동의를 얻을 수 있도록 당사자들 간의 의견을 조율하며, ⅲ) 회사의 일반적인 운영사항(ordinary operation)을 점검하는 등 법원을 보조하는 역할을 하는 자인데, 법원은 조정절차개시결정을 내리면서 연방파산전문가기구(Instituto Federal de Especialistas de Concursos Mercantiles, IFECOM)로 하여금 조정인을 선임하도록 하는 명령을 내려야 한다(멕시코파산법 제43조).

[172] 멕시코파산법은 제157조에서 그 채권합계액의 50%를 초과하는 동의를 얻는 경우에는 해당 채무조정안이 가결되는 것으로 규정하고 있는데, 흥미로운 것은 일반채권자들, 후순위채권자들, 그리고 담보채권자 등을 모두 "하나의 조"로 묶어 집계한다는 점이다. 해당 조문의 원문은 아래와 같다(밑줄과 강조는 필자가 임의로 표시).

> **Artículo 157.**
> Para ser eficaz, el convenio deberá ser suscrito por el Comerciante y sus Acreedores **Reconocidos** que representen más del **cincuenta por ciento** de la suma de:
> I. El monto reconocido a la totalidad de los Acreedores Reconocidos **comunes** y **subordinados**, y
> II. El monto reconocido a aquellos Acreedores Reconocidos con **garantía real** o **privilegio especial** que suscriban el convenio.

[173] 멕시코파산법 제164조는 ⅰ) 가결된 채무조정안이 법에서 정한 요건을 모두 준수하였고, ⅱ) 조정절차의 진행과정에서 법원의 명령을 위반한 경우가 없다면, 법원은 위 조정안을 승인하는 결정을 내려야 한다고 규정하고 있다.

[174] 채무자의 대표자가 경영권을 그대로 유지할 수 있는 것이 원칙이지만(멕

과 유사한 측면이 있다.

물론 조정절차의 개시원인을 다소 엄격하게 제한하고 있고,175) 조정절차가 개시된 시점으로부터 185일 이내(연장이 되더라도 적어도 1년 이내)176)에 채무조정에 성공하지 못하면 바로 파산절차로 이어지는 등 채무자에게 부담이 되는 측면은 있다.177) 다만, 외국회사의 개별지점(branch)에 대해서만 별도의 독립된 도산절차를 개시하여 멕시코에 소재한 자산과 권리에 대해 개별적 처분을 하는 것도 가능토록 하고,178) 기업집단에 대한 도산절차도 절차적으로 병합되어 처

시코파산법 제74조), 조정인은 채권자들의 이익을 위해 필요하다고 판단하는 경우 법원에 채무자의 경영권 박탈을 신청하여 직접 채무자를 운영할 수도 있다(같은 법 제81조).

175) 멕시코파산법은 제10조에서 조정절차의 개시원인에 관하여 상세한 규정을 두고 있는데, 2명 이상의 채권자들에 대한 채무를 변제하지 못하는 상황에서, 조정절차 신청일 기준으로 i) 만기가 30일 이상 지난 채무가 35% 이상을 차지하고 있고, ii) 자산이 전체 채무의 80%를 변제하기에도 부족한 상황에 처해있을 것을 그 요건으로 삼고 있다. Fernando Perez-Correa Camarena/Zulima González García, Mexico: Restructuring & Insolvency Laws & Regulations, ICLG, 2020, para. 3.3에 의하면 채무자 스스로가 조정절차를 신청하는 경우에는 위 i), ii) 중 하나에만 해당하면 되나, 채권자가 조정절차를 신청하는 경우에는 두 요건이 모두 충족되어야 한다.

176) 멕시코파산법 제145조는 i) 조정절차개시결정에 관한 공고가 이루어진 시점부터 185일 동안만 조정절차가 진행되도록 하는 것을 원칙으로 하고, ii) '조정인'이나 '채권액 50% 이상을 보유한 채권자'들이 요청하는 경우에는 추가로 90일을, iii) '채무자'나 '채권액 75% 이상을 보유한 채권자들'의 요청이 있는 경우에는 이에 더하여 추가 90일까지를 허용하고 있으나, 어떠한 경우에도 합계 365일을 넘지는 못하도록 하고 있다.

177) 멕시코파산법 제167조.

178) 멕시코파산법 제16조. 해당 조문의 원문은 아래와 같다(밑줄과 강조는 필자가 임의로 표시).

Artículo 16.

Las <u>sucursales de empresas extranjeras</u> podrán ser declaradas en concurso mercantil. La declaración sólo comprenderá <u>a los bienes y derechos localizados y</u>

리될 수 있도록 근거 규정을 두고 있는 등[179] 우리나라의 채무자회
생법에 비해 한 걸음 더 나아간 부분도 있어 보인다.

2. Vitro, S.A.B. 사안[180]

지금까지 살펴본 다른 사례들과 달리, 텍사스북부파산법원은 멕
시코의 도산절차에서 수립된 구조조정계획 및 그 인가결정의 승인·
집행을 허용하지 않았고, 위와 같은 판단은 제5연방항소법원에서도
그대로 유지되었다. 표면상으로는 내부자 지위에 있는 자회사들이

---

exigibles, según sea el caso, en el **territorio nacional** y a los acreedores por operaciones realizadas con dichas sucursales

179) 멕시코파산법 제15조의2는 기업집단에 속한 채무자들에 대해 같이 도산
절차가 개시될 필요가 있는 경우에는 채무자 혹은 채권자가 그와 같은 신
청을 할 수 있도록 규정하고 있고, 이러한 때에는 효율적인 절차의 진행을
위해 동일한 조정자(conciliador)를 지정할 수 있도록 하며, 절차의 병합도
가능하도록 하는 내용의 규정을 두고 있다.
180) 텍사스북부파산법원에 접수된 제15장 절차의 사건번호는 *In re VITRO,*
S.A.B. de C.V., Case No. 11-33335 (HDH)이다. 제15장 절차의 진행 과정에
서 ⅰ) 멕시코의 조정절차(conciliación)는 승인된 반면에(ECF Doc. #137; 이
결정에 대해서 일부 채권자들이 불복하였으나 텍사스북부지방법원은 *In*
re VITRO, S.A.B. de C.V., 470 B.R. 408 사건에서 위 파산법원의 결정을 그대
로 유지하였다), ⅱ) 그 절차에서 수립된 채무조정안 등을 승인·집행하는
내용의 구제조치는 기각되었다(ECF Doc. #455). 담당 법관인 Judge Harlin D.
Hale이 위 기각결정에 관하여 작성한 Opinion Memorandum은 *In re VITRO,*
S.A.B. de C.V., 473 B.R. 117 (Bankr. N.D.Tex. 2012)라는 별도의 사건번호로
도 분류되었다. 이후 위 승인결정과 기각결정에 대해서 다시 일부 채권자
들이 불복하여 진행된 사건이 바로 *In re VITRO, S.A.B. de C.V.,* 701 F.3d
1031 (5th Cir. 2012, 이하 'Vitro S.A.B.'라 한다)이다. 흥미로운 것은 제15장
절차는 당초 2011. 4. 14. 뉴욕남부파산법원에 접수되었으나 2011. 5. 13.
Venue 등이 고려되어 텍사스북부파산법원으로 이송되었다는 점이다. 외국
도산절차의 대표자로서는 국제도산 사건에 경험이 많고 우호적인 뉴욕남
부파산법원으로부터 판단을 받고 싶었던 것이었을 것으로 추측된다.

배제되지 않고 그대로 투표절차에 참여함으로써 절차가 공정하지 못하게 진행되었다는 취지이다. 그러나 실질적으로는 제5연방항소법원이 해당 관할구역에서 제3자 면제조항을 인정하지 않고 있어서 (상세는 [별지 5]를 참조), 그와 같은 내용이 포함된 멕시코의 채무조정계획을 승인·집행해주기가 부담스러웠을 것으로 생각되기도 한다.

가. 조정절차(conciliación)의 진행경과

채무자는 멕시코 최대의 유리제조업 기업집단의 지주회사였는데, 2008년도 후반부부터 점차 유리가공 제품에 대한 수요가 줄어들어 매출이 감소하고 재정상태가 악화되자, 2010. 12. 13. 멕시코의 누에보레온법원에 멕시코파산법에 따른 조정절차(conciliación)를 신청하였고, 2011. 4. 8. 그 절차가 개시되었다.

채무자는 기업집단에 속한 다른 계열사들로부터 자금을 차용하거나 보증을 받는 등으로 권리의무관계가 복잡하게 얽혀있었다. 위 조정절차에서 i) 채무자가 기존 채무의 변제에 갈음하여 2019년 만기 어음, 2015년 만기 전환사채를 발행하여 채권자들(계열사들 제외)에게 지급하는 대신에, ii) 채무자가 현재 부담하고 있는 채무를 모두 면제해주고, iii) 그와 같은 면제의 효력을 보증인들(계열사들 포함)에게까지 확대하는 것을 주요한 내용으로 하는 채무조정안이 수립되었다. 그리고 위 채무조정안은 2011. 12. 5.경 개최된 채권자집회에서 가결되었고,[181] 누에보레온법원은 2012. 2. 3. 이를 인가하는 결정을 내렸다.

---

181) 앞서 본 멕시코파산법에 따라 이 사건 조정절차에서는 1개의 조만 구성이 되었는데, 수립된 채무조정안은 전체 채권액의 2분의 1을 넘는 74.67% 상당의 동의를 얻어서 가결요건(50% 이상의 동의)을 충족하였다. 다만, 이하에서 살펴보는 것처럼, 그중 50%의 동의는 독립된 제3의 채권자가 아니라 채무자의 계열사들이 던진 찬성표였고, 이에 채무조정안에 대한 채권자들의 진정한 합의가 50%를 초과하여 있는 것으로 볼 수 있을지가 텍사스북부파산법원에 의해 지적되었다.

한편, 위 조정절차와 관련하여 외국도산절차의 공동대표자로 선임된 Alejandro Sanchez-Mujica 및 Javier Arechavaleta Santos는[182] i) 멕시코 조정절차가 개시된 직후인 2011. 4. 14. 뉴욕남부파산법원에 위 절차의 승인을 구하는 제15장 절차를 신청하였고(다만, 위 사건은 관할구역 등을 고려하여 2011. 5. 13. 텍사스북부파산법원으로 이송되었다), ii) 채무조정계획이 인가된 이후인 2012. 3. 2. 텍사스북부파산법원에 채무조정계획과 인가결정 등의 승인·집행까지 구제조치로서 신청하였다.

나. 제15장 절차에서의 주요 결정

위와 같은 신청에 대해 텍사스북부파산법원의 담당 법관인 Harlin D. Hale은 2011. 7. 21. 이 사건 조정절차를 주절차로 승인하면서 관련된 구제조치를 발령하였다. 그러나 2012. 6. 13. 조정계획 및 그 인가결정의 승인·집행을 구하는 구제조치는 기각함으로써 위 채무조정계획의 내용이 미국 내에서 대내적으로 효력을 가지는 것을 거부하였다.

흥미롭게도 이 사건에서는 (위 기각결정은 말할 것도 없고) 2011. 7. 21.자 승인 결정과 관련하여서도, 채권자들이 외국도산절차 공동대표자들의 자격을 문제 삼으면서 제15장 절차의 승인 자체가 이루어져서는 안 된다고 주장하여 흥미로운 쟁점이 다루어졌다. 위 공동대표자들은 외국도산절차가 진행되는 법원이 아니라 채무자의 이사회에

---

182) 정확히 말하면 공동대표자 중 1인인 Alejandro Sanchez-Mujica는 (멕시코 조정절차가 신청되기도 전인) 2010. 10. 29. 먼저 채무자의 이사회에 의해 외국도산절차의 대표자로 선임되었고, 나머지 1인인 Javier Arechavaleta Santos는 이하에서 보는 것처럼 제15장 절차가 신청된 이후 일부 채권자들이 Alejandro Sanchez-Mujica의 자격을 문제 삼자 비로소 추가로 선임되었다.

의해 선임되었다.[183) 이에 조정절차에서 선임된 조정인(conciliador)만
이 외국에서 채무자의 자산처분 권한 등을 가진다는 멕시코파산법
제282조[184)와 외국도산절차에서 채무자의 자산을 관리하고 업무를
수행할 권한을 가지는 것으로 승인된 자를 외국도산절차의 대표자
(foreign representative)로 정의하고 있는 미연방파산법 제101(24)에 비
추어, 이 사건에서 제15장 절차의 승인을 구하는 Alejandro Sanchez-
Mujica 및 Javier Arechavaleta Santos는 승인신청권자로서의 자격이 없
다고 주장되었다.

그러나 위 담당 법관은 제15장 절차의 승인을 신청할 수 있는 권한
을 가지는 적법한 자격이 있는지는 멕시코법이 아니라 미국법에 따라
서 판단하는 것이므로 멕시코파산법 제282조는 고려대상이 되지 못한
다고 보았다. 나아가 미연방파산법 제101(24)에 따르면 외국도산절차
의 대표자(foreign representative)는 외국도산절차(foreign proceeding)에
서 승인된 자라고 규정되어 있을 뿐 그 승인의 주체를 외국법원이나

---

183) 채무자법인은 누에보레온법원에 조정절차를 신청하기 전인 2010. 10. 29.
   Alejandro Sanchez-Mujica를 이사회에서 foreign representative로 선임하였
   고, 제15장 절차를 신청한 이후 채권자들이 그 적격을 문제 삼자 Javier
   Arechavaleta Santos를 이사회에서 추가로 선임하였다.

184) 멕시코파산법은 제282조에서 각 도산절차에서 법원이 선임한 조사인, 조
   정인, 파산관재인이 외국에서도 채무자를 대표하여 권한을 행사할 수 있
   다고 규정하고 있는데, 그에 따르면 (외국도산절차의 공동대표자들이 아
   니라) 이 사건 조정절차에서 조정인(conciliador)으로 선임된 Javier Luis
   Navarro Velasco가 외국도산절차의 대표자로서의 지위를 가져야 한다는
   것이었다. 위 해당 조문의 원문은 아래와 같다(밑줄과 강조는 필자가 임의
   로 표시).

   > **Artículo 282.**
   > El visitador, **el conciliador** o el síndico, <u>estarán facultados para actuar en un
   > Estado extranjero</u>, en la medida en que lo permita la ley extranjera aplicable, <u>en
   > representación de un concurso mercantil</u> que se haya abierto en la República
   > Mexicana de acuerdo con esta Ley.

행정기구(a foreign court or administrative body) 등으로 특정하여 제한하고 있지 아니하다는 점에 주목하였다. 그리고 채무자는 이 사건 멕시코 조정절차에서 DIP(Debtor-In-Possession)의 지위에 있으므로, 자산처분권과 업무수행권을 가지는 채무자가 스스로 이사회를 통해서 외국도산절차의 대표자(foreign representative)로 선임한 Alejandro Sanchez-Mujica 및 Javier Arechavaleta Santos는 제15장 절차의 적법한 신청권자라고 볼 수 있다고 판시하였다.

즉, 누에보레온법원에서 조정인으로 선임된 자[185])가 아니라 채무자의 이사회에서 선임된 자를 외국도산절차의 대표자로 인정한 것이다. 채무자의 단체법적/조직법적 결의에 따른 의사결정을 존중하고 도산절차를 핑계 삼아 의사결정 권한에 개입할 수 있는 권한을 법원이 스스로 자제한 것이라는 점에서 굉장히 신선한 사례로 생각된다. 조정계획 및 그 인가결정을 기각한 부분에 대해서는 이하에서 항을 달리하여 살펴본다.

다. 조정계획 및 인가결정 관련 판시사항

1) 텍사스북부파산법원의 판시사항

이 사건 조정계획 및 그 인가결정에 대해서는 그 승인·집행이 이루어져서는 안 된다는 이해관계인들의 격렬한 반대가 있었다. 그리고 텍사스북부파산법원의 담당 법관인 Harlin D. Hale은 위 계획에 포함되어 있는 〈제3자 면제조항〉을 주된 논거로 삼아 2011. 6. 13. 그 신청을 기각하는 결정을 내렸다.

멕시코에서 도산절차를 진행하지도 않아 채무자의 지위에 있지 않으면서 단지 채무자와 동일한 기업집단에 포함되어 상호보증 등을

---

185) 조정인으로 선임된 Javier Luis Navarro Velasco는 멕시코의 저명한 법률가로 Baker Mackenzie에서 30여 년 동안 국제중재, 도산, 채무조정 등 여러 분야를 담당해 온 것으로 알려져 있다.

통해 채권·채무관계가 얽혀있을 뿐인 계열사인 제3자에 대한 면제까지 인정하는 것은 적어도 제5연방항소법원의 관할구역에서는 인정되지 않는다고 보았다. 구체적으로 i) 이는 제1507(b)(4)의 요건, 즉, 미연방파산법에 따른 자산배분과 실질적으로 유사한 기준을 적용하여 변제방법을 정해야 한다는 조건을 충족하지 못한 것이고, ii) 미국 내에서의 제3자에 대한 개별적 집행을 금지하고 그에 대한 대안도 제공하고 있지 못한 것이어서 미국채권자 내지 일반채권자의 이익을 충분히 보호해야 한다는 제1521(b) 내지 1522(a) 요건을 충족하지도 못한 것이며, iii) 제3자들이 부담하는 채무를 감경을 넘어 아예 소멸시키는 것이므로 제1506조의 공서에 반하는 것이기도 하다고 판단하였다. 따라서 제1507조의 추가적인 지원(additional assistance)이나 제1521조의 추가적인 구제조치(additional relief)로 위 조정계획 및 그 인가결정을 승인·집행하는 명령을 발령할 수 없다고 판시하였다.

이처럼 위 담당 법관은 위와 같이 제3자 면제조항을 논거로 삼아 결론을 내림과 동시에 나머지 점에 대해서는 더 나아가 살펴볼 필요가 없다고 판시하였다. 흥미로운 것은 이처럼 판시하면서도, 승인·집행을 반대하는 이해관계인이 들고 있는 논거 중 변칙적인 투표(Voting Irregularities), 절대우선의 원칙(Absolute Priority Rule) 위반도 충분히 검토할 가치가 있는 쟁점이라고 부연 설명하였다는 점이다.[186] 위 추가 쟁점은 제5연방항소법원에서 진행된 항고심(=위 기각결정에 대해 항고심)에서 언급되었는데, 이하에서 항을 바꿔 살펴본다.

---

186) 그 밖에 멕시코 도산절차의 진행이 부정부패로 얼룩졌다는 주장(Corruption Argument), 조정계획의 승인이 미국의 금융시장에 부정적 영향을 미칠 것이라는 주장(Impact on the Credit Market), 이 사건 조정절차가 멕시코의 관련 법령들을 위반하여 진행되었다는 주장(Unfairness Argument) 등이 제기되었으나, 위 담당 법관 Harlin D. Hale은 이를 모두 받아들이지 않았다.

2) 제5연방항소법원의 판시사항

먼저 제5연방항소법원의 담당 법관인 Carolyn Dineen King은 미연방파산법 제1521(a)(7)상의 추가적인 구제조치(additional relief)와 제1507상의 추가적인 지원(additional assistance)에 따라 발령할 수 있는 처분의 성격을 명확히 구분하였다. 즉, 제1521(a)(7)에 따른 추가적인 구제조치는 어디까지나 미연방파산법이 허용하는 한도 내에서만 가능한 것인 반면에, 제1507조에 따른 추가적인 지원은 그 범위를 넘어설 수 있는 것으로 보았다. 따라서 이 사건 조정계획에 미연방파산법상 널리 허용되지 않는 제3자 면제조항이 포함된 이상 그 승인·집행의 여부는 제1507조에 의해 판단되어야 한다는 것이다. 물론, 이와 같은 구분은 다소 과감할 뿐만 아니라 제5연방항소법원이 Condor Insurance 사건에서 설시한 법리와 모순되는 측면도 있다.[187] 이에 후속 사례들에 의해 널리 지지받지는 못한 것으로 보이지만 양자를 구분하려고 시도했다는 점에서는 의미가 있다고 생각된다.

어쨌든 위와 같은 전제하에, 위 담당 법관은 제3자 면제조항이 제5연방항소법원을 포함한 미국 내 일부 지역에서 허용되는 것은 아니라고 하더라도 제1507조를 근거로 하여 그와 같은 내용이 포함된 이 사건 조정계획에 대내적 효력을 부여하는 구제조치를 발령할 수는 있다고 하였다. 다만, 아래와 같은 점들을 종합하여 보면, 제1507(b)(4) 등의 요건을 충족하지 못한 것으로 보이므로 승인·집행신청을 기각한 텍사스북부파산법원의 결정은 그 재량을 남용한 것으로 볼 수 없다고 판시하였다.

먼저 〈제3자 면제조항〉과 관련하여서는 채무자가 그와 같은 내용의 채무조정을 미국에서 반드시 대내적으로 인정받아야 하는 특별

---

[187] 이하 해당 부분에서 보는 것처럼, 제5연방항소법원은 2010. 3. 17. Condor Insurance 사건에서 '미연방파산법원이 제1521(a)(7)을 근거로 하여 미연방파산법이 허용하지 않는 유형의 구제조치까지 발령할 수 있다'고 판시하였기 때문이다.

한 사정이 있다는 점을 충분히 입증하지 못하였다면서 원심의 판단
이 적절하다고 보았다. 채무자는 단지 이 사건 조정계획이 멕시코파
산법에 따라 적법하게 수립된 것이므로 미국에서도 그 승인·집행을
받아야만 한다고 주장할 뿐, 양 법제에 따른 차이에도 불구하고 그
와 같은 내용이 미국에서도 그대로 효력을 발생하여야 하는 당위성
을 구체적으로 입증하지 못했다는 것이다.

이와 관련하여 원심이 지적한 〈변칙적 투표의 행태〉도 함께 지적
되었다. 제3자들(=채무자와 동일한 기업집단에 속한 계열사들)이 보
유한 채권 중 상당 부분은 이 사건 조정절차를 신청하기 직전에 채
무자가 발행한 채권을 인수함으로써 취득한 것이다. 이처럼 위 제3
자들은 내부자(insider)의 지위에 있음에도 불구하고 그들과 이해관
계를 달리하는 다른 독립된 일반채권자들과의 구분 없이 하나의 조
로 분류되었다. 결국, 74.67%에 달하는 찬성표를 얻어 이 사건 조정
계획이 가결되기는 하였지만 그중 50%는 위와 같은 내부자들로부터
얻은 것이라는 점을 고려하면 이 사건 조정계획은 대다수 채권자의
압도적인 동의를 얻어 가결된 것이 아니고, 내부자의 표를 제외하여
야 한다는 미연방파산법 제1129(a)(10)에 규정에 따른다면 가결요건을
준수하지도 못한 것이라는 것이다.

또한, 이 사건 조정계획에 따르면 채권자들이 100%의 변제를 받아
가지 못하는 상황임에도 주주들은 자산 가치 있는 지분을 보유하게
되어 미연방파산법상의 절대우선의 원칙에 반하는 결과가 발생하였
다. 그럼에도 채무자가 그와 같은 차이를 정당화할만한 충분한 설명
을 하지 못하였다는 점도 지적되었다. 즉, 미연방파산법에 따른 자산
배분과 완전히 동일한 순위에 따라 변제계획을 수립하여야 하는 것
은 아니지만, 그와 같은 차이가 발생할 수밖에 없는 상황을 충분히
설명하지 못하였으므로 제1507조를 발령할 수 있는 요건을 충족하
지 못하였다는 것이다.

제3절 소결

I. 외국도산절차에서 수립된 채무조정안 및
그 인가결정에 대한 폭넓은 승인·집행

미연방파산법원은 미연방파산법 제15장 절차를 가능한 넓게 해석·적용하여 (외국도산절차뿐만 아니라) 외국도산절차에서 수립된 채무조정계획 및 그 인가결정에 대해서까지도 제15장 절차에서 규정된 구제조치(relief)를 발령하는 형식을 통해 승인·집행하는 실무를 확립하고 있다. 캐나다 CCAA 절차, 영국 SOA 절차, 프랑스의 보호절차(Procédure de sauvegarde), 브라질 구조조정절차(Recuperação Judicial), 크로아티아의 특별관리절차(Postupak izvanredne uprave)에서 수립된 각 채무조정안을 제1521(a)(7)의 추가적인 구제조치(additional relief) 또는 제1507조의 추가적인 지원(additional assistance)을 근거로 승인·집행하였음은 앞에서 본 바와 같다.

특히 미국에서는 아직 통일적으로 입장이 확립되지 않은 〈제3자 면제조항〉이 포함된 채무조정안이라고 하더라도 다르게 취급하고 있지 않다. 외국도산절차에서 적법하게 수립된 것이라면 채무자의 재건을 위해 폭넓게 지원하자는 국제도산의 이념과 취지에 맞게 이를 승인·집행해야 한다는 적극적 태도를 취하는 것이어서 무척 고무적이다.

물론 Vitro, S.A.B. 사건처럼 제3자 면제조항이 포함된 멕시코의 채무조정안을 승인·집행하지 않은 사례도 있다. 그러나 이는 제5연방항소법원의 특수한 입장이 고려된 예외적인 것이고,[188] 그 사건에서

---

[188] 앞에서 본 것처럼 제5연방항소법원은 루이지애나(Louisiana) 주, 미시시피(Mississippi) 주, 텍사스(Texas) 주를 관할한다.

도 위 제5연방항소법원은 제3자 면제조항 자체가 금지된다기보다는 그와 같은 내용이 포함된 채무조정안이 수립될 수밖에 없는 특별한 사정을 외국도산절차의 대표자가 충분히 입증하지 못했다는 취지로 승인·집행의 신청을 기각한 것이다.189) 따라서 미연방파산법원은 채무조정안의 승인·집행을 허용하는 입장을 취하고 있다고 봄이 상당하다.190)

이와 같은 미연방파산법원의 적극적인 입장은 미국이 미연방파산법 제15장을 신설하여 그동안 취해왔던 국제도산에 관한 적극적인 태도를 그대로 보여주고 있는 것이라고 평가받고 있고,191) 특히 공조의 측면에서도 미국은 국제도산의 이념을 제대로 실현하고 있다는 긍정적인 평가를 받고 있다.192)

---

189) Ira L. Herman/Evan J. Zucker/Matthew E. Kaslow, "Fundamental Procedural Fairness –The Sine Qua Non for the Enforcement of Third-Party Releases Authorized in a Foreign Proceeding", American Bankruptcy Institute Journal, July 2021, 2~3면은 이 점을 정확히 지적하고 있다. 즉, 제3자 면제조항에 소극적인 제5연방항소법원도 "제15장 절차"에서 제3자 면제조항이 포함된 외국채무조정안을 승인·집행하는 것은 허용하고 있고, 다만, Vitro S.A.B. 사건에서는 그 결의과정에서의 내부자(insider) 관련 이슈가 있어서 승인·집행되지 못하였을 뿐이라고 설명한다.

190) 다만, George W. Shuster, Jr./Benjamin W. Loveland, "At the edge of the Universe", American Bankruptcy Institute Journal, August 2019, 1면에서 지적하는 것처럼, 미연방파산법원의 적극적인 승인·집행도 결국 '미국 내'에서만 대내적 효력을 부여하는 것에 불과하다는 한계는 있다. 위 논문 4면은 Agrokor D.D. 사건을 예로 들면서 진정한 보편주의(true universalism)는 다른 국가들도 함께 외국도산절차에서 수립된 채무조정안을 원활히 승인·집행할 때에 비로소 달성될 수 있을 것이라고 강조한다.

191) Adrian Walters, "Modified Universalisms & the Role of Local Legal Culture in the Making of Cross-Border Insolvency Law", American Bankruptcy Law Journal, Winter 2019, 90면 이하 및 Fabio Weinberg Crocco, "When Deference Makes a Difference: The Role of U.S. Courts in Cross-Border Bankruptcies", Norton Bankruptcy Law and Practice, 2019, 1면 이하를 각 참조.

192) CBI 모델법에 관한 미연방파산법원의 기존 실무를 국제공조(Cross-Border

II. Condor Insurance 판결을 통한 구제조치의
범위확장

CBI 모델법에서는 승인국의 법에 따라 가능한 구제조치만을 발령할 수 있는지, 승인국의 국내법에 따라서는 불가능하더라도 승인대상이 되는 외국도산절차가 개시된 국가의 법(=도산법정지국의 법)에 따라 가능한 구제조치까지 발령할 수 있는지에 대해서 명확한 규정을 두고 있지 않다. 이에 이를 채택한 국가들 사이의 실무에 혼란이 있었는데,[193] 미국은 Condor Insurance 사건에서 미연방파산법 제1521(a)(7)에 기한 추가적인 구제조치(additional relief)를 발령하는 경우 미국법이 허용하지 않는 유형의 구제조치까지 내릴 수 있는 것으로 폭넓게 해석하였다.

위 사건은 보험회사인 채무자 Condor Insurance에 관한 도산절차가 2006. 11. 27. 그 설립지국인 세인트키츠네비스(Federation of Saint Kitts and Nevis)에서 개시된 이후,[194] 그 절차에서 외국도산절차의 대

Cooperation)의 관점에서 평가한 문헌으로는 Gerald McCormack/Wan Wai Yee, "The Uncitral Model Law On Cross-Border Insolvency Comes of age: New Times or New Paradigms?", Texas International Law Journal, Summer 2019, 274면 이하를 참조.

193) 약간 평면을 달리하나, "외국도산절차의 승인의 효력"에 관하여도 ⅰ) 확장모델(擴張, extension; 절차개시국법에 따른 도산절차 개시재판의 효력이 승인국에 그대로 확장되는 것으로 보는 입장), ⅱ) 동화모델(同化, assimilation; 승인국의 도산법에 따른 효력을 인정하는 입장), ⅲ) ML모델(모델법을 입법화한 국내법이 정하는 바에 따른다는 입장)에 관한 논의가 있다. 상세는 석광현, "외국도산절차의 승인에 관한 모델법과 EU규정의 비교: 한진해운 사건을 계기로", 국제거래법연구 제28집 제2호, 국제거래법학회, 2020, 36면을 참조. 참고로 IRJ 모델법은 제15조 제1항에서 도산관련재판이 입법국에서 가지는 효력과 관련하여 ML모델(입법국이 확장모델과 동화모델 중 선택할 수 있는 방식)의 방식을 취하고 있는데, 이하 해당부분에서 살펴본다.

194) 세인트키츠네비스에 있는 Eastern Caribbean Supreme Court에서 개시되었

표자로 선임된 자들이 2007. 7. 26. 미시시피남부파산법원으로부터
위 외국도산절차에 관한 승인을 받은 다음, 그 제15장 절차에서 제
1521(a)(7)에 따른 구제조치로서 부인권행사에 따른 자산회복을 신청
하면서 문제 되었다.

외국도산절차 대표자들은 "채무자가 미시시피주에 있는 자산을
Condor Guaranty에게 이전한 것이 사기적 양도(fraudulent transfer)에
해당한다"고 주장하면서, Condor Guaranty를 상대로 부인권행사에
따른 대상자산의 회복을 구하였다.195) 그런데 미시시피남부파산법
원은 i) 문제된 자산의 이전이 미연방파산법 제548조에 따라 부인
대상 행위가 될 여지는 있으나, ii) 제1521(a)(7)은 미연방파산법 제548
조에 따른 자산회복은 제15장 절차에서 구제조치로 발령될 수 없다
고 명시하고 있고, iii) 오히려 제1523(a)는 외국도산절차의 대표자들
이 (제15장 절차가 아니라) 미연방파산법 제7장, 제11장 등에 따른
도산절차(full bankruptcy proceeding)를 개시하여 해당 절차에서만 제
548조에 따른 자산회복을 구할 수 있는 것으로 규정하고 있다는 등
의 이유로 그 신청을 기각하였고, 위와 같은 결정은 항고심인 미시
시피남부지방법원에서도 그대로 유지되었다.

그러나 제5연방항소법원은 이와 달리 판단하였다. ① 외국도산절
차의 대표자들이 행사하는 부인권은 세인트키츠네비스법, 즉, 외국
도산절차가 개시된 국가의 국내법(=도산법정지국의 법)에 근거하고
있는 것이지 미연방파산법 제548조를 근거로 하는 것이 아닌 점, ②

는데, 참고로 세인트키츠네비스는 북아메리카 카리브해 동부에 있는 국가
로서 영연방 중 하나로 알려져 있다.
195) 앞에서 본 것처럼 부인권의 행사는 자산을 회복하여야 하는 특정 상대방
을 상대로 하여 대심적 구조로 이루어지는 것이므로 미연방파산법에서도
Adversary proceeding의 형식으로 진행된다. 이에 이 사건도 (제15장 절차
의 사건번호 Bankruptcy No. 07-51045 ERG 이외에) 별도로 Adversary No.
07-05049 ERG를 부여받아 진행되었다.

미연방파산법 제1521(a)(7)도 외국도산절차가 개시된 국가의 법에 따른 부인권행사까지 구제조치로 발령할 수 없다는 금지규정은 두고 있지 않은 점, ③ 미연방파산법 제1521(a)(7)의 모체가 된 CBI 모델법 21(1)(g)에서는 추가적인 구제조치(additional relief)의 내용에 관하여 전혀 제한을 두고 있지 않은 점, ④ 명시적으로 예외에 포함되어 있지 않다면 허용되는 것으로 보는 것이 입법자의 의도로 보이고, 그와 같은 해석이 제1501조에 명시된 국제도산의 취지에 부합하는 점,[196] ⑤ 무엇보다도 제15장 절차가 도입되기 전 미연방파산법 제304조가 적용되던 시절에도 외국법(foreign law)에 따른 부인권의 행사는 제304(b)(3)의 기타 적절한 조치(other appropriate relief)로서 허용되었던 점[197] 등에 주목하였다. 그리고 이러한 사정들을 근거로 원심을 파기하였다.

즉, 미연방파산법원은 제1521(a)(7)에 따른 구제조치의 범위를 가능한 넓게 해석하여 외국도산절차를 적극적으로 지원하려고 노력하고 있는 것으로 이해된다.[198] 위 사건은 특히 제3자 면제조항에 관하여 다소 보수적인 입장을 취하고 있는 제5연방항소법원에서 확립한 법

---

196) 법적 확실성의 증대(greater legal certainty), 공정하고 효율적인 절차 진행(fair and efficient administration), 채권자의 이익 보호(protection of the creditor's interests), 자산의 극대화(maximization of the value) 등이 국제도산제도의 목적 및 취지로 제시되었다.

197) *In re Metzeler*, Case No. 85-B-11183을 말한다. 그 진행 과정에서 다루어진 부인권행사에 따른 자산회복에 관하여 담당 법관인 Howard C. Buschman가 작성한 Opinion Memorandum은 *In re Metzeler*, 78 B.R. 674 (Bankr. S.D.N.Y. 1987)라는 별도의 사건번호로도 분류되었다.

198) Jay Lawrence Westbrook, "An Empirical Study of the Implementation in the United States of the Model Law on Cross-Border Insolvency", American Bankruptcy Law Journal, Spring 2013, 259면은 Condor Insurance 판결을 CBI 모델법상의 구제조치(relief)를 적극적으로 넓게 해석한 미국법원의 대표적 사례라고 소개하고 있다.

리라는 점에서 그 의미는 더욱 크다고 볼 것이다.[199]

참고로 이를 환송받은 미시시피남부파산법원은 부인권소송을 진행한 끝에 자산회복을 명하는 판결을 내렸는데, 다만 상대방이 출석하거나 제대로 다투지 않아 궐석재판(default judgment)의 형식으로 마무리하였다. 검토컨대 본 사건에서는 대상 자산이 미국의 미시시피주에 있었기 때문에 위 재판에 기해 미국 내에서 강제집행을 하는 것이 특별한 문제가 없었을 것이다. 그러나 만약 위 재판에 따라 회복하여야 하는 자산이 미국 이외의 제3의 국가에 있었고 그곳에서 원활하게 위 궐석재판의 승인·집행을 해주지 않는 기조를 취하고 있었다면, 이 사건 외국도산절차 대표자는 이하에서 보는 Rubin 사건에서와 같은 어려움을 겪었을 가능성도 있었을 것이다.

III. IRJ 모델법에 대하여 예상되는 입장

미국에서 IRJ 모델법은 점점 많은 관심을 받고 있고 그 도입을 촉구하는 미국의 문헌들은 쏟아져 나오고 있다.[200] 아직 채택방법에

---

199) Richard J. Mason/Patricia K. Smoots, "Pursuing Avoidance Actions under U.S. Law against Foreign Defendants", American Bankruptcy Institute Journal, September 2016, 31면에서는 한걸음 더 나아가 Condor Insurance 판결을 근거로 미국도산절차의 대표자도 외국법원에 부인소송을 제기하면서, 해당 국가의 법이 아닌 "미연방파산법"을 근거로 삼아달라고 주장할 수 있을 것이라는 의견도 제시하고 있다. 국제도산사건에서의 준거법결정이 문제되는 흥미로운 대목인데, 향후 많은 논의가 필요할 것으로 보인다.

200) 미국의 입장을 대변한 대표적 논문으로는 UNCITRAL 제5작업반에서 미국 대표로 활동했던 University of Michigan Law School의 John A. E. Pottow 교수가 저술한 John A. E. Pottow, "The Dialogic Aspect of Soft Law in International Insolvency: Discard, Disgression, and Development", Michigan Journal of International Law, Spring 2019, 479면 이하를 참조. 이어서 John

대해서까지 구체적으로 논의되고 있지는 않지만, IRJ 모델법의 내용이 CBI 모델법과 모순·저촉되지 않고 상호 호환되도록 성안된 점을 고려하여 IRJ 모델법 제1~16조를 전면적으로 받아들이는 방법도 가능할 것이다.[201] 반면에 CBI 모델법 체제를 그대로 유지하면서도 지금까지 판례를 통하여 형성하여 온 법리를 기초로 도산관련재판의 승인 및 집행을 자연스럽게 처리할 수 있다. 따라서 CBI 모델법에서 사용되던 구제조치(relief)의 범위가 재판의 승인 및 집행을 포함하는 것임을 확인하는 내용의 조문만을 채택하는 방식, 즉, Article X[202]만을 받아들이는 방식을 취하더라도 큰 무리는 없어 보인다.

다만, Article X만을 도입한다고 하더라도 여전히 해결되지 않는

A. Churchill Jr., "Please Recognize me: The United Kingdom should enact the UNCITRAL Model Law on Recognition and Enforcement of Insolvency-Related Judgments", Brooklyn Journal of International Law, 2020, 215면 이하, Eric Sokol, "The Fate of Universalism in Global Insolvency: Neoconservatism and New Horizons", Hastings International and Comparative Law Review, Winter 2021, 39면 이하 등에서도 IRJ 모델법의 채택을 촉구하는 입장을 취하고 있다.

[201] Susan Power Johnson, "2018 Development in Chapter 15 Jurisprudence", Norton Annual Survey of Bankruptcy Law, 2019, 2면은 "IRJ 모델법은 그 자체로 현행 미연방파산법 제15장과 매끄럽게 조화되고 있으므로 미 의회만 결심한다면 즉시 입법될 수 있다"는 적극적인 입장을 취하고 있다. 명시적으로 표현하고 있지는 않지만 IRJ 모델법 제1~16조를 받아들일 수 있다는 입장을 취한 것으로 이해된다.

[202] IRJ 모델법은 ❶ 16개에 달하는 IRJ 모델법 조문을 받아들여 도산관련재판의 개념을 새로 설정하고 개별적인 승인·집행거부 사유를 나열하는 방식으로 CBI 모델법과 모순·저촉되지 않는 한도 내에서 전반적으로 새로운 틀을 도입하는 방안(제1안)과 ❷ 기존 CBI 모델법상의 구제조치(relief)를 통해 도산관련재판을 승인·집행할 수 있다는 점을 명시하고 있는 Article X만을 도입하는 방안(제2안)을 제시하고 있는데, 후자의 경우는 CBI 모델법이 구축한 기존체계를 전반적으로 그대로 활용하는 방식이다. 그 구체적인 내용은 이하 제6장 제4절에서 살펴본다.

문제는 남는다. 가령, 구제조치를 발령하는 방식으로 승인·집행을
할 도산관련재판의 범위를 어느 정도까지 허용할 것인지, 공서위반
조항(CBI 모델법 제6조를 받아들인 미연방파산법 제1506조)을 이유
로 도산관련재판의 승인·집행을 거부하는 경우 그 구체적인 사유를
어떻게 볼 것인지 등은 여전히 불확실한 영역이다. 따라서 이와 같
은 방식으로 IRJ 모델법을 받아들일 시에도, 실질적으로는 이하에서
살펴볼 IRJ 모델법 제1조부터 제16조까지의 구체적 규정을 참조할
것으로 보인다.

제 4 장

CBI 모델법의 적용범위에 관한
영국의 입장

제1절 영국의 국제도산 체계

I. 국제도산 규범간의 관계

영국의 국제도산 관련 규범은 미국이나 다른 국가에 비해 다소 복잡한 체계를 가지고 있다. 이는 영국이 EU회원국의 일원이었을 뿐만 아니라 영연방(Commonwealth)의 중심국가로서 기능하기 때문이다. 2020. 1. 31. 발효된 브렉시트(Brexit) 이전을 기준으로 한다면 도산절차가 개시된 국가(=도산법정지국)가 EU회원국인지, EU회원국이 아니더라도 영연방(Commonwealth) 국가의 하나로서 영국과 밀접한 관계를 맺고 있는 국가인지, 위와 같은 범주에 포함되지 않는 기타 국가인지에 따라 아래와 같이 구분하여 볼 수 있다.

1. EU도산규정의 우선적 적용

먼저 도산절차가 개시된 국가(=도산법정지국)가 EU회원국이라면 해당 국가에 대해서는 EU도산규정을 가장 우선적으로 적용하게 된다. EU도산규정이 EU회원국 내에서는 각 회원국의 국내법에 앞서 우선적으로 적용되어야 하기 때문이다. 그런데 위 규정은 〈채무자의 COMI가 EU 내에 소재하는 경우〉에만 적용되는 것이므로[전문(前文, Recital) 제25항], 모든 도산절차에 무분별하게 확장·적용되는 것은 아니다. 가령, 대한민국에 COMI가 있는 한진해운이 특수한 사정으로 한국이 아닌 독일에서 도산절차가 개시된 경우, 영국이 EU도산규정을 근거로 위 독일도산절차를 승인할 수는 없다. 한진해운의 COMI는 대한민국이기 때문이다.

만약 이러한 분석을 거쳐 EU도산규정을 적용할 수 있는 사례로 확인된다면 해당 사안에 대한 법률적 검토는 굉장히 간단명료하게 된다. EU도산규정 제32조1)는 주 도산절차를 개시하는 재판(judgment concerning the opening of proceedings)은 물론이고, 그 이외에 그 도산절차의 진행(course) 및 종료(closure)에 관한 재판, 그 도산절차로부터 직접 파생되거나 밀접한 관련이 있는 재판(judgments deriving directly from the insolvency proceedings and which are closely linked with them) 등에 대해서도 원활한 승인·집행을 보장하고 있기 때문이다.

2. 1986년 영국도산법 § 426(4) 적용

가. 영연방(Commonwealth) 국가들에 대한 우호적 지원

도산절차가 개시된 국가(=도산법정지국)가 EU회원국이 아닌 경우에도 곧바로 이하에서 살펴볼 CBIR 2006이 적용되는 것은 아니다. 영국은, 영국과 밀접한 관계를 가지고 있는 영연방(Commonwealth)에 속한 국가들에 대해서는 적극적이고 우호적으로 공조하도록 하는 의무적인 규정, 즉, 1986년 영국도산법 제426조 제4항을 두고 있기 때문이다.

영국법원은 "관련 국가 내지 영토(relevant country or territory)"의 법원에서 도산절차를 진행하다가 그 법원이 영국법원에 지원요청을 하는 경우에는 의무적으로 이를 "지원(assist)"하도록 규정하고 있으므로

---

1) 이하 해당 부분에서 다시 살펴보겠지만, EU도산규정은 "외국도산절차"를 승인하거나 별도의 독립된 "구제조치"를 발령함으로써 외국도산절차를 지원하는 것이 아니라, 외국도산절차에서 내려진 개개의 "재판"을 승인·집행하는 형식을 취하고 있다는 점에서 CBI 모델법과 큰 차이가 있다. 상세는 김영석, "유럽의회와 유럽연합이사회의 2015년 5월 20일 도산절차에 관한 2015/848(EU) 규정(재구성)에 관한 검토-전문(Recital)에 관한 시역(試譯)을 중심으로", 국제사법연구 제21권 제2호, 한국국제사법학회, 2015, 324면을 참조.

(1986년 영국도산법 제426조 제4항, 제5항),[2] 쟁점이 되는 도산절차가 위와 같은 "관련 국가 내지 영토"에서 개시·진행되는 것이라면, 외국 도산절차에 대한 승인 및 그에 대한 구제조치는 쉽게 발령된다.

나. 관련 국가/영토(relevant country or territory)의 범위

따라서 이와 같은 관련 국가/영토(relevant country or territory)의 범위를 파악하는 것이 중요하다. 그런데 1986년 영국도산법 제426조 제11항은 "관련 국가/영토"를 i) Channel Islands 및 Isle of Man, ii) 그 밖에 국무장관(Secretary of State)이 지정하는 국가나 영토(country or territory)로 규정하고 있고, 국무장관은 수차례에 걸친 명령을 통해서 그 범위를 지속적으로 추가해나가고 있다.[3] 따라서 그 범위는 지속적으로 확대될 것으로 보이고, 현재 호주, 캐나다, 홍콩, 뉴질랜드, 아일랜드, 남아프리카공화국 등 약 20개의 영연방(Commonwealth) 국가들이 이 범주에 속한 것으로 확인된다.[4]

---

2) 1986년 영국도산법 제426조 제4,5항 원문은 아래와 같다(밑줄과 강조는 필자가 임의로 표시).

> **1986 Insolvency Act**
> 426(Co-operation between courts exercising jurisdiction in relation to insolvency)
> (4) The courts having jurisdiction in relation to insolvency law in any part of the United Kingdom **shall assist** the courts having the corresponding jurisdiction in any other part of the United Kingdom or any relevant country or territory.
> (5) For the purposes of subsection (4) **a request made to a court** in any part of the United Kingdom by a court in any other part of the United Kingdom or in a relevant country or territory is **authority** for the court to which the request is made to apply, in relation to any matters specified in the request, the insolvency law which is applicable by either court in relation to comparable matters falling within its jurisdiction.

3) 이에 관한 국무장관의 명령으로는 The Co-operation of Insolvency Courts (Designation of Relevant Countries and Territories) Order 1986 (S.I. 1986/2123), Order 1996 (S.I. 1996/253), Order 1998 (S.I. 1998/2766) 등이 있다.

4) 구체적으로 Anguilla, Australia, the Bahamas, Bermuda, Botswana, Brunei,

다. 지원(assist)의 범위-외국재판의 승인·집행 포함 여부

최근에 가장 많은 논의가 이루어졌던 부분은 위 조문에 규정된 "지원(assist)"의 범위였다. 이하에서 살펴볼 New Cap 사건[5]에서 위와 같은 "지원"에 외국도산절차에서 내려지거나 이와 관련하여 내려진 재판(이하 '외국도산절차에서 내려진 재판')[6]의 승인·집행까지 포함되는 것으로 볼 수 있는지가 검토되었다. 위 사안에서 승인·집행의 대상이 되는 부인재판을 내린 법원은 영연방(Commonwealth) 국가로서 영국과 밀접한 관계에 있는 "호주"였기 때문에 영국법원이 (CBIR 2006을 근거로 이를 승인·집행할 수는 없더라도) 1986년 영국도산법 제426조 제4항을 근거로 부인재판에 대내적 효력을 부여할 수는 없는지 문제된 것이다.

후술하듯이 영국대법원은 1986년 영국도산법 제426조 각 조항 간의 관계 및 해석, 위 영국도산법의 전신인 1914년 파산법(Bankruptcy Act 1914)의 태도 등을 종합하여 "제426조 제4항의 지원(assist)에 외국재판의 승인·집행이 포함된다고 볼 수는 없다"고 결론을 내렸다. 이

Canada, Cayman Islands, the Channel Islands (Jersey, Guernsey, Alderney, Sark, and Herm), Falkland Islands, Gibraltar, Hong Kong, Isle of Man, Malaysia, Montserrat, New Zealand, the Republic of Ireland, South Africa, Saint Helena, Turks and Caicos Islands, Tuvalu and the British Virgin Islands가 이에 해당한다. 상세는 Sandeep Gopalan/Michael Guihot, "Cross-Border Insolvency Law", LexisNexis Butterworths, 2016, para. 6.218 이하를 참조.

[5] 앞서 소개했던 것처럼 영국대법원이 Rubin 판결과 함께 [2012] UKSC 46이라는 같은 사건번호로 병합하여 처리한 사건이다.

[6] 앞서 본 바와 같이, 입법례에 따라 승인·집행의 대상이 되는 재판은 도산절차에서 내려질 수도, 도산법원이 아닌 일반 민사법원에서 내려질 수도 있다. 따라서 엄밀하게는 이를 구분하여 '도산절차 내려진 재판' 혹은 '도산절차와 관련하여 내려진 재판'으로 표현하는 것이 정확하나, 이하에서는 편의상 이를 특별히 구분하지 않고, 위와 같이 '도산절차에서 내려진 재판'으로 약칭하기로 한다.

와 같은 판시는 CBIR 2006상의 구제조치나 지원처분에 관한 것은 아니어므로 CBI 모델법의 해석에 직접 참조할 수는 없다. 그러나 이하에서 살펴볼 Rubin 판결이나 대법원 2009마1600 결정과 입장을 같이하고 있는 것으로 보인다.

3. CBIR 2006의 적용

CBIR 2006은 도산절차가 개시된 국가나 지역이 "EU회원국"이나 "관련 국가 내지 영토(relevant country or territory)"가 아닌 경우에 비로소 적용된다. 가령 미국이나 우리나라처럼 EU에 속해 있지 않고 영연방(Commonwealth)에 속하지도 않은 국가에서 개시된 도산절차에 대한 승인 및 지원은 CBIR 2006에서 정해진 바에 따르게 되고, 앞서 본 EU 도산규정이나 1986년 영국도산법 제426조가 적용될 여지는 없다.

CBIR 2006은 영국이 CBI 모델법을 기초로 국내법으로 입안한 국제도산관련 규정인데, 앞서 본 미연방파산법 제1507, 제1521(a)(7)에 상응하는 구제조치(relief) 관련 조문들인 CBIR 2006 Schedule 1의 Article 7, Article 21(1)(g)는 아래와 같다.

구분	원문(밑줄과 강조는 필자가 임의로 표시)
CBIR 2006 Schedule 1 Article 7	**Article 7. Additional assistance under other laws** Nothing in this Law limits the power of a court or a British insolvency officeholder to provide **additional assistance** to a foreign representative under other laws of Great Britain.
CBIR 2006 Schedule 1 Article 21(1)(g)	**Article 21. Relief that may be granted upon recognition of a foreign proceeding** 1. Upon recognition of a foreign proceeding, whether main or non-main, where necessary to protect the assets of the debtor or the interests of the creditors, the court may, at the request of the foreign representative, grant **any appropriate relief**, including– (g) granting **any additional relief** that may be **available** to a British

	insolvency officeholder u**nder the law of Great Britain**, including any relief provided under **paragraph 43 of Schedule B1** to the Insolvency Act 1986.

즉, CBIR 2006도 미연방파산법과 마찬가지로, CBI 모델법을 충실하게 따라 적어도 문언상으로는 추가적인 구제조치(additional relief) 또는 추가적인 지원(additional assistance)을 발령할 수 있는 법률상 근거를 가지고 있다. 따라서 위와 같은 조문을 통해 외국도산절차에서 내려진 재판의 승인·집행까지 허용할 것인지는 결국 법률해석의 문제로 귀결되고, 정책적인 결단의 문제로 생각된다.[7] 영국항소법원은 이하에서 살펴볼 Gunel Bakhshiyeva 사건에서 "CBIR 2006 Schedule 1, 제21조의 모체가 된 CBI 모델법 제21조는 절차적 성질(procedural in nature)을 가지고 있는 조항으로 채무자에게 숨 쉴 여유를 임시로 주는 것(temporary breathing space)만을 목적으로 하는 것"이라면서,[8] 다소 소극적으로 해석한 적이 있다. 영국대법원도 이하에서 살펴보는 Rubin 판결에서 마찬가지로 소극적인 입장을 취하였다.

참고로 CBIR 2006 Schedule 1, Article 21(1)(g)의 추가적인 구제조치(additional relief)로 〈1986년 영국도산법 Schedule B1의 paragraph 43〉가 설명된다. 이는 법인채무자에 대한 "관리절차(administration)"가 개시된 경우, 그 관리인의 동의가 있거나 법원의 허가가 없는 한, ① 담보권의 실행, ② 할부계약(hire-purchase agreement)에 따라 채무자가 보유하고 있는 물건에 대한 점유회복, ③ 채무자나 채무자의 자산에 대한 강제집행(execution)을 포함한 일체의 법률절차(legal process)

---

7) 이하 Rubin 판결에서 보는 것처럼 영국대법원은 외국도산절차에서 내려진 재판을 Dicey Rule에 대한 예외를 두면서까지 폭넓게 승인·집행하도록 하는 것이 영국의 법률산업 발전을 위해서도 바람직하지 않다는 논거를 제시하기도 하였다. Rubin 판결, paras. 129~130을 참조.
8) Gunel Bakhshiyeva 판결, para. 89.

등이 중지·금지되어야 한다는 조문이다.

위 조문은 집행중지(moratorium)에 관한 내용을 다루고 있고, 외국 재판의 승인·집행에 관한 내용을 다룬 것은 아니다. 다만, CBIR 2006 은 주도산절차(main proceeding)의 성질을 가지는 외국도산절차를 승 인하면서 자동으로 집행중지효력을 부여할 때에 기본적으로 그 법 인채무자가 "청산절차(winding-up proceeding)"에서 발령받을 수 있었 던 효력만을 부여받도록 하고 있다[Article 20(2)(a)].[9] 그런 점에서 재 건적 성격을 가진 관리절차(administration)에만 부여되는 집행중지 (moratorium) 효력을 외국도산절차의 채무자에 추가적인 구제조치로 서 부여하도록 한 것은 주목할 만하다. 영국의 입법자들이 나름대로 외국도산절차를 존중하려고 노력한 흔적으로 보인다.

4. 커먼로(Common Law)의 적용

마지막으로 앞서 본 EU도산규정, 1986년 영국도산법, CBIR 2006과 같은 성문법(Statutory Act) 이외에 〈커먼로〉도 국제도산에 관한 법원

---

[9] CBIR 2006, Schedule 1, Article 20(2)(a)는 ① 개인채무자(individual)에 대해서는 파산선고(bankrupt)를 받은 경우에 부여되는 효력을, ② 법인채무자에 대해 서는 청산절차개시명령(wining-up order)을 받은 경우에 부여되는 효력을 승인결정과 함께 부여하도록 규정하고 있다. 도산절차의 기본 출발점을 재 건형 절차가 아닌 "청산형 절차"로 보고 있다는 점에서 인상적이다. 참고 로 해당 부분의 원문은 아래와 같다(밑줄과 강조는 필자가 임의로 표시).

> **Article 20. Effects of recognition of a foreign main proceeding**
> 생략
> 2. The stay and suspension referred to in paragraph 1 of this article shall be—
> (a) the same in scope and effect as if the debtor, in the case of an individual, had been adjudged **bankrupt** under the Insolvency Act 1986(26) or had his estate sequestrated under the Bankruptcy (Scotland) Act 1985(27), or, in the case of a debtor other than an individual, had been made the subject of a **winding-up order** under the Insolvency Act 1986; and

(法源)으로 기능함에 유의해야 한다. 영국은 EU도산규정 및 CBIR 2006 제정 전에는 1986년 영국도산법 제426조 제4항을 적용할 수 있는 "관련 국가 내지 영토(relevant country or territory)"와 그렇지 않은 나머지 국가로 구분하였다. 그리고 후자에 대해서는 커먼로를 통해서만 지원 여부 및 그 내용을 결정할 수밖에 없었고, 전자에 대해서도 그 지원의 내용 및 범위에 대해서는 판례의 집적을 통해 그 법리를 형성해갈 수밖에 없었다. 따라서 이에 관한 커먼로상의 법리가 많이 축적·형성되어 있는데 이는 여전히 유효하게 적용된다.

다만, 위와 같은 커먼로가 성문법과의 관계에서 병행적으로 적용되는지 보충적으로 적용되는지 여부, 즉, 성문법에 따라 외국도산절차를 지원할 수 있는 근거법령이 있는 경우에도 곧바로 커먼로를 적용하여 외국도산절차를 지원할 수 있는지에 대해서는 견해가 엇갈리고 있어,10) 향후 판례의 흐름을 주목해야 할 것으로 보인다. 영국대법원이 New Cap 사건에서 1933년 외국재판(상호집행)법을 적용하면서 "위 법 제6조에서 등록절차 이외의 다른 방법으로 외국재판을 승인·집행할 수는 없는 것으로 규정하고 있는 이상 커먼로에 따른 지원으로서 외국재판을 승인·집행하는 것은 불가능하다"고 판시한 적은 있지만,11)

---

10) 이하에서 살펴볼 Rubin 사건의 항소심과 New Cap 사건의 1심에서는 커먼로의 적용이 병행적(parallel)으로 가능하다고 판시하였으나, HIH Casualty 사건(위 사건은 "McGrath v. Riddell [2008] UKHL 21"라는 명칭으로 불리기도 한다)의 다수의견(Lord Scott, Lord Neuberger, Lord Phillips)은 해당 사안에서 적용되는 성문법인 1986년 영국도산법 제426조 제4항이 커먼로 보다 우선적·배타적으로 적용된다는 입장을 취하였다. 흥미롭게도 Cambridge Gas 사건의 주심법관으로 판결문을 작성하기도 했던 Lord Hoffman는 위 HIH Casualty 사건에서 Lord Walker와 함께 "커먼로도 함께 적용될 수 있다"는 보충의견을 제시하기도 했는데, 가능한 외국도산절차를 승인하고 지원할 수 있는 법원(法源)을 폭넓게 확보하려는 차원에서 위와 같은 입장을 취한 것이 아니었을까 생각된다.

11) Rubin 판결, para. 170.

이는 성문법에서 적용의 순위 자체를 명시한 경우다. 따라서 이러한 조항이 존재하지 않는 경우의 커먼로와의 관계는 여전히 불분명하다. 앞서 본 영국의 국제도산 관련 규범을 정리하면 아래 [표 4]와 같다.

[표 4] 영국의 국제도산 관련 규범

도산절차가 개시된 국가		적용법률	비고
EU회원국		❶ EU도산규정	
비(非)EU회원국	관련국가/영토(any relevant country or territory)	❷ 1986년 영국도산법(1986 Insolvency Act) § 426(4)	❹ 커먼로(Common Law)에 따른 지원도 可能(병행적 또는 보충적)
	위와 같은 범주에 해당하지 않는 국가	❸ CBIR 2006(Cross-Border Insolvency Regulations 2006)	

II. 1933년 외국재판(상호집행)법과의 관계

참고로 영국이 외국재판의 승인·집행에 관하여 두고 있는 성문법인 1933년 외국재판(상호집행)법도 잠시 소개한다. 위 법률이 직접 국제도산과 관련된 것은 아니다. 다만, 앞서 본 것처럼 영국대법원은 위 1986년 영국도산법 제426(4)에 따른 지원(assist)의 범위에 도산관련 외국재판의 승인·집행은 포함되어 있지 않다고 판시하면서, 관련 국가(Any relevant country or territory)인 호주에서 내려진 부인재판에 대해 1933년 외국재판(상호집행)법을 적용한 적이 있기 때문이다.

1. 적용범위

1933년 외국재판(상호집행)법은 우리나라의 민사소송법 제217조, 민사집행법 제27조처럼 모든 외국재판에 일괄적으로 적용되는 것은 아니고 "영국 여왕의 명령에 따라 승인된 특정 국가"에서 내려진 재판에 대해서만 적용된다. 영국과 양자조약 등을 통해 재판의 상호집행에 관하여 공조하기로 한 국가에 원활한 승인·집행을 제공하기 위한 일종의 국내 이행입법의 성질을 가진다.

호주,12) 캐나다(퀘벡 제외), 오스트리아, 벨기에, 독일, 프랑스, 이스라엘, 이탈리아, 네덜란드, 노르웨이 등 주요국가가 그 대상에 포함되지만, 루가노협약, 브뤼셀협약이 적용되는 국가와의 사이에서는 1982년 민사관할재판법13)에 따라 위 협약들이 우선 적용되므로, 1933년 외국재판(상호집행)법이 적용되지 않는다는 점에도 유의하여야 한다. 다만, 브렉시트로 EU의 규정(regulation)들이 더 이상 영국에서 그 효력을 가지지 않게 됨에 따라 브뤼셀규정과의 충돌은 없을 것으로 보인다.

2. 주요내용

신청인은 영국에서 해당 외국재판에 대해 별도 소송(action)을 제기할 필요 없이 단지 "등록(registration)" 절차만을 거치면 위 외국재판을 집행권원으로 삼아 영국 내에서 즉시 집행할 수 있게 된다. 신

---

12) 가령, 영국은 호주와 ① 민·상사재판의 상호집행에 관한 조약(UK-Australia Agreement for the reciprocal enforcement of judgments in civil and commercial matters)을 먼저 체결하고, ② 1994년 상호집행재판에 관한 명령 (Reciprocal Enforcement of Judgments(Australia) Order 1994(SI 1994/1901)를 통해, 자국법인 1933년 외국재판(상호집행)법의 적용범위를 호주의 판결로 확장하였다. 이에 따라 이하에서 살펴볼 New Cap 사건에서는 위 법률이 직접 적용될 수 있었다.

13) 이는 영국이 1978년에 브뤼셀협약에 가입한 이후 이를 이행하기 위해 1982년에 만든 국내 법률인데, 다른 영국의 국내법령인 Civil Jurisdiction and Judgments Act 1991과 Civil Jurisdiction and Judgments Order 2001 등을 통해 개정되면서, 루가노협약과 브뤼셀규정 등을 추가로 반영하게 되었다. 위 1982년 민사관할재판법에 관한 상세는 김영석, "Worldwide Freezing Order의 국제적 동향-영국에서의 논의를 중심으로", 국제사법연구 제26권 제1호, 한국국제사법학회, 2020, 98면 이하를 참조.

청인이 해당 외국재판에 의해 이미 채권의 만족을 받았거나 그 발령
법원(original court)에서도 집행이 불가능한 유형에 해당하는 등 예외
적인 경우가 아니라면 원칙적으로 등록을 모두 허용하고 있어서 그
만큼 신속한 절차를 꾀하고 있다(제2조 제1항).[14] 또한, 1933년 외국
재판(상호집행)법이 적용되는 이상 위와 같은 등록절차 이외의 다른
그 어떤 방법으로도 외국재판의 집행을 시도할 수 없다고 명문을 두
고 있는 점이 특징적인데(제6조),[15] New Cap 사건에서는 위 조항을
근거로 커먼로가 보충적으로도 적용될 수 없다고 판시하였다는 점
은 이미 앞에서 본 바와 같다.

3. 외국법원의 관할권 여부(간접관할)

New Cap 사건에서 가장 문제된 부분은 외국법원의 간접관할권을
규정한 1933년 외국재판(상호집행)법 제4(1)(a)(ii)였다. 집행의 대상이
되는 외국재판을 내린 법원이 관할권 없이 해당 재판을 내린 것이
확인되는 경우에는 위 등록을 취소해야 하거나 취소할 수 있다고 규
정하고 있기 때문인데, 그 원문은 아래와 같다(밑줄과 강조는 필자가
임의로 표시).

---

[14] 1933년 외국재판(상호집행)법 제2조 제1항은 신청대상이 되는 외국재판의
요건과 관련하여, 그 발령일로부터 6년 이내이기만 하다면 항소심 계속 중
이라고 하더라도 관계없다고 규정하고 있다.

[15] 모든 절차를 1933년 외국재판(상호집행)법으로 일원화하여 신속하게 집행
절차를 진행하도록 하려는 것으로 생각되는데, 제6조의 원문은 아래와 같
다(밑줄과 강조는 필자가 임의로 표시).

> **6 Foreign judgments which can be registered not to be enforceable otherwise**
> No proceedings for the recovery of a sum payable under a foreign judgment, being
> a judgment to which this Part of this Act applies, other than proceedings by way
> of registration of the judgment, shall be **entertained** by any court in the United
> Kingdom.

> **4 Cases in which registered judgments must, or may, be set aside.**
> (1) On an application in that behalf duly made by any party against whom a registered judgment may be enforced, <u>the registration of the judgment—</u>
>   (a) **shall be set aside** if the registering court is satisfied—
>   (ii) that <u>the courts of the country of</u> **the original court had no jurisdiction** in the circumstances of the case; or

결국, 1933년 외국재판(상호집행)법이 적용되지 않는 "미국"에서 내려진 부인재판에 대해서는 일반적인 Dicey Rule로서(Rubin 사건), 1933년 외국재판(상호집행)법이 적용되는 "호주"에서 내려진 부인재판에 대해서는 위 법 제4조를 통해서 위 각 법원의 간접관할권 유무가 요구되는 셈이다(New Cap 사건). 다만, 형식적으로는 그 근거 법률에 차이가 있더라도 간접관할권 여부를 판단하는 실질적인 기준은 큰 차이가 없는 것으로 보인다.

III. 브렉시트 이후의 전망

1. EU도산규정과 브뤼셀규정의 적용배제

브렉시트로 EU도산규정은 더 이상 영국에 적용되지 않으므로, 영국의 국제도산규범 체계는 1986년 영국도산법 제426조 제4항이 적용되어 보다 우호적으로 지원되거나 CBIR 2006에 따른 일반적인 승인·지원규정이 적용되는 비교적 단순한 체계로 구분될 것으로 보인다.

한편, EU도산규정과 마찬가지로 EU회원국 간의 규정(regulation)으로 기능하던 브뤼셀규정 또한 영국에 더 이상 적용되지 않는다. 따라서 도산관련재판을 포함한 외국재판 일반의 승인·집행에 관하여도 브뤼셀규정이 제정되기 전 기존 영국의 규범체계로 돌아갈 것으로 예상된다. 이에 기본적으로는 ① 루가노협약이나 1968년 브뤼셀 협약이 적용되는 경우에는 위 협약들이, ② 위 협약들이 적용되지 않더라도 1933년 외국재판(상호집행)법이 적용되는 경우에는 위 1933년 외국재판(상호집행)법이, ③ 위 협약들과 1933년 외국재판(상호집행)법이 적용되지 않는 경우에는 커먼로가 각 적용될 것으로 보인다.

2. 영국의 2005년 헤이그관할합의협약 가입

한편, 영국은 2020. 9. 28. HccH에서 성안한 2005년 헤이그관할합의협약16)에 가입하였으므로, EU를 포함한 위 협약의 체약국들과의 사이에서는 위 협약이 가장 먼저 적용될 수 있음에 유의하여야 한다. 물론 위 협약에서 규정하는 승인·집행은 전속관할합의(exclusive choice of court agreement)가 있는 경우에만 적용되고, 아직까지는 많은 국가들이 위 협약에 대한 비준 등의 절차까지 마친 것은 아니어서 그 효력이 제한적이기는 하다.17)

---

16) 2005년 헤이그관할합의협약은 ① 당사자들의 전속관할합의가 있는 경우, 그 합의된 국가의 법원은 확실하게 재판관할권을 가지고 이를 행사해야 하고(제5조), ② 그 외의 다른 법원은 소송이 제기되더라도 심리를 거절하여야 하며(제6조), ③ 일정한 예외적인 사유가 없는 한 관할합의에 기초하여 어느 체약국의 법원이 선고한 재판은 다른 체약국에서 승인 및 집행이 보장되어야 한다(제8,9조)는 것을 기본적인 내용으로 한다. 위 2005년 협약은 2005. 6. 30. 성안된 이후 상당기간 동안 발효되지 않았지만 드디어 2015. 10. 1. 발효되었으므로 향후 많은 역할을 할 것으로 기대된다. 상세는 석광현, "2005년 헤이그 재판관할합의협약", 국제사법연구 제11호, 한국국제사법학회, 2005, 192면 이하, 박상순, "헤이그 재판관할합의협약에 대한 연구", 서울대학교 법학석사 학위논문, 2017을 참조. 우리나라의 위 협약가입여부 및 이에 대비한 2018년 국제사법 전부개정법률안의 검토에 관하여는 노태악, "국제재판관할합의에 관한 2018년 국제사법 전부개정법률안의 검토 - 법원의 실무와 헤이그재판관할합의협약을 중심으로 - ", 국제사법연구 제25권 제1호, 한국국제사법학회, 2019, 123면 이하를 각 참조.

그러나 이하에서 살펴볼 IRJ 모델법을 받아들이는데 영국이 소극적인 입장을 취한다면 적어도 영국에서 도산관련재판의 승인·집행을 받는 데에는 위 협약이 우선적으로 적용될 가능성도 있으므로 도산실무가들로서는 유념하여야 할 것이다. 참고로 2005년 헤이그관할합의협약 제2조에서는 명시적으로 "insolvency"에 대해서는 위 협약이 적용되지 않는다고 규정하고 있다. 그러나 도산절차에서 내려진 재판이라고 해도 청구원인 또는 쟁송의 본질이 통상의 민·상사법에 근거한 청구라면 도산에 관한 재판으로 볼 수 없다는 입장에서 본다면,18) 위 협약 제2조에서 명시된 "insolvency"의 의미가 탄력적으로 해석될 여지가 있다. 이 경우 2005년 헤이그관할합의협약의 범위는 훨씬 넓어지게 되는 것이다.

다만, 도산절차와 관련하여 전속관할합의가 가능할지 의문이 드는 측면은 있다. 도산절차는 다수당사자의 법률관계를 집단적으로 처리하는 절차이므로 채무자가 개별채권자와 한 전속관할합의가 도산절차 전반에 적용된다고 단정하기 어렵기 때문이다. 채무자가 개별채권자와 수개의 별도의 전속관할합의를 한 경우 어느 국가에서

---

17) EU 명의로 가입하였지만 그에 속한 국가들의 숫자까지 계산한다면 2005년 헤이그관할합의협약에 가입한 국가는 약 37개국 정도로 확인된다. 그중 비준 등 절차까지 진행한 국가/연합체는 7개(EU, 영국, 싱가포르, 덴마크, 몬테네그로, 멕시코, 우크라이나)에 불과하지만 미국, 중국도 각 2009. 1. 19. 및 2017. 9. 12. 위 협약에 서명한 상태이므로 향후 많은 역할이 기대된다. 참고로 우크라이나는 비교적 최근인 2023. 4. 28. 위 협약을 비준하였다. 가입국 현황은 https://www.hcch.net/en/instruments/conventions/status-table/print / ?cid=98#legend를 참조(최종검색일 2023. 12. 31.).

18) 2005년 헤이그관할합의협약에 관한 내용은 아니지만, 석광현, "도산 관련 재판의 승인 및 집행에 관한 2018년 UNCITRAL 모델법의 소개와 우리의 입법 방향", 국제거래와 법(통권 제33호), 동아대학교 법학연구소, 2021, 12면에서는 이와 같은 이유로 IRJ 모델법에서 규정된 도산관련재판은 제한적으로 해석되어야 한다는 입장을 취하고 있다.

도산절차를 신청해야 하는지를 판단하기 어렵고 이는 채무자와 다수당사자를 둘러싼 법률관계를 더욱 복잡해지게 만들 뿐이다. 뒤에서 보는 바와 같이 제2연방항소법원이 Altos Hornos 판결에서 당사자 간에 관할합의(뉴욕주) 및 준거법합의(뉴욕주법)가 있음에도 불구하고, 도산절차가 개시된 멕시코 법원에서 해당 쟁점을 판단하도록 설시한 부분도 같은 취지로 이해할 수 있다.

만약 채무자에 대한 채권자가 1인만 존재하고 당사자 간에 특정 국가의 법원에서만 도산절차를 신청하기로 하는 "도산절차관할에 관한 전속관할합의"가 있는 경우에는 위 협약에서 의미하는 전속관할합의가 있는 것으로 취급할 수 있을 여지도 있다. 물론 실제 그와 같은 사례가 발생할 가능성이 매우 낮아 보이기는 하지만, 국제도산 사건에서도 2005년 헤이그관할합의협약에 관심을 가질 필요가 있다고 생각되는 이유다.

3. 제안되는 대안들

이처럼 2005년 헤이그관할합의협약에 가입했음에도 부가적 관할합의 등만 존재하는 상황에서 내려진 외국재판의 승인·집행에 대한 처리는 여전히 불분명하다. 이에 그 통일적인 처리를 위해 영국이 ① 브뤼셀규정과 유사한 협약 내지 조약을 개별국가 내지 EU와 체결하거나, ② 루가노협약에 재가입하여 EU회원국, 스위스, 아이슬란드, 노르웨이와의 사이에 기존 브뤼셀규정이 구축한 체계를 그대로 따를 수 있도록 하는 방법이 제안되고 있다.[19]

---

19) 참고로 영국은 이미 2020. 4. 8. 루가노협약에 재가입 신청을 한 상태이고 스위스, 노르웨이, 아이슬란드의 동의를 받았지만, 나머지 체약국인 EU와 덴마크의 동의를 받지 못하여 현재 체약국으로서의 완전한 지위가 확정되지는 않은 상황이다. 그런데 2021. 5.경 EU 집행위원회(Commission)가 영국

특히 도산절차와 관련하여서는 ③ 1986년 도산법 제426조상의 관련 국가 내지 영토(relevant country or territory)에 EU에 속한 회원국을 포함시키거나, ④ 영국도산법이 미연방파산법 제11장처럼 폭넓게 구제조치를 발령할 수 있도록 아예 명시적으로 법을 개정할 필요가 있다는 의견들도 개진되고 있는데,[20] 영국 내부에서도 종래 영국의 폐쇄적·제한적인 국제도산 실무를 비판하고 이를 개혁하자는 의견들이 제기되고 있는 셈이어서 흥미롭다.

제2절 영국법원의 보수적 태도

I. 도산절차를 바라보는 전통적인 시각

앞서 살펴본 미국과 달리, 영국은 외국도산절차에서 수립된 채무조정안의 대내적 효력을 인정하는데 소극적인 입장을 취하고 있다.

의 루가노협약 가입에 동의할 수 없다는 입장을 취하고 있어 사실상 재가입이 어려울 것으로 예상된다. 이는 루가노협약에 가입하려는 국가는 모든 체약국의 동의를 얻어야만 한다는 위 협약 제72조 제3항의 규정에 따른 것이다. 참고로 이에 따른 문제가 불거지자, EU Juri Committee의 요청으로 영국과의 법적인 문제 해결에 관한 연구가 이루어지기도 했다. 대표적인 연구로는 Lotario Benedetto DITTRICH, "Ensuring Efficient Cooperation with the UK in civil law matters: Situation after Brexit and Options for Future Cooperation", Policy Department for Citizens' Rights and Constitutional Affairs, PE 743.340, March 2023.

20) 상세는 John M. Wood, "Brexit and the legal implications for cross-border insolvencies: what does the future hold for the UK?", Company Law Newsletter, 2017, 396, 1면 이하를 참조. 이에 관한 논의를 소개한 국내문헌으로는 이은재, "Brexit와 영국 국제도산", 도산법연구 제9권 제3호, 도산법연구회, 2019, 179면 이하를 참조.

이는 ⅰ) 도산절차는 (이해관계인들 간의 채무의 존부 및 그 범위를 결정하는 절차가 아니라) 단지 절차적 성격을 가지는 절차일 뿐이라고 보는 영국 전통의 법리,21) ⅱ) 영국법이 규율하는 권리/의무는 영국에서 진행되는 절차를 통해서만 그 내용이 변경될 수 있다고 보는 Gibbs Rule, ⅲ) (도산절차의 특수성을 인정하지 않고) 일반 민사절차에 적용되는 Dicey Rule을 그대로 외국에서 진행된 부인소송의 승인·집행에 적용한 영국의 재판실무 등이 그 원인이다.

위 법리들에 따르면 외국도산절차에서 수립된 채무조정안이나 그 절차에서 내려진 면책결정에 영국법을 준거법으로 삼은 채권까지 포함된 경우에는 그 효력을 그대로 인정하여 영국에서 승인·집행하는 것이 Gibbs Rule에 반하는 결과를 초래한다.22) 또한, 외국도산절차가 진행되는 법원의 관할권에 자발적으로 복속하거나 출석하지 않은 당사자에게, 그 당사자를 일방으로 하여 외국법원이 발령한 도산관련재판을 승인하거나 집행시키는 것도 Dicey Rule에 반하여 허용되지 않는다.

Ⅱ. 전통적인 법리(Gibbs Rule, Dicey Rule 등)의 유지

Gibbs Rule은 이른바 빅토리아 시대로 불리는 1890년에 Antony Gibbs

---

21) 이하에서 보는 것처럼 위와 같은 법리는 Cambridge Gas 판결, Gunel Bakhshiyeva 판결 등에서 지속적으로 확인되고 있다. 흥미로운 것은 Cambridge Gas 판결에서는 위와 같은 도산절차의 특수성을 고려하여 일반적인 외국재판보다 더 폭넓게 승인·집행을 해주어야 한다고 판시한 반면에, Gunel Bakhshiyeva 판결에서는 위와 같은 특수성 때문에 외국도산절차에 대한 구제조치는 '절차'에 관한 것에 국한되어야 한다는 입장을 취하고 있다는 점이다.

22) 물론, (도산절차를 승인하면서 그에 대한 지원처분의 형식을 통해 대내적 효력을 부여하는 것이 아니라) 일반적인 외국재판의 승인·집행에 관한 절차를 거쳐 그 대내적 효력을 부여하고자 시도하려는 때도 마찬가지다.

판결에서 확립되어 100년 이상 유지되어 온 법리이다. 그런데 보편주의(principle of universalism)를 표방하는 현대의 국제도산 체제에 부합하지 않는다는 많은 비판에도 불구하고, High Court는 비교적 최근인 2011년에 Bakrie Investindo 판결에서, 영국항소법원은 2018년에 Gunel Bakhshiyeva 판결에서 여전히 Gibbs Rule이 유효함을 확인한 바 있다.

Dicey Rule에 관하여는 앞서 언급한 것처럼 영국대법원이 2012년에 다룬 Rubin 판결을 주목할 만한데, 이 사건은 종래 도산절차의 특수성을 인정함으로써 관할권 요건을 다소 완화하여 주었던 Cambridge Gas 판결의 입장을 전면적으로 비판하고, 다시 일반적인 민사재판의 승인에 적용되는 것과 같은 수준으로 관할권 요건을 엄격하게 적용하도록 회귀한 것이어서 도산전문가들에게 큰 충격을 안겨주었다.

III. CBI 모델법상 구제조치(relief)의 제한적 활용

나아가 영국은 이와 같은 보수적 태도와 궤를 같이하여, CBIR 2006, Schedule 1, 제21(1)(g)의 추가적인 구제조치(additional relief)를 해석하고 있다. 영국법에 따라 발령 가능한 내용의 구제조치만을 제한적으로 허용하고 있는 것이다.

CBI 모델법에서는 승인/지원국의 법에 따라 가능한 구제조치만을 발령할 수 있는지, 승인/지원국의 국내법에 따라서는 불가능하더라도 도산법정지국의 법에 따라 가능한 구제조치까지 발령할 수 있는지에 대해서 명확한 규정을 두고 있지 않아 이를 채택한 국가들 사이의 실무에 혼란이 있었다.[23] 그런데 미국이 Condor Insurance 판결에

---

23) 이와 약간 평면을 달리하나 외국도산절차의 승인의 효력에 관하여도 이와 유사한 확장모델(擴張, extension: 절차개시국법에 따른 도산절차 개시재판의 효력이 승인국에 그대로 확장되는 것으로 보는 입장), 동화모델(同化,

서 미연방파산법 제1521⒜⑺상의 추가적인 구제조치(additional relief)
를 발령하면서 미국법이 허용하지 않는 유형의 구제조치까지 내릴
수 있는 것으로 폭넓게 해석한 것과 달리, 영국법원은 Pan Ocean 판
결에서 위와 제한적으로 해석한 것이다.

물론, HIH Casualty 판결에서는 채무자 보유의 영국재산을 송금하
여 달라는 호주청산절차(winding up proceedings) 청산인(liquidator)의
신청을 흔쾌히 허락함으로써, 영국법에서 규정하는 채권의 순위와
다른 방식으로 변제자원이 배분되는 것을 용인하기도 하였다. 다만,
이는 어디까지나 영연방(Commonwealth) 국가 중 하나인 호주에 1986
년 영국도산법 제426조 제4항 등을 적용한 것에 따른 결과에 불과하
고, CBI 모델법의 폭넓은 해석·적용을 허용한 사례는 아니다. 이하에
서 항목별로 순차적으로 살펴본다.

제3절 Gibbs Rule과 관련하여

Ⅰ. Gibbs Rule의 확립

1. 개념 및 기능

Gibbs Rule은 외국절차에서 이루어진 채무의 감면은 해당 절차가

---

assimilation: 승인국의 도산법에 따른 효력을 인정하는 입장), ML모델(모델
법을 입법화한 국내법이 정하는 바에 따른다는 입장)에 관한 논의가 있다.
상세는 석광현, "외국도산절차의 승인에 관한 모델법과 EU규정의 비교: 한
진해운 사건을 계기로", 국제거래법연구 제28집 제2호, 국제거래법학회,
2020, 36면을 참조. 참고로 IRJ 모델법은 제15조 제1항에서 도산관련재판을
ML모델을 취하고 있는데, 이하 해당부분에서 살펴본다.

진행된 국가의 법이 적용되는 채무에 대해서만 효력이 있다는 법리
이다. 따라서 영국법(English Law)에 따라 규율되는 권리와 의무는 영
국에서 진행되는 절차를 이용해서만 그 내용을 변경할 수 있는 것이
므로, 외국도산절차에서 수립된 해당 채무에 대한 감면은 영국에서
그 효력을 인정할 수 없다는 것이다.

이때 영국법에 따라 규율되는 권리와 의무란 통상 당사자 간에 계
약을 체결하면서 명시적으로 준거법을 영국법으로 지정한 경우를
생각해볼 수 있다. 다만, Gibbs Rule을 확립한 Antony Gibbs 사건에서
보는 것처럼, 해당 계약이 영국에서 체결되고 영국에서 급부이행이
이루어지도록 정해진 경우에는 (명시적으로 준거법을 지정하지 않
더라도) 묵시적 지정이나 가장 밀접한 관련이 있는 국가의 법으로서
영국법이 적용될 수 있음에 유의해야 한다.24)

그런데 이와 같은 Gibbs Rule은 결과적으로 이하에서 살펴볼 무수
한 비판에도 불구하고, 영국 법률가들로서는 환영할만한 제도일 것
으로 생각된다. 영국으로부터 채무감면 효력을 인정받지 못할 것을
우려한 당사자들이, 심지어 영국에 COMI가 없음에도 불구하고 영국
법이 적용되는 채무를 조정하기 위해 영국법원에서 도산절차를 진
행하도록 사실상 강제함으로써, 영국법률시장의 확대와 성장을 꾀
할 수 있기 때문이다.25) Gibbs Rule이 확립된 Antony Gibbs 판결에 관

---

24) 우리나라의 국제사법에서도 (명시적 지정 이외에) 당사자가 묵시적으로 준
  거법을 선택할 수 있도록 규정하고 있고(제25조 제2항), 당사자가 준거법을
  선택하지 아니한 경우에도 이른바 객관적 연결을 통해, 해당 계약과 가장
  밀접한 관련이 있는 국가의 법을 준거법으로 삼도록 하고 있으므로(법 제
  26조 제1항), 동일한 결과를 도출할 수 있다.
25) 영국법원이 오랜 기간 유지하여 오고 있는 WFO 제도도 같은 맥락에서 이
  해할 수 있다. 일단 역외(域外)에 소재한 피신청인에게 과감하게 WFO를 발
  령하고 이를 다투기 위해서는 다시 영국법원을 찾아올 수밖에 없도록 하
  는 구조를 확립함으로써 영국의 법률시장을 계속 키우고 있기 때문이다.
  물론, 이는 영국이 가지는 국제적인 법률/비지니스 중심지로서의 역할이

하여는 이하에서 항을 달리하여 살펴본다.

2. Antony Gibbs 판결의 내용

가. 사실관계

구리(copper)를 공급하는 업무를 영위하는 영국법인인 원고(Antony Gibbs and Sons, 공급자)는 프랑스법인인 피고(La Société Industrielle et Commerciale des Métaux, 피공급자)로부터 현금으로 물품대금을 지급받으면 영국 리버풀항으로 구리를 공급하여 주기로 하는 구리공급계약을 체결하였다.[26] 그런데 피고가 프랑스 세느상사법원에서 청산절차(liquidation proceeding)를 신청하면서 원고에게 '경제적 상황이 어려워져 더는 구리를 공급받지 못하겠다'고 통지하자, 원고는 위 법원의 청산절차에 피고의 계약위반으로 손해를 입었다고 주장하면서 채권을 신고하였다.

흥미로운 것은 원고는 채권을 신고하지 않으면 실권될 수 있다는 청산인(liquidator)의 통지를 받고 위 프랑스의 청산절차에 채권을 신고하기는 하였지만, 이미 영국에서도 피고를 상대로 위 계약에 따른 손해배상을 구하는 이 사건 소송을 제기한 상태였다는 점이다. 이에 위 청산절차에 채권신고를 할 때 영국에서 채권을 집행할 수 있는

크기 때문에 유지가 가능한 제도이다. WFO의 명령을 과감하게 무시하고 법정모독죄(contempt of court)로 처벌받는 것을 감수할 당사자가 없을 것이기 때문인데, 그와 같은 제도를 제대로 활용할 국력을 아직 키워나가고 있는 단계에 있는 우리나라로서는 부러운 대목이다. 상세는 김영석(주 13), 96면 이하를 참조.

[26] Antony Gibbs 판결, 400면에 의하면, 위 당사자들은 London Metal Exchange를 통해서 구리공급계약을 체결하였기 때문에 위 거래소의 rules와 regulations에 따른다는 조항이 계약의 내용으로 편입되었고, 이로써 대금의 지급방법과 구리공급의 이행지가 위와 같이 정해졌다고 한다.

모든 권한은 보류하겠다는 점(a reservation of all rights in regard to the action in England which was then pending)을 밝혔다.27)

이후 위 청산인은 '프랑스 법에 따라 청산이 개시된 이후에도 청산인에게 계약에 따른 구리의 이행제공이 있어야만 원고에게 손해가 발생하였다고 볼 수 있는데, 원고는 그와 같은 이행제공을 하지 않았으므로 손해가 발생하였다고 볼 수 없다'는 등의 이유로 신고된 채권을 부인하였다. 그리고 이에 대해 원고가 다시 채권의 존재를 확인하는 소송을 제기하여 해당 재판이 계속되던 중 영국법원이 영국에서 제기된 이 사건 손해배상청구 소송에 관하여 판단을 내린 것이다.

나. 주요 판시사항

이 사건에서 피고는 "프랑스 청산절차에 따라 피고는 해산되고 청산을 목적으로만 존속하여 있는 상태이고, 모든 자산에 관한 관리처분권은 청산인에게 이전된 상황이며, 원고는 프랑스 청산절차에서 채권신고를 함으로써 프랑스법의 적용을 받는 것에 동의하였으므로, 피고를 상대로 한 손해배상소송은 기각되거나 중지되어야 한다"고 주장하였다.28)

1) 다수의견

영국항소법원29)은 이와 같은 피고의 주장을 받아들이지 않았다. 이 사건 구리공급계약은 영국에서 체결되고(they were made in England),

---

27) Antony Gibbs 판결, 400면.

28) 나머지 주장에 관한 상세는 Antony Gibbs 판결, 402면을 참조.

29) 항소법원의 법관 중에서도 특히 Lord Esher MR.가 작성한 견해가 Gibbs Rule의 기초를 확립한 것으로 평가되므로, 이하에서는 위 법관의 논리를 중심으로 소개한다.

대금의 지급과 구리의 교부 등 각 당사자의 의무이행지도 영국이므로(they were to be performed in England) 영국법이 준거법으로 적용되어야 하는데, 이때 준거법은 단순한 계약의 해석(interpretation of the contract)뿐만 아니라 계약체결 후 발생하여 계약에 영향을 미치는 후발적인 조건(subsequent conditions by which it was affected)에도 적용되는 것이라고 보았다.[30] 그리고 설령 프랑스 청산절차에서 원고의 채권이 면책되었다고 하더라도 그와 같은 면책의 효력은 프랑스법이 적용되는 채무에 대해서만 효력이 있는 것이어서 계약당사자들이 프랑스법을 적용하기로 하지 않은 이 사건 구리공급계약에는 적용할 수 없다고 판시하였다.[31] 원고는 프랑스 청산절차에서 채권신고를 할 때 영국에서의 권리행사를 유보하겠다는 점을 명시하였으므로 프랑스법의 적용을 받겠다고 동의하였다고 볼 수도 없다고 지적하였다. 결국, 거래상대방인 피고가 계약과 달리 갑자기 물품을 공급받지 않겠다고 하는 때에는 영국법에 따라 그 불이행으로 발생한 손해를 원고에게 배상하여야 한다고 판시하였다.

2) 소수의견

흥미로운 부분은 Kennedy, Q.C. 및 H. Tindal Atkinson이 프랑스 청산절차의 효력을 존중하여야 하므로 원고의 청구를 기각하여야 한다고 주장한 소수의견이다. 위 법관들은 ⅰ) 외국에 주소지를 두고

---

30) Antony Gibbs 판결, 407면.
31) 항소법원의 또 다른 법관인 R.T. Reid, Q.C.와 R.S. Wright는 이 사건 구리공급계약에 '당사자 간의 법률관계를 프랑스 법에 따라 규율한다'는 조항은 전혀 존재하지 않고, 만약 이러한 상황에서도 프랑스 법의 적용을 허용한다면 외국법이 아무리 부당하거나 비합리적이라고 하더라도 언제든지 영국 사람이 영국에서 체결한 계약을 변경할 수 있도록 묵인하는 것이어서 계약당사자들이 합의한 바를 뛰어넘는 것이라는 점도 지적하였다. 상세는 Antony Gibbs 판결, 403면을 참조.

있는 채무자에 대한 파산절차나 청산절차가 그 해당 국가에서 개시
되어, ii) 파산관재인이나 청산인에게 자산에 관한 관리처분권이 모
두 이전됨으로써 해당 채무자를 피고로 하는 개별소송이 더 유지될
수 없는 때에, iii) 해당 소송을 담당하는 영국법원으로서는 국제법의
원칙(principle of international law)에 따라 외국에서 진행되는 파산절
차나 청산절차를 승인하고 그에 대내적 효력을 부여하여야 하므로
(recognises and gives effect to the foreign bankruptcy or liquidation), iv)
결국 자산을 관리할 권한이 없는 개별채권자로서는 채무자를 상대
로 도산재단에 속한 재산에 대한 급부의 이행을 구할 수 없다고 판
시하였다.[32] 나아가 설령 그렇지 않다고 하더라도 프랑스 청산절차
가 진행되는 동안엔 영국소송을 중지하여야 한다고도 보충적으로
설시하였다.

3. 검토

영국항소법원의 다수의견이 확립한 Gibbs Rule은 결국 당사자들의
권리관계를 규율하는 법은 당사자들 사이에서 정하여야 하고 당사
자 일방에 관한 도산절차가 개시된 경우에도 같은 논리가 적용되어
야 하므로, 계약에서 영국법을 준거법으로 정한 이상 해당 법률관계
에 따른 채권·채무 관계를 조정하는 것 또한 영국법에 따라 이루어
져야만 한다는 것에 그 이론적 기초를 두고 있다.

즉, 외국도산절차에서 내려진 도산관련재판의 승인 및 집행 문제
를 채무자와 개별채권자 간의 '계약적 관점'에서 바라보면서 도산절

---

[32] 나아가 소수의견은 '원고들이 프랑스 청산절차에 채권신고를 함으로써 프
랑스 법원의 관할권에 복속함과 동시에 프랑스법의 적용을 받겠다는 것에
동의한 것'으로 판단하였다. 그 밖에 위 법관들이 제시한 소수의견 논거에
관한 상세는 Antony Gibbs 판결, 401-402면을 참조.

차에 따른 면책을 계약위반으로 간주하는 것이다. 그러나 이하에서 보는 것처럼, 이와 같은 계약적 접근은 집단적 채무처리절차의 성질을 가지는 도산절차의 운용에 부합하지 않는 것으로서 많은 비판을 받는다.[33]

오히려 소수의견이 외국도산절차를 원활하게 승인하고 지원하는 보편주의(principle of universalism)를 지향하는 현대의 국제도산 체계에 더욱 부합한 접근법으로 생각된다. 특히, 프랑스 청산절차에서 내려진 면책결정의 효력을 영국에서 인정할 수 있다고 직접 선언한 것이라기보다는, 프랑스에서 계속 중인 청산절차를 존중하고 해당 절차에서 당사자들 간의 권리·의무 관계가 정리될 수 있도록 배려한 것이어서, 국제도산에 관한 법리가 깊이 있게 연구되기 전인 시대였음에도 균형적인 해결책을 제시한 것으로 생각된다. 하지만 1890년에 수립된 위와 같은 Gibbs Rule은 100년이 넘는 동안 여전히 영국을 지배하여 오고 있다. 이하에서 위 법리를 적용한 최근 사례들을 살펴본다.

---

33) 가령 Lawrence Collins (eds.), *Dicey, Morris and Collins, The Conflict of Laws*, Sweet & Maxwell Ltd (15th Ed.), 2012, para. 31-097은 채무자가 자산은 모두 박탈당한 상태(관리인에게로 처분권한이 이전되었다는 취지)에서 채무(영국법이 준거법으로 지정된 채무)만 부담하는 상황이 발생할 수도 있어, 도산의 실무와 전혀 부합하지 않는 결과를 초래할 수 있다고 지적하고 있다. 한편, Ian F. Fletcher, *Insolvency in Private International Law*, Oxford University Press (2nd Ed., 2005), para. 2.127은 외국도산절차에서 내려진 면책결정(discharge)의 효력은 위와 같이 제한하면서, 정작 영국도산절차에서 내려진 면책결정에 대해서는 준거법에 관계없이 모든 채무에 대해 일괄·적용하므로, 비논리적이고 공정하지 않다고 지적한다. Gibbs Rule을 비판하는 비교적 최근 문헌으로는 Look Chan Ho, *Cross-Border Insolvency: Principles and Practice*, Sweet & Maxwell, 2016, para. 4-093 이하를 참조.

II. Gibbs Rule이 적용된 최근 영국사례

1. Bakrie Investindo 판결

가. 사실관계

이 사건은 인도네시아의 부유한 가문인 바크리에 집안(Bakrie family)이 투자금 유치를 위해 1996년에 네덜란드법인(Bakrie Indonesia B.V.)을 설립하여 만기 3년의 어음을 발행하고, 1991년에 미리 설립하여 둔 인도네시아법인(Bakrie Investindo, 피고)으로 하여금 위 어음발행을 보증토록 하였다가 발생하였다. 1998년에 예상치 못한 아시아의 경제위기가 닥치면서 네덜란드 법인이 만기에 위 어음금을 지급할 수 없게 되자, 피고는 보증인으로서 부담하는 채무를 감면받기 위해 ⅰ) 2001. 5. 23. 자카르타중앙상사법원에 잠정적으로 집행중지를 구하는 신청(provisional moratorium)을 하여 2001. 5. 31. 그 결정을 발령받고, ⅱ) 채권자들과의 협상을 거쳐 채무조정안(Debt Reorganization Composition Plan)을 수립하고 2002. 2. 20. 채권자들로부터 위 조정안에 관한 동의를 얻은 다음,[34] ⅲ) 2002. 3. 6. 법원으로부터 위 조정안에 대한 인가결정을 받는 방법으로 어음 소지인들에게 부담하는 채

---

[34] 영국법원은 위와 같이 인도네시아에서 수립된 채무조정안을 2006년 영국 회사법상의 SOA와 유사한 성질을 가지는 것으로 소개한다. 상세는 Bakrie Investind 판결, para. 25를 참조. 참고로 Debby Sulaiman, "Indonesia's Bankruptcy Law in Urgent Need of Reform", Hiswara Bunjamin & Tandjung Asia-Pacific Restructuring Review, November 2020에 의하면, 인도네시아의 2004년 파산법(Law No. 37 of 2004)은 도산절차를 파산절차(bankruptcy)와 지급정지절차(Penundaan kewajiban pembayaran utang, PKPU; 영어로는 "suspension of debt repayment"로 번역됨)로 구분하고 있다. 여기서 후자는 미연방파산법 제11장 절차에 유사한 것으로 이해되지만, ⅰ) 채무자에게 최대 270일까지만 지급정지의 효과를 부여하고, ⅱ) 미(未)신고채권도 실권되지 않고 채무조정안에서 정한 사항에 구속된다는 점 등에 차이가 있다.

무를 감면받았다.

[표 5] Bakrie Investindo 사건에서의 당사자 관계

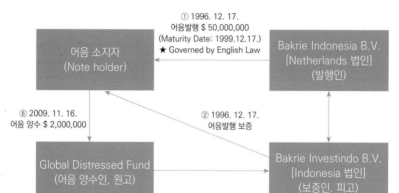

그런데 2009. 11. 16. 어음소지인으로부터 어음을 양수한 원고가 2009. 12. 14. 영국의 High Court에 피고를 상대로 어음 발행에 관한 보증책임을 구하는 소송을 제기한 것이다. 위 어음은 영국법(English Law)을 준거법으로 발행되었으므로 인도네시아에서 피고가 보증인으로서 부담하는 채무를 조정하였다고 하더라도 이는 영국 밖에서 이루어진 것으로서 Gibbs Rule에 따라 영국에서는 효력이 없다는 것이 주된 논거였다. 이를 정리하면 [표 5]와 같다.

나. 주요 판시사항

이 사건에서 피고는 커먼로도 종래부터 수정된 보편주의(modified universalism)의 입장을 취하고 있었으므로 그에 따르더라도 외국법원을 통해 수립된 채무조정안에 대해 영국에서 대내적 효력을 인정

하여야 한다고 주장하였다.35) 특히, Gibbs Rule에 대한 비판이 강하게 제기되고 있는 현시점에서 위 법리의 유지를 재고할 필요도 있으므로, 어느 모로 보나 인도네시아 법원에서 진행된 피고에 대한 채무감면을 영국에서도 인정하여야 하고, 이에 원고의 청구는 기각되어야 한다고 하였다.

그러나 담당 법관인 Mr. Justice Teare는 Gibbs Rule에 많은 문제가 있다는 비판과 지적이 있음을 인정하면서도 "위 법리를 확립한 영국 항소법원에서 직접 Gibbs Rule을 변경하지 않는 이상 하급심으로서는 그에 따른 결론을 내릴 수밖에 없다"고 하면서,36) 원고의 청구를 인용하였다.

흥미로운 것은 위 담당 법관은 만약 원고가 인도네시아에서 진행된 채무조정절차에 참여(participation)하였다면 영국에서 별도의 소송을 통해 동일한 채권을 주장하는 것이 형평법상의 Estoppel 법리에 따라 제한된다는 항변을 해 볼 수도 있었을 것이라고 설시하면서도, 본 사안에서는 피고가 이에 대한 주장·증명을 하고 있지 않으므로 그에 대해 판단할 수 없다고 설시하였다는 점이다.37) 다만, 위와 같은 법리가 반드시 항변사유로 기능할 수 있다는 점을 단언한 것은 아니고, 구체적으로 어떠한 행위가 '참여(participation)'에 해당하는지 별도로 판시한 것은 아니어서,38) 아직 확립된 법리라고 보기는 어렵지만, 후속 논의에 계속 관심을 가질 필요가 있다.

---

35) Cambridge Gas 판결 및 이하에서 살펴볼 HIH Casualty 판결에서의 판시사항을 원용하면서 위와 같은 주장을 하였다.
36) Bakrie Investindo 판결, para. 26.
37) Bakrie Investindo 판결, paras. 31-32.
38) Estoppel 법리와 평면을 달리하지만 "외국도산절차에의 참여(participation)"는 Rubin 판결에서 보는 것처럼 외국법원에서 진행된 소송절차에 참여한 당사자가 해당 외국법원의 관할권에 복속되는지(submission to the foreign court's jurisdiction)를 판단하는 기준으로도 기능한다.

참고로 위 담당 법관은 위와 같이 결국 Gibbs Rule에 따라 사안의 결론을 내기는 했지만, i) 인도네시아 법원을 통해 수립된 채무조정 안에 따른 효력을 영국에서도 인정해주어야 피고가 보증인으로서 부담하는 채무에 대한 감면이 이루어져 피고의 재건이 현실적으로 가능하고, ii) 그와 같이 처리하는 것이 하나의 단일한 재단에서 변제자원을 공정하게 배분토록 하는 이념(a single system of distribution) 에도 부합하며, iii) 만약, 피고가 채권자들과의 협상을 영국에서 진행했을 경우에도 어차피 영국회사법에 따른 SOA를 통해 유사한 내용의 채무조정안을 수립되었을 것으로 보일 뿐만 아니라, iv) 비록, 이 사건에서 발행된 어음의 준거법이 영국법으로 명시되어 있지만 채권자들로서는 피고에 대한 채무조정절차가 피고가 설립되어 주소지를 가지고 있는 인도네시아에서 진행될 것으로 예상할 수 있었을 것이라면서 Gibbs Rule에 따라 결론을 내리는 것에 문제가 있을 수 있음을 인정했다.[39] 이는 위 법관도 적어도 개인적으로는 Gibbs Rule 의 적용에 대해 문제의식을 가지고 있다는 사실을 여실히 보여주는 대목이라 할 것이어서 의미가 있다.

2. Gunel Bakshiyeva 판결

가. 사실관계

이 사건은 아제르바이잔 최대의 상업은행인 OJSC International Bank of Ajerbaijan(이하 'IBA'라 한다)이 재무구조 조정을 위해 아제르 바이잔의 너시미지방법원에서 회생절차(restructuring proceedings)를 진행하면서 발생하였다. 자금조달을 위해 발행한 어음과 금융기관 으로부터 대출받았던 원리금을 만기에 지급하거나 상환할 수 없게

---

39) Bakrie Investindo 판결, para. 25.

되자, IBA는 채무를 감면받기 위해 2017. 5. 5.부터 위 회생절차를 진행하여, 2017. 7. 18. 채권자들로부터 채무조정안에 대한 동의를 받고,40) 2017. 8. 17. 법원으로부터 인가결정을 받았다.

한편, 위 회생절차에서 외국도산절차 대표자(foreign representative)로 선임된 Gunel Bakhshiyeva는 아제르바이잔 회생절차가 개시된 지 얼마 지나지 않은 2017. 5. 24. 영국의 Business and Property Court에 CBIR 2006에 기한 외국도산절차의 승인을 신청하여, 2017. 6. 6. 위 법원으로부터 주도산절차로서의 승인결정을 받음과 동시에 위 아제르바이잔에서의 절차가 마무리될 때까지 영국에서 IBA 재산에 관한 개별적 집행을 중지한다는 내용의 구제조치(relief) 등을 함께 발령받았다.41)

---

40) Gunel Bakshiyeva 판결, para. 20에 의하면, 채권자의 수(votes by number)를 기준으로 하면 99.7%, 채권액(votes by value)을 기준으로 한다면 93.9%를 넘는 높은 비율로 가결되었다.

41) IBA의 COMI는 아제르바이잔이었기 때문에 너시미지방법원에서 진행된 회생절차는 주도산절차로 인정되었고, 이에 따라 CBIR 2006의 Schedule 1, 제20조가 적용되어 위와 같은 개별적 집행중지의 구제조치가 내려졌다. 참고로 위 제20조는 (CBI 모델법 제20조와 마찬가지로) 주도산절차의 성격을 가지고 있는 외국도산절차에 대해서는 반드시 개별적 집행중지를 발령하도록 하되(제1항), 그와 같은 집행중지의 구체적 내용은 1986년 영국도산법, Bankruptcy Act 1985와 같은 영국의 국내 도산관련법령에 따른다고 규정하고 있다(제2항). 흥미로운 것은 법인채무자에 대해서는 "청산절차(winding-up)"에 부여하는 1986년 영국도산법상의 구제조치를 발령하도록 하고 있음에도(제2항), 실무에서는 승인대상인 외국도산절차가 재건절차의 성질을 가지는 경우에는 (구제조치의 내용을 법원이 임의로 변경할 수 있도록 한 제6항을 근거로) Administration 절차에 부여하는 1986년 영국도산법의 Schedule B1, para. 43상의 Moratorium을 발령하고 있다는 점이다. 결국, 집행중지의 기간이 영구적인지 제한적인지가 양자의 가장 큰 차이일 것으로 생각되는데, 이에 대한 상세는 Gunel Bakshiyeva, para. 6을 참조. 참고로 위에서 언급된 CBIR 2006의 Schedule 1, 제20조 중 관련 조항 원문은 아래와 같다(밑줄과 강조는 필자가 임의로 표시).

Article 20. Effects of recognition of a foreign main proceeding

그런데 위 회생절차가 2018. 1. 30. 종료될 예정에 있어 개별적 집행 중지의 효력도 그 무렵부터 실효될 상황에 이르자, 위 외국도산절차의 대표자는 2017. 11. 15. 영국법원에 개별적 집행중지의 기한을 영구적 으로 연장하여 달라는 신청(Moratorium Continuation Application)을 하 였다. 이는 아제르바이잔 투표절차에 참여하지 않은 적대적 채권자 Sberbank of Russia와 Franklin Templeton funds(이하 '이 사건 영국채 권자들'이라 한다)가 IBA 보유의 영국자산에 개별적으로 집행할 것 을 우려하였기 때문이었다.[42] 비록 아제르바이잔 법에 따라 회생절

---

1. Upon **recognition** of a foreign proceeding that is **a foreign main proceeding**, subject to paragraph 2 of this article—
  (a) commencement or continuation of individual actions or individual proceedings concerning the debtor's assets, rights, obligations or liabilities is stayed;
  (b) execution against the debtor's assets is stayed; and
  © the right to transfer, encumber or otherwise dispose of any assets of the debtor is suspended.
2. The stay and suspension referred to in paragraph 1 of this article shall be—
  (a) the same in scope and effect as if the debtor, in the case of an **individual**, had been adjudged bankrupt under the Insolvency Act 1986 or had his estate sequestrated under the Bankruptcy (Scotland) Act 1985, or, in the case of a debtor **other than an individual**, had been made the subject of a winding-up order under the Insolvency Act 1986; and
  (b) subject to the same powers of the court and the same prohibitions, limitations, exceptions and conditions as would apply under the law of Great Britain in such a case, and the provisions of paragraph 1 of this article shall be interpreted accordingly.
6. In addition to and without prejudice to any powers of the court under or by virtue of paragraph 2 of this article, the court may, on the application of the foreign representative or a person affected by the stay and suspension referred to in paragraph 1 of this article, or of its own motion, **modify or terminate** such stay and suspension or any part of it, either altogether or for a limited time, on such terms and conditions as the court thinks fit.

[42] Moratorium Continuation Application의 내용은 구체적으로 ⅰ) CBIR 2006 Schedule 1의 제20조, 제21[a] 등에 따라 집행중지(indefinite stay)의 효력이 영구적으로 지속되도록 하고, ⅱ) 이해관계인의 신청에 의해서만 법원이

차에서 투표에 참가하지 않거나 반대표를 던진 채권자들도 인가결정에 구속을 받지만, 이 사건 영국채권자들이 채무자와의 사이에 체결한 대출계약 및 어음발행계약은 모두 영국법(English Law)을 그 준거법으로 지정하고 있었으므로, Gibbs Rule에 따라 그 채무조정의 효력이 영국에서 승인되지 않을 것으로 예상되었고, 이를 기화로 위 채권자들이 영국에서 개별집행에 착수하는 것을 선제적으로 예방하고자 했던 것이다.

나. 주요 판시사항

이 사건에서 Gunel Bakhshiyeva는 Gibbs Rule에 따라 이 사건 영국채권자들이 보유한 채권에 관한 채무감면 효력을 영국에서 인정받기는 어렵다는 것을 인지하고, 이를 우회하여 절차적인 외관을 가지는 구제조치를 구한 것이었다. 그런데 제1심 담당 법관 Justice Hildyard는 이와 같은 점을 정확히 지적하면서 "신청인이 구하는 사항은 절차적(procedural)인 성질을 넘어서 위 채권자들이 영국에서 가지는 실체적(substantive)인 권리를 영구히 금지하도록 하는 것"이라 판단하여 Gibbs Rule을 적용하였고,43) 영국항소법원도 같은 입장을 취하였다.

특히, 영국항소법원은 ⅰ) 이 사건 영국채권자들에 대한 채무를 감면받기 위해서는 영국에서 별도의 병행절차(parallel proceeding)를 진행했어야 함에도 IBA는 사실은 위 채권자들로부터 동의를 얻을 수 있는 채무조정안을 수립할 자신이 없어서 영국에서 도산절차를 개

재량으로 집행중지를 해제할 수 있도록 하되 ⅲ) 다만, Sberbank of Russia와 Franklin Templeton funds를 위한 개별적 집행중지의 해제는 불가능하다는 점을 명시한 구제조치를 발령하여 달라는 것이었다. 상세는 이 사건 제1심 판결인 *Gunel Bakhshiyeva v. Sberbank of Russia* [2018] EWHC 59(Ch)[이하 'Gunel Bakhshiyeva(1심판결)'이라 한다], para. 19를 참조.

43) Gunel Bakhshiyeva(1심판결)(주 42), para. 142.

시하지 않은 것으로 보이는 점,[44] ii) CBIR 2006 Schedule 1, 제21조의 모체가 된 CBI 모델법 제21조는 절차적인 성질(procedural in nature)을 가지고 있는 조항으로 채무자에게 잠시 숨 쉴 여유를 주는 것(temporary breathing space) 정도만을 목적으로 하고 있는 점,[45] iii) 무엇보다도 외국도산절차가 종결된 이후에는 지원할 대상인 절차 자체가 없는 것이므로 기존에 발령되었던 구제조치는 모두 종료되어야 하고, 그 이후까지 관련 구제조치를 발령하는 것은 절차적인 지원을 할 목적으로 성안된 CBI 모델법의 범위를 넘어서는 것인 점[46] 등을 추가 논거로 제시하면서, 외국도산절차 대표자의 신청을 기각한 원심을 그대로 유지하였다.

Gunel Bakshiyeva 사건은 Gibbs Rule을 확립한 것으로 여겨지는 영국 항소법원이 직접 스스로 위 법칙이 여전히 건재하고 유효함을 선언한 것이어서,[47] 하급심인 High Court가 내린 앞서 본 Bakrie Investindo 사건보다 훨씬 많은 주목을 받았다.

III. 미연방파산법원이 바라본 Gibbs Rule

1. Agrokor D.D. 사안에서의 판시

앞서 본 것처럼 뉴욕남부파산법원은 Agrokor D.D. 사건에서, 크로

---

[44] Gunel Bakhshiyeva 판결, para. 88.
[45] Gunel Bakhshiyeva 판결, para. 89.
[46] Gunel Bakhshiyeva 판결, para. 97.
[47] IBA는 영국항소법원의 결정에 대해 상고하였으나, 영국대법원은 2019. 6.경 위 사건에 대한 상고심을 진행하지 않겠다고 결정함으로써(refused to hear an appeal by IBA), 영국항소법원의 결정을 그대로 유지하였다. 즉, Gibbs Rule은 그대로 유효한 것으로 확인된 셈이다.

아티아의 특별관리절차에서 수립된 화해계약과 인가결정을 승인·집행하는 내용의 구제조치를 발령하는 과정에서 영국의 Gibbs Rule에 관하여 검토한 적이 있다. 영국법을 준거법으로 하는 채무조정이 포함된 화해계약을 국제예양의 원칙에 따라 승인한다면, 크로아티아에 대한 예양 제공은 되겠으나 영국에 대하여는 예양 제공을 거부하는 것처럼 비칠 수 있다는 점에서 신중히 접근한 것이다.

가. 계약적 관점에 대한 비판

먼저 뉴욕남부파산법원은 Gibbs Rule이 외국도산절차의 승인을 채무자와 개별채권자 간의 '계약적 관점'에서 바라보면서 도산절차에 따른 면책을 계약위반으로 간주하는 관념에서 비롯된 법리라는 점에 주목한다.

하지만 위 법원은 도산절차에서 그와 같은 계약법적 접근을 하는 것은 도산법의 이념과 구조에 비추어 적절치 않다고 비판하면서, 그 논거로 ① 도산절차라는 것은 기본적으로 개별채권자와 채무자 간의 계약관계를 규율하는 것이 아니라 한정된 자원을 가지고 채권자들에게 적절하게 배분하는 집단적 채권처리절차(collective proceedings)의 성질을 가지고 있는 점, ② 당사자 간에 모든 상황에서 항상 계약에서 지정된 준거법을 적용하기로 전제된 것이라고 볼 수는 없고, 무엇보다 면책이라는 것은 당사자 간에 그렇게 채무를 면하기로 합의하였기 때문이 아니라 정책적인 측면에서 이루어지는 것인 점,[48]

---

48) Kannan Ramesh, "The Gibbs Principle: A Tether on the Feet of Good Forum Shopping", 29 Singapore Academy of Law Journal 2017, 49면에서 설시된 논거를 원용한 것이다. 참고로 위 논문의 저자 Kannan Ramesh는 영국과 법계를 같이하는 싱가포르의 법관임에도 도산절차는 (개별채권자가 보유한 채권의 내용을 확정하는 것뿐만 아니라) 다른 채권자들을 보호하는 기능도 수행해야 하므로 계약상 권리에 우선하는 정책에 기초하여야 한다(policy is given primacy over contractual rights)는 등의 논거로 Gibbs Rule을 비판하

③ 계약적 관점에서만 접근하는 것은 전통적으로 영국법에서 파산절차를 대물적 성격을 가지는 절차(in rem proceedings)로 분류하여 온 체계를 위반하는 것일 뿐만 아니라,[49] 결과적으로 채권자들이 저마다 준거법을 법정지법으로 삼는 국가의 도산절차를 통해서만 채권의 내용을 변경할 수 있도록 하는 것이어서 현실적으로 가능하지 않은 점, ④ 소수채권자들의 반대에도 불구하고 다수채권자들이 채무조정안을 가결함으로써 강제인가를 하거나 채권의 내용을 변경할 수 있는 것에 비추어 보더라도 면책은 계약적 이슈가 아니라 도산법에 특유한 이슈인 점,[50] ⑤ 계약상대방의 주소나 사업소재지 등의 관할법원에서 도산절차가 개시되어 채무감면이 이루어질 수도 있겠다는 것은 당사자들도 계약체결과정에서부터 어느 정도 인식할 것이라는 점[51] 등을 설시하고 있는데, 도산 실무에 비추어 설득력이 있어 보인다.

고 있다. 서울회생법원이 2018년에 싱가포르대법원과 국제도산 사건에 관한 양해각서(Memorandum of Understanding between the Supreme Court of Singapore and the Seoul Bankruptcy Court)를 체결 시 싱가포르 쪽 도산담당 법관 중 1인으로서 필자가 많은 도움을 받았다.

[49] Look Chan Ho(주 33), paras. 4-103에 설시된 논거를 원용한 것인데, 위 문헌은 포르투갈에서 내려진 파산선고결정의 승인을 다룬 영국의 *Swycher v Vakil* [2004] EWCA Civ 444 사안에서 파산선고 결정을 "a judgment in rem – being a judgment which affects the status of the bankrupt in relation to his assets"라고 설시한 부분을 근거로 삼고 있다. 그러나 이하에서 보는 것처럼 영국대법원은 Rubin 판결에서 도산절차가 대인적 성격을 가지는 절차(in personam proceedings)나 대물적 성격을 가지는 절차(in rem proceedings) 중 그 어느 것에도 해당되지 않는다고 판시하기도 했다. 이와 달리 미연방대법원이 *Tennessee Student Assistance Corp. v. Hood*, 541 U.S. 440, 447, 124 S.Ct. 1905, 158 L.Ed.2d 764 (2004) 사건에서 도산절차를 대물적 성격을 가지는 절차(in rem proceedings)라고 보았다는 점은 앞에서 본 바와 같다.

[50] Kannan Ramesh(주 48), 49면.

[51] 싱가포르법원에서 처리한 Pacific Andes 판결에서 담당 법관인 Kannan Ramesh가 제시한 논거를 원용한 것이다.

나. 도산절차의 목적 및 취지에 근거한 비판

나아가 뉴욕남부파산법원은 Gibbs Rule에 따라 영국법이 적용되는 채권의 보유자에게 결과적으로 더 많은 변제가 이루어져 상대적으로 뉴욕주법이 적용되는 채권의 보유자에 대한 변제율이 낮아진다면 채권자들 간의 형평 원칙에도 위반되는 점도 지적하였다. 또한, 영국 학계에서도 Gibbs Rule은 역사 속으로 사라져야 할 앵글로 중심적인 법리(Anglo-centric reasoning)라고 비판받고 있고,52) 영국 외에서 채무가 조정되는 것에는 극도로 소극적인 태도를 보이면서도 정작 영국에서 개시된 도산절차를 통해 채무조정이 이루어진 때에는 해당 채무에 적용되는 준거법이 어떠한 것이든지 관계없이 채무감면이 일괄적으로 대외적 효력이 있음을 선언하는 등 굉장히 모순적으로 실무를 운영하는 점 등도 언급하였는데, 이 또한 매우 적절한 지적으로 보인다.

다. 승인기준으로서의 Gibbs Rule 적용배제

뉴욕남부파산법원은 Agrokor D.D. 사건에서 앞서 본 바와 같은 이유로 Gibbs Rule이 도산절차에 부합하지 않는 법리라고 비판하면서도 종국적으로 Gibbs Rule을 고수할지는 영국법원의 뜻에 달렸다는 점을 인정하였다. 그러나 설령 Gibbs Rule이 계속 유지되더라도 그와 같은 사정이 뉴욕남부파산법원으로 하여금 미국과 영국 이외의 제3의 국가에서 진행된 도산절차에서 수립된 채무조정안을 승인·집행함에 있어 Gibbs Rule까지 고려해서 결정해야 한다는 것을 의미하는 것은 아니라면서, 결국 크로아티아의 특별관리절차에서 수립된 화해계약과 인가결정에 대하여 대내적 효력을 부여하였다.

다만, 설령 뉴욕남부파산법원이 이를 승인·집행한다고 하더라도 이는 미국 내에서 대내적 효력을 부여하는 효과를 가지는 것에 그치

---

52) Ian F. Fletcher(주 33), para. 2.129.

므로, 향후 영국법원이 위 화해계약과 인가결정에 대해서 내릴 결정에 그 어떤 영향도 미치지 않는 것이라고 하였다. 영국법원을 여전히 존중하고 있는 모습을 보여주려는 노력으로 생각된다.

2. Altos Hornos 판결에서의 판시

나아가 제2연방항소법원은 Altos Hornos 판결에서 계약당사자 일방에 관한 외국도산절차가 개시된 경우에는 (설령 당사자 간에 미국법을 준거법으로 삼고 미국을 분쟁 해결의 법정지로 합의한 때에도) 당사자 간의 법률관계의 내용이 그 외국도산절차에서 판단되도록 존중하고 판단을 보류하는 태도를 취하기도 하였다.

위 사건에서 당사자인 원고은행과 피고 채무자법인은 대출 계약을 체결하면서 "뉴욕주법(New York State Law)"을 준거법으로 삼고, 심지어 "뉴욕주(New York State)"를 당사자 간에 발생하는 분쟁을 해결할 법정지로 합의하였다. 그런데도 제2연방항소법원은 '위 은행에 개설된 채무자 명의 계좌에 입금된 돈이 누구에게 귀속되는지'는 도산재단의 범위에 관한 이슈이므로, 미국법원이 아니라 현재 채무자에 관한 도산절차를 진행하고 있는 멕시코의 법원이 판단하는 것이 바람직하다면서 귀속주체에 관한 확인을 구하는 원고의 청구를 기각한 것이다.

물론 위 사건은 현재와 같이 제15장 절차가 확립되기 전에 미연방파산법 제304조에 따라 외국도산절차에 대한 지원이 이루어지던 시기에 다루어진 사례이다. 그러나 개별채권자와 채무자 사이에 체결된 계약에 따라 지정된 준거법은 집단적 채무처리절차로서의 도산절차가 가지는 성질을 저해하지 않는 한도에서만 효력을 가지는 것이라는 입장에서, 외국도산절차에서의 실체적 판단을 존중한 위와 같은 판시는 현재의 제15장 체제에서도 충분히 적용될 수 있다고 생각된다.

이 사건은 직접적으로 Gibbs Rule을 명시하면서 이를 정면으로 비

판한 것은 아니다. 다만, 도산절차가 개시된 채무자와 계약상대방 간
의 법률관계를 판단함에 있어, 자국법이 준거법으로 지정되어 있고
나아가 법정지로까지 합의된 상황에서도, 도산절차의 목적과 취지
를 고려하여 외국도산절차를 담당하고 있는 외국법원이 해당 쟁점
에 관하여 판단할 수 있도록 배려하고 존중하였다는 점을 주목할 수
있다. 미국법원이 국제도산에 있어서 속지주의의 성향을 보이는 영
국법원의 태도와 반대되는 입장을 취하고 있음을 확인시켜준 사례
라고 평가할 수 있을 것이다.

IV. 검토

1. Gibbs Rule에 반대하는 국제적 흐름

앞서 본 바와 같이 Gibbs Rule은 오랫동안 학계에서 많은 비판을
받아 왔고, 후술하는 것처럼 영국과 함께 영연방(Commonwealth)에
속한 국가인 호주와 싱가포르에서도 배척된 바 있다. 호주의 WA 주
법원은 Bulong Nickel 사건에서 뉴욕주법(New York State Law)이 적용
되는 채무에 대해서도 호주법원이 이를 면제할 수 있는 권한이 있다
는 전제하에 Gibbs Rule을 간접적으로 반대하였고, 싱가포르법원은
한 걸음 더 나아가 Pacific Andes 사건에서 명시적으로 "홍콩법 및 영
국법이 준거법으로 지정된 채무의 조정을 다루는 사건에 대해서도
싱가포르법원이 관할권을 행사할 수 있다"고 판시하여 직접 Gibbs
Rule을 배척하였다.53)

또한, UNCITRAL에서 IRJ 모델법 탄생의 모체가 된 Rubin 판결도
실질적으로는 Gibbs Rule을 기초로 하고 있다는 점에서,54) Gibbs Rule

---

53) Pacific Andes 판결, para. 50.

이 현재 국제도산 체계가 표방하는 보편주의의 흐름과 맞지 않는다는 공감대는 분명히 있어 보인다.

2. Gibbs Rule의 문제점

가. 도산절차와 법리상 충돌

먼저, 도산절차에서의 채무의 감경이나 면책은 당사자 사이의 합의가 아니라 정책적으로 도입된 법률에 따른 것이므로 계약적 관점에서의 접근이 타당하지 않다. 가령, 미연방파산법은 제11장 절차에서 채권액 3분의 2 이상과 채권자 수 과반의 동의만 있으면 해당 조(組, class)에서 채무조정안이 가결된 것으로 보고,[55] 영국의 Companies Act도 SOA에서 집회에 참석한 채권자들이 보유한 채권액의 4분의 3 이상과 채권자 수 과반의 동의만 있으면 이와 동일하게 취급한다.[56] 결국, 각 절차에서 약 3분의 1이나 4분의 1에 해당하는 채권을 보유한 소수채권자들은 그 의사에 반하여 채무조정안에 강제로 구속되게 된다. 회생채권자의 의결권 총액의 3분의 2 이상과 회생담보권자의 의결권 총액의 4분의 3 이상을 요하는 우리나라의 채무자회생법에서도 마찬가지다.[57] 즉, 강제인가(cram-down)에 대해서까지 더 나아가 살펴볼 필요도 없이 도산절차에서는 시스템상 당사자의 의사에 반하여 권리관계가 변경될 수 있다는 것이 전제되어 있으므로, 기본적으로

---

54) 앞에서 본 것처럼 Guide to Enactment, para. 2에서는 Rubin 판결을 우리나라의 대법원 2009마1600 결정과 함께 IRJ 모델법의 성안을 국제도산 체계의 불안정성을 촉발시킨 사례로 명시하고 있다.

55) 미연방파산법 제1126(c).

56) 2006년 영국회사법, s. 899(1).

57) 채무자회생법 제237조. 다만, 소액영업소득자에 대한 간이회생절차에서는 회생채권자 조에 대하여 법 제293조의8 제2호에서 특칙을 두고 있음은 앞서 본 바와 같다.

당사자 간의 의사 합치를 전제로 채무의 존부 및 그 범위를 변경하는 계약법상 원칙이 엄격하게 적용되는 영역이라고 보기 어렵다.

무엇보다도 계약상대방에 대한 도산절차가 개시되는 경우, 실질적 분쟁은 도산절차가 개시된 그 상대방(채무자)과의 사이에서만이 아니라, 그 상대방(채무자)의 또 다른 채권자들과의 사이에서 집단적·포괄적으로 이루어지는 것이라는 점에 주목해야 한다.58) 계약상대방(채무자)와 개별적으로 합의한 준거법은 그들 사이의 내부적인 법률관계에서만 적용되는 것이다. 따라서 1:1의 개별적 소송이 아닌 1:다수채권자의 법률관계의 기본으로 하는 도산절차에 계약 고유의 법리를 그대로 적용하는 것은 적절하지 않은 측면이 있다.

나. 실무상 적용의 어려움

Gibbs Rule은 외국도산절차의 승인과 그에 따른 지원의 효력을 반감시키고 병행절차를 조장한다. 보편주의(principle of universalism)의 이념에 따라 효율적이고 효과적으로 자원배분을 하려는 국제도산의 이념에 부합하지 않는 측면이 있는 것이다. 이에 따르면 외국절차에서 이루어진 채무의 감면은 해당 절차가 진행된 국가의 법이 적용되는 채무에 대해서만 효력이 있다는 것이어서, 결국 다양한 국적을 가진 채권자들과 저마다 다양한 국가나 주(州)의 법을 준거법으로 삼아 계약을 체결한 채권자로서는, 그 준거법이 적용되는 국가나 주(州)의 법원을 찾아 별도의 독립적인 도산절차를 진행할 수밖에 없다는 결론에 이른다.

이는 단일도산주의(單一倒産主義)까지는 아니더라도 적어도 국제도산이 표방하는 수정된 보편주의에도 부합하지 않는 방향이다.59)

---

58) Look Chan Ho(주 33), paras. 4-097~4-099도 같은 취지로 Gibbs Rule을 비판한다.

59) 단일도산주의는 (보편주의/속지주의의 구분과 약간 평면을 달리하여) 동일

ⅰ) 가능한 하나의 도산절차에서 채무자의 재건을 일괄적으로 관리·진행하고 다른 국가에서는 위 도산절차의 효력을 승인하고 지원하도록 하고, ⅱ) 불가피한 경우에만 여러 국가에서 병행도산절차가 진행될 수 있도록 허용하되 가능한 법원 간 공조를 통해 일관되고 통일적으로 절차가 진행되도록 하며, ⅲ) 그러한 경우에도 종절차(non-main proceeding)에 대해서는 제한적인 구제조치의 발령만을 허용하거나 속지적 효력(屬地的 效力)만을 부여하는 CBI 모델법 내지 EU도산규정의 흐름에 정합한다고 볼 수 없다.[60]

가령, 영국에 COMI가 있지 않은 채무자로서도 영국법(English Law)이 적용되는 채무를 감면받기 위해 영국에서 도산절차를 진행해야만 한다. 그런데 이러한 지역주의(territorialism)에 따른 병행절차를 위한 비용은 도산재단에서 지출될 것이어서 결과적으로 그 피해는

한 채무자에 대하여 전 세계적으로 단 하나의 도산절차만을 인정하는 것이 바람직하다는 주의를 말하는데, 상세는 김영석, "국제도산에서 주된 이익의 중심지(COMI)를 둘러싼 제문제", 서울대학교 법학석사 학위논문, 2012, 2면을 참조.

60) 주지하다시피 CBI 모델법은 주절차에 대해서는 제20조에 따라 반드시 집행중지 등의 구제조치를 발령하게 되어 있는 반면에 "종절차(non-main proceeding)"에 대해서는 제21조에서 법원이 재량에 따라 선택적으로 구제조치를 발령할 수 있도록 하고 있다. EU도산규정은 한 걸음 더 나아가 주절차에 대해서는 제19조에 따라 EU의 권역 내에서는 자동적으로 도산절차가 개시된 효력을 누릴 수 있도록 하고 있는 반면에 "속지적 도산절차(territorial insolvency proceedings: 종절차에 상응하는 절차로서 채무자의 영업소가 소재한 국가에서 개시되는 도산절차)"에 대해서는 제34조에서 도산절차가 개시된 국가에서만 그 효력이 발생하는 것으로 규정하고 있다. 참고로 속지적 도산절차 개시 이후 주도산절차가 개시되는 때에는 기존의 속지적 도산절차는 이차적 도산절차(secondary insolvency proceedings)라는 이름으로 불리게 되는데, 상세는 김영석, "유럽의회와 유럽연합이사회의 2015년 5월 20일 도산절차에 관한 2015/848(EU) 규정(재구성)에 관한 검토 - 전문(Recital)에 관한 시역(試譯)을 중심으로", 국제사법연구 제21권 제2호, 한국국제사법학회, 2015, 304면 각주 53을 참조.

고스란히 채권자들과 다른 이해관계인들에게 전가될 것이다. 그리고 이러한 채무조정의 지연으로 도산절차에서 수립된 채무조정계획의 수행가능성은 점점 떨어질 것이다. 효율적이고 효과적인 도산절차의 진행을 통해 채무자의 재건을 꾀하려는 도산절차의 목적은 달성되기 어려워지는 것이다.

3. COMI를 활용한 절충안 모색

그러나 이와 같은 비판에도 불구하고, 영국이 이하에서 살펴볼 IRJ 모델법을 채택하여 국내법으로 받아들이거나 Gibbs Rule을 명시적으로 폐기하지 않는 이상 현재와 같은 실무는 그대로 유지될 것이다. 따라서 당장 영국에서까지 채무조정의 효력을 누릴 수 있는 안정적인 국제도산 실무를 기대하기는 어렵다. 이러한 점에서 "COMI를 활용하여 Gibbs Rule이 주된 논거로 삼고 있는 계약법적 기초를 해하지 않으면서도 영국 이외의 곳에서 영국법이 적용되는 채무를 조정할 수 있는 기반을 마련하자"는 제안은 흥미롭다.[61]

당사자 간에 계약을 체결할 때 계약당사자 중 일방의 본거지 또는 COMI 소재지국에서 해당 국가의 법을 적용하여 수립된 채무조정안에 대해서는 당사자가 그에 따른 채무감면을 모두 수용하기로 한다는 취지의 조항을 넣자는 것인데, i) 도산법정지국의 관할권 및 준거법의 적용에 당사자들이 합의한 것이어서 계약법적으로 문제가 없고, ii) 상대방의 COMI가 소재하는 곳에서 개시되는 도산절차는 CBI 모델법에 따르더라도 주도산절차로서 권장되고, 당사자들도 이를 예견할 수 있어서 법적안정성의 측면에서도 합리적으로 보이며,

---

[61] Varoon Sachdev, "Choice of Law in Insolvency Proceedings: How English Court's continued reliance on the Gibbs Principle threatens Universalism", American Bankruptcy Law Journal, Spring 2019, 373면.

iii) 일부채권자들이 채무자와의 협상 과정에서 우위를 점할 목적으로, COMI가 없는 국가에 종절차(non-main proceedings)를 무분별하게 신청하는 것을 막을 수 있어 보이는 점[62] 등에서 굉장히 합리적이고 설득력 있는 제안으로 생각된다.

물론, Gibbs Rule로부터 강력한 보호를 받을 수 있는 채권자들로 하여금 스스로 그러한 유리한 지위를 포기하고 계약체결 당시 위와 같은 조항을 두도록 하는 것이 쉽지는 않아 보인다. 그러나 Gibbs Rule에 따라 점점 금융거래가 위축되고 있는 상황에서 영국의 금융기관들도 경쟁력 확보를 위한 활로를 모색하고 있다.[63] 따라서 적절한 반대급부만 제공된다면 위와 같은 COMI 조항이 안정적인 계약실무의 한 축으로 안착할 가능성은 충분하다.

제4절 Dicey Rule과 관련하여

I. Dicey Rule 개관

1. Rule 43의 기본내용

Dicey Rule은 A. V. Dicey라는 영국의 저명한 법학자가 커먼로에 따라 확립된 국제사법(Conflict of Laws)을 순번을 붙여 정리한 국제사법상 규칙을 의미하는데,[64] 이하에서 살펴볼 Rubin 판결 등에서 문제

---

62) 무분별한 병행도산절차의 경합으로 인한 문제점에 관한 상세는 Richard Kebrdle/Laura Femino, "A Solution for Competing Foreign Insolvency Proceedings", Law360, Sept. 2016을 참조.

63) Varoon Sachdev(주 61), 374면.

64) 헌법학자로도 저명했던 A. V. Dicey가 1896년에 처음으로 이를 정리하여 책

된 것은 Rule 43(종래의 Rule 36)이다.

Rule 43은 영국 밖에서 내려진 대인재판(judgment in personam)이
영국에서 승인·집행되기 위해 충족해야 하는 요건 중 하나인 '간접
관할권'에 규정하고 있는데,[65] ① 승인·집행의 대상이 되는 외국재판
의 당사자가 소송이 제기될 당시 실제로 그 외국에 현존(present)하였
던 경우, ② 그 당사자가 원고나 반소원고인 경우, ③ 그 당사자가 자
발적으로 외국절차에 출석함으로써(voluntarily appearing) 해당 법원
의 관할권에 복속한 경우(submitted to the jurisdiction), ④ 당해 소송
이 제기되기 전부터 특정 소송물(subject matter)에 대해서는 해당 관
할권에 복속하기로 이미 합의하였던 경우에는 해당 외국법원이 적
법한 간접관할권을 가진 것으로 본다. 그 원문은 아래와 같다(밑줄과
강조는 필자가 임의로 표시).

Rule 36 –Subject to Rules 37 to 39, a court of a foreign country outside the United
Kingdom has **jurisdiction** to give **a judgment in personam** capable of enforcement or
recognition as against the person against whom it was given in the following cases:
First Case—If the person against whom the judgment was given was, at the time the
proceedings were instituted, **present in the foreign country**.
Second Case—If the person against whom the judgment was given was **claimant, or
counterclaimed, in the proceedings in the foreign court**.
Third Case—If the person against whom the judgment was given **submitted to the
jurisdiction** of that court by **voluntarily appearing** in the proceedings.
Fourth Case—If the person against whom the judgment was given **had before** the
commencement of the proceedings **agreed**, in respect of the **subject matter** of the

---

으로 출간한 이후 John H. C. Morris, Lord Collins of Mapesbury가 그 뒤를
이어 지속적으로 수정하여 왔고, 현재는 Lawrence Collins가 대표편집자로
서 다른 실무가들과 함께 그 개정작업을 담당하고 있는데, 가장 최신본은
Lawrence Collins (eds.)(주 33)이므로, 이하에서는 이를 기준으로 소개한다.

[65] 우리나라의 민사소송법 제217조 제1항 제1호에서도 승인대상이 되는 외국
재판의 경우 적법한 간접관할권을 가진 국가의 법원에서 내려질 것을 요
구하고 있다.

> proceedings, <u>to **submit to the jurisdiction** of that court or of the courts of that country</u>

2. 자발적 출석(voluntarily appearing)의 의미

후술하는 Rubin 사건 및 New Cap 사건에서는 부인소송의 상대방들이 해당 재판이 내려진 국가인 미국과 호주에 당시 현존(present)하지 않았고(First Case 적용 X),[66] 위 당사자들은 부인소송의 피고였을 뿐 반소를 제기하지도 않았으며(Second Case 적용 X), 달리 당사자들 간에 위 부인소송의 소송물에 대하여 미국과 호주법원의 관할권에 복속하기로 사전에 합의하였다고 볼만한 사정이 없었다(Fourth Case 적용 X). 즉, 소송상대방들이 미국과 호주의 소송절차에 자발적으로 출석(voluntarily appearing)하였는지 여부(Third Case)만이 쟁점이 되었다.

참고로 소송이 계속 중인 외국법원에 관할권이 없음을 다투기 위해서 출석한 때에도 그 법원의 관할권에 복속한 것으로 볼 수 있는지도 전통적으로 많이 논의되었는데, ① 1933년 외국재판(상호집행)법에서는 그와 같은 사정만으로는 당사자가 그 법원의 관할권에 복속하였다고 볼 수 없다고 명시적으로 규정을 두고 있고,[67] ② 커먼로

---

66) 소송이 진행되는 국가에 현존(present)하는 경우에는 그 국가의 주권에 잠시라도 따르기로 한 것(temporary allegiance)이라고 보아 관할권행사의 근거로 삼는 것인데, ① 짧은 기간 동안에 우연한 사정으로 그 국가에 있었던 경우도 그러한지, ② 특히 청구원인이 그 국가의 바깥에서 발생한 것에 따른 것일 때에는 더욱 그러한지 등을 다룬 많은 사례들이 있다. 상세는 Lawrence Collins (eds.)(주 33), paras. 14-060 내지 14-067을 참조.

67) 1933년 외국재판(상호집행)법 4(2)(a)(i)의 원문은 아래와 같다(밑줄과 강조는 필자가 임의로 표시).

> 4. Cases in which registered judgments must, or may, be set aside
> (2) For the purposes of this section **the courts of the country of the original court shall**, subject to the provisions of subsection (3) of this section, **be deemed to**

에서는 하급심들이 오랫동안 엇갈려왔으나 1982년 민사관할재판법 제33조[68])에서 관할권에 복속하지 않는 것으로 규정하여 그 논쟁은 일단락되었다.

　Rubin 및 New Cap 판결에서는 〈부인소송〉에서 단 한 번도 출석하지 않았지만 〈그 기초가 되는 도산절차〉에는 의견서를 제출하는 등으로 절차에 참여한 당사자가 부인소송에서도 출석하여 참여한 것으로 볼 수 있을지가 문제되었다. 결국 이는 사실인정에 바탕을 둔 법리포섭의 문제이므로 영국의 법원에 많은 재량이 부여된 영역이라고 생각된다.

> have had jurisdiction—
> (a) in the case of a judgment given in **an action in personam**—
> (i) if the judgment debtor, being a defendant in the original court, **submitted to the jurisdiction of that court by voluntarily appearing** in the proceedings **otherwise than** for the purpose of protecting, or obtaining the release of, property seized, or threatened with seizure, in the proceedings or of **contesting the jurisdiction of that court**; or

[68]) 앞서 본 것처럼 1982년 민사관할재판법은 브뤼셀협약, 루가노협약, 브뤼셀 규정의 모순·저촉 방지를 위해 입법된 영국의 국내법인데, 그 제33조 원문은 아래와 같다(밑줄과 강조는 필자가 임의로 표시).

> **33 Certain steps not to amount to submission to jurisdiction of overseas court.**
> (1) For the purposes of determining whether a judgment given by a court of an overseas country should be recognised or enforced in England and Wales or Northern Ireland, the person against whom the judgment was given shall **not be regarded as having submitted to the jurisdiction of the court** by reason only of the fact that he appeared (conditionally or otherwise) in the proceedings for all or any one or more of the following purposes, namely—
> (a) **to contest the jurisdiction of the court;**
> (b) to ask the court to dismiss or stay the proceedings on the ground that the dispute in question should be submitted to arbitration or to the determination of the courts of another country;
> (c) to protect, or obtain the release of, property seized or threatened with seizure in the proceedings.

II. Cambridge Gas 판결

1. 사실관계

스위스에 거주하고 있는 Mr. Giovanni Mahler를 포함한 네 명의 유럽의 사업가들이 해운산업을 영위할 목적으로 맨섬(Isle of Man)[69]에 Navigator Holdings PLC를 포함한 여러 개의 회사(이하 'Navigator'라 한다)를 설립하고 2001년경부터 해운회사를 운영하기 시작하였다. 그런데 화물운임이 예상보다 낮아 선박건조를 위해 뉴욕채권시장(New York bond market)에서 차용한 $3,000,000의 이자를 지급하기도 어렵게 되자, Navigator는 뉴욕남부파산법원에 제11장 절차를 신청하였다.

위 제11장 절차에서 Navigator 등이 보유한 주요 자산인 선박들을[70] 매각하여 변제자원을 마련하는 채무조정안이 수립되었는데, Navigator가 DIP로서 제출한 회생계획안(=Mahler 등이 위 선박을 매입하되 그와 같은 방법으로 충당된 변제자원을 Navigator의 주주인 Cambridge Gas Transport Corporation Navigator 등[71]에 먼저 지급하는 내용)은 가결되지 못하였다. 대신에 채권자들이 제출한 회생계획안(=Navigator의 지분을 채권자협의회에 이전하여 채권자들이 Navigator를 경영할

---

[69] 영국의 보호령인 맨섬(Isle of Man)은 영국으로부터 독립된 별도의 국가로서 독자적인 사법권을 가지고 있지만, 제1심 재판에 대한 항소심/상고심의 관할권은 영국에 있다. 이에 이하에서 보는 것처럼 맨섬법원의 판단에 대한 항소심은 영국항소법원이, 상고심은 Privy Council이 담당하였다.

[70] 비록 맨섬(Isle of Man)에서 설립된 Navigator 등이 해당 선박들을 소유하고 있었지만 위 선박들의 선적국은 라이베리아(Liberia)였다.

[71] Cambridge Gas Transport Corporation(이하 'Cambridge'라 한다)은 케이맨 제도(Cayman Islands)에 설립된 회사로서 Navigators 등의 지분을 직·간접적으로 약 70% 보유하고 있는 중간지주회사였는데, Cambridge에 투입된 금원은 다시 Cambridge의 완전모회사로서 바하마(Bahamas)에 설립된 Vela Energy Holdings Ltd(이하 'Vela'라 한다)로 흘러 들어가는 구조로 되어 있었다.

수 있도록 하는 내용)이 가결되어 2014. 3. 17. 인가되었다.

위 인가된 회생계획 제22조는 회생계획이 인가되는 즉시 Navigator
의 지분을 채권자협의회에 이전하도록 규정하였다. 그리고 채권자협
의회는 채권자들을 위해 그 지분을 임시로 보관하는 주체로서 맨섬
및 다른 국가의 법률에 따라 실질적으로 그 지분이 채권자들에게 완
전히 이전될 수 있도록 모든 조치를 취해야 했는데, 해당 조항의 원문
은 아래에서 보는 바와 같다(이하 '이 사건 회생계획조항'이라 한다).

> "Immediately upon entry of this confirmation order, **title to the old common stock
> [of Navigator]** shall automatically **vest in** the interim shareholders [the creditors'
> committee] without any further act by any person or under any applicable law,
> regulation, order or rule. The Interim shareholders shall then, in their capacities as
> shareholders of [Navigator], **take all necessary steps** under the laws of the Isle of
> Man or otherwise to implement [the plan]"

2. Cambridge Gas의 반발

뉴욕남부파산법원은 인가결정 후 맨섬법원에 '맨섬의 법률에 따
라 위와 같은 주식 이전 절차가 잘 진행될 수 있도록 협조하여 달라'
는 요청서(Letter of Request)를 보냈다. Navigator에 대한 주식을 채권
자협의회에 이전하는 것으로 규정한 회생계획상의 조항만으로는 실
제로 주식의 이전작업이 원활하게 이행되지 않을 것을 알고 있었기
때문이다.[72] 또한, 채권자협의회도 2014. 3. 24. 맨섬법원에 위와 같

---

[72] 법인과 단체에 속한 사원의 권리와 의무 및 사원권의 양도에 대해서는 "설
립준거법"을 따르는 경우가 많기 때문이다. 가령, 우리나라의 국제사법 제
16조도 법인 또는 단체에 대해 원칙적으로 설립준거법설을 취하고 있는데,
이때 회사의 설립, 권리능력의 유무와 범위, 행위능력, 조직과 내부관계,
사원의 권리와 의무 및 사원권의 양도, 합병 등 회사의 설립부터 소멸까지
법이 속하는 단체의 모든 사항을 규율하는 것으로 본다는 견해가 유력하

이 수립된 회생계획에 따른 Navigator의 주식 이전을 이행하여 달라고 신청을 하였다.

그러나 Navigator의 주주로서 자신이 보유한 주식을 넘겨줘야 하는 입장에 있던 Cambridge Gas (이하 'Cambridge Gas'라 한다)가 이에 반대하였다. 2018. 3. 24. 회생계획을 승인·집행하지 말 것을 요청하는 내용의 금지신청(injunction)을 한 것이다. 주된 취지는 i) Cambridge Gas는 뉴욕남부파산법원에서 진행된 제11장 절차에 참여한 적이 없고 위 법원의 관할권에 복속한 적도 없으므로 뉴욕남부파산법원은 Cambridge Gas에 인적관할권(Personal Jurisdiction)을 가지지 못하고, ii) Cambridge Gas가 보유하고 있는 Navigator에 대한 주식(이하 '이 사건 주식'이라 한다)은 미국 밖에 있는 것이므로 대물적 관할권(In rem Jurisdiction) 또한 없다는 것이었다.

참고로 Cambridge Gas의 주주로서 Mr. Giovanni Mahler의 지배 하에 있는 Vela Energy Holdings Ltd.(이하 'Vela'라 한다)는 뉴욕남부파산법원에서 진행된 제11장 절차에 참여하여 적극적으로 그 의사를 개진하였고, 이에 이 사건에서 밀접한 이해관계자로 취급되었다. 위에서 언급한 당사자들의 관계를 그림으로 정리하면 아래 [표 6]과 같다.

다. 이에 더하여 석광현, 『국제사법 해설(제2판)』, 박영사, 2013, 210면은 사원권의 양도에 있어 이를 표창하는 주권의 교부가 필요하다면 그 부분에 대해서는 유가증권 자체의 준거법, 즉, 주권소재지법에 따라야 한다고 설명하고 있는데 타당하다고 생각된다. 참고로 우리나라 상법 제335조는 주식은 타인에게 양도할 수 있되 정관에서 따로 정하는 경우에는 그 발행하는 주식의 양도에 관하여 이사회의 승인을 받을 수 있도록 하는데, 정동윤(편집대표), 『주석상법(제5판), 회사(Ⅱ)』, 한국사법행정학회, 2014, 제371면 [집필담당: 권종호]에서는 소규모 회사의 경우 자유로운 주식양도의 보장이 오히려 회사의 경영환경을 저해할 수도 있기 때문이라고 설명하고 있다. 즉, 맨섬의 상법에서도 이와 같이 주식양도의 가부 및 그 방식에 관한 특별한 규정이 있을 수 있기 때문에, 맨섬법원의 협조가 절대적으로 필요했을 것으로 생각된다.

[표 6] Cambridge Gas 사건에서의 당사자 관계

3. 맨섬법원/영국법원에서의 주요판시사항

가. 맨섬법원(High Court of the Isle of Mann)의 판단

맨섬법원의 담당 재판관(Deemster)[73]인 Mike Kerruish는 2014. 8. 17. 위와 같은 Cambridge Gas의 주장을 받아들여 이 사건 회생계획이 맨섬에서 승인·집행될 수 없다고 판시하였다.

먼저 인적관할권(Personal Jurisdiction)에 관하여 판시하였는데, 케이맨제도의 법률에 따라 설립된 Cambridge Gas는 ① Vela의 완전자회사이기는 하지만 별도의 분리된 법인격을 가진 독립한 회사이고, ② Vela와 달리 뉴욕남부파산법원에서 진행된 제11장 절차에 참여한 적이 없으며, ③ 달리 뉴욕남부파산법원의 관할권에 복속하겠다고 의사를 표시한 적도 없으므로, 뉴욕남부파산법원은 Cambridge Gas에 대한 인적관할권(Personal Jurisdiction)을 행사할 수 없다고 결론을 내렸다.

다음으로 물적관할권(Rem Jurisdiction)에 관하여도 ① 일반적인 국제사법의 원칙(general principles of private international law)상 대물재판(judgments in rem)은 해당 재판을 내린 법원의 관할권이 미치는 영

---

73) 맨섬(Isle of Mann)에서 법관을 부르는 호칭으로 사용되는 용어이다.

토 내에서만 효력을 미치는 것인데(within the court's territorial jurisdiction), ② 이 사건 주식은 맨섬에 소재하여 뉴욕남부파산법원의 관할권 밖에 있는 자산이므로, ③ 이 사건 회생계획조항을 인가한 인가결정은 그와 같은 점에서도 승인·집행될 수 없다고 판시하였다.

나. 영국항소법원(English Court of Appeal)의 판단

반면에 영국항소법원은 1심을 뒤집고 회생계획의 승인·집행을 허용하였다. 위 항소법원은 ① 뉴욕남부파산법원이 이 사건 회생계획안에 관하여 내린 인가결정은 대물적 성격을 가진 재판(judgments in rem)이 아니라 Navigator의 자발적 관할권 복속에 따라 내려진 대인적 성격을 가진 재판(judments in personam)이고, ② 맨섬법원은 커먼로에 따라, 외국도산절차를 지원할 수 있는 광범위한 재량(a broad discretionary jurisdiction)을 가지고 있다고 보았다. 따라서 이 사건에서도 맨섬법원은 이 사건 회생계획조항을 포함한 위 계획의 이행을 지원하기 위해 Navigator에 대한 주식을 채권자협의회에 이전할 수 있고 또 해야만 한다고 결론을 내렸다. 이는 CBI 모델법에서 지향하고 있는 국제도산체제의 목적과 취지에 부합하는 판단으로서, 앞에서 본 미연방파산법원의 주류적인 입장과 궤를 같이하는 것으로 보인다. 이하에서 보는 것처럼 Privy Council도 이와 같은 판단을 그대로 유지하였다.

다. Privy Council의 판단

Privy Council[74]은 이 사건 주식의 이전을 명하는 뉴욕남부파산법

---

74) "추밀원"이라는 이름으로도 알려져 있는 Privy Council은 영연방국가(Commonwealth countries), 3개의 왕실속령(Crown Dependencies), 영국이 보유한 해외영토(overseas territories)에서 내려진 재판에 대해서도 최상급법원으로서 기능하였는데, 이 사건에서 문제된 맨섬(Isle of Mann)은 건지섬 구

원의 인가결정을 승인·집행할 수 있다고 결론을 내림으로써 영국항
소법원이 내린 결정을 그대로 유지하였는데, 다만 그 논거는 조금
상이하였다.

먼저 위 사건의 주심 법관으로서 판결문을 작성한 Lord Hoffman은
뉴욕남부파산법원의 관할권에 복속한 것은 Navigator이지 Cambridge
Gas가 아니므로 이를 근거로 Cambridge Gas에 대한 대인관할권까지
행사할 수 있다고 판시한 항소법원의 판결은 위법한 측면이 있고,
따라서 이를 지적하는 상고이유는 타당한 측면이 있다고 수긍하였
다. 다만, ① 대인재판과 대물재판은 모두 권리의 존부를 정하는 사
법적 재판(judicial determinations of the existence of rights)이고, 다만
그와 같은 권리가 상대방에 대한 것인지 특정한 물건에 대한 것인지
에 차이가 있을 뿐인데, ② 도산절차는 권리의 존부를 정하는 것이
아니라 집단적인 집행절차를 제공하는 것에 불과하여(a collective
proceeding to enforce rights and not to establish them),[75] 반드시 대인
재판이나 대물재판 중 하나의 범주에 속한다고 단정할 수 없고, ③
그렇다면 보통법 일반의 원칙으로 돌아가서 이와 같은 내용의 외국
재판을 승인·집행할 수 있는지를 검토해야 할 것이라고 판단하였다.

나아가 위 법관은 i) 커먼로는 전통적으로 채권자들 간의 형평을
위해 도산절차에 관하여 보편주의(universalism)의 입장을 취하여 왔
고, ii) 이에 따라 1986년 영국도산법 제426조 제5항에서도 외국법원
으로부터 도산절차 관련 지원요청을 받으면 '해당 외국의 도산법령'
을 근거법률로 직접 적용할 수 있도록 하고 있으며, iii) 설령 영국의

역(Bailiwick of Guernsey), 저지섬 구역(Bailiwick of Jersey)과 함께 왕실속령
에 속해 있었다.

[75] 관리인 내지 다른 채권자들로부터 이의가 제기됨으로써 개시되는 도산채
권 조사확정재판절차가 있지만, 이는 부수적인 절차적 쟁점들(incidental
procedural matters)을 다루는 것에 불과하여 도산절차의 본질을 바꾸는 것
은 아니라고도 설명하였다.

국내도산법에 이에 상응하는 규정이 없다고 하더라도, 불필요한 병행절차를 막기 위해 외국도산절차의 도산관리인과 채권자들을 위한 지원을 해야 한다는 등의 이유로, 이 사건에서 뉴욕남부파산법원이 인가한 회생계획을 승인·집행해야 한다고 결론을 내렸다.

4. 검토

위 각 법원의 심급별 입장을 표로 정리하면 아래와 같은데, 도산재단의 효율적 관리, 불필요한 시간 및 비용의 방지, 외국채권자들에 대한 공평한 취급 등의 관점에서 외국도산절차에서 내려진 인가재판의 승인·집행을 널리 인정하려고 법리를 구성한 영국항소법원과 Privy Council의 입장이 타당하다고 생각된다.

뉴욕남부파산법원이 Cambridge Gas에 대한 관할권을 가지는지 여부	Court of Isle of Mann(1심)	영국항소법원 (2심)	Privy Council (3심)
회생계획 중 〈이 사건 주식〉 이전 부분의 성질	대인적 재판 or 대물적 재판	대인적 재판	제3의 유형
Personal Jurisdiction (전통적 Dicey Rule)	X	판단하지 않음 (Dicey Rule 적용X)	판단하지 않음 (Dicey Rule 적용X)
In rem Jurisdiction	X	판단하지 않음	판단하지 않음
Common Law Jurisdiction (도산재판에 대한 특수 취급)	판단하지 않음	O	O
결론(승인·집행 여부)	X	O	O
비고	Rubin 판결과 유사한 입장	·CBI 모델법의 취지에 부합 ·미연방파산법원의 주류적 입장	

하지만 이하에서 보는 것처럼 Rubin 판결에서는 위 Privy Council에서 설시한 법리를 비판하고, 오히려 1심법원과 유사한 입장에 서

서 뉴욕남부파산법원에서 내려진 부인재판의 승인·집행을 받아들이
지 않았고, 이로써 국제도산 실무가들에게 많은 혼란을 야기하였다.

2심과 3심은 〈이 사건 주식의 이전을 명하는 부분〉의 성질에 관한
견해가 상이하여 논리구성은 서로 달리했지만,[76] 결국, 도산절차에
관한 재판은 특별히 취급해야 하므로 전통적인 Dicey Rule이 그대로
적용될 수 없고 뉴욕남부파산법원의 관할권을 널리 인정해야 한다
는 점에서는 뜻을 같이 하였다.

참고로 Cambridge Gas 사건은 영국 본토가 아니라 왕실속령(Crown
Dependencies) 중 하나인 맨섬(Isle of Mann)에서의 승인·집행이 문제
된 사건이었다. 추측하건대 이런 점 때문에 영국에서 밀접한 이해관계
를 가진 자들이 많지 않았을 것으로 보이고 미국도산절차에 대한 지
원도 더 수월하게 내려질 수 있지 않았을까 추측해본다. 결과적으로
영국대법원은 Rubin 판결을 통해 그 전신(前身)이었던 Privy Council의
결론을 뒤집은 셈이다.[77]

---

76) 이하에서 보는 것처럼 Rubin 판결의 주심법관인 Lord Collins는 '회생계획
   중 이 사건 주식의 인도를 명하는 부분'은 Cambridge Gas에 대해 직접 명령
   을 내리는 재판이 아니므로 대인적 재판(judgments in personam)이 아닌 것
   은 당연하지만, 맨섬(Isle of Man)에 있는 재산의 처분에 관한 것이므로 대
   물적 재판(judgments in rem)에 해당하는지 여부는 더 검토해보았어야 할
   것이라고 지적하기도 했다. 상세는 Rubin 판결, para. 103을 참조.
77) 참고로 영국대법원은 2009. 10. 1. 설립되면서 기존에 Privy Council이 담당해
   오던 최상급법원으로서의 기능을 승계하였다. 기존에 의회(House of Lords)
   가 담당해오던 최상급법원으로서의 기능이 별도의 독립된 조직체로 이관
   된 셈이다.

Ⅲ. Rubin v. Eurofinance S.A. 판결

1. 미연방파산법 제11장 절차에서의 진행경과

가. TCT(The Consumer Trust)의 사업구조

이른바 Rubin이라는 이름으로 알려진 본 사건은 영국에서 설립된 신탁법인 TCT(The Consumer Trust)가 2005. 12.경 뉴욕남부파산법원에 제11장 절차를 신청하면서 시작되었다. 위 TCT는 버진아일랜드(British Virgin Islands, BVI)법에 따라 설립된 금융기관인 Eurofinance가 이른바 바우처 프로그램 사업(Cashable Voucher Programme)을 진행하면서 영국법에 따라 설립한 신탁법인이었다. 위 프로그램은 〈특정 요건(=제품구입 3년 후 제품에 대한 기억/이해도 테스트를 통과하는 조건)78)을 충족하는 경우 그 물품구입대금을 전액 환급하여 주는 바우처〉를 상인들이 고객에게 발급하도록 하고, 실제 3년 후 위 고객들이 그 요건을 충족하여 물품구입대금의 상환을 구할 시에는, TCT가 그 대금을 지급하는 구조로 고안되었다.

이는 위 바우처를 이용해서 상품의 판매를 늘릴 수 있을 것으로 판단한 상인들의 수요와 맞아떨어져 약 60,000명에 이르는 미국/캐나다의 상인들을 중심으로 순조롭게 진행되었다. 상인들은 바우처에 따른 대금을 지급하지 않아도 되는 대가로 바우처 액면금의 15%를 먼저 TCT에게 지급해야 했고 Eurofinance는 그중 제반비용을 제외한 액면금의 4.5%를 최종수입으로 가져갈 수 있었다. 즉, TCT는 위 바우처를 소지한 고객을 수익자(Beneficiary)로 하는 신탁(Trust)으로서의 성질을 가지고 있었고 Eurofinance를 설립한 Adrian Roman(영국

---

78) 원문에는 "a series of memory and comprehension tests"로 표현되어 있는데, 그 테스트가 구체적으로 어떠한 내용으로 구성되어 있는지는 명확하지 않다. 다만, 일반적인 거래통념의 관점에서 다소 특이한 조건으로 보이기는 한다.

인)은 위와 같은 방법을 통해 많은 이익을 얻을 수 있었다. 위에서
언급한 당사자들의 관계를 그림으로 정리하면 아래 [표 7]과 같다.

[표 7] Rubin 사건에서의 당사자 관계

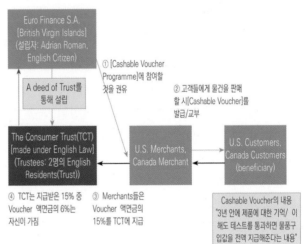

⑥ 결국, Euro Finance는 최종적으로 Voucher 액면금의 4.5%를 가지게 됨

⑤ TCT는 나머지 9% 중 Voucher 액면금의 4.5%를 Euro Finance에게 지급 (나머지 4.5%는 TCT의 운영비용으로 사용)

Euro Finance S.A.
[British Virgin Islands]
(설립자: Adrian Roman, English Citizen)

① [Cashable Voucher Programme]에 참여할 것을 권유

② 고객들에게 물건을 판매할 시[Cashable Voucher]를 발급/교부

A deed of Trust를 통해 설립

The Consumer Trust(TCT)
[made under English Law]
(Trustees: 2명의 English Residents(Trust))

U.S. Merchants, Canada Merchant

U.S. Customers, Canada Customers (beneficiary)

④ TCT는 지급받은 15% 중 Voucher 액면금의 6%는 자신이 가짐

③ Merchants들은 Voucher 액면금의 15%를 TCT에 지급

Cashable Voucher의 내용 "3년 안에 제품에 대한 기억/ 이해도 테스트를 통과하면 물품구입값을 전액 지급해준다는 내용"

나. TCT(The Consumer Trust)의 제11장 절차신청 및 진행

그런데 이러한 사업이 미주리 주(State of Missouri) 소비자보호법을
위반하였다고 본 미주리 주 검찰총장(Missouri Attorney General)의 제
소로 TCT는 약 $1,850,000의 배상책임을 부담하게 되었다. 그리고 이
후에도 유사소송이 연이을 것으로 예상되자 David Rubin과 Henry
Lan은 2005. 12. 6. TCT의 Receiver로서,[79] 뉴욕남부파산법원에 제11
장 절차를 신청하게 되었다.[80]

---

79) Eurofinance는 영국의 High Court에 David Rubin과 Henry Lan을 TCT의
Receiver로 선임하여 달라는 신청을 하여 2015. 11. 14. Justice Leiwon으로부
터 그와 같은 결정을 받았다.

80) 뉴욕남부파산법원에 접수된 제11장 절차의 사건번호는 *In re The Consumer
Trust*, Case No. 05-60155 (REG)이다. 제11장 절차에서 TCT에 관한 회생계획

TCT는 신탁법인이었지만 미연방파산법에 따라서는 독립된 법인
격을 가진 주체로 인정되어 제11장 절차를 신청할 수 있었다.[81] 제11
장 절차에서 수립된 청산형 회생계획안(Liquidating Chapter 11 Plan)
이 가결절차를 거쳐 2007. 10. 24. 뉴욕남부파산법원으로부터 승인을
받게 됨에 따라,[82] David Rubin과 Henry Lan은 위 회생계획안에서 정
해진 바에 따라 TCT의 변제자원을 확보하기 위해 제3자를 상대로
소송을 제기할 수 있는 권한을 부여받게 되었다.[83]

한편, 담당 법관인 Robert E. Gerber는 위 인가결정과 함께 이 사건
미국 제11장 절차의 외국도산절차의 대표자(foreign representative)로
David Rubin과 Henry Lan을 선임하였다. 이들이 영국 등 외국법원에
서 미국도산절차에 관한 승인신청을 할 수 있도록 그 권한을 부여한
것인데 관련 결정문에서 "이 사건 미국도산절차가 CBIR 2006에 따라
향후 영국법원에서 주도산절차(foreign main proceeding)로 승인되어
야 한다"는 의견을 직접 표명하였다는 점에서 인상적이다.[84]

안이 수립되고 승인되었는데(#ECF Doc. #390, #391), 담당 법관은 Robert. E.
Gerber였다.

[81] 미연방파산법 제101(9)(A)(ⅴ)가 "business trust"도 "corporation"에 해당한다고
정의하고 있어서, 신탁법인인 TCT도 독립된 하나의 법인격체로서 미연방
파산법 제11장 절차를 신청할 수 있었다.

[82] 2007. 10. 24. 당초 ECF Doc. #390로 승인되었다가 별지 교체를 이유로 2017.
10. 31. Doc. #391로 변경결정이 이루어졌는데 큰 차이는 없다.

[83] 이 사건 인가결정은 TCT의 법률상 대표자(Legal Representatives)를 Receivers
(=David Rubin과 Henry Lan을 의미함) 및 Committee(우리나라의 채권자협의
회에 상응하는 개념으로 Unsecured Creditor's Committee를 의미함)로 지정
하면서(제31항), 위와 같은 법률상 대표자들이 TCT의 변제자원 확보 등 도
산절차수행을 위해 미국, 영국 등에서 제3자를 상대로 제소할 수 있도록
규정하고 있다.

[84] "Certification of the honorable Robert E. Gerber"라는 제목으로 되어 있는 문
서인데(ECF Doc. #389)에서 외국도산절차의 대표자 선임결정과 함께 위와
같은 설명을 부가하였다.

채무자 TCT 자체는 영국법에 따라 설립된 영국법인이지만, ① 채무자의 주요 사업이 미국에서 진행되고 있고, ② 대부분의 자산, 특히, 약 $8,800,000의 금액이 미국은행에 예치되어 있으며, ③ 65,000명에 이르는 채권자 중 대부분이 미국에 있는 점 등을 고려하여 TCT의 COMI 소재지는 미국으로 볼 수밖에 없다는 취지이다. 채무자의 COMI 소재지를 판단하는 것은 결국 외국도산절차를 진행한 법원이 아니라 "외국도산절차의 승인신청을 받은 법원"이라는 점에 비추어 보면 다소 이례적이기는 하다. 반면에 영국법원의 협조가 없다면 미국 도산절차가 사실상 형해화(形骸化)될 수 있다는 점을 인식하고 적극적으로 공조를 요청한 셈이어서 높이 평가할 수도 있다고 생각된다.

다. 이 사건 부인재판의 진행

이후 David Rubin 등은 회생계획에 의해 부여받은 권한에 따라 변제자원 확보를 위해 2007. 12. 3. 뉴욕남부파산법원에 Eurofinance, Adrian Roman 및 그 아들인 Nicholas Roman, Justin Roman 등을 상대로 부인소송을 제기하였다.[85] 주된 청구원인은 "TCT에 관한 제11장 절차가 개시된 시점(2015. 12. 6.)으로부터 소급하여 1년 이내에 위 바우처 프로그램 사업(Cashable Voucher Programme)을 통해 Eurofinance와 그 설립자인 Adrian Roman 등에게 유입된 자금은, 부인대상행위에 따른 것으로서 미연방파산법 제548조, 제550조 등[86]에 따라 도산

---

[85] 부인소송은 대심구조의 성질을 가지고 있는 재판이므로 앞서 본 것처럼 "adversary proceedings"로 구분되어 별도의 사건번호를 부여받고 독립적으로 처리되는데(Federal Rules of Bankruptcy Procedure, § 7001), 이에 따라 이 사건 부인소송은 제11장 절차에 대한 주 사건번호인 Case No. 05-60155(REG)가 아니라 "Adv. No. 07-03138(REG)"라는 별도의 사건번호를 부여받았다.

[86] 미연방파산법 제548조는 도산절차개시시시점부터 소급하여 "2년 이내"에 이루어진 거래 중 채무자가 ① 자산은닉, 변제지연 등을 목적으로 해당 거래를 하였거나[548⁽ᵃ⁾⁽1⁾⁽A⁾], ② 채무자가 그 거래에 상응하는 적정한 반대급부

재단으로 반환되어야 한다"는 것이었다.[87)]

그런데 Eurofinance 등 소송상대방은 〈제11장 절차〉에서는 Notice of Appearance[88)]를 제출하는 등으로 참여하였으나,[89)] 〈부인소송 절차〉에

를 지급받지 못한 경우[548(a)(1)(B)]에는 도산관리인(Trustee)이 그 거래를 부인(avoid)할 수 있다고 규정하고 있다. 이때 후자의 경우에는 네 가지 요건, 즉, 채무자가 부채초과 상태에서 거래를 하였거나 해당 거래로 부채가 초과되었을 것(Ⅰ), 해당거래 결과, 채무자가 비합리적으로 적은 자본만을 가진 상태로 남게 될 것(Ⅱ), 일부러 채무자에게 변제능력을 초과한 부채를 부담시킬 목적으로 해당 거래를 하였을 것(Ⅲ), 통상적인 영업활동이 아닌 방법으로 내부자(insider)와 거래한 것일 것(Ⅳ) 중 하나가 함께 충족되어야 한다. 또한, 파트너 십(Partnership)의 형태를 가진 채무자의 도산관리인(Trustee)은 그 채무자가 "General Partner"와 거래를 한 경우에는 당시 채무자가 채무초과 상태에 있었거나 해당 거래로 채무초과가 되었다는 요건만 충족된다면 채무자의 목적이나 적정한 반대급부의 존부에 관계없이, 무조건 해당 거래를 부인할 수 있다고도 규정하고 있다[548(b)]. 미연방파산법 제550조는 이때 도산관리인(Trustee)이 그 반환을 구할 수 있는 범위(반환상대방, 액수 등)에 관하여 규정하고 있는데, 앞서 제1521(a)(7)에서 본 것처럼 위 제548조, 제550조에 따른 재판은 "제15장 절차"상의 구제조치로서는 발령될 수 없다는 점에서 그 특색이 있다. 즉, 이 사건은 미국에서 "제11장 절차"가 진행되었고 그에 터 잡아 부인소송이 진행되었기 때문에, 특별한 문제없이 관련재판이 내려질 수 있었던 것이다.

87) 미연방파산법상 부인조항 외에 캐나다/뉴욕주/미주리주 법상의 부당이득(unjust enrichment), 수탁의무 위반(fiduciary duty), 원상회복(restitution), 법인격부인(veil piercing) 등이 청구원인으로 주장되었다. 상세는 Rebecca R. Zubaty, "Rubin v. Eurofinance: Universal Bankruptcy Jurisdiction or a Comity of errors", Columbia Law Review(Vol. 111), 2011, 40면을 참조.

88) Notice of Appearance는 말 그대로 해당 소송절차에 참여하겠다는 의사표시를 담은 서면으로, 채권자의 소송대리인이 채권자를 대신해서 관련 서류들을 수령할 의사로 제출하는 경우가 많다. 이때는 채무자나 다른 이해관계인들은 위와 같이 신고된 주소로 서류를 송달하거나 통지하면 되는데, 관련 규정인 미연방파산규칙(Federal Rules of Bankruptcy Procedure) § 9010(b)는 소송대리인의 이름, 사무실주소, 전화번호 등을 기재하여야 한다고 명시하고 있다.

89) 가령, Eurofinance의 소송대리인인 Akin Gump(=미국의 District of Columbia

서는 관련 서류들을 송달받았음에도 이에 대해 답변서를 제출하는 등 반박을 전혀 하지 않고 재판절차에도 전혀 참여하지도 않았다. 이에 위 법원은 Rubin의 2008. 5. 29.자 요청(summary judgment motion)을 받아들여 2008. 7. 22. 궐석재판(default and summary judgment)[90]을 내렸다.

결국, 위 궐석재판에서 Eurofinance, Adrian Roman 등이 반환하여야 하는 것으로 확정된 채무는 아래에서 보는 바와 같이 부인대상행위로 인정된 부분만 하더라도 상당한 금액에 이른다.[91] 그런데 그들이 보유한 재산은 대부분 영국에 소재하고 있었다. 이에 Rubin 등은 아래에서 보는 바와 같이 외국도산절차의 대표자로서 2008. 11. 영국법원에 ① 뉴욕남부파산법원에서 진행된 제11장 절차를 CBIR 2006에 따라 주절차로서 승인해줄 것, ② Rubin 등을 외국도산절차의 대표자로서 인정하여 줄 것, ③ 뉴욕남부파산법원에서 내려진 부인재판(위 궐석재판)을 영국의 1998년 민사소송규칙(Civil Procedure Rules 1998, 이하 'CPR'이라 한다)[92]의 Part 70과 73[93]에 따라 집행하여 줄 것을

지역에 본부를 둔 저명한 국제적인 미국로펌)는 TCT에 관한 제11장 절차가 진행 중인 2005. 12. 21. 위 제11장 절차에 Notice of Appearance(ECF Doc. #28)를 제출하여 "Eurofinance는 TCT의 이해관계인(a party-in-interest)으로서 미연방파산법 제1109(b)에 따른 심리참여권한이 있다"고 주장하면서, 그 대리인인 Akin Gump에게 미연방파산규칙 제2002(i), 3017, 9009에 따른 서류들을 송달하여 달라고 신청하였다.

90) 우리나라 민사소송법 제257조상의 "무변론판결"에 유사한 것이다.

91) 참고로 548(a)를 통해 인정된 금액은 부당이득(unjust enrichment), 원상회복(restitution)등을 함께 청구원인으로 하여 인정된 금액이고, 그 밖에도 수탁의무위반(Breach of Fiduciary Duty) 등으로 상당한 금액이 더 인용되었다. 이에 관하여는 Adv. No. 07-03138(REG) 사건에서 ECF Doc. #46로 등록된 위 궐석 판결문을 참조.

92) CPR은 United Kingdom을 구성하는 4개의 단위 중 England and Wales 지역에만 적용되는 민사소송규칙이기 때문에, CPR 25.1(1)(f)에서의 역내 자산이란 당연히 'England and Wales 내에 있는 자산'을 의미한다. Annex 1에서는 이러한 점을 더욱 명확히 하기 위하여 자산동결처분을 받는 대상을 "assets worldwide"와 "assets within England and Wales"로 구분하여 표시하고 있다.

요청하였다.

소송상대방	§548(a)	§548(b)
Eurofinance S.A. and Adrian Roman (jointly and severally)	$8,377,504.76	$1,120,461.98
Nicholas Roman	$432,338.86	$21,119.16
Justin Roman	$238,514.31	N/A

2. 영국법원(하급심)의 판단

가. 1심법원의 판시사항

1심을 맡은 영국법원(Chancery Division)의 Nicholas Strauss QC는 CBIR 2006에 따라 "부인절차"를 포함한 제11장 관련 절차 일체를 모

CPR Practice Direction은 영국법원이 민사절차규칙(civil procedure rules)을 보충적으로 설명하기 위하여 직접 작성·발행하는 공식주석서인데, 그중 CPR Practice Direction 25A는 임시보전처분(interim injunctions)에 관한 부분으로 CPR 25.1(1)(f)를 상세하게 해설하고 있다. 참고로 CPR에는 대륙법계 국가에서는 존재하지 않는 흥미로운 내용들이 많이 있는데, 가령 대인적 성질을 가진 처분으로 취급하되 상대방이 가진 "역외" 자산에 대해서까지도 그 효력이 미치는 것으로 보는 역외자산동결처분인 이른바 Worldwide Freezing Order도 포함되어 있다. 상세는 김영석(주 13), 93면 이하를 참조.
93) CPR Part 70은 "General Rules about enforcement of judgments and orders"이라는 제목으로 재판의 승인·집행에 관한 일반적인 내용들을 규정하고 있고, CPR Part 73은 "Charging Orders, Stop Orders and Stop Notices"라는 제목으로 실제 명령을 집행하고 중지하는 내용들을 규정하고 있다. 미국은 영국과의 사이에 재판의 상호집행에 관한 조약을 체결하지도 않았고 루가노협약, 브뤼셀협약, 2005년 헤이그관할합의협약 등의 적용도 받지 아니하므로, Rubin은 신청서에 일반민사소송규칙인 CPR에 따른 외국재판의 승인·집행을 근거조문으로 기재하였던 것으로 이해된다. 물론, CBIR 2006에 따른 "구제조치"로서 위 궐석재판의 승인·집행이 이루어질 수 있었다면 굳이 위 CPR 조문을 적을 이유는 없었을 것이다.

두 주도산절차(foreign main proceeding)로 승인했다. Rubin도 외국도
산절차의 대표자로서 적격이 있다고 판단하였다. 부인절차도 도산
재단의 수집·환가 및 배분으로 구성되는 도산절차의 한 일부분을 구
성하고 있는 것은 분명하므로 승인의 대상이 될 수 있다는 취지이
다. 그런데 이처럼 부인절차를 별도의 독립된 절차로 취급하여 승인
한 국제도산 사례를 찾기는 어렵고,[94] CBIR 2006 모델법의 해석에
따르더라도 그와 같이 취급할 수 있는지에 대해서는 의문이 있다.[95]
일단 이 사건에서는 당사자들이 이 부분에 대해서 더 다투지 아니하
여 그와 같이 처리되었다.

하지만 "부인절차"를 승인만 하였을 뿐 부인소송에서 내려진 재판
(부인재판)의 집행은 받아들이지 않았다. ① 미국법원이 적법한 대인
관할권 없이 소송을 진행하여 내린 재판이므로 Dicey Rule에 따른 외
국재판의 승인·집행 요건을 충족하지 못하였고, ② CBIR 2006
Schedule 1, 제21, 25조[96]가 외국도산절차에서 내려진 재판의 승인·

---

94) 실무상으로는 "채무자에 관하여 개시된 제11장 절차를 승인한다" 혹은 "채
무자에 관하여 개시된 제7장 절차를 승인한다"와 같은 방식으로 표현되고,
우리나라도 이와 같은 방식을 따르고 있다. 가령, 필자가 주심 법관으로 처
리하였던 서울회생법원 2017국승100001호 사건에서 내린 제11장 절차에
대한 승인결정의 주문은 아래와 같다.

> 이 사건 외국도산절차[2016. 4. 21.자로 외국도산절차의 채무자에 대하여 미합
> 중국 뉴욕남부파산법원(The United States Bankruptcy Court for the Southern
> District of New York)에 신청되어, 2016. 4. 25. 개시결정을 받고 계속 중인 회사
> 갱생절차(Case No. 16-10992에 병합관리(Joint Administration)되고 있는 Case
> No. 16-11014)]를 승인한다.

95) CBIR 2006은 Schedule 1, Article2(i)에서 승인대상이 되는 "foreign proceeding"
의 개념을 CBI 모델법 Article2(a)를 그대로 차용하여 받아들였다. 즉, 그 문
언만으로는 부인재판 절차가 이에 해당하는지 명확하지 않다.

96) CBIR 2006 제25조는 외국도산법원 내지 외국도산절차의 대표자와 "공조"해
야 한다는 조문으로 우리나라 채무자회생법 제641조와 유사한 규정인데,
(외국도산절차를 가능한 적극적으로 지원하려는 미국도 "공조" 규정에 해

집행까지 허용하는 규정으로 해석될 수도 없다는 점을 그 논거로 들었다.

나. 영국항소법원의 판시사항

반면에 영국항소법원[97]은 2010. 7. 30. 1심을 뒤집고 부인재판의 집행을 인정하였다. 부인재판이 대인적 성격을 가지는 재판인 것은 맞지만 도산관련재판의 특수성을 고려하여 Dicey Rule에서 요구하는 대인관할권 요건을 충족하지 못하더라도 커먼로에 따라 그 재판을 승인·집행할 수 있다는 취지이다. 항소심 판결문을 작성한 주심 법관인 Lord Justice Ward가 그 주요 논거로 들고 있는 사항을 정리하면 다음과 같다.[98]

① Cambridge Gas 사안에서 설시한 것처럼 도산절차에서 내려진 재판은 채권의 존부 및 범위를 확정하는 것이 아니라 도산재단의 확보를 위한 집행절차의 성격을 가지므로, 그 성질이 일반적인 대인재판(judgment in personam) 혹은 대물재판(judgment in rem)과 다르다.

② 그리고 부인소송 내지 부인재판은 이와 같은 채무자의 책임재산 확보를 위한 것으로서 도산절차에 있어서 필수적이고 가장 중심이 되는 부분(integral to central to the collective nature of bankruptcy)이고, 도산절차의 근간을 이루고 단지 부수적인 절차적 문제에 그치는 것이 아니다(not merely incidental procedural matters).

③ 또한, HIH Casualty 판결에서 설시한 것처럼 외국도산절차에서의 자산확보 방법은 영국에서 확립된 관련 규범과 그 내용이 다소 상이할 수 있다.

④ 즉, 부인재판은 도산재단의 확보를 위한 절차이므로 일반적인 국제사법이 아니라, 도산과 관련된 독특한 국제사법의 법리(sui generis private international law rules relating to bankruptcy)가 적용되어야 한다.

당하는 미연방파산법 제1525조를 근거로 승인·집행을 하고 있지는 않기 때문에) 영국법원이 "공조를 근거로 삼아서는 외국재판의 승인·집행에까지 나아갈 수는 없다"고 판단한 부분은 수긍할 수 있다.

[97] [2010] EWCA Civ 895. [2011] Ch 133. 참고로 위 항소심 재판부는 Lord Justice Ward(주심 법관), Lord Justice Wilson, Lord Justice Henderson 3명의 법관으로 구성되어 있었다.

[98] Rubin 판결, para. 89를 참조.

⑤ 이것이 도산절차에 관한 수정된 보편주의(modified universalism)에 부합하고 불필요한 병행절차의 진행을 막는 커먼로의 바람직한 발전적 모습이 될 것이다.
⑥ 또한, 이 사건 소송상대방인 Adrian Roman 등은 "미국에서 내려진 부인재판이 영국에서 그 승인·집행이 어려울 수도 있고, TCT는 독립된 신탁법인(Trust)으로서 영국에서 그에 대한 별도의 독립된 청산절차(winding up)가 진행될 수 없다"는 등의 법적 조언을 받고 부인소송에 참여하지 않은 것이어서 이들에 대한 승인·집행을 허용하더라도 부당한 결과가 발생하지 않는다.

다만, 위 항소법원은 이처럼 외국재판의 승인·집행으로 처리할 수 있는 이상 CBIR 2006을 근거로 하여서도 부인재판의 대내적 효력을 부여할 수 있는지는 나아가 살펴볼 이유가 없다면서 그 판단을 보류하였다. Adrian Roman이나 Eurofinance 등 소송상대방이 저지른 부인대상행위, 즉, 불쾌한 행위(repugnant activity)[99]가 CBIR 2006이 발효된 2006. 4. 4. 이전에 발생한 것이기도 하다는 점도 CBIR 2006의 적용 여부를 판단할 필요가 없는 논거로 제시되었다. 그러나 법률행위를 할 당시에는 CBIR 2006이 존재하지 않았다고 하더라도 해당 행위가 계속적 법률행위로서의 성질을 가지고 있고 이후 제정된 CBIR 2006의 요건을 충족하는 것이라면 그에 따른 법률상 효과가 발생할 수도 있으므로, 이 부분은 선뜻 동의하기는 어렵다.

3. 영국대법원의 판시사항

이처럼 1심과 항소심의 판단이 엇갈린 상황에서 영국대법원은 결국 1심의 손을 들어주면서 뉴욕남부파산법원이 내린 부인재판의 승인·집행을 거부하였다. 부인재판은 대인적 성질을 가지는 재판(judgment in

---

99) [2010] EWCA Civ 895. [2011] Ch 133, para. 64에서 항소법원이 직접 사용한 표현으로서, 부인대상행위, 즉, TCT에 대한 제11장 절차가 개시된 시점(2015. 12. 6.)부터 소급하여 1년 이내에 Adrian Roman 등에게 자금이 이전된 행위를 의미한다.

personam)에 해당하므로 그 승인·집행 여부는 Dicey Rule을 적용해서 판단해야 하고, 부인재판이 도산절차와 관련되어 있다는 이유만으로 특별한 취급을 받을 사정은 보이지 않는다는 것이다. 이에 일반적인 외국재판의 승인·집행 절차를 그대로 적용하였고 그 요건을 충족하지 못하는 것으로 보아 결국 승인·집행을 거부하였다.

그리고 이어서 영국대법원은 "CBIR 2006에 따르더라도 그 Schedule 1의 Article 21, 25, 27에 명시된 구제조치(relief)나 공조(cooperation)는 제3자에 대해 내려진 외국재판의 승인·집행까지 허용하는 취지로 해석되지는 않는다"면서 이를 근거로 한 부인재판의 승인·집행도 거부하였다.

가. 외국재판의 승인·집행을 통한 대내적 효력부여 가부

1) 부인재판의 성질

먼저, 영국대법원은 ① 이 사건 부인재판은 1986년 영국도산법 제238조, 제339조 등에 따라[100] 상대방으로부터 급부를 반환받는 것과 실질을 같이 하는 재판인데 이와 같은 유형의 재판에 대해서는 영국에서도 대인적 성질을 가지는 재판(judgment in personam)으로 설명되어 왔고,[101] ② 그 주문의 형식도 "소송상대방"을 상대로 급부의 이행을 면하는 재판이고 상대방이 지급해야 할 "금액"도 특정되어 있는 점 등을 고려하면(당사자들이 상고심에서 이 사건 부인재판이 대

---

[100] 1986년 영국도산법상의 위 조문들은 "특정기간(relevant time) 내에 상대방과 거래를 하고도 채무자가 정당한 반대급부를 지급받지 않은 경우(Transactions at an undervalue)에는 당초부터 그 거래가 없었던 상황으로 당사자들의 법률관계가 회복될 수 있도록 법원이 적절한 조치를 명할 수 있다"는 규정이다. 제238조는 관리절차나 청산절차가 계속 중인 "법인채무자(company)", 같은 법 제339조는 파산절차가 계속 중인 "개인(individual)"에 관한 것이다.

[101] *In re Paramount Airways Ltd* [1993] Ch. 223, 238.

인적 성질을 가지는 재판인지 여부에 대해 전혀 다투고 있지 않은
점도 부수적인 사정으로 함께 설시되었음), 이 사건 부인재판은 대인
적 성질을 가지는 재판(judgment in personam)으로 보인다고 먼저 그
성질을 결정하였다.

2) Dicey Rule의 적용 가부

다음으로 영국대법원은 이 사건 부인재판이 대인재판의 성질을
가지는 이상 영국 내에서 그 승인·집행 여부는 Dicey Rule을 적용하
여 판단해야 하고, 위 부인재판이 도산절차와 관련되어 있다는 이유
만으로 특별한 취급을 받을 수는 없다고 판시하면서, 다음과 같은
논거를 설시하였다.

첫째, 도산절차의 관리인이 원고로서 거래상대방을 상대로 급부
의 이행을 구하는 일반적인 재판(가령, 관리인이나 파산관재인이 거
래상대방을 상대로 계약상책임을 묻거나 불법행위책임을 구하여 승
소한 재판)의 경우에도 도산재단의 유지·확보에 도움을 주는 것은
마찬가지다. 따라서 위와 같은 유형의 재판에 대해 Dicey Rule이 그
대로 적용된다는 것은 특별한 문제 없이 받아들이면서도, 단지 부인
재판에 대해서만 특별히 취급해야 한다고 볼만한 이유가 없다.[102]

---

[102] "부인재판"과 "도산관리인이 원고로서 수행하는 도산절차에서 내려지는
다른 재판"을 굳이 다르게 취급할 이유는 없다고 생각되므로 영국대법원
의 이와 같은 지적은 굉장히 적절하다고 생각된다. 이하에서 살펴볼 IRJ
모델법도 같은 취지에서 단지 부인재판에 대해서만이 아니라 "도산관련재
판(Insolvency-Related Judgments)"이라는 새로운 개념을 만들어 비슷한 유형
의 재판들을 모두 포괄하는 규정을 두고 있다. 도산관련재판의 개념 자체
는 IRJ 모델법 제2조 제(d)호에 규정되어 있고, 그에 해당하는 구체적 재판
유형은 Guide to Enactment, para. 60 이하에서 설명되고 있는데 해당 부분
에서 살펴본다. 상세는 석광현(집필부분), 『2018, 2019 도산관련 UNCITRAL
모델법 입법방안 연구』, 이화여자대학교 산학협력단(법무부 용역보고),
2020, 28면 이하를 참조.

둘째, 설령 특별하게 취급할 실질적인 이유가 있다고 하더라도, 외국재판의 승인·집행 분야는 오랫동안 관련 논의를 거쳐 입법자들이 법 개정을 통해 해결해 왔기 때문에, 판례(judge-made law)의 변경을 통해 해결할 성질의 것은 아니다.[103]

셋째, 만약 이러한 유형의 재판에 Dicey Rule을 적용하지 않고 폭넓게 그 승인·집행을 허용한다면 도산절차에 부수할 뿐인 절차(proceedings incidental to bankruptcy proceedings)에서 내려진 재판도 영국 내에서 손쉽게 승인·집행될 가능성이 있다. 그렇게 된다면 이를 다투려는 당사자로서는 ⅰ) 당해 소송이 진행되는 외국법원에 막대한 비용을 들이면서 실질적으로 참여하거나, ⅱ) 장차 궐석재판이 영국에서 승인·집행될 위험을 감수하는 수밖에 없게 되고, 이는 궁극적으로 영국법률시장에 손해만을 안겨줄 것(would be only to the detriment of United Kingdom businesses without any corresponding benefit)이다.[104]

3) 사안의 경우(관할권 복속이 있었는지)

이와 같은 논리에 따라 Dicey Rule이 적용되었고, 구체적으로 이 사건 부인재판을 내린 뉴욕남부파산법원이 Dicey Rule 43에서 명시하고 있는 네 가지의 사례 중 하나에 해당하여 간접관할권을 보유한 법원으로 취급될 수 있는지가 검토되었다. 그런데 부인소송의 상대방인 Adrian Roman, Eurofinance 등이 제소 당시 미국에 현존(present)

---

103) Rubin 판결, para. 129는 "만약 법 개정이 필요하다면 이는 입법부의 몫이지 사법부가 해결해야 할 것이 아니다(if the law is now in need of reform, it is for the legislature, not the judiciary, to effect it)"라는 Lord Bridge of Harwich의 표현도 인용하고 있다.

104) 앞서 본 것처럼 영국대법원이 단순히 법리를 넘어서 영국의 법률시장에 미칠 영향까지 판결이유에서 고려요소로 명시하고 있다는 점은, 이 사건 쟁점이 "정책적"으로 결정되어야 한다는 사정을 고려하더라도 무척 인상적이다. 상세는 Rubin 판결, paras. 129~130을 참조.

하지 않았고(First Case), 반소를 제기하지도 않았으며(Second Case), 관할권 복속에 관한 사전합의를 한 바도 없다는 점은(Fourth Case) 비교적 명확하였다. 이에 위 소송상대방들이 자발적으로 부인소송 절차에 출석함으로써(Third Case) 뉴욕남부파산법원의 관할권에 복속하였는지가 그 쟁점이 되었다.

이에 대해 영국대법원은 위 소송상대방들이 뉴욕남부파산법원에서 진행된 〈제11장 절차〉에서 Notice of Appearance를 제출하였다는 사정만으로는 〈부인소송절차〉에서 관할권을 복속하기로 한 것으로 볼 수 없다고 보고, 뉴욕남부파산법원이 Adrian Roman, Eurofinance 등에 대한 적법한 관할권이 없이 이 사건 부인재판을 내렸기 때문에 이를 승인·집행할 수 없다고 결론을 내렸다.

영국대법원이 이처럼 판단한 근거를 구체적으로 설명하고 있지 않아 그 이유를 명확히 알 수는 없다.[105] 다만, 반드시 부인절차가 제11장 절차와 독립된 사건번호를 부여받은 별도의 절차라는 점에만 주목한 것은 아닌 것으로 보인다. 이하에서 보는 New Cap 판결에서도 부인소송의 상대방은 부인소송절차에는 참여하지 않고 그 모체가 되는 청산절차에만 참여하였는데, 여기서는 그 상대방이 위 청산절차에 적극적으로 참여한 점(소송대리인을 통해 의견서를 제출하고, 채권을 신고하였으며, 의결권도 행사하였음)이 고려되어 결국 부인소송에 대한 관할에도 복속한 것으로 취급되었기 때문이다. 물론 New Cap 판결은 영국과 우호적 관계에 있는 영연방국가 중 하나인 "호주"의 법원에서 내려진 부인재판에 관한 것이다. 따라서 미국 법원에서 내려진 부인재판이 다루어진 Rubin 판결과 그 출발점이 달랐을 것으로 보이는 측면도 고려되어야 할 것이다.

---

105) Rubin 판결, paras. 168~169를 참조.

나. CBIR 2006의 적용 가부

영국대법원은 CBI 모델법을 따라 성안된 CBIR 2006을 근거로 하여 이 사건 부인재판을 승인·집행할 수는 없는지도 검토하였다. 다수의견은 CBIR 2006 및 그 모체가 된 CBI 모델법이 모두 외국재판의 승인·집행까지 허용할 의도로 입법된 것은 아니라고 판단하였으나, 수정된 보편주의의 이념과 국제도산의 목적 및 취지에 비추어 가능한 것으로 해석할 수도 있다는 소수의견도 주목할 만하다.

1) 다수의견

다수의견[106]은 CBIR 2006 Schedule 1의 Article 21, 25, 27[107]이 CBI 모델법의 목적에 부합하는 방향으로 해석되어야 하는 것은 맞다고 보았다. 그러나 위 조문은 ① 모두 절차적인 쟁점(procedural matters)을 다루고 있고 ② 그중 어떤 조문도 채무자가 아닌 제3자를 상대로 내려진 외국재판의 승인·집행까지 허용된다고 명시하고 있지는 않으며, ③ 미연방파산법 제1521, 1525, 1527조는 CBI 모델법을 미국의 사정에 맞게 수정하여 입안한 것이므로, 미연방파산법원의 실무가 CBI 모델법 해석에 관한 기준이 될 수는 없다고 보았다. 그리고 결국 CBI 모델법이 도산관련 외국재판의 승인·집행까지 허용할 목적으로 성안된 것은 아니라고 판단하였다.

---

106) 다수의견에 선 법관들로는 Lord Collins, Lord Walker, Lord Sumption이 있었고, 그중 Lord Collins가 다수의견을 작성하였다. 참고로 Lord Mance는 "다수의견에 찬동하지만, 다수의견이 Cambridge Gas 사건이 잘못 판단되었다고 설시한 부분에 대해서는 동의할 수 없다"면서 별개의견을 내었고, 이하에서 보는 것처럼 Lord Clarke가 소수의견을 제시하였다.

107) CBIR 2006 Schedule 1의 Article 21, 25는 앞에서 본 바와 같고, 27은 공조의 방식(forms of cooperation)에 관한 일반적인 규정으로 우리나라의 채무자회생법 제641조에 유사한 규정인데, 법원의 지시에 따라 업무를 수행할 담당자를 지정하는 권한까지 명시적으로 규정한 부분(제a호: appointment of a person to act at the direction of the court)은 우리나라보다 구체적이다.

2) Lord Clarke의 소수의견

이러한 소극적이고 다소 폐쇄적인 입장에 대하여 Lord Clarke[108]는 Cambridge Gas 판결을 지지하면서, 뉴욕남부파산법원에서 내려진 부인재판을 승인·집행해야 한다고 유의미한 소수의견을 개진하였다.

Lord Clarke는 이 사건의 쟁점을 〈외국도산법원이 자국 법률에 따라 적법하게 관할권을 행사하여 부인재판을 내린 경우, 영국법원이 국제사법의 원칙에 따라 해당 부인재판을 승인·집행할 수 있는 관할권을 가지는지〉로 정리하였다. 그리고 ① 부인소송과 부인재판은 채무자 자산에 대한 채권자들의 집단적 집행절차(collective execution against the property of the debtor by creditors)를 더 수월하게 하려는 목적을 가지므로 도산절차에서 중요한 기능(central)을 하는 점, ② HIH Casualty 사건에서 Lord Hoffman이 언급했던 것처럼, 채권자들이 단일도산절차에서 변제자원을 가능한 효율적으로 배당받아갈 수 있도록 영국법원으로서는 도산법정지국 법원과 공조할 필요가 있는 점,[109] ③ 수정된 보편주의(modified universalism)나 국제통상(global commerce)의 측면에서 보더라도 부인재판의 승인·집행을 허용하는 것이 법리를 조금이라도 한 단계 더 발전시키는 것(a small step forward)인 점, ④ 이 사건에서 Adrian Roman, Eurofinance 등을 상대로 부인재판을 집행하도록 허가하여도 부당한 결과가 발생하지 않는 점 등을 근거

---

108) 참고로 Anthony Peter Clarke는 1943년생으로 2009. 10. 1. 영국대법원의 대법관으로 임명되어 2017. 9.까지 대법관으로 근무한 법관인데, 2011년에는 Court of Final Appeal of Hong Kong의 non-permanent Judge로도 임명되는 등 영연방국가에 전반적으로 많은 관심을 가진 것으로 알려져 있다.

109) 물론, 앞서 본 바와 같이 HIH Casualty 사건은 "1986년 영국도산법 제426조 제4항"을 근거로 영연방(Commonwealth) 국가 중 하나인 "호주"에 대해 공조한 사례에 불과하기는 하지만 국제도산에서 국가 간 공조가 필요하다는 점을 근거로 설시하였다는 점에서 CBIR 2006을 해석하는 데에도 충분히 원용될 수 있을 것이다.

로, 영국항소법원이 Dicey Rule에서 요구하는 엄격한 간접관할권 조
항을 적용하지 않은 것은 적절했다고 판시하였다.

나아가 Lord Clarke는 이처럼 특별한 취급이 필요한 도산관련재판
에 대해서는 별도의 독립된 제5의 Dicey Rule(Fifth Rule)을 정립할 필
요도 있어 보인다는 적극적인 의견까지 보였다.[110] 이는 결국, 뉴욕
남부파산법원의 결정을 존중하려는 입장인데, 이하에서 보는 것처
럼 이러한 Lord Clarke의 열망은 IRJ 모델법의 성안으로 이루어졌다.

4. 검토

위 각 법원의 입장을 표로 정리하면 아래와 같은데, 논리적으로
영국대법원의 판단을 수긍하지 못할 바는 아니다. 다만, 도산재단의
효율적 관리, 불필요한 병행절차의 방지, 소송상대방인 Eurofinance
등을 구제해주어야 할 구체적 타당성이 크다고 볼 수도 없는 점 등
을 종합하면, 결과적으로는 국제도산의 이념과 취지에 부합하게 "영
국항소법원"이 내린 결론이 타당하다고 생각된다.

뉴욕남부파산법원이 Adrian Roman, Eurofinance 등에 대한 관할권을 가지는지 여부	High Court (1심)	영국항소법원 (2심)	영국대법원 (3심)
이 사건 부인재판의 성질	대인적 재판	대인적 재판	대인적 재판
Personal Jurisdiction (전통적인 Dicey Rule)	X (Dicey Rule 적용O)	판단하지 않음 (Dicey Rule 적용X)	X (Dicey Rule 적용O)
Common Law Jurisdiction (도산재판에 대한 특수 취급)	X	O	X
CBIR 2006에 따른 승인·집행	X	△[111]	X
결론(승인·집행여부)	X	O	X
비고	Cambridge Gas와 상반된 입장	Cambridge Gas와 유사한 입장[112]	Cambridge Gas와 상반된 입장

---

110) Rubin 판결, paras. 168~169 및 para. 203을 각 참조.

CBI 모델법이 명시적으로 도산 관련 외국재판의 승인·집행을 허용하는 취지의 명문을 두고 있지는 않다. 그러나 ❶ CBI 모델법의 Guide to Enactment는 모델법 제21조에 나열된 유형의 구제조치들을 열거조항이 아니라고 설명(the list is not exhaustive)하고 있고(para. 189), ❷ 입법국은 자국법에 따라 허용 가능한 어떤 유형의 조치도 내릴 수 있는 것(discretionary relief that the court may tailor it to the case at hand)으로 표현하고 있으며(para. 191), ❸ 공조에 관하여 규정하고 있는 모델법 제25조 제1항은 가능한 최대한의 한도(to the maximum, extent possible)로 협조하여야 한다는 점을 조항 본문에서 명백히 밝히고 있다. ❹ 그뿐만 아니라 공조 방식에 관한 모델법 제27조는 공조가 적절하기만 하다면 어떠한 형태로도 가능하다(by any appropriate means)고 규정하면서, 특히 제(f)호113)에서는 입법국이 원하는 모든 형태의 공조를 국내법으로 제정할 수 있다고 명시하고 있다. 따라서 CBI 모델법의 해석만으로도 외국도산법원이 내린 부인재판의 승인·집행이 불가능하다고 단정할 수 있는 것은 아니라고 생각된다.

---

111) 영국항소법원은 "커먼로"에 따라 부인재판에 대한 승인·집행을 허가할 수 있는 이상 CBIR 2006상의 규정에 의해서도 위 부인재판을 집행할 수 있는지까지는 나아가 판단할 필요가 없다면서 직접적인 검토를 하지 않았다.

112) 앞에서 본 것처럼 Privy Council은 Cambridge Gas 사건에서 【회생계획 중 주식의 이전이 계획된 부분】이 대인적 재판이나 대물적 재판이 아닌 "제3의 유형"의 성질을 가진다고 보면서도 그에 대해 Common Law Jurisdiction (도산재판에 대한 특수 취급)을 인정하였다. "대인적 재판"의 성질을 가진 부인재판을 다룬 Rubin 판결과 완전히 같다고 할 수는 없지만, 도산재판에 대한 폭넓은 관할권을 인정할 필요성이 있다고 판시한 점에서는 입장을 같이한다고 생각된다.

113) CBI 모델법의 제27조는 공조의 방식(forms of cooperation)을 규정하고 있는 조문인데, 그중 제(f)호는 아래와 같다(밑줄과 강조는 필자가 임의로 표시).

> **Article 27. Forms of cooperation**
> (f) [The enacting State may wish to list additional forms or examples of cooperation].

또한, 영국대법원이 CBIR 2006, Schedule 1의 제21, 25, 27조의 해석·적용에 관해서만 판단하고 미연방파산법 제1507조에 상응하는 위 Schedule 1의 제7조의 적용 여부에 대해서는 전혀 판단하지 않은 점과 도산절차의 특수성에 대해서 특별한 고려를 하지 않은 점은 다소 아쉽다. 영국은 오래전부터 루가노협약, 브뤼셀협약의 당사자로서, 혹은 브뤼셀규정의 영향을 받았던 종전 EU회원국으로서 위 각 규범에서 명시하고 있는 도산관련재판의 특수성, 즉, 일반적인 외국재판에 관한 승인·집행에 관한 규범은 도산절차 관련 재판에 적용되지 않는다는 점을 이미 숙지하고 있었을 것이기 때문이다.114)

결국, 후술하듯이 Rubin 판결로 충격을 받은 전 세계의 도산전문가들은 이러한 점을 극복하고자 IRJ 모델법을 성안하였다. 만약 Rubin 판결이 없었다면 CBI 모델법상의 구제조치나 공조를 통해 도산관련재판의 승인·집행을 처리하는 실무가 정착되었을 가능성도 있으므로 IRJ 모델법은 성안되지 않았을 수도 있다. 즉, Rubin 판결은 국제도산의 체제에 역행하는 역할을 하였으면서도 결과적으로는 국제도산의 발전을 앞당긴 사례이므로 아이러니하다.

Ⅳ. New Cap Reinsurance Corporations v Members of Lloyd's Syndicate 991 판결

앞서 본 것처럼 Rubin 판결과 유사한 쟁점을 가진 New Cap 판결이 함께 선고되어 이를 소개한다. 물론 위 판결에서 호주법원의 부인재판을 승인·집행한 근거법률은 "1933년 외국재판(상호집행)법"이었다. 따라서 CBIR 2006 내지 CBI 모델법 사례로서의 의미는 없으나

---

114) 루가노협약, 브뤼셀협약, 브뤼셀규정은 모두 파산절차, 청산절차 등 도산절차에는 해당 규범들이 적용되지 않음을 명시하고 있다.

많은 법률가가 궁금해 해왔던 〈1986년 영국도산법 제426조 제4항을 근거로 도산관련재판의 승인·집행을 허용할 수는 있을 것인지〉에 대해 영국법원이 처음으로 그 입장을 밝혔다는 점에서 의미가 있다.

1. 호주법원에서의 부인소송 진행경과

New Cap Reinsurance Company(이하 'New Cap'이라 한다)는 2001년 호주회사법에 따라 설립된 보험회사로서 주로 재(再)보험업무를 영위하였다. New Cap은 보험업무를 영위하는 Lloyd's Syndicate 991(이하 'Syndicate'라 한다)과 재보험계약을 체결한 상황이었는데, Syndicate와 〈일정금액을 특정기한까지 Syndicate에 지급하면 New Cap을 재보험계약의 재보험자로서의 책임으로부터 면제해주기로 한다〉는 내용의 대체지급방식협약(Commutation Agreement)을 체결하고, 그에 따라 Syndicate에 1999. 1.경 미화 5,980,600달러(US$)를 지급하였다.[115]

이후 얼마 지나지 않은 1999. 4.경 호주에서 위 New Cap에 관한 청산절차(winding up proceeding)가 개시되었다.[116] 그런데 청산절차가 개시된 시점으로부터 소급하여 6개월 이내에 이루어진 위와 같은 Syndicate에 대한 금원지급행위가 편파변제(unfair preferences)로서 2001년 호주회사법 Part 5.7B[117]에 따른 부인대상행위(voidable transactions)

---

[115] New Cap 명의로 된 호주의 Commonwealth Bank of Australia로부터 Syndicate 명의로 된 런던은행의 계좌로 송금하는 방식으로 이루어졌다.

[116] 1999. 4. 당초 관리절차(Administration)로 진행되었으나 1999. 9. 채권자들의 결의에 따라 청산절차(Winding up)로 전환되었다(호주의 관련 법령에 따라 관리절차 개시시점으로 소급하여 청산절차 개시의 효력이 발생하였다).

[117] 2001년 호주회사법의 "Part 5.7B"는 제588D조부터 제588Z조까지 약 30여 개의 조문으로 구성된 부분으로서 "Recovering Property or Compensation for the benefit of Creditors of Insolvent Company"라는 표제 하에 부인권행사의 요건 및 효과 등에 관한 규정들을 두고 있는데, 부인대상행위(voidable transactions)의 유형에 관하여 규정하고 있는 Division2는 13개의 조문

에 해당할 여지가 있다고 판단한 위 청산절차의 청산인(liquidator)[118]
이, 2002. 4. 호주의 NSW 주법원에 Syndicate를 상대로 이 사건 부인소
송을 제기하였다. Rubin 사건에서처럼 부인소송의 상대방인 Syndicate
는 해당 부인소송절차에서 관련서류를 송달받는 것을 거부하였고,
부인소송절차에 직접 출석하거나 참여하지도 않았다.

이에 청산인은 호주법원의 허가를 받아 영국 런던에 있는 Syndicate
의 소송대리인에게 직접 서류를 송달하였다. 또한, 영국에 있는 위
Syndicate의 소송대리인도 청산인 측 소송대리인과 청산절차(winding
up proceeding)에서 사용될 전문가보고서(Independent Expert's Report)
에 대한 의견을 교환하면서 반박의견을 제시하기도 했다.

이러한 상황에서 호주법원은 "비록 소송상대방이 호주법원의 관
할권에 복속하지는 않았지만, 이 사건은 호주회사법의 위반에 따른
행위를 소의 원인(Cause of Action)으로 삼은 것이고 그 위반행위도
호주에서 이루어졌으므로 호주법원이 Syndicate에 대해서 관할권을
가진다"고 판단하여 본안판단에 나아갔다. 그리고 2009. 9. Syndicate
에 대한 대금지급행위가 2001년 호주회사법상 부인대상행위에 해당
한다는 이유로 결국 Syndicate로 하여금 위 금원을 New Cap에게 다
시 반환할 것을 명하는 판결을 내렸다.

그리고 호주법원은 2009. 10. 영국의 High Court에 위와 같이 내려
진 부인재판을 영국의 1986년 영국도산법 제426조에 따라 승인·집행
하여 달라는 취지의 요청서(a letter of request)를 보냈다.[119]

(588FA~588FJ)으로 구성되어 있다.

[118] 청산인은 Ernst & Young이라는 회계 법인의 Sydney 지점에 소속된 파트너
회계사였다.

[119] Rubin 판결, para. 78에 의하면 호주법원은 위 요청서(a letter of request)에
서 ① 주위적으로는 "Syndicate로 하여금 부인재판에 명시된 금액을 즉시
지급하도록 명령하여 줄 것"을, ② 예비적으로는 "청산인이 영국법원에서
호주법률에 따라 새로운 별도 소송을 제기하는 것을 허용하여 줄 것"을

2. 영국법원 하급심(1심 및 항소심)의 판단

위와 같은 신청에 대해 영국의 High Court[120] 및 항소법원[121]은 당시에 내려져 있던 Rubin 사건의 항소심 판결(=부인재판의 집행을 허가하는 내용)에 따라, 모두 호주에서 내려진 부인재판의 승인·집행을 허용하는 쪽으로 결론을 내렸는데, 다만 그 논리의 구성은 약간 상이하였다.

먼저, 1심 법원은 쟁점이 되는 부인재판이 영국과 민사/상사재판의 상호집행에 관한 조약(UK-Australia Agreement for the reciprocal enforcement of judgments in civil and commercial matters)을 체결하고 1933년 외국재판(상호집행)법의 적용을 받는 '호주'의 법원에서 내려진 것이라는 점에 주목하였다. 따라서 위 1933년 법률에 따라 그 승인·집행 여부를 결정해야 하는데 '도산절차에서 내려진 재판'에는 위 법률이 적용되지 않으므로, 위 법률을 근거로 하여서는 호주의 부인재판을 승인·집행할 수 없다고 판단하였다. 다만, 호주는 영연방(Commonwealth)에 속한 국가로서 "관련국가(Any relevant country or territory)"에 포함되어 있으므로, 1986년 영국도산법 제426조의 지원조항(assistance provision)을 근거로 하여 위 부인재판에 대한 승인·집행을 할 수 있고, 또한 커먼로에 의해서도 대내적 효력을 부여할 수 있다고 판시하였다.

그러나 항소법원의 논거는 달랐다. 항소법원은 1933년 외국재판(상호집행)법은 "도산절차에서 내려진 재판"도 일반 민·상사 재판처럼 그 적용대상으로 삼고 있으므로 이 사건 호주의 부인재판에 대해

각 요청하였다. 즉, 주위적 청구가 부인재판의 승인·집행을 하여 달라는 취지로 이해된다.

[120] 1심의 사건번호는 [2011] EWHC 677 (Ch)이고, 담당 법관은 Lewison J.이었다.

[121] 항소심의 사건번호는 [2011] EWCA Civ 971, [2012] 2 WLR 1095이고, Mummery, Lloyd and Macfarlane LJJ가 항소심 재판부를 구성하고 있었다.

서도 위 법률을 적용하여 승인·집행할 수 있다고 판단하였다. 나아가 위 1933년 법률의 제6조[122]가 1986년 영국도산법 제426조의 적용을 배제하고 있지 않기 때문에, 관련국가에 대한 우호적인 조치를 내릴 수 있는 근거규정인 위 제426조를 근거로 하여서도 호주의 부인재판을 승인·집행할 수 있다고 명시하고, 이러한 점에서는 1심을 지지하였다. 다만, 위 1933년 법률 제6조가 커먼로상의 지원을 배제하고 있는 것은 명확하므로 커먼로에 의해서도 승인·집행이 가능하다고 판시한 1심의 판단 부분에 대해서는 잘못되었다고 지적하였다.

즉, 하급심들은 Dicey Rule에 따라 실제로 호주재판이 소송상대방인 Syndicate에 대해 대인관할권을 가지고 있다고 볼 수 있는지 보다는 일단 승인·집행을 할 수 있다는 결론을 먼저 내리고, 다만 그 근거 법률을 어디서 찾을 것인지에 대해서 보다 주목하였다. 이하에서 영국대법원의 ① 1933년 외국재판(상호집행)법, ② 1986년 영국도산법 제426조, ③ 커먼로의 적용 여부에 대한 각 판단을 살펴본다.

3. 영국대법원의 주요 판시사항

가. 1933년 외국재판(상호집행)법의 적용 여부

1) 도산관련재판에의 적용가능성

영국대법원은 호주와 영국 사이에 체결된 민·상사재판의 상호집행에 관한 조약(UK-Australia Agreement for the reciprocal enforcement of judgments in civil and commercial matters)에서 상호집행의 대상으로 삼기로 명시되어 있는 "Civil and Commercial Matters"에서 "도산절차(insolvency proceedings)"가 배제된다고 볼만한 근거 내지 사정이

---

[122] 앞서 본 것처럼 1933년 외국재판(상호집행)법이 적용되는 이상, 위 법률에서 예정하고 있는 집행방법(등록절차) 외의 다른 방법으로는 외국재판의 집행을 시도할 수 없다는 조문이다.

없으므로, 1933년 외국재판(상호집행)법이 그대로 적용될 수 있다고 판단하였다.

1933년 외국재판(상호집행)법 제11조 제2항에서 '이 법률에서 의미하는 대인소송(action in personam)에 파산(bankruptcy)이나 회사의 청산절차(winding up of companies)와 관련되어 내려진 재판은 포함하지 않는다'고 명시하고 있기는 하지만,[123] 제4조 제2항 제(c)호에서 대인재판/대물재판에 해당하지 않는 제3의 유형의 재판도 커먼로를 통해 간접관할권을 인정할 여지가 있다고 규정하고 있으므로,[124] 도

---

[123] 1933년 외국재판(상호집행)법 제11조 제2항은 '상속재산관리', '혼인관계에서 발생한 양육비나 부양료', '성년후견/미성년후견' 등과 더불어 '파산(bankruptcy), 회사청산(winding up of companies)에 관한 소송'도 위 법률에서 의미하는 대인소송(action in personam)에 해당하지 않는다고 규정하고 있다.

[124] 1933년 외국재판(상호집행)법 제4조 제2항은 승인·집행의 대상재판이 ① 대인재판인 경우(제2항 제(a)호), ② 소송물이 '부동산'이거나 '동산이라고 하더라도 물권에 관한 대물재판'인 경우는 대상재판을 내린 외국법원이 관할권을 당연히 가지는 것으로 간주한다고 규정하여(제2항 제(b)호), 간접관할권을 넓게 인정하고 있다. 나아가 위 유형에 해당하지 않더라도 ③ 등록절차를 진행하는 영국법원(registering court)이 해당 외국법원이 관할권을 가지고 있었던 것으로 인정한 경우에는 간접관할권이 충족된 것으로 볼 수 있다는 보충적 규정을 두고 있다(제2항 제(c)호). 즉, 영국법원이 그 재량에 따라 어떠한 유형의 재판도 마음껏 승인·집행할 수 있도록 근거를 마련한 셈이다. 참고로 해당 부분의 원문은 아래와 같다(밑줄과 강조는 필자가 임의로 표시).

> 4 Cases in which registered judgments must, or may, be set aside.
>
> (2) For the purposes of this section <u>the courts of the country of the</u> **original court** shall, subject to the provisions of subsection (3) of this section, <u>be</u> **deemed to** <u>have</u> **had** <u>jurisdiction</u>—
>
> (a) in the case of a judgment given in **an action in personam**—
>
> (i)~(v)는 생략. ※ 이하에서 보는 것처럼 Dicey Rule 43과 실질적으로 거의 동일함
>
> (b) in the case of a judgment given in an action of which <u>the subject matter was</u> **immovable property** or in <u>an action in</u> **rem** <u>of which the subject matter was</u>

산절차에 관한 재판이라는 이유만으로 1933년 외국재판(상호집행)법의 적용이 완전히 배제된다고 볼 수는 없다는 취지이다.

문언상 위와 같은 해석이 전혀 불가능하지는 않지만, 이와 취지를 같이하는 브뤼셀협약, 루가노협약, 브뤼셀규정 등에서 일관되게 도산관련재판을 명시적으로 배제하는 규정을 두고 있고 실무상으로도 이를 승인·집행의 대상으로 삼지 않고 있다는 점에서 다소 무리한 해석이라고 볼 여지도 있다고 생각된다. 어쨌거나 1933년 외국재판(상호집행)법이 적용된다고 보는 이상, 호주에서 내려진 재판을 영국에서 집행하는 유일한 방법은 위 법 제6조에 따라 등록을 하는 것뿐이므로(제6조는 등록 이외의 다른 모든 절차를 배제하고 있음), 영국 대법원은 호주에서 내려진 재판이 제6조에 등록될 수 있는 요건을 갖추었는지에 초점을 맞추었다.

2) 사안의 경우(관할권 복속이 있었는지)

1933년 외국재판(상호집행)법 제6조에 따라 등록되기 위해서는 해당 재판을 내린 외국법원이 제4조 제2항 제(a)호의 (i)~(ⅴ)중 하나에 해당하는 방법으로 간접관할권을 가지고 있어야 하므로, 호주법원이 부인재판의 상대방인 Syndicate를 상대로 간접관할권을 가지고 있었는지가 검토되었다.

위 각호에서 규정하고 있는 다섯 가지 기준은 아래에서 보는 바와 같이 Dicey Rule 43과 거의 동일한 내용으로 구성되어 있다. 그런데 이 사건에서 다른 요건에는 해당사항이 없어서 결국 (Rubin 판결과

---

movable property, if the property in question was at the time of the proceedings in the original court situate in the country of that court;
(c) in the case of a judgment given in an action other than any such action as is mentioned in paragraph (a) or paragraph (b) of this subsection, if the jurisdiction of the original court is recognised by the law of the registering court.

마찬가지로) Syndicate가 해당 부인소송에 자발적으로 참여하여 그 관할권에 복속하였다고 볼 수 있는지, 즉 제(ⅰ)목이 쟁점이 되었다.

> · 집행대상이 되는 재판의 소송상대방이 해당 외국법원에 자발적으로 참여(voluntarily appearing)하여 그 관할권에 복속(submit to the jurisdiction)한 경우(제ⅰ목)
> · 집행대상이 되는 재판의 소송상대방이 원고 내지 반소원고였던 경우(제ⅱ목)
> · 당사자들 간에 제소 전 이미 해당 소송물에 대해 이미 그 외국법원에 관할권을 복속하기로 하는 합의가 있었던 경우(제ⅲ목)
> · 제소 당시 소송상대방의 주소(residence, 개인인 경우) 내지 주된 영업의 중심지(principal place of business, 법인인 경우)가 그 외국에 있었던 경우(제ⅳ목)
> · 사무실(office)이나 사업장(place of business)이 그 외국에 있었고, 해당 소송이 해당 사무소와 관련된 거래로 인하여 발생한 분쟁에 관한 것인 경우(제ⅴ목)[125]

그런데 부인소송의 상대방인 Syndicate가 직접 〈부인소송절차〉에 출석하거나 참석하지는 않았지만 〈청산절차〉에서 소송대리인을 통해 법률적 의견을 작성·제출하거나 호주재판부에 제출하고, 채권을 신고하였으며, 채권자집회에도 참석하여 의결권을 행사하였던 사실이 확인되었다.[126]

이에 위와 같은 청산절차에의 참여를 부인소송절차에서까지 관할권 복속을 한 것으로 인정할 수 있을지 문제되었고, 영국대법원은 Syndicate가 청산절차에 적극적으로 참여하였고 청산인이 Syndicate를 위한 배당금까지 보유하고 있게 된 점 등을 고려하면 Syndicate가

---

125) Dicey Rule 43에는 존재하지 않았던 요건인데, "주소지(residence)"나 "주된 (principal) 영업의 중심지"까지는 아니더라도 ⅰ) 사무소가 존재하고, ⅱ) 소송물이 해당 사무소와 관련되어 있기만 하다면 간접관할권을 인정해주겠다는 취지이므로, Dicey Rule 43보다 인정 범위가 더 넓다.

126) 청산절차와 함께 New Cap에 관한 SOA 절차가 진행되었는데, Syndicate는 그 SOA 절차에서 개최된 채권자집회에 참여하여 의결권을 행사한 것이다. 참고로 호주의 SOA는 2001년 호주회사법 제411조 제1항에서 그 근거를 두고 있는데, Jennifer Payne, *Scheme of Arrangement: Theory, Structure and Operation*, Cambridge University Press, 2014, 326면에서는 영국의 SOA와 유사하다고 소개하고 있다.

호주에서 진행된 일련의 도산절차에 관하여 호주법원의 관리·감독을 받겠다는 의사를 표시한 것으로 충분히 볼 수 있고, 이와 같이 보지 않는다면 도산절차로부터의 이익만 누리고 그에 대한 의무는 부담하지 않는 것을 허용하는 셈이 되어 타당하지도 않다는 점 등을 이유로, 호주법원의 부인소송에 대한 간접관할권을 인정하였다.

결과적으로 대상재판의 승인·집행을 인정하였다는 점에서 차이가 있기는 하지만, 영국대법원은 청산절차와 부인소송절차는 별개의 독립된 절차이므로 기본적으로 양 절차에서의 관할권복속의 여부는 별도로 판단되어야 한다는 입장을 재확인한 것이므로 기본적으로는 Rubin 판결과 입장을 같이 하고 있다고 생각된다. 단지 Rubin 사건(= 부인소송의 소송상대방이었던 Eurofinance, Adrian Roman 등이 제11장 절차에서 단지 "Notice of Appearance"만을 작성·제출하였음)과 대비하여, 이 사건의 소송상대방인 Syndicate는 더욱 적극적인 방법으로 호주에서의 청산절차에 참여하였던 사실이 고려된 것으로 볼 수 있다.

나. 1986년 영국도산법 제426조의 적용 여부

한편, 영국대법원은 이처럼 "1933년 외국재판(상호집행)법"을 근거로 호주의 부인재판을 승인·집행할 수 있다는 점을 확인한 상황에서, 한 걸음 더 나아가 "1986년 영국도산법 제426조 제4항"에 의해서도 위 부인재판을 승인·집행할 수 있는지도 검토하였다. 결론적으로 제426조 제4항의 "지원(assist)"에 외국재판의 승인·집행이 포함된다고는 볼 수 없다고 판단하였는데, 그 논거는 아래에서 보는 바와 같다.

첫째, 1986년 영국도산법 제426조 제4항은 도산절차가 진행 중인 법원을 지원하여야 한다(shall assist)고 명시하고 있을 뿐이다. 같은 조 제1항(=영국 내의 다른 지역에서 내려진 도산법 관련 판결을 상

호집행해야 한다는 취지의 조항)처럼 명시적으로 집행되어야 한다
(shall be enforced)고 표현하고 있지는 않다.[127]

둘째, 제426조 제4항은 외국법원뿐만 아니라 영국 내의 다른 지역
(intra-UK)에 위치한 법원까지도 지원하도록 하고 있는데, 만약 제4항
의 "지원"에 도산절차와 관련된 재판의 승인·집행까지 포함하는 것
으로 해석한다면 같은 조 제1항은 그 의미가 퇴색되고 불필요한 중
복적 조항에 불과하게 된다.

셋째, 1986년 영국도산법 제426조는 그 전신인 1914년 파산법
(Bankruptcy Act 1914) 제121조, 제122조를 기초로 제정된 것이다. 그
런데 위 파산법도 영국 내부(England, Scotland, Northern Ireland)에서
내려진 도산관련재판의 승인·집행은 폭넓게 인정하는 반면에(제121
조), 도산관련재판이 아닌 도산절차 일반에 관하여는 도산절차가 진
행되는 영국 내·외의 법원을 지원하거나 보조할 수 있을 뿐(in aid of,
and be auxiliary to)이라고 명시하여(제122조), 양자를 분명히 구분하
고 있다.[128]

---

127) 영국은 내부적으로 Jurisdiction이 구분되어 있다. 따라서 가령 Scotland나
Northern Ireland에서 내려진 도산 관련 재판은 그 자체로 England and
Wales에서 내려진 재판과 같은 효력을 가진 것으로 취급되지는 못하고,
위와 같은 승인·집행 절차를 거쳐야만 한다.

128) 1914년 파산법 제121조, 제122조의 원문은 아래와 같다(밑줄과 강조는 필
자가 임의로 표시).

> **121. Enforcement of orders of courts throughout the Unites Kingdom**
>
> Any order made by a court having jurisdiction in bankruptcy in **England** under this
> Act or any enactment of orders of courts through- repealed by this Act shall be
> enforced in **Scotland and Ireland** in the courts having jurisdiction in bankruptcy in
> those parts of the United Kingdom respectively, in the same manner in all respects
> as if the order had been made by the court hereby required to enforce it; and in
> like manner any order made by a court having jurisdiction in bankruptcy in
> **Scotland** shall be enforced in **England and Ireland**, and any order made by a court
> having jurisdiction in bankruptcy in **Ireland** shall be enforced in **England and**
> **Scotland** by the courts respectively having jurisdiction in bankruptcy in the part of

넷째, 이른바 "Cork Report"라고도 알려진 도산법실무 검토위원회
작성 보고서(The insolvency Law and Practice Report of the Review
Committee)는 위 1914년 파산법 중에서도 제122조가 중요한 기능을
하는 조항(vital section in this context)이라고 선언하고 있다.[129]

다섯째, England v Smith 판결[130]에서도, 영국법원은 호주법원에서
내린 명령을 직접 승인·집행한 것이 아니라 호주의 청산절차를 지원
할 목적으로 별도의 독립된 명령을 내린 것일 뿐인 점(the making of
the court's own order in aid of the Australian liquidation) 등을 근거로
1986년 영국도산법 제426조 제4항의 "지원"에는 외국재판의 승인·집
행까지 포함되지 않는다고 설시하였다.

> the United Kingdom where the orders may require to be enforced, and in the same
> manner in all respects as if the order had been made by the court required to
> enforce it in a case of bankruptcy within its own jurisdiction.
> 122. Courts to be auxiliary to each other
> The High Court, the county courts, the courts having jurisdiction in bankruptcy in
> Scotland and Ireland, and every British court elsewhere having jurisdiction in
> bankruptcy or insolvency, and the officers of those courts respectively, shall
> severally act in aid of and be auxiliary to each other in all matters of bankruptcy,
> and an order of the court seeking aid, with a request to another of the said courts,
> shall be deemed
> sufficient to enable the latter court to exercise, in regard to the matters directed
> by the order, such jurisdiction as either the court which made the request, or the
> court to which the request is made, could exercise in regard to similar matters
> withui their
> respective jurisdictions.

---

[129] Cork Report, paras. 1909~1913.

[130] *England v Smith* [2001] Ch 419 (CA). 위 사안은 호주에서 청산절차가 진행
중인 채무자법인의 청산인으로 선임된 자가 회계법인 Arthur Andersen 소
속 영국인 회계사(파트너)를 상대로 손해배상을 구하면서 동인에 대한 조
사를 요청한 건이다. 영국법원은 처음에는 회계사를 조사하는 절차가 영
국법에 존재하지 않는다는 이유로 이를 거부하였다가 도산사건은 국제예
양에 따라 상호 간에 공조해야 한다는 취지에서 위 회계사에 관한 조사의
진행(호주법에 따라 영국에서 진행하는 것)을 허용하였다.

물론 이와 같은 영국대법원의 판시는 〈1986년 영국도산법 제426조 제4항〉의 지원(assist)의 개념에 관한 해석이어서 〈CBIR 2006상의 구제조치〉의 범위를 해석하는 데에도 직접 적용된다고 단정할 수는 없다. 다만, 영국대법원이 도산법상의 구제조치는 외국재판의 승인·집행 절차로 처리되지 않는 영역만을 보충적으로 담당하는 것으로 바라보고 있다는 점을 확인할 수 있다.

다. 커먼로의 적용 여부

한편, 영국대법원은 1933년 외국재판(상호집행)법이 적용된다고 보는 이상, 위 법률 제6조에서 오로지 등록(registration of the judgment)을 통해서만 해당 외국재판을 승인·집행할 수 있도록 하는 조항을 두고 있으므로 커먼로를 근거로 한 승인·집행은 명문에 반하는 것이어서 그 자체로 허용될 수 없다고 판시하였다. 다만, 앞서 본 바와 같이 이는 '성문법 우선 조항이 존재하는 경우'의 커먼로 적용 여부에 관한 사안이어서, 이와 같은 조항이 존재하지 않는 경우의 법률관계는 불분명하다. 커먼로는 언제나 성문법에 보충적으로만 적용되는지, 즉, 성문법이 이미 규율하고 있는 영역에서는 항상 법원(法源)으로서 배제되고 적용될 수 없다고 판단한 것은 아니라고 생각된다.

4. 검토

위 각 법원의 입장을 표로 정리하면 아래와 같은데, 결국 영국대법원에 따르면 호주의 NSW 주법원에서 내려진 부인재판은 1933년 외국재판(상호집행)법을 근거로 하여서만 승인·집행할 수 있고, 1986년 영국도산법이나 커먼로에 기하여서는 영국 내에서 그 대내적 효력을 부여할 수 없다.

NSW 주법원이 Syndicate에 대한 관할권을 가지는지 여부	High Court (1심)	영국항소법원 (2심)	영국대법원 (3심)
이 사건 부인재판의 성질	대인적 재판	대인적 재판	대인적 재판
1933년 외국재판(상호집행)법에 따른 승인·집행	X [도산재판에 적용×]	O [§4(2)(a)적용O]	O [§4(2)(a)적용O]
1986년 영국도산법 제426조 제4항	O	O	X
Common Law Jurisdiction (도산재판에 대한 특수 취급)	O	X	X
결론 (승인·집행여부)	O	O	O
비고	Cambridge Gas와 유사한 입장	절충적인 입장	Rubin과 기본적으로 동일한 입장

결과적으로 청산인은 New Cap 호주청산절차의 도산재단(Syndicate로부터 반환받을 금원)을 보다 신속하고 효율적으로 관리할 수 있게 되었다. 즉, 영국에서 불필요하게 별도의 도산절차를 신청하고 그에 터 잡아 부인소송을 제기할 필요가 없게 된 것이므로, 호주에서 내려진 부인재판의 효력을 인정한 영국대법원의 결론에는 찬동한다. 하지만 CBIR 2006이 제정되기 전부터 오랫동안 외국도산절차를 지원하는 역할을 수행하면서 사실상 CBI 모델법상의 구제조치(relief)로서의 기능을 담당하여 오던 〈1986년 영국도산법 제426조 제4항〉에 따른 지원(assist)의 내용 및 범위를 Rubin 판결에서와 마찬가지로 제한적으로 해석한 부분은 아쉽다.

오히려 영국대법원이 Rubin 판결과의 정합성을 위해 〈1986년 영국도산법 제426조 제4항〉상의 지원(assist)의 내용·범위를 부득이 제한한 것이 아닌가 하는 생각이 든다. 호주에서 내려진 부인재판의 효력을 인정하는 것이 구체적으로 타당한 상황에서도 그와 같이 해석할 수 없는 상황에 직면하게 되니, 부득이 1933년 외국재판(상호집행)법을 돌파구로 찾게 되었고, 다소 무리하게 위 법률을 도산관련재판에도 적용할 수 있다는 논리를 전개한 것이 아닌가 싶다. 1933년 외국재판(상호집행)법 제11조 제2항에서 "도산관련재판"을 그 적용대상에서 명시적으로 배제하고 있음에도, 영국대법원이 굳이 다른 조문을 근거로 논리를 세워 도산관련재판을 그 적용대상으로 삼은 것은 브뤼셀협약, 루가노협약, 브뤼셀규정 등에서 일관되게 취급하여 온 실무에 반할 여지가 있어서 다소 정합성이 떨어지는 면이 있어 보이기 때문이다.

이러한 점에서 〈1933년 외국재판(상호집행)법〉이 아니라 〈1986년 영국도산법 제426조 제4항〉에 따른 "지원(assist)"내지 커먼로에 따른 특수취급을 통해 호주부인재판에 대내적 효력을 부여할 수 있다고 판단한 영국 1심법원(High Court)의 결론이 논리적인 정합성에서나 국제도산규범의 목적/취지에 더 부합한 것으로 보인다.

제5절 기타 구제조치 관련 사례들

한편, Gibbs Rule이나 Dicey Rule이 직접 쟁점이 된 것은 아니지만, 영국법원이 CBIR 2006상의 구제조치(relief)와 1986년 영국도산법상의 지원(assist)에 대해서 다소 상이한 입장을 적용한 사례들이 있어서 간단히 소개한다.

국내에서 회생절차가 개시된 주식회사 팬오션(Pan Ocean, 변경 전 상호: 에스티엑스팬오션 주식회사, 이하 '팬오션'이라고 한다)에 대한 〈CBIR 2006상의 구제조치(relief)〉가 문제된 Pan Ocean 사건과 호주에서 청산절차가 개시된 호주의 보험회사 HIH Casualty & General Insurance Ltd에 대한 〈1986년 영국도산법상 제426조 제4항의 지원

⟨assist⟩⟩이 문제된 HIH Casualty 사건이 바로 그것인데, 외국도산절차
에 대한 지원이라는 실질에 있어서는 양 규범이 사실상 동일한 것으
로 보임에도 불구하고, 전자에 대해서는 절차적인 성격을 가지는 것
으로 제한하면서 그 범위를 좁게 해석하였고, 후자에 대해서는 그
범위를 폭넓게 해석하였다는 차이가 있다.

I. Pan Ocean 판결

이 사건은 국내 해운회사인 팬오션에 관하여 진행된 우리나라의
회생절차(서울회생법원 2013회합110호)의 승인을 영국법원에 신청하
여 주도산절차로 승인을 받은 이후,[131] 그 관리인 등이 관련 구제조
치를 추가로 구하는 과정에서 발생하였다.

1. 사실관계

세계 최대 규모의 우드펄프 생산법인(브라질법인)인 Fibria Celulose
S/A는 2011. 8. 31. 팬오션과 우드펄프 운송에 관하여 영국법을 준거
법으로 하는 계약을 체결하고 거래를 하던 중, 위와 같이 팬오션에

---

[131] 팬오션은 2013. 6. 7. 서울회생법원 2013회합110호로 회생절차개시신청을
하여 2013. 6. 17. 개시결정을 받고, 2013. 11. 22. 회생계획을 인가받은 다
음, 2015. 7. 30. 종결결정을 받은 해운회사이다. 위 회생절차에서 DIP의 지
위에 있었던 김유식은 회생절차개시결정을 받은 이후인 2013. 6. 21. 영국
의 Companies Court에 CBIR 2006에 따른 승인을 신청하여 2013. 6. 25. 그
결정을 받았다. 참고로 영국법원뿐만 아니라 호주법원에서도 위 국내회생
절차의 승인이 이루어졌는데, 그 구제조치 발령 과정에서 선박우선특권과
의 충돌이 다루어지기도 했다. 상세는 김영석, "해운회사의 국제도산에 관
한 연구-박 관련 쟁점을 중심으로", 사법논집 제64집, 법원도서관, 2017,
434면 이하를 참조.

관한 회생절차가 개시되자 팬오션과의 계약을 유지하는 것이 회사
의 수익에 도움이 되지 않는다고 판단하고 당사자 간에 체결된 계약
의 제28조에 따른 '도산해제/해지조항(Ipso Facto Clause)'132)을 근거
로 팬오션과의 계약을 해지하려고 하였다.

반면에 팬오션은 Fibria Celulose S/A와의 계약이 팬오션의 재건에
도움이 된다고 판단하고 그 계약관계를 유지하고 싶어 하였고, 이에
팬오션 및 그 관리인(우리나라의 회생절차에서 관리인으로 선임된
자)이 "대한민국의 법에 따르면 도산해제/해지조항은 효력이 없으므
로,133) Fibria Celulose S/A가 위 계약의 제28조에 기하여 해제/해지권

---

132) 계약당사자들 사이에 채무자의 재산상태가 장래 악화될 것에 대비하여,
당사자 일방에게 지급정지나 파산, 회생절차의 개시신청 등 도산에 이르
는 과정상의 일정한 사실이 발생한 경우에 그 상대방에게 당해 계약의 해
제·해지권이 발생하는 것으로 정하거나, 이를 계약의 당연 해제·해지사유
로 정하는 특약을 도산해제(해지)조항(*Ipso Facto* Clause)라고 한다. 상세는
서울회생법원 재판실무연구회, 『회생사건실무(상)(제5판)』, 박영사, 2019,
407면을 참조.

133) 대법원 2007. 9. 6. 선고 2005다38263 판결은 "도산해지조항은 어느 경우에
나 회사정리절차의 목적과 취지에 반한다고 하여 일률적으로 무효로 보
는 것은 계약자유의 원칙을 심각하게 침해하는 결과를 낳을 수 있을 뿐만
아니라, 상대방 당사자가 채권자의 입장에서 채무자의 도산으로 초래될
법적 불안정에 대비할 보호가치 있는 정당한 이익을 무시하는 것이 될 수
있다"고 하면서 구체적인 사건에서 도산해제/해지조항의 유·무효를 개별
적으로 판단하여야 한다는 취지로 판시하였을 뿐이다. 따라서 어느 경우
에나 무효가 된다는 표현은 정확하지 않다. 다만, Fibria Celulose S/A와의
계약을 유지하려는 관리인이 상대방의 해제/해지권 행사가 부적법하다는
논거를 마련하기 위해 다소 과감하게 표현한 것으로 생각된다. 참고로 미
연방파산법은 365(e)(1)(B)에서 미이행 쌍무계약(executory contract) 및 기간
이 만료되지 않은 임대차(unexpired lease)에 대하여는 *Ipso Facto* Clause의
효력을 명시적으로 배제함으로써 이를 입법적으로 해결하고 있다. 상세는
김영석, "도산절차에서의 보증신용장(Standby Letter of Credit)을 둘러싼 몇
가지 법률관계", 한국해법학회지 제43권 제2호, 한국해법학회, 2021, 25면
이하를 참조. 참고로 위 미연방파산법 해당 부분 원문은 아래와 같다(밑줄

을 행사하는 것을 금지시켜 달라"고 주장하면서, High Court에 CBIR 2006 Schedule 1의 제21(1)(a)에 따른 구제조치로서 위와 같은 내용의 금지명령을 발령하여 달라는 신청을 하였다.

2. 주요 판시사항

High Court는 이와 같은 금지명령의 발령을 구하는 구제조치(relief) 신청을 기각하면서, 그 주요 이유는 다음과 같은 점을 들었다. ① CBIR 2006 Schedule 1의 제21(1)(a)에 따라 법원이 중지·금지할 수 있는 대상은 "개별소송이나 개별절차의 개시·계속(commencement or continuation of individual action or individual proceedings)"이다.[134] 즉, 계약당사자 일방이 그 상대방에게 해제/해지의 의사표시를 하는 행위는 이에 포함되지 않으므로, 중지를 명할 수 있는 대상 자체에 해당하지 않는다. ② CBIR 2006 Schedule 1의 21(1)에서 명시한 "적절한 구제조치(any appropriate relief)"는 너무 포괄적으로 해석되어서는 안 된다. ③ 무엇보다도 CBIR 2006 Schedule 1의 제21(1)(a)에 의해서는 〈절차적 성격

과 강조는 필자가 임의로 표시).

> § 365. Executory contracts and unexpired leases
>
> (e)(1) Notwithstanding a provision in an executory contract or unexpired lease, or in applicable law, an executory contract or unexpired lease of the debtor may not be terminated or modified, and any right or obligation under such contract or lease may not be terminated or modified, at any time after the commencement of the case solely because of a provision in such contract or lease that is conditioned on--
>
> (A) the insolvency or financial condition of the debtor at any time before the closing of the case;
>
> (B) the commencement of a case under this title; or

[134] CBIR 2006 Schedule 1의 제21(1)(a)는 채무자회생법 제636조 제1항 제1호(=지원결정으로 '채무자의 업무 및 재산에 대한 소송 또는 행정청에 계속하는 절차의 중지'를 명할 수 있다는 부분)와 유사한 조문이다.

(procedural nature)〉을 가지는 명령만을 발령할 수 있으므로, 계약종료와 같은 당사자 간의 실체적 권리·의무(substantive rights and obligations)에 영향을 미치는 사항에 대해서는 구제조치를 발령할 수 없다. ④ 또한, 영국의 국내도산절차에서 가능하지 않은 내용의 명령은 CBIR 2006상의 구제조치로서도 외국도산절차에 지원될 수 없다. ⑤ 나아가 당사자 간 계약의 준거법이 영국법인 이상, 도산해제/해지조항이 무효라는 대한민국 도산법의 법리를 그대로 적용할 수 없으므로 Fibria Celulose S/A가 해제권을 행사할 수 없는 것으로 볼 수도 없다.135)

3. 검토

위 사건에서는 영국의 국내도산절차에서 발령 가능한 내용의 명령·결정만이 CBIR 2006 Schedule 1의 제21(1)(a)에 따른 구제조치로서도 허용될 수 있다고 판단되었다. 미연방파산법원이 Condor Insurance Ltd 사건에서 보여주었던 적극적 입장(=외국법이 준거법인 경우에는 그 외국법에서 허용하는 내용의 구제조치도 발령해줄 수 있다는 입장)과 다소 대비된다는 점은 앞에서 살펴본 바와 같다. 이에 더하여 High Court는 "CBIR 2006 Schedule 1의 제21(1)(a)에 따른 구제조치는 절차적인 성격을 가지는 내용만 발령할 수 있다"고 명시적으로 선언함으로써 국제도산에 대한 소극적인 태도를 다시 한번 보여주었다고 평가할 수 있다.

---

135) 이는 "영국법이 준거법인 상황"에서는 당사자 간의 실체적 권리·관계에 관하여 외국도산법원이 그 외국법에서 정한 바에 따라 결정한 사항을 따르지 않겠다는 취지로 이해되기도 하므로, 기본적으로는 Gibbs Rule과 입장을 같이 하는 것으로 보인다.

II. HIH Casualty 판결

이 사건은 호주의 보험기업집단인 HIH Group 중 일부 계열사들에 관하여 진행된 호주의 청산절차를 지원하기 위해, 위 계열사들이 보유한 영국자산을 호주법원으로 송금해주는 것을 영국법원이 허가한 사안이다. 물론 CBIR 2006이 직접 적용된 것은 아니어서 CBI 모델법에 관한 영국 실무례로 평가할 수는 없다. 그러나 적어도 영연방(Commonwealth) 중 하나인 호주의 법원에서 진행되는 절차에 〈1986년 영국도산법 제426조 제4항〉을 근거로 지원하는 경우에는 영국법원이 가능한 적극적 태도를 취한다는 점을 보여주는 흥미로운 사례로 생각된다.

1. 사실관계

호주에서 두 번째로 큰 보험그룹법인인 HIH Group에 속한 4개의 계열사들은 재무상황이 악화되자 2001. 3. 15. 호주의 NSW 주법원에 청산절차(winding-up)를 신청하였고, 2001. 8. 27. 위 법원으로부터 청산개시결정을 받고 자산의 환가·배당절차를 진행하였다. 그런데 위 계열사들은 호주가 아닌 "영국"에도 일부 자산을 보유하고 있었다. 이를 해결하기 위해 2001. 7. 24. 영국법원에도 위 4개의 계열사에 관한 청산절차(winding-up)가 함께 신청되었는데, 영국법원은 호주법원으로부터 이에 관한 2001. 9. 10.자 협조요청을 받고, 영국의 청산절차 진행을 위한 임시공동청산인(joint provisional liquidators)을 선임하였다.

이후 위 계열사들이 보유한 영국자산에 대한 환가절차가 진행되었고, 이에 호주법원은 2005. 7. 4. 영국법원에 "영국의 임시공동청산인들로 하여금 본인들이 보유하고 있는 환가자산을 호주의 청산인에게 송금하도록 지시하여 호주청산절차의 진행을 지원하여 달라"

는 1986년 영국도산법 제426조 제4항에 따른 요청(letter of request)을
하였다.

2. 주요 판시사항

이 사안에서는 일반채권자들 사이에서 안분배당을 원칙으로 하는
영국과는 달리,[136] 호주는 "보험회사"의 청산에 있어서는 변제의 순
위와 방법을 영국과 달리 정하고 있다는 데에 있었다.[137] 따라서 송
금을 하게 된다면 영국의 채권자들이 위 자산이 영국에 그대로 남아
있었을 경우와 비교하여 다소 다른 취급을 받을 상황에 직면할 수
있다는 점이었다.

그런데 영국법원은 ① 보험회사에 관한 특수취급은 영국의 국내법
률이나 EU의 관련 규정 등에서도 쉽게 발견되는 부분이어서 호주의
법률이 특별히 부당하다고 생각되지 않는 점,[138] ② 위 계열사들의 채

---

[136] 1986년 영국도산법은 제107조에서, 우선권 있는 채권(preferential payments)
을 제외한 나머지 일반채권들 사이에서는 '안분 변제'를 원칙적인 변제방
법으로 규정하고 있다.

[137] 호주의 2001년 회사법(Corporations Act 2001) 제562A는 재보험증권을 환가
하여 확보한 대금은 해당 재보험증권과 관련된 채권자들에게 우선적으로
변제되어야 한다고 규정하고 있다. 한편, 호주의 1973년 보험법(Insurance
Act 1973) 제116조 제3항은 "보험회사"에 관한 청산절차가 진행되는 경우
에는 "호주에서 성립한 채무"에 대한 변제가 우선적으로 이루어져야 함을
명시하고 있는데, 물론 이는 위 보험회사가 보유한 "호주에 있는 자산"에
만 적용되는 것이기는 하지만 외국채권자에게는 다소 불리한 조항으로
보인다. 1973년 보험법 제116조 제3항의 원문은 아래와 같다(밑줄과 강조
는 필자가 임의로 표시).

> INSURANCE ACT 1973 - SECT 116
> General insurer not to carry on insurance business after start of winding up
> (3) In the winding up of a general insurer, **the insurer's assets in Australia** must
> not be applied <u>in the discharge of its liabilities</u> other than **its liabilities in
> Australia** <u>unless it has no liabilities in Australia</u>.

권자들은 당연히 호주의 청산절차에서 일괄하여 변제자원이 배분되리라고 기대하고 있을 것인 점, ③ 국제예양(international comity)이나 보편주의의 원칙(the principle of universalism)에 비추어 보더라도 그 자산매각대금을 호주에 송금하도록 하는 것이 국제도산의 법제에 부합하는 조치로 보이는 점 등을 근거로, 영국의 임시공동청산인으로 하여금 호주청산절차의 청산인에게 영국에 소재한 자산의 매각대금을 송금하도록 하였다.

3. 검토

위 사건은 영국이 영연방(Commonwealth) 국가들에 대해 우호적인 태도를 보이고 있음을 보여주는 단적인 사례다. 실질적인 권리관계(변제우선순위)에까지 영향을 미칠 수 있는 내용의 지원조치를 〈1986년 영국도산법 제426조 제4항〉을 근거로 발령할 수 있다고 본 셈이다. 이와 같이 본다면 CBIR 2006상의 구제조치(relief)도 반드시 절차적인 것으로 제한될 필요는 없어 보이므로 영국법원의 태도는 다소 일관되지 못한 것으로 보인다. 위 사건에서 영국법원은 호주로의 송금을 허용함으로써, 절차적 성격을 넘어서 이해관계인들의 실체적 권리·의무의 내용에까지 영향을 미칠 수 있는 내용의 지원을 한 셈인데, 그 근거가 된 1986년 영국도산법상 제426조 제4항의 목적·취지가 사실상 CBIR 2006상의 구제조치(relief)의 그것과 실질적으로 상이하다고 보기 어렵기 때문이다.

---

138) 보험회사의 재건과 청산에 관한 EU 지침(Directive 2001/17/EC of the European Parliament and of the Council of 19 March 2001 on the reorganisation and winding-up of insurance undertakings) 및 위 지침에 따라 영국이 국내법령으로 제정한 Insurers (Reorganisation and Winging-up) Regulations 2004, S.I. 가 그것이다.

결국, 영국법원이 외국도산절차에 소극적이거나 적극적인 입장을 취하는 것은 정치한 법 논리보다는 오히려 정책적인 판단에 따른 것으로 보인다. 따라서 국제도산에 호의적인 입장을 취하도록 정책적으로 유도할 수만 있다면 비(非) 영연방(Commonwealth) 국가에서 개시된 외국도산절차에 대해서도 절차적인 성질을 넘어 실체적인 내용에 관한 구제조치의 발령을 기대할 수 있을 것으로 생각된다. 이를 위해서는 이하에서 살펴볼 IRJ 모델법 및 그에 따른 CBIR 2006의 개정이 영국의 국제도산 법률시장을 위축시키지 않고 오히려 그 성장에 도움이 될 수 있다는 점에 대한 인식의 공유가 필요하다.

제6절 소결

I. 외국도산절차에서 이루어진 권리변경에 대한 소극적 입장(Gibbs Rule)

영국법원은 "영국법이 준거법으로 지정된 권리·의무에 대해서는 영국에서 진행되는 절차를 통해서만 그 내용을 조정할 수 있다"는 Gibbs Rule을 여전히 유효한 법리로 적용하고 있고, 이에 따라 인도네시아의 채무조정절차, 아제르바이잔의 회생절차에서 성립된 영국채무의 조정효력을 대내적으로 인정하지 않았음은 앞에서 본 바와 같다.

그러나 ❶ 외국도산절차에서도 도산전형적인 법률효과에 해당하지 아니하는 실체법적 사항, 즉, 당사자 간의 채권의 존부 및 범위(가령, 손해배상의 범위)에 대해서는 도산법정지법이 아닌 "국제사법에 따라 정해지는 계약의 준거법"을 적용할 수 있다.139) 따라서 외국도산절차에서 수립된 채무조정안의 대내적 효력을 인정하더라도 Gibbs

Rule이 기초로 하는 계약법적 관점(=계약당사자들이 영국법을 준거
법으로 정한 이상 해당 법률관계에 따른 채권·채무의 조정 또한 영
국법에 따라 이루어져야만 한다는 입장)과 충돌하는 것은 아니다. ❷
또한, Gibbs Rule을 엄격히 적용한다면 이는 결국 다수당사자 간의
법률관계에 적용되는 준거법을 저마다 개별적으로 확인하여 각 채
권·채무마다 별도의 외국도산절차를 통해 채무를 조정하는 것을 강
요하는 것과 같다. 이는 국제도산이 표방하는 수정된 보편주의에 부
합하지 않고 실무상 가능하지도 않다. ❸ 한편, 채권자/채무자 간의
개별적 계약에서 지정된 준거법도 집단적 채무처리절차의 성질을
가지는 도산절차의 목적과 기능을 해하지 않는 한도에서만 그 효력
을 가지는 것으로 제한할 여지가 있다.

따라서 이런 점들을 고려하면, 영국법원이 Gibbs Rule를 근거로 외
국도산절차에서 수립된 채권·채무조정의 대내적 인정에 소극적인
입장을 취하는 것은 동의하기 어렵다.

---

139) 우리나라가 이와 같은 입장을 취하고 있다. 대법원은 2015. 5. 28. 선고
2012다104526, 104533 판결에서 "외국적 요소가 있는 계약을 체결한 당사
자에 대한 회생절차가 개시된 경우, 계약이 쌍방미이행 쌍무계약에 해당
하여 관리인이 이행 또는 해제·해지를 선택할 수 있는지, 그리고 계약의
해제·해지로 인하여 발생한 손해배상채권이 회생채권인지는 도산법정지
법인 채무자회생법에 따라 판단되어야 하지만, 계약의 해제·해지로 인한
손해배상의 범위에 관한 문제는 계약 자체의 효력과 관련된 실체법적 사
항으로서 도산전형적인 법률효과에 해당하지 아니하므로 국제사법에 따
라 정해지는 계약의 준거법이 적용된다"는 입장을 취하고 있다.

II. 간접관할권의 엄격 심사에 따른 부인재판의
제한적 승인·집행(Dicey Rule)

영국법원은 외국도산절차에서 내려진 부인재판을 승인·집행함에 있어서도 ① CBIR 2006에 따른 구제조치(relief)나 1986년 영국도산법 제426조 제4항에 따른 지원(assist)의 방식으로 이를 승인·집행할 수는 없고, ② 일반적인 외국재판의 승인·집행에서 요구되는 요건이 충족되었는지를 검토해야 한다는 입장을 취하고 있다. 그리고 이와 같은 전제에서 Rubin 판결에서는 Dicey Rule을 근거로, New Cap 판결에서는 1933년 외국재판(상호집행)법[140]을 근거로 뉴욕남부파산법원과 호주법원이 각 소송상대방에 대하여 간접관할권(특히, 대인관할권)을 가지고 있었는지를 검토하였다. 그리고 이에 따라 뉴욕남부파산법원이 소송상대방인 Eurofinance 등에 대하여 적법한 대인관할권을 가지지 못한 상태에서 부인재판을 내렸다고 판단되어 그 승인·집행이 거부되었음은 앞에서 본 바와 같다(Rubin 판결).

그러나 전 세계적으로 흩어져있는 채무자의 도산재단을 효율적으로 회수·관리하여 불필요한 병행도산절차를 지양하고 단일도산절차로 역량을 집중할 필요가 있다. 특히, 부인소송 내지 부인재판은 그 과정에서 핵심적인 역할과 기능을 수행한다. 따라서 미연방파산법원에서처럼 CBI 모델법 제21(1)(g)의 추가적인 구제조치(additional relief)나 제7조의 추가적인 지원(additional assistance)에 상응하는 CBIR 2006의 규정을 적용하여 부인재판과 같은 도산관련재판의 승인·집행을 허용하는 것이 바람직해 보이므로, 영국법원의 입장은 지지하기 어렵다.

---

140) 앞서 본 것처럼 1933년 외국재판(상호집행)법 제4조 제2항 제(a)호의 (i)~(v)는 Dicey Rule 43과 거의 똑같은 내용으로 구성되어 있으므로, 간접관할권의 존부에 관한 실질적 판단 기준은 동일하다.

나아가 설령 CBIR 2006에 따른 구제조치로서 이를 처리하지 못하고 일반외국재판의 승인·집행 절차에 따라야 한다고 보더라도 영국법원의 입장을 찬성하기 어렵다. 뉴욕남부파산법원이 관할권행사의 기초로 삼은 법리가 영국 소송법상의 중대한 기본원칙을 침해하거나 그와 모순·저촉되는 경우가 아니라면 위 미국법원이 간접관할권을 가진 것으로 넉넉하게 인정할 여지가 있기 때문이다. 영국법원은 자국의 Dicey Rule을 적용하지 않은 이상 위 미국법원이 간접관할권을 가지지 못한다고 판단하한 것인데,141) 이는 도산법원 간의 공조 및 상호협력을 국제도산의 기본원칙으로 삼은 CBI, IRJ 모델법의 취지와도 맞지 않는다. 따라서 도산관련재판의 특수성을 고려하여 Dicey Rule에서 요구하는 일반적인 승인·집행의 요건보다는 다소 완화된 요건을 기준으로 뉴욕남부파산법원의 간접관할권 존부를 판단하는 것이 바람직하다는 'Rubin 사건의 항소심법원' 의견도 충분히 주목할 만하다고 생각된다.

III. IRJ 모델법에 대하여 예상되는 입장

한편, 영국법원은 Rubin 사건, Pan Ocean 사건 등을 통해 CBIR 2006, Schedule 1의 제21, 25, 27조 등을 근거로 발령할 수 있는 구제조치(relief)는 "절차적인 성격(procedural nature)"을 가지는 것만으로 제한된다는 소극적인 입장을 내비치고 있기도 하다.

---

141) 이와 같은 영국법원의 입장을 우회하기 위해, IRJ 모델법은 제14조 제(g)호 제(iv)목에서 재판국(뉴욕남부파산법원)이 간접관할권의 기초로 삼은 법리가 입법국(영국법원)에서 확립된 절차적 공정성의 중심적 신조(central tenets of procedural fairness)에 반하는 경우가 아니라면, 그와 같은 사정만으로 입법국이 재판국에서 내려진 승인·집행을 거부할 수 없도록 하고 있다. 이하 제5장 제3절에서 구체적으로 살펴본다.

하지만 위 조문들과 실질적으로 동일한 역할·기능을 수행하는
⟨1986년 영국도산법 제426조 제4항⟩의 지원(assistance)에 대해서는
실체적인 권리·의무내용에 영향을 미칠 수 있는 내용의 지원처분도
허용하였다(HIH Casualty 사건). 따라서 영국법원이 외국도산절차에
대해 가지는 소극적 태도는 정치한 법 논리에 따른 것이라기보다는
다소 정책적인 판단에 좌우되는 것으로 생각된다. 만약 영국의 정책
이 영국 바깥에서 진행된 국외도산절차에 우호적인 입장으로 전환된
다면 IRJ 모델법을 받아들이는 과정에서 영국의 국제도산 시스템이
우리가 전혀 예상하지 못한 과감한 모습으로 변모할 가능성도 있다.

영국이 영연방(Commonwealth)에 속한 국가들에 대한 우호적인 지
원을 통해 얻을 수 있는 이익(가령, 영연방에의 가입을 위해 영국과
우호적인 관계를 유지하려는 국가들이 증가함에 따라 영국이 얻게
되는 이익)보다는, 국제도산에 관한 문호를 전 세계의 모든 국가에
일률적으로 개방함으로써 영국 법률시장의 확대를 통해 얻게 되는
이익이 더 크다고 판단할 여지도 있기 때문이다.

제 5 장

도산관련재판에 관한
국제적 입법동향

이처럼 CBI 모델법을 받아들인 국가들 사이에서도 모델법상의 "구제조치(relief)"의 내용·범위를 상이하게 인식하고 적용하고 있었음이, 우리나라 대법원의 2009마1600 결정(2010. 3. 25.), 영국대법원의 Rubin 판결(2012. 10. 24.)을 통해 명시적으로 확인되었다. 이에 UNCITRAL 제5작업반은 2014. 7.부터 외국도산절차에서 내려진 재판의 승인·집행 처리 등에 관하여 통일적인 규범을 형성하려는 노력을 시작하였고, 8차례에 걸친 회의를 마친 끝에 2018. 7. 2. UNCITRAL 제51차 본회의(Commission)를 통해 IRJ 모델법이 채택되었음은 앞에서 본 바와 같다. 따라서 제5작업반에 참여하여 위 모델법의 성안 과정에 참여하였던 우리나라로서도 위와 같이 IRJ 모델법이 채택된 이상 이를 국내법으로 수용할 것인지, 만약 수용한다면 어떠한 방식으로 수용할 것인지 등을 연구할 필요가 있다.[1]

이에 이하에서는 IRJ 모델법이 향후 우리나라가 가입·비준하게 될 수도 있는 2005년 헤이그관할합의협약이나 2019년 헤이그재판협약의 적용범위와 중복되는 것은 아닌지(만약, 그렇다면 IRJ 모델법을 별도로 받아들일 필요가 없음), EU도산규정은 도산관련재판의 승인·집행을 그동안 어떻게 운영하여 왔는지(이를 통해 IRJ 모델법의 내용을 적절하게 선별하여 받아들일 수 있음)를 먼저 간단히 살펴보고, IRJ 모델법의 내용을 검토하기로 한다.

---

[1] 특히, IRJ 모델법의 성안을 촉발시킨 대표적인 두 개의 재판 중 하나가 우리나라 대법원의 결정이라는 점에서도, UNCITRAL에서 성안된 IRJ 모델법을 외면하고 전혀 받아들이지 않는 것은 국제도산의 이념과 목적에 비추어 바람직하지 않다고 생각된다.

제1절 HccH에서 성안된 국제규범들과의 관계

앞서 살펴본 루가노협약, 브뤼셀협약, 브뤼셀규정 등이 유럽에 있는 국가들에 대해서만 그 문호가 열려 있어서 우리나라와는 직접 관계가 없는 규범인 반면에, HccH에서 성안된 협약은 우리나라가 직접 그 일원으로서 가입·비준할 수 있는 국제규범으로서 많은 영향을 미칠 수 있다. 따라서 이에 대해서는 더욱 관심을 가질 필요가 있는데, 외국재판의 승인 및 집행과 관련하여서는 아래와 같은 두 개의 규범이 성안되어 있다.

I. 2005년 헤이그관할합의협약

1. 채택과정

2005년 헤이그관할합의협약은 2005년에 채택된 이후 거의 10여년만인 2015. 10. 1. 드디어 발효되어 최근에 많은 주목을 받고 있다. 당초 위 협약은 재판관할합의 및 민·상사분야에서 내려진 외국재판의 승인·집행에 관한 일반적인 내용을 모두 포괄적으로 아우르는 국제규범을 만들겠다는 당찬 포부로 시작되었다. 그러나 논의를 주도하는 유럽 국가들의 의견대로 끌려다니지 않겠다는 미국의 교섭중단으로,[2] "관할합의"가 있는 경우만으로, 그것도 재판의 승인·집행

---

[2] 초기 논의단계에서 제안된 이른바 1999년 예비초안(Preliminary Draft)과 이를 수정한 2001년 초안에 관한 상세는 석광현, "헤이그국제사법회의의 「민사 및 상사사건의 국제재판관할과 외국재판에 관한 협약」 2001년 초안", 법학논총 제20권 제1호, 한양대학교 법학연구소, 2003, 9면 이하를 참조.

에 관하여는 "전속적 관할합의"가 있는 경우만으로 승인·집행의 범위가 제한되어 논의가 이어졌다. 그런데도 많은 실무가의 관심을 잃었던 위 2005년 헤이그관할합의협약이 다시 관심을 받게 된 것은 굉장히 흥미롭다.

아마도 협상 테이블을 떠났던 미국이 2009년에, 중국이 2017년에 위 2005년 헤이그관할합의협약에 각 서명하였고(두 국가 모두 아직 비준하지는 않았음), 영국도 브렉시트 이후 EU의 일원국이 아닌 개별적인 독립국으로 2020. 9. 28. 위 협약에 정식으로 가입함으로써, 많은 주요국가의 관심을 받게 된 것으로 생각된다. 이러한 분위기 속에서 우리나라도 위 관할합의협약에 가입해야 한다는 의견들이 개진되고 있으므로,3) 많은 관심을 가질 필요가 있다.

2. IRJ 모델법과의 양립 가능성

가. 도산분야에 대한 적용배제 선언

그런데 우리나라가 위 2005년 헤이그관할합의협약에 먼저 가입하게 되더라도, 외국도산절차에서 내려진 재판의 승인·집행에 관한 IRJ 모델법을 받아들일 실익이 여전히 있다. 위 2005년 헤이그관할합의협약은 제2조 제2항 제(e)호4)에서 "도산(insolvency), 화의(composition),

---

3) 노태악, "국제재판관할합의에 관한 2018년 국제사법 전부개정법률안의 검토 – 법원의 실무와 헤이그재판관할합의협약을 중심으로–", 국제사법연구 제25권 제1호, 한국국제사법학회, 2019, 153면은 특히, 특허법원과 서울중앙지방법원 지적재산전담재판부에서 영어 등 외국어로 변론을 할 수 있도록 법원조직법이 개정됨으로써 실질적으로 'IP 허브'를 위한 시도가 이어지는 이상, 우리나라에서 내려진 재판이 외국에서 원활하게 승인·집행될 수 있도록 지원하는 차원에서라도 위 협약에 가입하여야 한다고 주장하고 있다.

4) 2005년 헤이그관할합의협약 제2조 제2항은 위 협약이 적용되지 않는 분야

이와 유사한 사건들(analogous matters)"을 그 적용 범위에서 배제한다고 명시하고 있기 때문이다.[5] 즉, 도산절차에서 내려진 재판에 대해서는 위 2005년 협약이 적용되지 않기 때문에 외국도산절차에서 내려진 재판의 승인·집행 분야에 대해서는 여전히 규범의 공백이 있는 셈이고(이러한 점은 2019년 헤이그재판협약에서도 마찬가지다), 그 틈을 IRJ 모델법이 채우게 되는 것이다.

나. 적용이 배제되는 "도산분야"의 범위

이때 2005년 헤이그관할합의협약의 적용이 배제되는 "도산분야"가 구체적으로 어느 범위까지를 의미하는 것인지가 문제된다. 그런데 위 협약의 공식주석서인 Explanatory Report(이하 'Hartley/Dogauchi 보고서'라 한다)[6]는 협약의 적용이 배제되는 범위는 도산과 직접 관련된

에 대해서 나열하고 있는데, 그 원문은 아래와 같다(밑줄과 강조는 필자가 임의로 표시).

> **CONVENTION ON CHOICE OF COURT AGREEMENTS**
> **Article 2(Exclusions from scope)**
> (2) This Convention shall **not** apply to the following matters –
>   **e) insolvency, composition and analogous matters;**

5) 2005년 헤이그관할합의협약의 공식주석서인 Explanatory Report(Harttley/Dogauchi 보고서), para. 57은 ① 개인채무자의 파산(bankruptcy of individuals), 법인채무자의 청산(winding-up or liquidation of corporations)과 같은 청산형 절차만이 "도산(insolvency)"에 포함되는 것으로 설명하고, ② 미연방파산법 제11장처럼 채무자의 재건을 위한 갱생형 절차는 (도산이 아니라) "이와 유사한 사건들(analogous matters)"에 포함되는 것으로 구분하는데, 이는 도산 실무에 부합하지 않고 어색한 설명이라고 생각된다. 실무상 "도산(insolvency)"이라고 하면 일반적으로 파산절차와 회생절차를 모두 포괄하는 개념으로 이해되고 있고, 주요국가에서도 그와 같이 사용되고 있기 때문이다. 이러한 점을 고려해서인지 이하에서 살펴보는 2019년 헤이그재판협약에 관한 공식주석서(Garcimartín/Saumier 보고서)에서 "insolvency"의 개념에 관한 위 기존 보고서의 설명은 원용하지 않았다.

6) Trevor Hartley/Masato Dogauchi, *Explanatory Report on the 2005 HccH Choice*

경우(if they directly concern insolvency)로 제한·해석되어야 한다는 입장을 취하고 있다.7) 구체적으로 ① 도산재단의 관리(administration of the bankrupt estate), 다른 채권자들 간의 우선순위(the ranking of different creditors)처럼 도산과 직접 관련된 영역에는 위 2005년 협약이 적용되지 않지만, ② 도산과 직접 관련되지 않은 영역, 가령 "도산절차가 개시된 A(내지 그 도산관리인)가 기존에 체결하여 두었던 계약상대방인 B를 상대로 그 계약상 채권의 지급을 구하는 소송을 제기한 경우"에는 여전히 2005년 헤이그관할합의협약이 적용될 여지가 있다고 설명한다.8)

그러나 도산분야에 대한 특수성을 인정하여 협약의 적용을 배제하기로 한 이상 다시 그 예외를 두는 것은 제한적으로 해석해야 할 것이므로 "도산분야"를 또다시 제한해석하는 입장에는 찬성할 수 없다. 실무상으로도 도산절차에서 내려진 개별재판의 청구원인을 일반적인 민·상사법에 근거한 것과 도산법에 근거한 것으로 명확히 구분하기가 쉽지 않다. 이와 같은 다소 입장은 도산절차의 특수성을 존중하여 신속하게 도산관련재판을 승인·집행하려는 그동안의 노력을 형해화시킬 수도 있다. 후술하듯이 2019년 헤이그재판협약의 공식주석서도 Hartley/Dogauchi 보고서의 입장을 그대로 따르고 있는 것으로 보이므로, 해당 부분에서 이를 함께 비판적으로 살펴본다.

---

of Court Agreements Convention, HccH, 2010을 말한다. 이는 2005년 헤이그 관할합의협약의 성안과정 및 각 조문의 의미를 해설하는 권위 있는 주석서인데, 석광현, "2019년 헤이그 재판협약의 주요 내용과 간접관할규정", 국제사법연구 제26권 제2호, 한국국제사법학회, 2020, 7면은 공식적으로 Permanent Bureau of the Hague Conference on Private International Law, Proceedings of the Twentieth Session 14 to 30 June 2005, Tome III (2010), 784면 이하에 처음 수록되었었다고 설명한다.

7) Hartley/Dogauchi 보고서, para. 57.

8) 참고로 Hartley/Dogauchi 보고서 중 "insolvency"에 관한 해설은 paras. 56~57에 있다.

3. 도산분야에 대한 유보선언 등의 활용

가. 제20조에 따른 유보선언

2005년 헤이그관할합의협약 제20조는 승인·집행의 대상이 되는 외국재판의 소송당사자들이 모두 가입국에 거주하고 있고 분쟁과 관련된 모든 다른 요소들도 전부 가입국과 관련된 경우(=즉, 관할합의가 이루어졌다는 사실 자체를 제외하면 소송당사자들이나 소송물이 승인·집행의 대상이 되는 그 외국과 전혀 관련성이 없는 경우)에는, 가입국이 위 협약에 가입하면서 위와 같은 재판의 승인·집행을 거부할 수 있도록 하는 유보선언을 허용하고 있다.

따라서 만약 우리나라가 2005년 헤이그관할합의협약을 받아들이더라도 위 제20조를 근거로 "국내 당사자들 간에 발생한 국제분쟁에 관하여 내려진 도산관련재판 일체에 대해서는, 설령 그 재판이 위 당사자들 간의 전속관할합의에 따라 관할권을 부여받은 법원에서 내려진 것이라고 하더라도 그 승인·집행을 허용하지 않겠다"는 점을 명확하게 유보 선언할 수 있다면, 위 협약과 IRJ 모델법의 관계에 관하여 많은 도산실무가들과 이해관계인들이 가지고 있는 불안을 해소할 수 있을 것으로 생각된다. 다만, 이러한 방법이 가능하다고 하더라도, 이는 소송당사자들과 소송물이 모두 승인·집행국인 우리나라와 밀접한 관련이 있는 경우만으로 제한되는 것이어서 그 유보선언의 효력이 그리 크다고 볼 수 없다. 따라서 아래와 같이 제21조를 통한 유보선언이 더 효과적일 것으로 생각된다.

나. 제21조에 따른 유보선언

2005년 헤이그관할합의협약 제21조에서는 가입국이 "특정소송물"에 대해 위 협약의 적용을 배제하는 유보선언을 할 수 있도록 허용하고 있다. 따라서 위 조문을 활용하여 위 2005년 협약에 가입하면서 "도산관련재판"의 개념을 구체적으로 명시하여 이에 대해서는 위 협약을 적용하지 않겠다고 선언하는 방법도 고려해볼 만하다.

이와 같이 유보선언을 하면서 2005년 헤이그관할합의협약의 적용을 배제하는 구체적인 도산관련재판의 유형을 우리나라의 상황에 맞게 구체적으로 명시할 수 있다면 "도산과 밀접한 관련을 가진 재판"에 대해서만 특수성을 인정해주어야 한다는 입장을 취한 Hartley/ Dogauchi 보고서와 모순되지 않으면서도, 국제도산 실무에 부합하는 운영을 할 수 있기 때문이다. 위 협약을 적용하지 않는 범위를 주관적 당사자나 소송물의 관련성 여부와 관계없이 일괄적으로 "도산관련재판"으로 삼을 수 있으므로 국내채권자와 국외채권자들을 차별 없이 공평하게 취급하겠다는 채무자회생법 제2조[9]의 취지에도 더욱 부합하게 된다.

따라서 이와 같은 내용의 유보선언을 준비하기 위한 측면에서라도 IRJ 모델법에서 규정하고 있는 도산관련재판의 개념을 미리 검토하여 둘 필요가 있다.

II. 2019년 헤이그재판협약

1. 채택과정

앞서 본 것처럼 2005년 헤이그관할합의협약에 대한 관심이 되살아나면서, 당초 위 협약의 목적으로 삼았다가 제외되었던 외국재판의 승인·집행 일반에 관한 프로젝트를 다시 진행하자는 움직임이 일

---

[9] 채무자회생법 제2조는 "외국인 또는 외국법인은 이 법의 적용에 있어서 대한민국 국민 또는 대한민국 법인과 동일한 지위를 가진다"고 규정하고 있다.

어났고, 2012. 4.경 그 재개결정이 이루어졌다. 이후 2013년경부터 수차례에 걸친 작업이 진행된 끝에 드디어 2019. 7. 2. 2019년 헤이그재판협약이 체결되었다.10)

규범이 성안된 지 얼마 지나지 않은 시점에는 우루과이, 우크라이나, 이스라엘 등 3개의 서명국만 존재하였지만, 2023. 12. 현재는 EU의 가입 등에 힘입어 드디어 2023. 9. 발효되었다.11) 2005년 헤이그관할합의협약과 함께 향후 많은 관심을 받을 수 있을 것으로 기대된다.

2. IRJ 모델법과의 중복적용 가능성

2005년 헤이그관할합의협약과 마찬가지로 위 2019년 헤이그재판협약 제2조 제2항 제(e)호는 "도산(insolvency), 화의(composition), 금융기관의 구조조정(resolution of financial institutions), 이와 유사한 사건들(analogous matters)"을 그 적용범위에서 배제하고 있다.12) 따라서

---

10) HccH의 사무총장은 "2019 HCCH judgments Convention"을 공식명칭으로 제안하였으나 지지를 받지 못했다고 한다. 위 2019년 헤이그재판협약의 주요 내용에 관한 설명은 석광현(주 6), 3면 이하를, 위 협약의 성안과정에 관한 설명은 장준혁, "2019년 헤이그 외국판결 승인집행협약", 국제사법연구 제25권 제2호, 한국국제사법학회, 2019, 440면 이하를 각 참조

11) 당초 위 협약에는 3명의 서명국만 있을 뿐이었는데(비준, 수락, 승인 등에 이르지 않았음), EU가 2022. 8. 29. 헤이그재판협약에 가입하면서 우크라이나도 같은 날 위 재판협약을 비준하는 등 이제 발효가 되었으므로 위 협약은 향후 더욱 많은 관심을 받을 것으로 기대된다. 참고로 위 2019년 협약의 가입국 현황은 https://www.hcch.net/en/instruments/conventions/status-table/?cid=137 을 참조(최종검색일 2023. 12. 31.).

12) 2019년 헤이그재판협약 제2조 제2항은 위 협약이 적용되지 않는 분야에 대해서 나열하고 있는데, 2005년 헤이그관할합의협약에서 나열한 것[(a)호에서 (g)호까지 7개 항목]보다 훨씬 많은 분야[(a)호에서 (o)호까지 15개 항목]를 명시하고 있다. 재판의 승인·집행은 당사자들의 실체적인 권리·의무에 더욱 직접적인 영향을 미치므로 관할합의를 다룰 때보다 더 조심스럽고 제한적으로 접근하는 것이 아닌가 생각된다.

우리나라가 2019년 헤이그재판협약에 가입하더라도, 외국도산절차에서 내려진 재판에 대해 IRJ 모델법을 받아들일 실익이 있다.

2019년 헤이그재판협약은 〈금융기관의 구조조정(resolution of financial institutions)〉을 협약이 적용되지 않는 분야 중 하나로 추가하였다는 점에서, 2005년 협약에 비해 도산의 특수성을 존중하는 방향으로 한 걸음 더 나아간 것으로 이해된다. 그 개념이 정확히 무엇을 의미하는지는 명확하지는 않지만,13) 금융기관이 국제적으로 도산하는 경우 내려질 수 있는 여러 국가에서의 관련 재판들을 일반적인 민·상사 재판과 동일하게 취급한다면 다소 혼란이 발생할 수도 있다는 점을 고려한 것으로 생각된다.

참고로 은행, 보험회사 등 "금융기관"에 관한 도산절차나 그와 관련된 재판은 CBI 모델법이나 IRJ 모델법의 적용대상이 아니다.14) 미국, EU는 물론 우리나라도 이에 대해서는 특별한 취급을 하고 있어서 일반적인 국제도산에서의 논의를 직접 적용할 수 없다.15) 다만,

---

13) 석광현(주 6), 10면에서도 '금융기관의 정리'라는 개념은 비교적 새로운 것이라고 하면서 정순섭, "국제은행정리제도의 법적 연구", 서울대학교 BFL 제50호, 서울대학교 금융법센터, 2011, 91면 이하를 우선 참조할 것을 권한다.

14) CBI 모델법은 제1조 제2항에서 은행(bank)이나 보험회사(insurance companies) 처럼 특별한 도산 법제(special insolvency regime)가 적용되어야 하는 법인에 대해서는 CBI 모델법이 적용되지 않는다고 명시적으로 규정하고 있고, IRJ 모델법도 (본문에서 이러한 점을 직접 언급하고 있지는 않지만) Guide to Enactment, para. 47에서 "은행이나 보험회사와 같이 CBI 모델법이 적용되지 않는 법인에 관한 재판에 대해서는 IRJ 모델법이 적용되지 않는 것으로 제1조 제2항에서 규정할 수 있다"고 설명하면서 같은 입장을 취하고 있다.

15) 미연방파산법은 제109(b)에서 보험회사, 은행, 저축은행 등(미국 밖에서 설립된 외국회사도 포함)은 제7장 절차를 활용할 수 없도록 규정하면서, 다만, 제109(d)를 통해 "Federal Deposit Insurance Corporation으로부터 보증을 받지 못하는 State Member Bank"는 제11장 절차를 활용할 수 있도록 그 문을 열어두고 있다. 추측하건대, 우리나라의 예금보험공사와 유사한 역할을 하는 Federal Deposit Insurance Corporation이 보증 책임을 부담하게 되는

이와 같은 금융기관의 영역도 점점 국제공조가 필요한 영역으로 주목받고 있으므로 향후 많은 관심을 가질 필요가 있다고 생각된다.[16]

3. 적용이 배제되는 "도산분야"의 범위 및 유보선언 등의 활용

가. 적용이 배제되는 "도산분야"의 의미

1) Garcimartín/Saumier 보고서의 입장

2019년 헤이그재판협약의 공식주석서인 Explanatory Report(이하 'Garcimartín/Saumier 보고서'라 한다)[17]도 2005년 헤이그관할합의협

상황은 제한하되, 국고에 손실이 발생할 염려가 없다면 도산절차의 활용을 허용하고 있는 것으로 보인다. 한편, EU도 (EU도산규정이 아니라) Directive 2001/24/EC on the reorganisation and winding up of credit institution (CIWUD)라는 별도의 규정을 통해 금융기관의 도산에 관한 특별한 취급을 하고 있고, 우리나라도 금융산업의 구조개선에 관한 법률을 통해 "금융위원회"의 주도하에 도산절차가 진행될 수 있도록 하고 있다. 참고로 우리나라에서도 2000년경부터 수 개의 상호저축은행이 연이어 파산하면서 금융기관의 파산이 전국적으로 문제된 적이 있었는데(필자도 주식회사 부산2저축은행의 주심판사로 부산지방법원 2012하합1호 사건을 진행한 바 있다) "파산"의 경우에는 법원에서 통상적인 법인파산절차에 따라 사건을 진행하되, 금융산업의 구조개선에 관한 법률 및 예금자보호법상의 규정들이 함께 적용된다. 금융기관의 파산에 관한 우리나라 실무에 관한 상세는 서경환, "금융기관의 파산에 관련한 실무상 문제점", 재판자료 제83집: 파산법의 제문제(하), 법원도서관, 1999, 9면 이하를 참조.

16) 금융기관의 국제도산에 관한 외국문헌으로는 Shuai Guo, "Cross-border Resolution of Financial Institutions: Perspective from International Insolvency Law", International Insolvency Institute, 2018, 1면 이하를, 국내문헌으로는 정순섭, "국제금융회사 정리제도-바젤은행감독위원회의 권고안을 중심으로", 서울대학교 BFL 제45호, 서울대학교 금융법센터, 2011, 30면 이하와 고영미, "글로벌 금융기관의 정리원칙의 국내적 도입: 금산법의 개정을 중심으로", 상사법연구 제35권 제3호, 한국상사법학회, 2016, 241면 이하를 각 참조

17) Francisco Garcimartín/Geneviève Saumier, *Explanatory Report on the 2019 HccH Judgments Convention*, HccH, 2019. 2019년 헤이그재판협약의 성안과

약과 같은 입장을 취하고 있다. 즉, 명문에서는 도산분야를 배제하면
서도 도산과 밀접하게 관련되지 않은 분야에는 2019년 협약이 적용
될 수 있다는 입장을 취하고 있다. 다만, 2005년 헤이그관할협약이
그 기준으로 〈도산과의 직접 관련성〉이라는 다소 추상적인 기준만을
제시하였던 것에서 한 걸음 나아가 〈도산절차에 특유한 규칙(rules
pertaining specifically to insolvency proceedings)〉을 기준으로 제시하
였다. 이와 같은 규칙을 근거로 한 소송이라면 도산분야에 해당하지만
단지 일반적인 민·상사관련 규칙(general rules of civil or commercial
law)만을 근거로 한 것이라면 그렇지 않다는 것이다.

구체적으로 Garcimartín/Saumier 보고서는 【도산규칙에 근거하여
내려진 재판(judgment based on insolvency rules)인지】를 판단하는 기
준으로 ⅰ) 승인·집행의 대상이 되는 재판이 도산절차의 개시와 동시
에 또는 그 이후에 내려졌는지, ⅱ) 그 대상재판이 채권자 일반의 이
익을 모두 보호하기 위한 절차에서 내려졌는지, ⅲ) 도산절차가 없었
더라면 내려질 수 없었던 유형의 재판이었는지 등이 적용될 수 있다
고 설명한다. 나아가 ① 도산절차개시재판, 도산절차의 진행과 종결
에 관한 재판, 채무조정안을 인가하는 재판, 부인재판 또는 채권의
순위를 결정하는 재판 등을 〈도산 특유규칙에 근거하여 내려진 재
판〉으로,[18] ② 채무자(내지 그 도산관리인)가 계약을 체결한 경우, 계
약당사자 상호 간에 그 의무의 이행을 구하는(for the performance of
obligations under a contract) 재판, 채무자(내지 그 도산관리인)가 계
약관계에 있지 않은 상대방과 상호 간에 손해배상을 구하는(non-
contractual damages) 재판[19] 등을 〈일반적인 민·상사 관련 규칙에 따

정 및 각 조문의 의미를 해설하는 권위 있는 주석서이다.

[18] Garcimartín/Saumier 보고서, para. 51.

[19] 2019년 헤이그재판협약 본문과 Garcimartín/Saumier 보고서는 모두 "계약
외(non-contractual) 채무"가 무엇을 의미하는지 별도로 정의하고 있지 않아

라 내려진 재판)으로 구분하고 있다.[20]

2) 비판적 검토

이와 같은 쟁점에 대해 아직 활발한 논의가 이루어지고 있지는 않은데,[21] 물론 이론상으로는 이상적이고 설득력 있는 논의이지만 다음과 같은 점들을 고려하면 적어도 도산실무에 실제로 적용하기에는 다소 어려운 측면이 있지 않을까 생각된다.

먼저, 해당 재판의 기초가 오롯이 도산법 특유의 규칙에 의한 것인지 일반적인 민·상사법에 기초한 것인지 그 경계가 다소 불분명한 영역이 있다. 가령, 우리나라의 법체계 하에서는 아래와 같은 [표 8]의 영역이 그러할 것으로 생각되는데, 이와 같은 애매한 영역의 범위는 각 국가의 도산법 등 체계에 따라 굉장히 다양할 것으로 생각된다.

입법자들의 의사를 명확히 알 수는 없지만, 이른바 "Rome II"로 알려진 계약외채무의 준거법에 관한 유럽의회 및 이사회의 No 864/2007 규정 [=Regulation (EC) No 864/2007 of the European Parliament and of the Council of 11 July 2007 on the law applicable to non-contractual obligations]에서의 해석을 원용하여, 불법행위, 부당이득, 계약체결상의 과실책임 등이 위 범주에 포함되는 것으로 해석하여 무방할 것으로 보인다. 참고로 Rome II도 회원국마다 '계약 외 채무'에 관한 개념이 다르다는 점을 고려하여, 이에 관한 별도의 개념정의 규정을 두지 않았는데, 상세는 석광현, "계약외채무의 준거법에 관한 유럽연합 규정(로마II)", 서울대학교 법학 제52권 제2호 (통권 제160호), 서울대학교 법학연구소, 2011, 252면을 참조.

[20] Garcimartín/Saumier 보고서, para. 52.
[21] 위와 같은 논의를 소개한 국내문헌으로는 석광현(주 6), 10면 이하를 참조. 나아가 석광현, "도산 관련 재판의 승인 및 집행에 관한 2018년 UNCITRAL 모델법의 소개와 우리의 입법 방향", 국제거래와 법(통권 제33호), 동아대학교 법학연구소, 2021, 12면 이하에서는 이와 같은 청구원인의 법적 기초에 따른 구분을 IRJ 모델법상의 "도산관련재판"을 해석하는 데에도 유의미하게 적용할 수 있을 것이라는 입장을 취하고 있다.

[표 8] 도산법 특유의 규칙에 의한 것인지 불분명한 영역

구분			상정 가능한 사례
채권자(또는 담보권자) ⇨ 채무자(또는 도산관리인)	물권적 청구	환취권22)	ex)선박/항공기 소유자가 "미이행 쌍무계약의 성질을 가지는 선박/항공기 리스계약이 채무자회생법 제119조를 근거로 해지되었다(by 관리인)"고 주장하면서, 채무자(해운회사/항공사)를 상대로 그 반환을 구하는 경우23) ☞일반 리스계약을 원인으로 하고 있지만, 도산법 특유의 미이행 쌍무계약에 관한 규정도 함께 소송의 기초를 구성
		별제권	ex)파산관재인이 채무자회생법 제497조를 근거로 별제권의 목적인 담보물을 직접 환가하면서, 그 환가방법도 제496조 제2항에 따라 법원의 허가를 얻어 영업양도 등의 방법을 취하는 경우24) ☞일반적인 담보권을 원인으로 하고 있지만 그 행사방법에 있어 도산법 특유의 별제권 행사방법에 관한 규정도 함께 절차의 기초를 구성
	채권적 청구	회생채권/ 파산채권	ex)도산절차 개시 이전에 이미 이의채권에 관한 소송이 계속 중이었다가 이후 회생채권자/파산채권자가 채무자회생법 제172조, 제464조에 따라 이를 수계하는 경우 ☞회생절차개시결정/파산선고 전에 발생한 기존 계약관계를 원인으로 하고 있지만, 소송절차·방식(청구취지 포함) 등에 있어 도산법 특유의 규칙이 함께 소송의 기초를 구성하고 있음 ※채권조사확정재판에 대한 이의의 소도 그 실질은 마찬가지임25)
		공익채권/ 재단채권	ex)공익채권을 보유하고 있다고 주장하는 자가 "관리인이 공익채권의 지급을 거부하고 있다"고 주장하면서, 관리인을 상대로 그 금원의 지급을 구하는 소를 제기하였는데, 피고는 해당채권이 제179조 제1항에 따른 공익채권에 해당하지 않는다고 다투는 경우[미이행 쌍무계약 관계에서 관리인이 '이행'을 선택하지 않았다거나(제7호), 개시 후 금융(5호)의 요건에 해당하지 않는다는 취지] ☞당사자들 간의 계약을 원인으로 하고 있지만, 도산법 특유의 미이행 쌍무계약에 관한 규정이나 자금차입규정도 함께 소송의 기초를 구성함

구분		상정 가능한 사례
채무자(또는 도산관리인) ⇨ 거래상대방 (채권자/담 보권자 등)	부인소송	ex)도산절차 개시 이전에 이미 채권자취소소송이 계속 중이었다가 이후 관리인 내지 파산관재인이 채무자회생법 제113조, 제59조(회생절차), 제406조, 제347조(파산절차)에 따라 이를 수계하는 경우 ☞일반 민·상사법(민법 제406조 제1항, 신탁법 제8조26))을 소송의 주된 기초로 삼고 있지만, 소송절차와 방식(청구취지 포함) 등에 있어 도산법 특유의 규칙이 함께 소송의 기초를 구성하고 있음
	계약에 따른 급부이행소송	ex1)채무자가 "미이행 쌍무계약에 관하여 이행을 선택했음에도 거래상대방이 물품을 공급해주지 않는다"고 주장하면서, 계약상대방을 상대로 물품인도를 구하는 소를 제기하였는데, 피고는 채무자가 이행을 선택하지 않았다거나 피고가 도산해제/해지조항 등을 근거로 계약을 해제하였다면서 물품을 공급할 수 없다고 주장하는 경우 ex2)채무자가 "미이행 쌍무계약에 대하여 이행을 선택하고 거래상대방에 물품을 공급하였음에도, 거래상대방이 물품대금을 지급해주지 않는다"고 주장하면서, 계약상대방을 상대로 물품대금의 지급을 구하는 소를 제기하였는데, 피고는 채무자가 이행을 선택하지 않았다거나 피고가 도산해제/해지조항 등을 근거로 계약을 해제하였다면서 물품대금을 지급할 수 없다고 주장하는 경우 ex3)채무자(대주)가 소비대차 계약을 체결한 상대방(차주)에게 그 대여금의 반환을 구하자, 피고(차주)가 상계항변을 함으로써 ⅰ) 피고가 주장하는 자동채권의 성질이 무엇인지(공익채권/재단채권 vs. 회생채권/파산채권), ⅱ) 채무자회생법 제145조, 제422조에 따른 상계금지의 요건에 해당할 여지는 없는지가 쟁점이 된 경우 ☞위 사례들은 모두 당사자들 간의 물품공급계약이나 소비대차계약을 주된 청구원인으로 하고 있지만 "항변 단계"에서 미이행 쌍무계약이나 도산해제/해지조항의 취급, 도산절차에 있어서의 상계권의 행사요건이 문제되어, 소송 전반적으로 도산특유의 법리가 기초를 구성하고 있음

---

22) 도산절차에서 관리인 등이 관리하는 재산 중 채무자에 속하지 아니하는 재

산에 대하여 제3자가 그 반환을 청구하는 권리를 환취권이라고 하는데, 오수근/한민/김성용/정영진, 『도산법』, 한국사법행정학회, 2012, 139면에 의하면 통상 ① 일반환취권(제3자가 실체법상 반환청구권을 가지는 경우 인정되는 권리), ② 특별환취권(도산법에서 이해관계자 사이의 공평을 기하기 위하여 인정되는 경우 인정되는 권리), ③ 대체적환취권(관리인 등이 환취권의 목적물을 제3자에게 양도한 경우에 인정되는 권리)으로 구분된다. 위 표에서는 일반환취권을 기준으로 사례를 상정하여 보았다.

23) 선박과 항공기를 소유한 법인으로부터 이를 리스하여 영업을 하던 해운회사/항공사에 대한 "회생절차"가 개시되는 경우, 위 선박과 항공기를 i) 해운회사/항공사의 소유로 보고 미이행쌍무계약의 관계로 구성할 것인지, 아니면 ii) 채무자의 소유로 보고 위 소유자들의 권리를 회생담보권으로 구성할 것인지에 대하여는 예전부터 많은 논의가 있었고, 실무상 일관되지 못한 입장을 취하여 왔다. 한진해운 사건(서울회생법원 2016회합100211)에서는 이른바 BBCHP 선박들에 대해서 "미이행쌍무계약"설을 취하여 선박을 소유한 SPC들에게 반선(返船)한 적이 있는데, 논리적으로는 이와 같은 입장이 타당하다고 생각된다. 이와 같은 선박금융을 둘러싼 법률관계에 관한 일반적인 설명으로는 정석종, "회생절차에서의 선박금융에 대한 취급". 도산법연구 제2권 제2호, 도산법연구회, 2011, 1면 이하를, 한진해운 사건에서의 BBCHP 선박을 둘러싼 쟁점에 관하여는 이철원, "한진해운 사건의 실무상 쟁점에 대한 토론문", 대법원국제거래법연구회/한국해법학회 공동세미나, 2017, 2면 이하를 각 참조.

24) 파산관재인이 채무자회생법 제497조를 근거로 "민사집행법 내지 파산법원이 허가하는 다른 방법으로 그 선박/항공기에 관한 환가절차를 직접 진행하겠다"고 하면 그 범위 내에서는 별제권의 행사가 제한된다. 남효순/김재형, 『통합도산법』, 법문사, 2006, 45면 이하는 별제권자가 별제권을 행사하지 않는 경우, 파산관재인이 신속하게 환가절차를 진행할 수 있도록 보장하기 위해 위와 같은 규정을 두었다고 설명한다. 실무상 '민사집행법에 의한 경매절차'보다 '임의매각'을 하는 것이 신속하고 효율적인 경우가 많아, 파산관재인은 채무자회생법 제496조 제2항을 근거로 임의매각에 대한 법원의 허가를 받곤 한다. 구체적인 환가방법에 관한 상세는 권순일(편집대표), 『주석채무자회생법(제1판)(V)』, 한국사법행정학회, 2021, 382면 이하[집필담당: 김정성]를 참조.

25) 회생절차가 개시된 이후에 비로소 진행되는 일반적인 조사확정재판 및 그에 대한 이의의 소는 전형적인 도산법 특유의 절차로 생각되는 경향이 있지만, 그 실질을 본다면 회생절차개시결정/파산선고 전에 발생한 계약관

위와 같이 필자가 상정해 본 사례 외에도 민·상사법과 도산법 특유의 규칙들이 다 함께 복합적으로 적용되는 사례는 훨씬 많을 것으로 예상된다. 특히, 상대적으로 도산법 특유의 규칙이 덜 적용될 것으로 보이는〈채무자(또는 도산관리인) ⇨ 거래상대방(채권자/담보권자 등)〉영역에서도 청구원인 자체는 민·상사법에 기초하고 있지만 항변 내지 그에 대한 재항변 단계에서 비로소 도산법 특유의 규칙의 문제가 불거질 수 있다. 사안의 쟁점이 항변/재항변에서 제기된 도산법적 쟁점에 집중된 경우 단지 '청구원인' 단계에서 그와 같은 주장이 제기되지 않았다는 이유만으로 도산과 밀접하지 않은 재판으로 분류하는 것은 타당하지 않다. 또한, 어느 특정한 진행단계(청구원인→항변→재항변 등)까지 주장된 법률적 주장만을 기준으로 해당 소송의 성질(민·상사법에 기초한 소송 vs. 도산관련 특유의 규칙이 관련된 소송)을 평가해야 할만한 타당한 이유는 없고, 오히려 그 기준을 정해야 하는 또 다른 복잡한 문제가 생긴다. 무엇보다도 채무자(또는 도산관리인)가 거래상대방에게 물품대금이나 대여금의 상환을 구하는 유형의 소송은 결국 도산재단의 확보라는 측면에서 부인소송과 실질적으로 구별하여야 할 이유가 없다. 따라서 만약 부인소송을 도산 특유의 규칙에 의한 것으로 취급한다면 이와 같은 소송도 같동일하게 취급하는 것이 도산절차의 목적과 취지에 부합한다.

한편, 이와 같은 이른바 회색지대에 속한 유형의 재판을 어느 범주로 구분할 것인지는 결국 〈승인·집행국의 판단〉에 달려 있다는 점에서도 가능한 기준을 명확하게 두는 것이 바람직하다. 불명확한 기

계 등을 원인으로 하되, 다만 그 절차와 방식(청구취지 포함) 등에 있어서만 도산법 특유의 규칙이 함께 소송의 기초를 구성하고 있는 것이므로, 이 역시 이의채권에 관한 소송을 수계하는 방식과 그 성질이 다르다고 볼 수 없다.

26) 신탁법 제8조는 채무자가 채권자를 해함을 알면서 신탁을 설정한 경우 민법 제406조 제1항에 따른 취소 및 원상회복을 구할 수 있도록 규정하고 있다.

준은 동일한 쟁점에 대해서도 승인·집행국마다 다른 판단을 내릴 가
능성을 열어두게 되고 이는 결과적으로 신속하게 도산관련재판의 승
인·집행을 마쳐 도산절차의 효율성을 꾀하려는 국제도산의 목적에
부합하지 않는 결과를 발생시킬 수 있기 때문이다. 앞서 본 바와 같
이 우리나라의 채무자회생법을 적용하는 과정에서도 모호한 경계에
있는 부분이 많은데, 도산법정지국의 도산법령뿐만 아니라 그 밖의
다른 법령까지 모두 구체적으로 검토하여 해당 재판이 도산 특유의
법령에 기초한 것인지 아닌지를 구분하라고 하는 것은 정책적으로도
비효율적이고 오히려 당사자들의 법적 지위를 불안하게 만들 뿐이다.

즉, 2019년 헤이그재판협약이 적용되지 않는 "도산"의 범위를 다
시 "도산법 특유의 규칙이 적용된 경우"만으로 제한 해석해야 한다
는 Garcimartín/Saumier 보고서의 의견은 이론적인 면에서는 충분히
동의하지만, 국제도산 실무의 운영에 부합하는 해석론이라고 생각
되지는 않는다. 같은 취지에서 이하에서 살펴볼 IRJ 모델법상의 "도
산관련재판"의 개념과 범위를 청구원인의 법적기초가 도산법에 바
탕을 둔 경우로만 제한하여 해석해야 한다는 입장[27]도 선뜻 동의하
기 어렵다.

나. 유보선언 등의 활용

이와 같이 Garcimartín/Saumier 보고서의 입장에 선뜻 동의할 수
없는 측면에서라도 앞서 2005년 헤이그관할합의협약에서 본 것처럼
유보선언을 활용할 필요가 있다고 생각된다. 2019년 헤이그재판협약
도 2005년 헤이그관할합의협약에서와 마찬가지로, 우리나라와 밀접
한 관련을 가진 외국재판(국내당사자들 간에 국내소송물을 다투는
재판)에 대한 승인·집행의 거부(제17조), 특정소송물에 대해서는 협

---

27) 이와 같은 입장을 소개하고 있는 국내문헌으로는 석광현(주 21)이 있다.

약의 적용배제(제18조)를 각 유보선언의 방법으로 허용하고 있기 때문이다.

이를 토대로 "청구원인, 항변, 재항변 등 변론과정에서 제기된 주장에 도산법 특유의 규칙 이외에 민·상사법에 기초한 부분이 포함되어 있다고 하더라도 협약의 적용에서 배제되는 '도산'에 포함되는 것으로 본다"는 취지의 유보선언을 할 수 있다. 그렇다면 Garcimartín/Saumier 보고서와도 모순되지 않으면서도 국제도산 관련 실무가나 이해관계인들로부터 환영받는 국가가 될 수 있을 것으로 보인다.

제2절 EU도산규정에서의 도산관련재판의 취급

Ⅰ. 도산절차를 구성하는 개별재판에 대한 승인·집행

CBI 모델법이 "도산절차"라는 다소 생소했던 개념을 승인의 대상으로 규정하고 그에 대해 지원을 하는 방식을 취하여 온 탓에 이에 대한 각국 법원들의 해석들이 충돌하였고, 이를 해결하고자 이하에서 살펴볼 IRJ 모델법은 도산절차를 구성하는 개별재판들에 대한 승인·집행을 상세하게 구분하여 규정하고 있다.

그런데 UNCITRAL이 이처럼 다소 먼 길을 돌아와 비로소 2018년에 이르러 비로소 "도산절차를 구성하는 개별재판"에 집중하게 된 것과 달리, EU도산규정은 2000년에 처음 제정되었을 당시부터 "도산절차"의 승인을 "도산절차개시결정"에 대한 승인으로 취급하고, 도산절차의 진행(course)과 종결(closure)에 대한 재판, 도산절차로부터 직접 파생된(deriving directly) 재판, 도산절차와 밀접한 관련(closely linked with)을 가진 재판 등을 승인·집행의 대상으로 삼아 국제도산 시스템을 구축하여 왔다.

따라서 EU도산규정은 그 회원국 사이에서만 적용되는 규정으로서 우리나라와 같은 EU 비(非)회원국에 직접 적용될 일은 없음에도 불구하고, 우리나라가 IRJ 모델법의 수용 및 그 구체적인 방안을 검토함에 있어 참조하여야 할 만한 중요한 규정이다.

II. 승인대상을 둘러싼 CBI 모델법과의 비교

1. 개관

EU회원국 사이에서 다른 회원국에서 내려진 일반 민·상사재판에 대한 승인·집행은 기본적으로 브뤼셀규정(Brussels I Regulation)에 따라 처리된다. 그런데 브뤼셀규정 제1조 제2항 제(b)호에서는 파산절차, 청산절차, 이와 유사한 절차 등에 관해서는 브뤼셀규정이 적용되지 않는다고 명시하고 있으므로,28) 기본적으로 도산분야에서 혹은 이와

---

28) 브뤼셀규정 제1조는 제1항에서 위 규정은 민·상사(civil and commercial) 분야에서 내려진 재판에만 적용되는 것임을 선언하면서, 제2항에서 위 규정이 적용되지 않는 범위를 나열하고 있는데, 그중 제(b)호에서 도산분야에 관한 항목들이 규정되어 있다. 해당 부분 원문은 아래와 같다(밑줄과 강조는 필자가 임의로 표시).

> **Article 1**
> 1. <u>This Regulation shall apply</u> in civil and commercial matters whatever the nature of the court or tribunal. It shall not extend, in particular, to revenue, customs or administrative matters or to the liability of the State for acts and omissions in the exercise of State authority (acta iure imperii).
> 2. This Regulation shall **not apply to**:
> (b) <u>bankruptcy</u>, <u>proceedings relating to the winding-up</u> of insolvent companies or other legal persons, <u>judicial arrangements</u>, <u>compositions</u> and <u>analogous proceedings</u>;

관련하여 내려진 재판에 대해서는 위 브뤼셀규정이 적용되지 않는다.

따라서 도산절차를 구성하는 개별재판의 승인·집행에 대해서는 입법의 공백이 있는 셈이다. 이러한 상황에서 EU도산규정은 ① 도산절차를 구성하는 개별재판 중 "특수한 취급이 필요한 유형"에 대해서는 이러한 공백을 그대로 유지하거나(승인), 브뤼셀 규정 중 일부 절차적인 조항들만 적용되도록 하고(집행), ② 특수한 취급이 필요하지 않은 유형에 대해서는 브뤼셀규정이 다시 적용되도록 하는 방식으로 규정하고 있다. 이하에서 보는 것처럼 양자의 가장 커다란 차이는 브뤼셀규정의 핵심적인 조항이라고 할 수 있는 승인·집행거부에 관한 제45조, 제46조의 적용 여부이다.29) 즉, EU도산규정은 〈특수

---

29) 브뤼셀규정 제45조는 승인의 거부사유를 규정하고 있고, 제46조는 집행의 거부사유를 규정하면서 제45조를 그대로 따르고 있으므로 승인·집행의 거부사유는 동일하다.

> **Article 45(Refusal of recognition)**
> 1. On the application of any interested party, the **recognition** of a judgment **shall be refused**:
>   (a) if such recognition **is manifestly contrary to public policy** (ordre public) in the Member State addressed;
>   (b) where the judgment was given **in default of appearance**, if the defendant was not served with the document which instituted the proceedings or with an equivalent document in sufficient time and in such a way as to enable him to arrange for his defence, unless the defendant failed to commence proceedings to challenge the judgment when it was possible for him to do so;
>   (c) if the judgment is irreconcilable with a judgment given between the same parties **in the Member State** addressed;
>   (d) if the judgment is irreconcilable with an earlier judgment given in **another Member State** or in **a third State** involving the same cause of action and between the same parties, provided that the earlier judgment fulfils the conditions necessary for its recognition in the Member State addressed; or
>   (e) if the judgment conflicts with:
>   (i) Sections 3, 4 or 5 of Chapter II where the policyholder, the insured, a beneficiary of the insurance contract, the injured party, the consumer or the employee was the defendant; or

한 취급이 필요한 유형의 재판)에 대해서만 제45조, 제46조의 적용 면제를 통해 원활한 승인·집행을 보장해주고 있는 것이다.

EU도산규정은 제32조에서 이와 같이 특수한 취급이 필요한 유형 (순번 1~4)과 그렇지 않은 유형(순번 5)의 재판에 관하여 상세히 규정 하고 있는데, 이를 정리하면 아래 [표 9]와 같다.30)

[표 9] EU도산규정에 따른 도산관련재판의 승인·집행 체계

순번	구분	승인	집행	비고
1	도산절차개시에 관한 재판	·자동승인 ·브뤼셀규정과 전혀 무관	(자동집행은 아니고) ·브뤼셀규정 제39~44조, 제47~57조에 따라 신청要 ★제45·46조 (승인·집행거부사유)는 적용되지 않음31)	제19조32)
2	도산절차의 진행(course)과정에서 내려진 재판 및 종결(closure)에 관한 재판			다양한 유형
2-1	화의(compositions)의 인가에 관한 재판			예시규정
2-2	도산절차 신청 후 개시결정 전 내려진 보전처분(preservation measures) 재판			개시결정 이전까지 범위확장33)
3	도산절차로부터 직접 파생된(deriving directly) 절차에서 내려진 재판			※보조절차34) ·부인소송 ·비(非)도산 법원의 재판도 포함
4	도산절차와 밀접하게 관련(closely linked with)된 절차에서 내려진 재판			
5	그 밖의 재판	브뤼셀규정 전부 적용		특별취급 ×
비고	※순번 1~4에 해당하더라도, 대상재판이 회원국의 공서(public policy)에 위반 되는 경우에는 EU도산규정 제33에 따라 그 승인·집행이 거부될 수 있음은 물론임			

(ii) Section 6 of Chapter II.

2.3.4. 생략

Article 46(Refusal of enforcement)

On the application of the person against whom enforcement is sought, the enforcement of a judgment **shall be refused** where one of the grounds referred to in Article 45 is found to exist.

30) 김영석, "유럽의회와 유럽연합이사회의 2015년 5월 20일 도산절차에 관한 2015/848(EU) 규정(재구성)에 관한 검토 – 전문(Recital)에 관한 시역(試譯)을 중심으로", 국제사법연구 제21권 제2호, 한국국제사법학회, 2015, 325면에 서 활용하였던 도표를 수정·추가하였다.

즉, 도산절차에서 내려진 재판이라고 하더라도 순번 5로 분류되는 이상 특별한 취급을 전혀 받지 못하게 된다. 따라서 해당 재판에서 승소한 당사자들은 가능한 해당 재판이 순번 1~4에 포함된다고 주장할 것이다. 흥미로운 것은 순번 1~4에 해당하더라도 "승인"만 자동으로 되는 것일 뿐이고 "집행"을 위해서는 또다시 브뤼셀규정에서 정한 절차를 따라야 한다는 것이다. 다만, 이때도 집행국은 앞에서 본 바와 같이 위 규정 제45조, 제46조에 따른 거부사유를 주장할 수 없으므로, 당사자들로서는 안정적인 집행을 보장받을 수 있게 된다. 따라서 결국 실무상 쟁점은 (비교적 명확하게 그 개념을 특정할 수 있는 순번 1 이외에) 순번 2, 3, 4에 해당하는 내용의 재판이 어느 범위

---

31) 물론, 브뤼셀규정 제45조, 제46조에서 정한 승인·집행의 거부사유가 적용되지 않는다는 것이지, EU도산규정 제33조(=공서위반을 이유로 승인·집행을 거부할 수 있다는 조항)에서 자체적으로 정한 승인·집행거부 사유가 적용되는 것은 당연하다. 흥미로운 것은 위와 같은 제33조는 "도산절차에서 내려진 재판"의 집행을 거부할 수 있는 사유뿐만 아니라 "도산절차(도산절차개시결정)"의 승인을 거부하는 근거조항으로서도 기능한다는 점이다.

32) EU도산규정 제19조는 "제3조의 관할권을 가지는 EU회원국(=채무자의 COMI가 소재한 EU회원국)"에서 내려진 도산절차개시결정은 그 개시국가에서 개시효력이 발생하는 시점에 다른 회원국 전역에서도 자동적으로 승인된다고 규정하고 있다. 물론, 이는 주절차(foreign main proceedings)에 대해서만 적용되는 규정이다.

33) 순번1, 2는 기본적으로 도산절차가 개시되었거나 그 이후에 내려진 재판을 대상으로 하는 것이기 때문에, 도산절차가 개시되기 "전"에 내려진 재판에 대해서도 원활하게 승인·집행을 할 수 있도록 순번 2-2에서 위와 같은 조문을 두었다. 다만, 도산개시신청을 한 이후 그 개시결정이 내려지기 전 사이에 발령된 보전처분에 한하는 것이다. 그 범위에 관하여는 실무상 많은 논의가 있는데, 이에 관한 자세한 설명은 Reinhard R/Kristin Van Zweiten et al. (eds.), *Commentary on the European Insolvency Regulation*, Oxford University Press, 2016, para. 32.39 이하를 참조.

34) Reinhard Bork/Kristin Van Zweiten et al. (eds.)(주 33), para. 32.11 이하에서는 순번 3, 4에 해당하는 절차(=도산절차와 밀접하게 관련되어 있거나 그로부터 파생된 절차)를 이른바 "Annex Proceedings"라고 지칭한다.

에까지 확장·적용될 수 있는지에 집중될 것으로 보인다.

2. 도산절차 진행(course) 과정에서 내려진 재판 및 종결(closure)에 관한 재판

도산절차의 "종결"에 관한 재판은 비교적 그 의미가 명백하여 쉽게 그 내용을 예상할 수 있는 반면에,[35] 도산절차의 "진행" 과정에서 내려진 재판이 무엇을 의미하는지는 다소 불분명하다. 도산절차 진행 과정에서 내려지는 개별적인 결정들은 굉장히 다양하고 국가마다 상이할 수 있어서 구체적인 태양을 하나씩 나열하는 것이 어려웠기 때문에 일일이 이를 나열하지 못하였을 것으로 생각된다.[36]

---

[35] 가령, 우리나라의 채무자회생법에서는 회생절차종결/폐지결정, 파산종결/폐지결정, 개인회생절차종결/폐지결정을 들 수가 있을 것이다.

[36] 가령, 우리나라에서 진행된 한진해운에 관한 도산절차의 진행 과정에서 내려진 주요결정을 정리하면 아래와 같은데, 참고로 위 사건은 청산가치가 계속기업 가치를 상회하는 것으로 파악되어 회생절차가 초기 단계에서 폐지되는 바람에 인가결정까지 내려지지는 못했다.

구분		해당 단계에서 내려진 주요 재판
법인회생절차 (서울회생법원 2016회합100211)	개시결정 전 재판 (순번2)	① 포괄적 금지명령 ② 비용예납명령 ③ 보전처분결정 ④ 대표자심문 및 현장검증결정
	개시결정(순번1)	회생절차개시결정
	개시결정 후 재판 (순번2)	① 조사위원 선임결정 및 조사, 제출 보고명령 ② 관리인 보수결정 ③ 법원의 허가사항과 위임사항에 관한 결정 ④ 관계인집회기일지정결정 ⑤ 회생계획안 제출기간의 연장결정 ⑥ 인가 전 영업양도 허가결정 ⑦ 인가 전 영업양도에 관한 주주총회결의에 갈음하는 결정 ⑧ 열람·복사신청의 일부 불허가결정 ⑨ 조사위원 보수결정

이에 대해 유력한 견해는 "도산절차"의 진행 과정에서 내려진 재판은 가능한 모두 이 유형의 재판에 포함되는 것으로 넓게 해석되어야 한다는 입장을 취하고 있다.[37] 후술하는 보조절차(Annex Proceedings), 즉, 도산절차로부터 파생되거나(순번 3) 이와 밀접한 관련을 가지는 절차에서 내려진 재판(순번 4)의 개념도 가능한 넓게 해석하여 원활한 승인·집행을 보장해주려는 EU도산규정의 취지에 비추어 본다면 위와 같은 견해는 충분히 납득할 만하고 수긍할 수 있다.

문제는 "회생계획인가재판"이나 "면책재판"과 같이 채무의 존부 및 그 범위를 조정하는 내용의 재판도 위 영역에 포함되는 것인지 여부이다. 비록 이에 관한 명시적인 규정은 없지만, ❶ 위와 같은 내용의 재판들은 도산절차에서 내려지는 가장 핵심적인 것으로서 도산절차의 목적 자체와 밀접한 관련이 있으므로, 원활한 집행을 보장해주어야 할 필요가 있는 점, ❷ '화의의 인가에 관한 재판(순번 2-1)'이 위 영역에 속한 하나의 재판유형으로 나열되어 있는 이상 이와 유사한 성격을 가지는 회생계획인가결정 내지 면책결정을 굳이 이와 달리 취급할 이유가 없는 점, ❸ 유력한 견해는 한 걸음 더 나아가, 순번 2-1과 같은 표현은 하나의 예시일 뿐이고, 도산법정지법(倒產法廷地法, lex fori concursus)[38]에서 정한 채무조정이나 면책요건이

		⑩ 기타 관리인 특별보수결정
	폐지결정(순번2)	인가 전 폐지결정(청산가치 〉 계속기업가치)
	파산선고(순번1)	파산선고결정(견련파산, 인가 전 폐지)
법인파산절차 (서울회생법원 2017하합15)	파산선고 후 재판 (순번2)	① 고가품보관장소 지정결정
		② 우선지급보수결정
		③ 채권조사기일 지정결정
		④ 조사확정재판 신청기간 연장결정
		⑤ 파산관재인 중간보수 결정
		⑥ 파산관재인 재선임결정
		⑦ 고가품보관장소 추가지정결정

---

37) Reinhard Bork/Kristin Van Zweiten et al. (eds.)(주 33), para. 32.12.
38) 참고로 라틴어 "concursus" 자체는 "collision"이라는 뜻으로 번역되어, 미국

충족되기만 한다면 반드시 해당 "법원"의 인가결정과 같은 확인이 필요한 것도 아니라고 설명하고 있기도 한 점[39] 등에 비추어 보면, 인가결정이나 면책결정도 당연히 〈도산절차의 진행 과정에서 내려지는 재판〉에 포함되는 것으로 볼 수 있을 것이다.[40]

3. 도산절차로부터 직접 파생되었거나(deriving directly) 밀접하게 관련되어 있는(closely linked with) 재판

도산절차로부터 직접 파생된 재판(judgments deriving directly)과 도산절차와 밀접하게 관련되어 있는 재판(closely linked with)은 별개의 독립된 유형의 재판처럼 보이지만, CJEU에서는 이를 별도로 구분하지 않고 있고, 실무도 마찬가지다.[41] 결국, 핵심은 순번 3, 4에 해당하는 재판(이하 '파생재판'이라 한다)의 영역을 어느 정도까지 확장하여 인정해줄 것인지 여부이다. 그런데 아래에서 보는 바와 같이 "부인재판"이 여기에 해당한다는 점에는 큰 이견이 없고, 그 밖에 재판에 대해서는 계속 논의가 진행되고 있다.

에서는 경합, 충돌을 의미하는 법률용어로 사용되기도 하지만(가령, 루이지애나 주에서는 다수당사자들이 특정재산에 관하여 권리를 주장하며 경합하는 유형의 절차를 concursus proceedings라고 부르기도 함), 독일 등에서는 전통적으로 도산을 의미하는 용어로 사용되어 왔고, 이에 UNCITRAL, *Legislative Guide on Insolvency Law, Parts One and Two,* 2004, 5면에서는 라틴어인 *'lex fori concursus'*는 'law of the State of the opening of proceedings'를 의미하는 것으로 직접 소개하고 있다.

[39] Reinhard Bork/Kristin Van Zweiten et al. (eds.)(주 33), para. 32.12.

[40] 이러한 점에서 IRJ 모델법상의 도산관련재판의 개념을 세부적으로 구분하면서, 회생계획인가결정을 "도산절차 진행·종결재판"을 구성하는 한 유형으로 소개한 석광현(주 21), 19면 이하에 찬동한다.

[41] Reinhard Bork/Kristin Van Zweiten et al. (eds.)(주 33), para. 32.29.

가. EU도산규정의 관련 규정

EU도산규정 제6조 제1항[42]은 "부인소송(avoid actions)"을 도산절차로부터 직접 파생되고 도산절차와 밀접하게 관련되어 있는 절차의 대표적인 사례로 명시하고 있다. 이에 부인소송에서 내려진 재판이 파생재판에 해당한다는 점에 대해서는 큰 이견이 없다.

EU도산규정의 전문(前文, recital) 제35항에서는 한 걸음 더 나아가 부인소송 외에도 도산절차 진행 과정에서 발생한 의무(obligations that arise in the course of the insolvency proceedings)에 관한 재판, 가령, 도산절차진행 과정에서 발생한 비용의 지급 관련 재판도 파생재판에 포함될 수 있다고 설명하고 있다.[43] 이는 채무자회생법 제179조 제1항 제2호(회생절차 개시 후의 채무자의 업무 및 재산의 관리와 처분에 관한 비용청구권)에 따른 공익채권을 보유하고 있다고 주장하는 자가 관리인을 상대로 그 지급을 구하는 소송을 제기한 경우, 해당 공익채권 소송에서 내려진 재판에 대해서도 순번 3, 4에 따라 원활한 승인·집행을 보장해주겠다는 것인데, 지극히 타당한 견해로 생각된다.

다만, 위 전문 제35항은 "도산절차 개시 전에 이미 체결되어 있던 계약을 기초로 한 소송(actions for the performance of the obligations under

---

[42] EU도산규정 제6조 제1항은 주 도산절차를 개시한 회원국의 법원이 순번 3, 4에 해당하는 유형의 재판에 대해서도 관할권을 가진다고 규정하는 조문인데, 그 원문은 아래와 같다(밑줄과 강조는 필자가 임의로 표시).

> **Article 6(Jurisdiction for actions deriving directly from insolvency proceedings and closely linked with them)**
> 1. <u>The courts of the Member State</u> within the territory of <u>which insolvency proceedings have been opened in accordance with Article 3</u> shall have **jurisdiction** for <u>any action which derives directly from the insolvency proceedings and is closely linked with them</u>, such as **avoidance actions**.

[43] 전문(前文) 제35항의 원문 및 그 해석에 관하여는 김영석(주 30), 303면 이하를 참조.

a contract concluded by the debtor prior to the opening of proceedings)"
은 위 순번 3, 4에 해당하지 않는다면서 2019년 헤이그재판협약에서
와 유사한 입장을 취하고 있다. 그러나 기존 계약에 따라 당사자들
간의 법률관계가 형성되어 있다고 하더라도 일방에 대한 도산절차
가 개시된 이후에는 민·상사법 이외에 도산법 특유의 규칙이 복합적
으로 적용되어 상호 간의 권리·의무관계가 재정립되는 경우가 대부
분이다.[44] 따라서 계약이 이미 체결되어 있었다는 사정만으로 순번
3, 4의 영역에서 제외해야 한다는 입장에 찬성할 수 없다는 것은
2019년 헤이그재판협약에 대한 검토 부분에서 밝힌 바와 같다.

나. 유럽사법재판소(CJEU)의 태도

CJEU에서 도산절차로부터 직접 파생되었거나 이와 밀접한 관련을
가지는 절차에 해당하는지를 판단한 사례들이 있어서 간단히 소개한
다. 부인소송, 이사를 상대로 하는 손해배상청구소송, 병행절차 간의
자산배분순서에 관한 소송 등이 다루어졌는데, 순서대로 살펴본다.

1) 부인소송

먼저, 부인소송에 관하여는 채권자 일반의 이익을 위해 도산관리
인이 도산재단을 확보하는 것을 목적으로 하는 소송이므로 해당절
차에서 내려진 재판은 당연히 파생재판에 해당한다는 입장을 취하
였다(Christopher Seagon 사안).[45] 그리고 이때 부인소송의 상대방이

---

[44] 가령, 미이행 쌍무계약 관계에서 관리인이 '이행'을 선택하였는지 '해제'를
선택하였는지에 따라 상대방이 가지는 채권이 공익채권인지 회생채권인지
가 결정되므로, 그와 같은 관리인의 선택이 소송에서의 핵심쟁점이 되는
때에는 "도산법 특유의 규정"이 (기존에 체결된 계약관계와 함께) 소송의
기초를 구성하고 있는 것으로 생각된다. 따라서 도산절차로부터 직접 파생
되었거나 밀접한 관련이 있는 절차에 해당한다고 볼 수 있는 것이다.

[45] Case C-339/07, *Christopher Seagon v Deko Marty Belgium NV* (2009), paras.

반드시 EU회원국에 거주하고 있는 자가 아니더라도 EU도산규정 제 32조에 따른 원활한 승인·집행을 보장받을 수 있다면서 적극적인 입장을 보였다(Schmid v Hertel 사안).[46] 다만, (도산관리인이 아니라) 도산관리인으로부터 부인권에 따른 채권을 양수한 "제3자"가 상대방에 대해 제기한 소송은 도산관리인이 제기한 것이 아니고 그 양수인 개인의 이익을 위한 것일 뿐 채권자 일반의 이익(the interest of the general body of creditors)을 위한 것이 아니고, 도산절차의 종결 여부로부터도 아무런 영향을 받지 않는 것이어서, 파생재판에 해당되지 않는다면서 그 범위가 무분별하게 확장되는 것을 제한하였다(F-Tex 사안).[47]

2) 이사를 상대로 한 손해배상청구소송

채무자법인의 이사 등을 상대로 한 손해배상청구소송(재정상황이 악화되었음에도 사업을 무리하게 확장하다가 채무자법인이 도산상

16~17.

[46] Case C-328/12, *Schmid v Hertel* (2014), paras. 38~39. 이 사건에서 부인소송의 상대방인 Ms Hertel은 스위스 거주자였는데 스위스는 EU의 회원국이 아니어서 이러한 경우에도 EU도산규정 제32조를 적용할 수 있는지가 문제되었다. 이 사건 부인소송은 채무자의 COMI 소재지국인 독일의 법원에서 진행된 것이므로, 위 소송에서 내려진 부인재판이 EU회원국 전역에서 원활하게 승인·집행될 수 있는 것은 당연하지만, Reinhard Bork/Kristin Van Zweiten et al. (eds.)(주 33), para. 32.24에서 지적하는 것처럼, 위 부인재판을 "스위스"에서 승인·집행 받는 문제는 EU도산규정의 범위를 벗어나므로, 스위스의 개별법령이 적용될 영역이다.

[47] Case C-213/10, *F-Tex SIA v Lietuvos-Anglijos UAB "Jadecloud-Vilma"* (2012), para. 49에서는 이와 같은 논리를 바탕으로, F-Tex SIA(부인채권의 양수인)가 그 거래상대방을 상대로 제기한 소송은 일반적인 민·상사분야의 소송(an action brought against a third party by an applicant acting on the basis of an assignment of claims which has been granted by a liquidator … is covered by the concept of civil and commercial matters)에 해당한다고 직접 표현하기도 했다.

태에 빠지게 되었다는 취지)을 다룬 사안에서도 같은 논리가 적용되었다. 즉, "개별채권자"가 회사의 경영악화에 책임이 있는 이사, 지배주주를 상대로 한 손해배상을 구하는 것은 채권자 일반의 이익을 위한 것이 아니기 때문에 위 소송에서 내려진 재판은 파생재판에 해당하지 않는다고 판단되었다(ÖFAB 사안).48) 반면에 "도산관리인"이 도산절차 개시 후 종전 이사들을 상대로 제기한 같은 목적의 손해배상청구소송에서 내려진 재판은 파생재판에 해당되는 것으로 판단하였다(H v H.K. 사안).49) 그리고 H v H.K. 사안에서는 한 걸음 더 나아가 채무자법인의 도산절차가 개시되고 이를 이유로 손해배상이 청구된 이상, 소송의 기초를 이루는 법률조항이 도산절차 개시 외에 도산절차가 개시되지 않은 경우의 손해배상책임을 함께 규정하고 있더라도 그와 같은 사정만으로 일반 민·상사법에 기초한 소송으로 볼 수는 없다는 점도 명백히 밝혔다.50)

참고로 우리나라의 채무자회생법도 관리인이나 파산관재인의 신청에 의하거나 직권으로 채무자법인의 이사 등에 대한 출자이행청구권이나 손해배상책임을 구하는 조사확정재판을 진행하도록 하는

---

48) Case C-147/12, *ÖFAB, Östergötlands Fastigheter AB v Frank Koot, Evergreen Investments BV* (2013), paras. 25~26.

49) Case C-295/13, *H v H.K.* (2014), paras. 18~25.

50) Case C-295/13, *H v H.K.* (2014), para. 24. 이 사안에서 손해배상청구의 근거가 된 조문은 독일의 Gesetz betreffend die Gesellschaften mit beschränkter Haftung(=GmbHG: 유한회사의 책임에 관한 법률로서 위 CJEU의 영문본에서는 'Act on Limited Liability Companies'로 번역함) 제64조로 "경영을 담당하는 이사들은 도산상태에 빠지거나 채무가 자산을 초과하게 된 채무자법인이 그와 같은 시점 이후에 지급하는 금액에 대해서 배상할 책임이 있지만, 신중한 경영자의 주의를 충분히 기울였던 경우에는 그러하지 않다"는 내용의 규정이다. 위 조문에 따르면 채무자법인에 대한 도산절차가 개시되지 않더라도 이사가 손해배상책임을 지게 되는 경우가 발생할 수 있지만, 그와 같은 이론적 사정만으로 이 사건 소송이 도산법과 전혀 관계없이 일반 민·상사법만을 기초로 하는 것으로 볼 수는 없다는 취지로 이해된다.

규정을 두고 있다(회생절차는 제115조, 파산절차는 제352조). 다만, 이는 도산절차 초기 단계에서 채무자법인의 현황 등을 조사하다가 기존 임원이 성실하게 직무를 수행하지 않았던 사실을 알게 된 도산관리인들로 하여금 간이하고 신속하게 책임추궁을 할 수 있도록 하는 조항이므로 (비록 상법 제399조, 414조 등에서 이사와 감사를 상대로 그 책임을 추궁할 수 있도록 하는 별도의 규정이 마련되어 있다고 하더라도) 이사 등을 상대로 한 조사확정재판은 도산법 특유의 규칙에 의한 것이라고 봄이 상당하다.[51]

3) 자산배분의 순서에 관한 소송

한편, CJEU는 주절차와 종절차 간의 자산배분의 순서에 관한 쟁점이 다루어진 Nortel 사안에서 해당 쟁점은 도산법 특유의 규칙에 의한 것이므로 당연히 파생재판에 해당된다고 판단하였다.[52] 도산재

---

[51] 구 파산법이 적용된 판례이기는 하지만, 대법원은 "주주대표소송 제도는 파산절차가 진행 중인 경우에는 그 적용이 없고, 주주가 파산관재인에 대하여 이사 또는 감사에 대한 책임을 추궁할 것을 청구하였는데 파산관재인이 이를 거부하였다고 하더라도 주주가 상법 제403조, 제415조에 근거하여 대표소송으로서 이사 또는 감사의 책임을 추궁하는 소를 제기할 수 없다"고 보아야 한다고 판시하여, 도산절차의 특수성을 존중하는 취지의 판결을 내리기도 하였다(대법원 2002. 7. 12. 선고 2001다2617 판결). 상법상 대표소송과 도산절차의 관계에 관한 상세는 권순일(편집대표), 『주석채무자회생법(제1판)(Ⅱ)』, 한국사법행정학회, 2021, 305면 이하[집필담당: 민지현] 및 임치용, "도산기업과 경영자 책임", 인권과 정의 제383호, 대한변호사협회, 2008, 60면 이하를 각 참조.

[52] Case C-649/13, Comité d'entreprise de Nortel Networks SA and Others v Cosme Rogeau and Cosme Rogeau (2015), paras. 29~30. 이 사건은 국제도산에서 법원 간 공조의 모범사례로 손꼽히는 이른바 Nortel Group(캐나다에서 설립된 통신회사 전 세계에 자회사를 두고 있는 기업집단)에 관한 후속 사례이다. 위 Group에 속한 프랑스 자회사 NNSA에 관한 병행도산절차와의 관계가 주된 쟁점이 되었다. ① NNSA에 관하여 이미 영국에서 주 도산절차(main proceedings)가 진행 중이었음에도(다른 계열사들과 함께 도산절차가

단의 확보, 환가 및 배당은 도산절차에서도 가장 핵심적인 기능과 역할을 하는 부분이므로 지극히 타당한 판단이라고 할 것이다.

4) 도산절차 개시 전 체결된 계약관계를 기초로 한 소송

반면에 CJEU는 Nickel & Goeldner 사안에서 채무자법인이 도산절차 개시 전에 미리 체결하여 둔 운송계약을 근거로 그 상대방에게 대금지급을 구하는 것은 민·상사법에 기초한 소송으로 보아야 한다고 하였다. 계약에 기초한 소송이고 해당 소송이 도산절차가 개시된 후 도산관리인에 의해 제기되었다는 사정만으로 그 본질이 변경되는 것은 아니라는 취지인데,[53] EU도산규정 전문 제35항 및 2019년 헤이그재판협약과 유사한 입장이다.

Ⅲ. 검토

결국 〈도산절차로부터 직접 파생되거나 이와 밀접한 관련을 가진 재판〉의 범위는 구체적인 사실관계에 따라 판단이 달라질 수 있어서

진행되었음), 프랑스에서 NNSA에 관한 별도의 이차적 도산절차(secondary proceeding)가 개시·진행되었는데, ② 이미 모든 계열사 간의 합의를 통해 Nortel Group 내의 자산을 일괄 매각하여 그 대금을 에스크로 계좌에 보관하기로 약정(Interim Funding and Settlement Agreement)하여 둔 상태에서, ③ NNSA의 기존 임금채권자들이 "NNSA에 속하였던 자산의 매각대금에 관한 우선권은 임금채권자들에게 있다"고 주장하면서, 프랑스의 Tribunal de commerce de Versailles에 그 지급을 구하자, ④ 위 프랑스 법원이 CJEU에 선결쟁점에 대한 문의를 한 것이다. Nortel 사건에 관한 상세는 Lauren L. Peacock, "A Tale of two courts: the Novel Cross-Border Bankruptcy Trial", 23 American Bankruptcy Institute 2015, 543면 이하를 참조.

[53] Case C-157/13, *Nickel & Goeldner Spedition GmbH v "Kintra" UAB*, 2014, paras. 26~28.

결국은 판례의 집적으로 구체적인 법리가 형성되어야 할 분야라고
생각된다.[54] 그런데 EU도산규정은 전문 제35항에서 "도산절차 개시
전 이미 체결되어 있던 계약에 기하여 소송이 제기된 경우는 파생재
판의 영역에 해당하지 않는다"고 명시하고 있다. 따라서 CJEU로서도
기존 계약관계에 따른 권리가 문제된 사안(가령, 앞서 본 Nickel &
Goeldner 사안)에서 이와 다른 판단을 하기는 쉽지 않았을 것이다.[55]

반면에 EU도산규정 전문 제35항과 같은 조문이 존재하지 않는 IRJ
모델법에서는 "도산관련재판"의 범위를 해석함에 있어 위와 같은
CJEU의 논의를 그대로 적용하기는 어렵다. 그 이유는 다음과 같다.

첫째, 도산관리인이 위와 같은 기존 계약상의 권리를 주장하는 소

---

54) 이제정, "UNCITRAL 제46차 도산 실무작업반 회의 참가보고서", 국제규범의
현황과 전망, 법원행정처, 2014, 336면 이하에 의하면, EU도산규정 하에서
① 도산절차에서 직접 파생되었거나 밀접한 관련이 있는 재판으로는 ⅰ)
부인권소송, ⅱ) 이사 및 임원의 인적 책임에 관한 도산법 관련 소송, ⅲ) 도
산재단으로의 자산 편입에 관한 도산절차대표자와 채무자 사이의 분쟁,
ⅳ) 회생계획안의 인가, ⅴ) 잔여 채무의 면책, ⅵ) 도산절차 수행에 전적으
로 기초한 경우 도산절차대표자의 손해배상책임에 관한 소송, ⅶ) 채권자
에 의한 도산절차대표자의 다른 채권자의 채권 시인결정의 무효화를 위한
소송, ⅷ) 도산법 우위에 근거한 도산절차대표자의 이의신청이 있다고 한
다. 한편, ② 도산절차에서 직접 파생되었거나 밀접한 관련이 있지 않은 재
판으로는 ⅰ) 도산절차가 존재하지 않는 경우에도 가능한 도산절차대표자
에 의한 소송 및 도산절차대표자에 대한 소송, ⅱ) 도산과 관련된 형사소송,
ⅲ) 채무자의 점유하에 있는 재산을 회복시키기 위한 소송, ⅳ) 일반 법률에
따라 채권금액 또는 법적타당성을 결정하기 위한 소송, ⅴ) 자산분리권을
가진 채권자의 채권, ⅵ) 개별적 만족을 얻을 수 있는 권리를 가진 채권자
(담보채권자)의 채권, ⅶ) 도산절차대표자가 아닌 법적승계인 또는 양수인
이 제기한 부인소송이 있다고 한다. 다만, 이는 CJEU 등 실제 사례를 통해
확립된 것은 아니고 이론상, 학설상의 논의인 것으로 생각된다.
55) EU도산규정을 기초로 도산관련재판을 승인·집행한 더 많은 CJEU의 사례는
Gabriel Moss/Ian F. Fletcher/Stuart Issacs, *The EU Regulation on Insolvency
Proceedings (3rd Ed.)*, 2016, para. 5.139 이하를 참조.

송을 통해 확보하게 되는 금원은 도산재단으로 편입되어 채무자법인의 운영자금 내지 변제자원으로 사용된다. 따라서 이러한 소송이 채권자일반의 이익에 부합한다는 점은 비교적 명백하다.

둘째, CJEU가 부인소송 내지 이사를 상대로 한 손해배상청구소송에서 파생재판의 판단기준으로 설시한 "채권자일반의 이익을 위한 것인지"의 관점에서 보더라도 위와 같은 절차에서 내려진 재판을 순번 3, 4에 해당하는 것으로 보지 못할 바 없다.

셋째, 무엇보다도 앞서 2019년 헤이그재판협약에서도 검토하였듯이, 부인소송의 본질 또한 제3자로부터 재산을 다시 회수하여 도산재단을 확보하는 데 있다. 그리고 그 부인대상 행위도 통상은 당사자들 간의 계약으로 이루어진다. 따라서 Nickel & Goeldner 사안에서의 CJEU의 판단은 기존 사례들과 논리적으로 정합하는 것으로 보이지 않고 도산실무의 측면에서도 바람직하지 않다.

IV. 관련문제(관할집중력원칙)

한편, EU도산규정은 제6조에서 앞서 본 [표 9]의 순번 3, 4에 해당하는 도산절차로부터 파생되었거나 도산절차와 밀접하게 관련된 사건(가령, 부인소송)에 대한 관할권을 도산법정지국 법원(the courts of the Member States within the territory of which insolvency proceedings have been opened in accordance with Article 3)에게 부여하는 〈도산의 관할집중 원칙(vis attractiva concursus)〉(이하 '관할집중력원칙'이라 한다)을 선언하고 있어 간단히 소개한다. CBI 모델법이나 IRJ 모델법 체제 하에서 "간접관할권"을 이유로 도산관련재판의 승인·집행이 거부되는 것을 입법적으로 해결할 가능성을 보여주는 부분이기 때문이다.

이른바 Deko Marty Principle이라고도 불리는 위 원칙은 도산법정지국의 법원으로 보조절차(순번3, 4)에 관한 관할을 집중시키자는 것이다. 이로써 i) EU회원국 재판간의 모순·저촉을 방지하고, ii) 국외소송 진행을 통한 도산관리인의 과다한 비용 지출을 막으며, iii) 도산절차 자체를 신속하고 효율적으로 진행하여 채권자들의 권리를 보호하려는 데에 그 목적이 있다. 위한 목적으로 도입되었다.56)

물론, ❶ COMI 소재지국에서 개시된 주도산절차(EU도산규정 제3조에 따른 main proceedings)에 대해서만 위와 같은 원칙이 적용된다. 즉, 이차적 도산절차 개시국의 법원들은 위와 같은 관할권을 가지지 못한다. ❷ 그리고 도산법정지국의 법원이면 어느 법원이든지 관할권을 행사할 수 있기 때문에 이는 '도산법원'에 대한 관할집중이 아니라 '도산법정지국 법원'에 대한 관할집중을 선언한 것이다. 즉, 도산법정지국의 '도산법원'이 아닌 '일반법원'도 관할권을 행사할 수 있다.57) ❸ 또한, 경우에 따라서는 소송상대방이 거주하는 국가의 법원에도 관할권을 함께 부여하고 있기 때문에(EU도산규정 제3조 제2항), 도산

---

56) 위 원칙의 도입배경 및 그 내용에 관한 상세는 Reinhard Bork/Kristin Van Zweiten et al. (eds.)(주 33), paras. 6.02~6.12를 참조.

57) 이 점에서 위 원칙이 마치 도산법정지국의 '도산법원'으로의 관할 집중만을 의미하는 것처럼 소개한 노영보, 『도산법강의』, 박영사, 2018, 172면과 이필복, "한진해운의 도산 관련 민사사건의 판결 동향 I-정기용선료 등 청구사건과 슬로트용선계약의 정산금 청구 사건", 한국해법학회지 제41권 제1호, 한국해법학회, 2019, 249면 이하는 EU도산규정을 다소 오해한 것으로 보여 아쉬운 측면이 있다. 즉, 위 원칙에 따르면 가령, 서울회생법원 뿐만 아니라 서울중앙지방법원도 국내도산절차에 관한 부인소송 관할권을 적법하게 가지는 것이다. 다만, 도산법원으로의 사건집중을 통해 소송의 경제·효율·신속을 달성할 수 있을 것이라는 지적은 타당하므로 그 취지에는 전적으로 찬동한다. 김용진, "도산관련사건의 국제재판관할에 관한 유럽도산법의 발전과 그 교훈", 법학연구 제30권 제2호(통권 제48호), 충북대학교 법학연구소, 2019, 19면 이하는 도산법원으로의 관할집중을 통해 도산절차의 효율성이 증대되고 당사자도 그만큼 더 이익을 얻을 수 있을 것이라고도 설명한다.

법정지국의 법원에 전속관할을 부여한 것으로 취급할 수는 없다.

다만, 이와 같은 다소간의 제약에도 불구하고, 위와 같은 관할집중력원칙은 부인소송 등에 관한 관할권을 도산법정지국 법원에게 입법적으로 부여한 것이어서 그 의미가 크다. 순번 3, 4에 해당하는 재판은 EU회원국 간에 자동으로 승인되고 집행을 하는 경우에도 브뤼셀규정 중 간접관할권에 관한 제45조는 적용되지 않아 재판국의 관할권 유무가 문제되지 않지만,58) CBI 모델법이나 IRJ 모델법이 적용되는 국면에서는 재판국의 간접관할권 유무가 승인·집행의 요건으로서 중요하게 기능하기 때문이다.

가령, CBI 모델법에서 EU도산규정처럼 관할집중력원칙을 선언했다면 앞서 본 Rubin 판결에서도 뉴욕남부파산법원은 부인소송에 관한 관할권을 가지는 것으로 인정될 가능성이 높았을 것이다.59) 그렇다면 Dicey Rule까지 나아가 검토할 것도 없이 간접관할권의 문제는 쉽게 해결된다.60) 후술하듯이 IRJ 모델법은 관할집중력원칙까지 선언하지는 않았지만 제14조 제(g)호 제(iii),(iv)목을 통해 간접관할권의 문턱을 더욱 낮추려고 노력하고 있는데, 이하 해당 부분에서 다시 살펴본다.

---

58) 즉, 외국법원에서 내려진 일반적인 민·상사재판의 집행요건으로 기능하는 '재판국법원의 간접관할권 유무(브뤼셀규정 제45조 제1항 제(b)호)'가 집행요건으로 검토되지 않는다.

59) 물론, 미연방파산법 제15장과 CBIR 2006에서 모두 위와 같은 CBI 모델법상의 조항을 받아들여 입법하였을 것을 전제로 한다.

60) 석광현(주 21), 29면 각주 100은 영국대법원이 Rubin 사건에서 결석재판을 한 뉴욕남부파산법원의 대인관할권을 부정한 것에 비추어 보면, 영국은 EU도산규정의 적용범위 외에는 도산법정지국 법원의 관할집중력원칙을 따르지 않는 것으로 보인다고 평가한다.

제3절 UNCITRAL IRJ 모델법

EU회원국에만 적용되는 지역적 국제규범인 EU도산규정과 달리, IRJ 모델법은 어떤 국가라도 이를 국내법으로 받아들일 수 있다. 또한, 그 도입과정에서 기존체계와 모순되지 않도록 개별국가가 임의로 내용을 수정할 수 있으므로 입법국(Enacting State)[61]으로서는 UNCITRAL이 구축한 국제도산체계를 탄력적으로 활용할 수 있다는 장점이 있다.

따라서 2005. 3. 31. 채무자회생법을 제정하면서(시행일은 2006. 4. 1.), CBI 모델법을 받아들여 제5편(국제도산)을 신설하고 현재까지 약 15년이 넘는 기간 동안 안정적으로 국제도산 실무를 운영해 온 우리나라로서는 2018년에 새로 성안된 IRJ 모델법도 받아들이는 방법을 적극적으로 고려해봄 직하다. 앞서 본 것처럼 UNCITRAL은 Rubin 판결과 더불어 우리나라 대법원의 2009마1600 결정을 IRJ 모델법의 필요성을 보여주는 대표적인 사례로 지목하고 있으므로, 대외적으로 대한민국에서 이에 관한 실무의 불확실성이 해소되었다는 점을 보여줄 필요가 있기 때문이다. 이에 이하에서 IRJ 모델법의 주요 내용을 살펴본다.

I. 개관

CBI 모델법상의 "구제조치(relief)"에 외국도산절차에서 내려진 회생계획인가결정이나 부인재판의 승인·집행도 포함되는지, 즉, 도산

---

[61] IRJ 모델법은 CBI 모델법과 마찬가지로 모델법을 받아들이는 국가를 "Enacting State"라고 표현하고, 이와 대비하여 승인·집행의 대상이 되는 재판을 발령한 국가를 "Originating State"라고 지칭하는데, 이하에서는 전자를 입법국(Enacting State), 후자를 재판국(Originating State)으로 각 약칭한다.

절차에서 혹은 이와 관련하여 내려진 재판에 대한 승인·집행도 CBI 모델법이 구축한 시스템 내에서 처리될 수 있는지, 아니면 이에 대해서는 외국재판의 승인·집행에 관한 절차를 거쳐야 하는지에 관하여 실무상 충돌이 있었고, 이와 같은 불확실성을 해소하기 위한 목적으로 UNCITRAL에서 2014. 7.경부터 연구한 끝에 2018. 7. 2. IRJ 모델법이 성안되었다는 점은 앞에서 본 바와 같다.

IRJ 모델법은 ⅰ) 먼저 도산관련재판을 정의한 다음(제2조 제(d)호), ⅱ) 이에 해당하는 유형의 재판이 이를 발령한 국가(originating State, 이하 '재판국'이라 한다)에서 집행 가능한 상태에 있고(제9조), ⅲ) 위 재판을 승인·집행하려는 국가(enacting State, 이하 '입법국'이라 한다)에서도 그에 대내적 효력을 부여하는 것이 공서양속에 반하는 결과를 발생시키지 않으며(제7조), ⅳ) IRJ 모델법에서 개별적으로 정한 승인·거부 사유에도 해당하지 않는다면(제14조), 그 승인·집행을 허용하는 것을 기본적인 내용으로 하고 있다(제13조).

즉, 예외적인 경우가 아니면 가능한 입법국이 그 승인·집행을 거부할 수 없도록 하여 원활한 승인·집행을 보장해주는 것을 목적으로 한다. 이에 가령 '상호보증(reciprocity)'[62]과 같은 일반 민·상사재판의

---

[62] 전통적으로 상호보증(reciprocity)은 외국재판을 승인·집행할 때 가장 판단이 어려운 요건 중 하나로 여겨져 왔다. 법관으로서는 사안의 구체적 타당성과 해당 외국과의 우호 관계 증진을 위해 승인·집행을 하고 싶은 상황에서도, 그 국가가 대한민국 재판의 승인·집행에 우호적인 모습을 먼저 보여주었다고 볼만한 명확한 증거가 없다는 이유만으로 그 승인·집행을 할 수 없는 상황에 직면하게 되는 것이다. 이러한 점에서 우리나라가 민·상사재판의 승인·집행의 영역에서 최근에 중국과 상호보증의 관계가 형성되어가고 있는 것은 굉장히 고무적인 일이다. 중국법원의 입장에 관한 상세는 두환방(杜煥芳)/칠숭호(漆崇浩)(김편아 번역), "중국 법원의 외국판결 승인 및 집행에 관한 실무적 고찰", 국제사법연구 제20권 제2호, 한국국제사법학회, 2014, 249면 이하를 참조. 한편, 우리나라 대법원이 "상호보증"에 관하여 취하고 있는 태도 및 그 입장의 변화에 관하여는 석광현, "국제재판관할과

승인·집행에서 요구하는 다소 정책적이고도 엄격한 요건을 요구하고 있지 않다. 따라서 입법국으로서는 외국도산절차가 진행된 국가가 입법국에서 내려진 재판에 우호적인 태도를 보였는지를 일일이 검토하고 확인해야 하는 불편함을 덜게 되었다.

따라서 앞서 2005년 헤이그관할합의협약, 2019년 헤이그재판협약, EU도산규정에서 본 것처럼 결국 핵심쟁점은 "도산관련재판"의 범위를 어느 정도까지 인정할 것인지가 될 것으로 보인다. 이에 이하에서는 ① 먼저 IRJ 모델법과 CBI 모델법의 관계를 살펴보고, 이어서 ② 도산관련재판의 개념, ③ IRJ 모델법에서 규정하고 있는 승인·집행의 요건 및 그 거부사유, ④ 기타 절차적인 사항(신청권자, 첨부서류 등) 등을 살펴본 다음, ⑤ 마지막으로 구체적인 IRJ 모델법의 채택방법에 관하여 검토하기로 한다.

II. CBI 모델법과의 관계

1. 상호보완적 관계의 선언

IRJ 모델법은 도산관련재판이 신속하고 효율적으로 승인·집행될 수 있는 시스템을 보다 확실하게 구축하고 이에 관한 각국의 국제예양과 공조를 증진하기 위한 목적 등으로 성안되었다. 그런데 만약 IRJ 모델법이 CBI 모델법에 대해 특별법의 지위에서 배타적·우선적으로 적용되는 것이라면 CBI 모델법이 구축하였던 기존시스템은 유지될 수 없다. 이에 따르면 외국도산절차에 대한 승인 및 외국도산절차에 대한 구제조치의 발령으로 외국도산절차를 지원하였던 실무

외국판결의 승인 및 집행", 국제사법연구 제20권 제1호, 한국국제사법학회, 2014, 44면 이하를 참조.

는 더 이상 유지할 수 없게 되기 때문에 양 모델법이 어떠한 관계에 있는지는 법률가들에게 중요한 문제가 된다.

이러한 우려와 불확실성을 불식시키기 위해 IRJ 모델법은 그 서문 (Preamble)에서 IRJ 모델법이 CBI 모델법을 보완하는 정도의 효력(to complement that legislation)만을 가지고,63) CBI 모델법을 받아들인 입법국의 도산관련 법령을 대체하거나 그 효력을 제한하려는 목적에서 성안된 것이 아님을 명시적으로 선언하고 있다.64) IRJ 모델법과 CBI 모델법이 상호 간에 보완하는 관계에 있음을 밝히고 있는 것이다.

구체적으로 IRJ 모델법은 ① '도산절차를 개시하는 재판'에 대한 승인은 여전히 기존 CBI 모델법에 따라 처리되어야 하는 것이어서 IRJ 모델법으로 다룰 영역이 아니라고 규정하고 있고(제2조 제(d)호 제(ii)목), ② 도산관련재판에 대한 승인·집행을 (새롭게 성안된 IRJ 모델법 제1조부터 제16조까지의 조문을 받아들이는 방법 이외에) 기존 CBI 모델법 제21조에 따른 구제조치(relief)의 외연을 확장하는 취지의 조문 1개(Articlr X)만을 추가하는 방법으로도 처리할 수 있도록 하고 있다. 가능한 기존 CBI 모델법이 구축한 국제도산의 체계를 존중하고 유지하려는 입장을 취하는 것이다. 이하에서 순서대로 살펴본다.

2. IRJ 모델법의 적용이 배제되는 "도산절차개시재판"

가. 도산절차개시재판의 개념

먼저 IRJ 모델법은 도산관련재판의 개념에 "도산절차를 개시하는 재판(a judgment commencing an insolvency proceeding)"까지 포함되는 것은 아니라고 하면서,65) 도산절차개시재판은 CBI 모델법에 따라 승

---

63) IRJ 모델법, 서문(Preamble) 제1항 제(f)호.
64) IRJ 모델법, 서문(Preamble) 제2항 제(b)호.
65) IRJ 모델법, Article 2(d)(ii).

인되어야 하는 대상이라는 점(is specifically the subject of recognition under the MLCBI)을 분명히 하였다.[66]

홍미로운 것은 아래와 같은 재판들은 도산절차를 개시하는 재판과 하나의 결정문에 함께 기재되어 있다고 하더라도 별도의 독립된 도산관련재판으로 취급된다는 점이다. 즉, CBI 모델법이 아닌 IRJ 모델법에 따라 승인·집행되어야 하는데, ① 도산관리인을 선임하는 재판(appointment of an insolvency representative), ② 임금채권을 지급하도록 하는 재판(payment of employee claims), ③ 도산절차 진행 과정에서 전문가들을 확보하고 그들에게 급여를 지급할 수 있도록 하는 재판(retention and payment of professionals), ④ 미이행 쌍무계약의 이행/거부에 관한 재판(acceptance or rejection of executory contracts), ⑤ 채무자가 보유하는 현금담보물을 사용하거나 '개시 후 금융(DIP Financing)'을 이용하여 운영자금을 확보하는 것을 허용하는 재판(use of cash collateral and post-commencement finance) 등이 이에 해당하는 것으로 설명된다.[67]

이는 분리가 가능하다면 도산절차에서 내려진 재판 중 "일부"만을

---

[66] Guide to Enactment para. 58.

[67] Guide to Enactment para. 58에서 예를 들고 있는 유형의 재판들인데, 이는 미연방파산법 제11장 절차에서 이른바 "First Day Order"에서 내려지는 유형의 재판들을 나열한 것으로 보인다. 참고로 미연방파산법 제11장 절차가 접수되면, 담당 법관은 해당 사건에 관한 첫 심리기일(hearing)을 잡아 그날 채무자, 채권자 및 주요 이해관계인들을 모이게 한다. 그리고 그 기일에서 채무자의 각종 신청에 관하여 당사자 간에 공방을 거치도록 한 다음 주요 결정들을 즉시 내린다. 이를 첫 기일(First Day)에 내려진 결정이라고 하여 이른바 "First Day Order"라고 부르는데, 도산절차의 진행 방향을 결정하는 주요한 사항들이 정해지는 날이므로 굉장히 중요한 의미가 있다. 상세는 Jay M. Goffman, Grenville R. Day, "First Day Motions and Orders in Large Chapter 11 Cases: (Critical Vendor, DIP Financing and Cash Management Issues)", 12 Journal of Bankruptcy Law and Practice, 2003, 59면 이하를 참조.

도산관련재판으로 삼아 승인·집행할 수 있다는 IRJ 모델법 제16조를 근거로 한 것이다.[68] 따라서 실무상 하나의 결정에서 도산절차개시재판과 함께 관리인(회생절차) 내지 파산관재인(파산관재인) 선임결정, 채권자목록제출기간, 채권신고 및 조사기간, 회생계획안 제출기간의 지정결정 등을 함께 발령하고 있는 우리나라와 같은 입법국에서는 도산절차개시재판 이외의 나머지 부분에 대해 IRJ 모델법에 따라 별도로 승인·집행을 신청할 수 있게 된다.[69]

---

[68] IRJ 모델법 제16조는 "분리가능성(Severability)"이라는 제하의 조문으로, 대상재판 중 "일부"만이 승인·집행될 수 있는 경우(where only that part of the judgment is capable of being recognized and enforced under this Law)에는 그 부분만을 특정하여 승인·집행될 수 있음을 명시하고 있다.

[69] 가령, 서울회생법원이 한진해운 사건에서 회생절차개시결정과 파산선고결정을 내리면서, 각 재판서에서 함께 결정한 사항들은 다음과 같은데, 각 제1항에서는 도산절차개시재판을, 제2항에서는 도산관리인 선임재판을 하고 있다(밑줄과 강조는 필자가 임의로 표시).

서울회생법원 2016회합100211의 2016. 9. 1.자 회생절차개시결정	서울회생법원 2017하합15의 2017. 2. 17.자 파산선고결정
1. 채무자에 대하여 회생절차를 개시한다. 2. 석태수[주민등록번호: oooo, 주소: oooo]를 채무자의 관리인으로 선임한다. 3. 관리인의 임기를 이 사건 회생계획안의 인가결정일로부터 30일까지로 한다. 4. 회생채권자, 회생담보권자 및 주주의 목록 제출기간을 2016. 9. 1.부터 2016. 9. 19.까지로 한다. 5. 회생채권, 회생담보권 및 주식의 신고기간을 2016. 9. 20.부터 2016. 10. 4.까지로 한다. 6. 회생채권, 회생담보권의 조사기간은 2016. 10. 5.부터 2016. 10. 18.까지로 한다. 7. 회생계획안의 제출기간을 2016. 11. 25.까지로 한다.	1. 채무자 주식회사 한진해운에 대하여 파산을 선고한다. 2. 변호사 김진한[생년월일: 19oo. o. o.생, 주소: oooo]을 파산관재인으로 선임한다. 3. 파산관재인의 임기를 2019. 6. 30.까지로 한다. 4. 채권신고기간을 2017. 5. 1.까지로 한다. 5. 제1회 채권자집회와 채권조사의 기일 및 장소를 2017. 6. 1. 14:00 서울법원종합청사 3별관 제1호 법정으로 한다. 6. 채무자 회생 및 파산에 관한 법률 제492조 단서의 금액을 300만 원으로 한다.

나. 도산관리인 선임재판의 취급

1) 예상되는 실무상황

위와 같은 입장에 따르면 "도산관리인 선임재판"에 대한 승인·집행은 IRJ 모델법에 따른 별도의 절차를 통해 처리되어야 한다. 그런데 우리나라에서 실무상으로는 아래와 같은 방식으로 처리되지 않을까 생각된다.

가) CBI 모델법상의 도산절차 승인과 동시에 신청되는 경우

먼저 외국도산절차의 대표자(foreign representative)가 CBI 모델법에 따라 우리나라에 '외국도산절차'에 대한 승인신청을 하면서, 위 외국도산절차에서 내려진 도산관리인 선임결정에 대해 IRJ 모델법에 따른 승인을 함께 구하는 경우를 생각해보자. 이때 우리나라 법원으로서는 그 신청인이 외국도산절차에서 적법한 절차를 거쳐 선임된 도산관리인이 맞는지를 검토한 이후 ❶ 도산관리인 선임결정을 승인한다는 주문과 함께(IRJ 모델법 적용 부분), ❷ 외국도산절차를 승인한다는 주문(CBI 모델법 적용 부분)을 함께 발령하면 될 것으로 보인다. CBI 모델법에 따른 현행 채무자회생법 체제하에서도 어차피 외국도산절차의 승인요건으로서 '신청인이 외국도산절차에서 적법하게 대표자로 선임된 자'인지를 검토하고 있으므로,[70] 단지 그 판단을 명시적으로 주문에서 추가로 표현할 뿐이고 실질적인 판단에는 차이가 없다.

만약 '도산관리인 선임결정'에 대한 명시적인 판단이 없는 상태에

---

[70] 채무자회생법 제631조 제1항 제3호는 "외국도산절차의 대표자의 자격과 권한을 증명하는 서면"을 '외국도산절차'에 관한 승인을 신청할 때 반드시 첨부해서 제출해야 하는 서류로 명시하고 있고, 국제도산에 관한 승인결정에도 신청인이 외국도산절차의 대표자라는 점이 이유 부분에 함께 포함되어 있다. 가령, 싱가포르법인에 대한 미연방파산법 제11장 절차를 승인한 서울회생법원 2017국승100001호 사건 결정문 중 주문/이유 부분은 아래와 같다(밑줄과 강조는 필자가 임의로 표시).

서 '도산절차'를 승인하는 결정을 한다면 이는 자칫 적법한 신청권자로 확인되지도 않은 자가 신청한 외국도산절차의 승인을 받아들인 셈이 되어, 소송요건의 판단에 위법이 있는 것으로 취급될 수도 있다. 따라서 당사자의 주장에 불완전·불명확한 점이 있다고 판단되는 때에는 법원으로서는 그 신청인으로 하여금 CBI 모델법에 따른 도산절차에 대한 승인신청과 더불어 IRJ 모델법에 따른 도산관리인 선임결정도 함께 신청하도록 석명권을 행사해야 할 것이다.

나) CBI 모델법상의 도산절차 승인과 별도로 신청되는 경우

한편, 외국도산절차에서 도산관리인으로 선임된 자가 (CBI 모델법에 따라 도산절차의 승인을 신청함이 없이) 도산관리인 선임결정의 승인·집행만을 독립적으로 신청하는 경우도 있을 것으로 보인다. IRJ 모델법 제11조에서 도산관련재판의 승인·집행을 신청할 수 있는 자격을 외국도산절차의 대표자(insolvency representative)[71] 등으로 제한

서울회생법원 2017국승100001호 (2017. 3. 10.자 승인결정)

주문

이 사건 외국도산절차[2016. 4. 21.자로 외국도산절차의 채무자에 대하여 미합중국 뉴욕남부파산법원(The United States Bankruptcy Court for the Southern District of New York)에 신청되어, 2016. 4. 25. 개시결정을 받고 계속 중인 회사갱생절차(Case No. 16-10992에 병합관리(Joint Administration)되고 있는 Case No. 16-11014)]를 승인한다.

이유

이 사건 기록에 의하면, 이 사건 신청은 채무자 회생 및 파산에 관한 법률 제631조 제1항에서 정한 요건을 갖추고 있고, 이 사건 외국도산절차가 2016. 4. 21. 뉴욕남부파산법원(The United States Bankruptcy Court for the Southern District of New York)에 신청되어 현재 적법하게 계속 중이며, **싱가포르국인 푸넷 굽타(Puneet Gupta)가 그 절차의 대표자로 선임되어 있는 사실이 소명되는 한편,** 같은 법 제632조 제2항에서 정한 기각사유가 있다고 인정되지 아니한다. 따라서 채무자 회생 및 파산에 관한 법률 제632조 제1항에 의하여 주문과 같이 결정한다.

---

[71] Guide to Enactment para. 50에 의하면 위 "insolvency representative"는 CBI

하고 있으므로 적법한 신청권자라는 점을 미리 확인받아둘 필요가
있기 때문이다.[72] 외국도산절차의 대표자가 도산관리인 선임결정과
도산관련재판의 승인·집행을 함께 구한다면 그때 법원으로서는 앞
에서 본 바와 같이 주문에서 도산관리인 선임결정을 승인한다는 주
문을 내고, 이어서 실제 대상이 되는 도산관련재판의 승인·집행을
허용하는 내용의 다시 별도로 내면 될 것으로 보인다.

2) 구별실익에 대한 의문

다만 위와 같이 처리하면 특별한 문제는 없을 것으로 보임에도 불구
하고, 굳이 이를 도산절차개시재판으로부터 독립된 개념으로 설정하여
별도의 승인·집행을 요하는 재판으로 취급할 필요가 있는지 의문이 드
는 측면은 있다. 도산절차를 승인하거나 도산관련재판을 승인·집행함
에 있어 그 신청권자가 적법한 자격을 가진 자인지, 즉, 외국도산절차
에서 적법한 도산관리인으로 선임된 자인지를 판단하는 것은 재판을
함에 있어 가장 기본적인 소송요건의 검토에 관한 사항이기 때문이다.

도산관리인 선임재판은 도산재단에 관한 관리·처분권한 및 업무
수행권한 등을 도산관리인에게 전속시키는 효과를 가지는 재판으로
채무자가 임의로 재산을 산일하는 것을 방지하고 도산관리인이 독
립적인 제3자의 지위에서 도산재단을 효율적으로 관리하여 이를 극
대화하도록 하는 것을 주요한 목적으로 한다. 실무상으로도 도산절

모델법상의 "foreign representative"를 의미하는 것이라고 한다. CBI 모델법
만을 받아들이거나 IRJ 모델법만을 받아들이는 국가에서 각 개념을 구분하
여 사용할 수 있도록 명칭만을 달리한 것으로 보이는데, 이하에서는 본문
과 같이 "외국도산절차의 대표자"라고 번역하고 구분이 필요한 경우 괄호
안에 원문을 함께 적기로 한다.

[72] IRJ 모델법은 제11조에서 도산관련재판의 승인·집행을 신청할 수 있는 자
를 ① 외국도산절차의 대표자(insolvency representative)와 ② 재판국의 법령
에서 정한 자로 규정하고 있는데, 해당 부분에서 별도로 살펴본다.

차개시재판과 함께 발령되는 경우가 많아서,73) 가능한 도산절차개시재판에 함께 포함되는 것으로 이해하여 일괄 처리하는 것이 도산실무의 운영에 더 효율적이기도 하다.

따라서 우리나라가 IRJ 모델법을 수용하더라도 도산관리인 선임결정에 대해서만큼은 채무자회생법이 유지해온 기존 CBI 모델법상의 체계를 그대로 따르는 방법도 고려해봄 직하다.

3. Article X의 제안 및 CBI 모델법의 승인대상

CBI 모델법이 구축해 온 기존시스템을 가능한 방해하고 헝클어뜨리고 싶지 않다는 IRJ 모델법의 강한 의지가 표현된 부분이 바로 Article X다. IRJ 모델법은 입법국들이 IRJ 모델법을 채택하는 방법으로 두 가지 방법을 제시하고 있는데 ① 제1~16조까지 새롭게 성안된 조문을 전면적으로 수용하여 입법국의 도산법령을 정비하는 방법과 ② 기존 CBI 모델법 제21조의 구제조치(relief)를 통해 도산관련재판의 승인·집행을 할 수 있다는 Article X 조문 1개만을 받아들이는 방법이 바로 그것이다.

가. Article X의 제안

1) 주요내용
Article X는 입법국들이 CBI 모델법 제21조를 받아들여 입법한 조

---

73) 채무자회생법 제74조 제3항에 따른 관리인불선임결정에 따라 관리인으로 보게 되는 개인채무자 또는 법인채무자의 대표자는 (사익추구의 주체로서가 아니라) 독립된 제3자의 지위에 있다. 따라서 주주·지분권자 등의 이익을 대변하는 법인의 기관이 아니라, 회생절차 내의 모든 채권자 및 주주 등으로 구성되는 이해관계인을 위하여 위 법 제82조 제1항 소정의 선관주의의무를 지는 것이다. 상세는 서울회생법원 재판실무연구회, 『회생사건실무(상)(제5판)』, 박영사, 2019, 224면 이하를 참조.

항에 따른 구제조치(relief)에 재판의 승인 및 집행이 포함되고,[74] 이
와 반대되는 해석들이 있었다고 하더라도 관계없다고 명시하고 있
다. 그 원문은 아래와 같다(밑줄과 강조는 필자가 임의로 표시).

[IRJ 모델법] Article X

Article X(Recognition of an insolvency-related judgment under [insert a
cross-reference to the legislation of this State enacting article 21 of the UNCITRAL
Model Law on Cross-Border Insolvency]

Notwithstanding any prior interpretation to the contrary, **the relief available under**
[insert a cross-reference to the legislation of this State enacting **article 21 of the
UNCITRAL Model Law on Cross-Border Insolvency**] includes **recognition and
enforcement of a judgment.**

이미 CBI 모델법 제21조를 국내의 도산법령으로 받아들인 입법국
들로서는 Article X만을 추가로 받아들임으로써 이미 실무상 운용되
고 있는 구제조치(relief)로 외국도산절차에 내려진 회생계획인가재
판이나 부인재판 등을 승인·집행할 수 있는 것이다. 특히, Rubin 판
결이나 대법원 2009마1600 결정을 의식해서인지 "기존에 이와 반대
되는 해석이 있었다고 하더라도 관계없다"는 취지의 문구를 삽입함
으로써 입법적으로 이를 해결하고 있다.

한편, Guide to Enactment는 CBI 모델법상 구제조치를 통해 외국도
산절차에서 내려진 재판의 승인·집행을 허용하고 있는 국가는 굳이
Article X를 받아들일 필요가 없다고도 설명한다.[75] 하지만 이러한 적
극적인 입장을 취하고 있는 국가(가령, 미국)에서도 해당 조문(가령,
미연방파산법 제1521조)을 개정하여 Article X와 같은 내용을 추가한
다면, 도산절차의 이해관계인들로서는 더욱 안정적인 기대감을 가

---

74) 가령, 우리나라로 치면 CBI 모델법 제21조를 토대로 입법된 채무자회생법
    제636조(외국도산절차에 대한 지원)가 이에 해당한다.
75) Guide to Enactment para. 126.

지고 해당 절차에 참여할 수 있을 것이다.

2) 승인 및 집행의 대상으로서의 "재판(judgments)" 등

Article X는 구제조치(relief)에 포함되는 대상을 "도산관련재판"에 대한 승인·집행이 아니라 "재판(judgments)"에 대한 승인·집행으로 명시하고 있다. 따라서 CBI 모델법과 Article X의 조합만으로는 승인·집행의 대상이 되는 재판의 범위가 다소 불분명하고, 이에 이해관계인들로서는 다소 안정적이지 못한 지위를 가지게 될 가능성도 있다.

Article X의 문언에 의하면 재판(judgments)이기만 하면 되는 것이므로,[76] 도산관련재판에 해당하지 않는 유형의 재판이라고 하더라도 CBI 모델법에 따라 승인·집행의 대상이 될 가능성이 있다. 그런데 CBI 모델법은 IRJ 모델법 제14조과 같이 구체적인 승인·집행의 거부 사유를 전혀 두고 있지 않다. 따라서 CBI 모델법만 알고 있는 국가의 법원으로서는 CBI 모델법 제6조(공서조항),[77] 제22조(채권자 및 이해관계인 보호조항)[78] 등에만 반하지 않는다면 그 신청된 "재판(judgments)"

---

[76] CBI 모델법은 '재판(judgments)'에 대한 개념을 전혀 정의하고 있지 않으므로 실제 사례가 문제되는 경우에는 IRJ 모델법 제2조 제(c)호에서 규정하고 있는 '재판(judgments)'의 개념을 적용해야 할 것이다. 이하 해당 부분에서 보는 것처럼 위 조항은 "Judgment means any decision..."과 같은 식으로 규정되어 있는데, 제5작업반은 도산절차에서 내려지는 재판들이 대부분 "본안(on the merits)"에 관한 것이 아니라는 점을 고려하여 "any decision on the merits" 대신에 "any decision"이라는 용어를 사용하여 재판의 개념을 폭넓게 하기로 정하였다고 한다. 상세는 UNCITRAL Working Group Ⅴ 51st Session Report, A/CN.9/WG.Ⅴ/WP.145, 2017, 4면 및 UNCITRAL Commission 50th Session Report, A/CN.9/898, 2017을 각 참조.

[77] 우리나라에서는 CBI 모델법 제7조를 토대로 입법된 채무자회생법 제636조 제3항(=법원은 지원신청이 대한민국의 선량한 풍속 그 밖의 사회질서에 반하는 때에는 그 신청을 기각하여야 한다는 조항)이 이에 해당한다.

[78] 우리나라에서는 CBI 모델법 제22조를 토대로 입법된 채무자회생법 제636조 제2항(=법원은 지원신청에 의한 결정을 할 때, 채권자, 채무자, 그밖의

에 대한 승인·집행을 구제조치(relief)의 형식을 통해 발령할 수 있는 폭넓은 재량을 갖는다.

물론 이와 같은 폭넓은 재량에도 불구하고 미연방파산법원과 같이 외국도산절차에서 내려진 핵심적인 재판들에 대해서만 승인·집행을 허용하는 안정적인 방식으로 실무를 운영할 수도 있을 것이다. 그러나 이는 결국 각 입법국 도산법원의 판례 집적을 통해 해결되어야 하는 영역이어서 객관적인 법리가 형성되기 전까지 이해관계인들의 법적 지위가 다소 불안해지는 것은 불가피한 것으로 보인다.

나. CBI 모델법의 승인대상

결국, IRJ 모델법 및 그 Guide to Enactment는 CBI 모델법의 승인대상이 되는 "외국도산절차(foreign proceeding)"가 사실은 "도산절차개시재판"만을 의미하는 것이었다는 점을 사후적으로 확인해주었다. 이는 UNCITRAL 스스로도 CBI 모델법 성안 당시 그 승인대상이 되는 "도산절차"의 개념에 대해 명확하게 인지하고 있지 못한 것을 자인한 셈이다. 따라서 CBI 모델법이 성안된 1997년부터 IRJ 모델법이 성안된 2018년까지 약 20년이 넘는 기간 동안 국제도산 실무에서 혼란을 야기한 부분에 대해서 비판을 면할 수는 없을 것으로 보인다.[79]

무엇보다도 이처럼 CBI 모델법의 승인대상을 '도산절차개시재판'으로만 보아야 한다면, 기존 CBI 모델법의 체계를 유지하는 상태에서 Article X만을 추가 도입하는 방법으로 IRJ 모델법을 받아들이는 경우 도산절차의 승인 및 그에 대한 구제조치(relief)의 관계를 설명하기가 다소 어렵다. 이에 따르면 "도산절차개시재판"이라는 재판을 먼저 승

이해관계인의 이익을 고려하여야 한다는 조항)이 이에 해당한다.
[79] 석광현(주 21), 19면은 CBI 모델법이 IRJ 모델법을 통해 보완되어 결국 EU도산규정에 상응하는 규범체계를 갖추었는데, 처음부터 이와 같은 체계를 취하여 불필요한 혼란을 피할 수는 없었는지 의문이라고 비판하고 있다.

인하고, 위 재판을 지원하기 위해 도산절차에서 수반되는 잇따른 후속 재판들을 별도의 구제조치 발령으로 승인·집행해주겠다는 것인데, 개시재판이 도산절차의 법률효과를 개시하는 주요 결정임을 고려하더라도 하나의 재판을 위해 또 다른 재판에 관한 승인·집행이 지원된다는 개념은 굉장히 어색하고 쉽게 납득이 가지 않기 때문이다.

이런 점에서 적어도 〈Article X를 받아들이는 방법〉을 취할 시에는 기존 CBI 모델법이 승인대상으로 삼고 있는 "외국도산절차"를 단지 도산절차개시재판이 아닌 "도산절차 일반"으로 폭넓게 이해하는 것이 논리적으로 타당해 보인다. 도산절차 전체를 승인하는 것으로 본다면 도산절차 자체를 지원하기 위해 도산관재인 선임재판이나 이후의 관련 재판들을 승인·집행하는 것이 CBI 모델법상의 국제도산 승인/지원 체계와 더욱 논리적으로 정합하기 때문이다.[80] 만약 이와 달리 본다면, 승인대상은 도산절차개시재판에 불과한 것이어서 "외국도산절차가 계속 중일 것"과 같은 요건이 충족될 필요가 없게 된다. 이미 발령된 하나의 독립된 판결·결정·명령이 계속 중이라는 것은 상정하기 어렵기 때문이다. 외국도산절차가 이미 종결되었다는 이유로 외국도산승인신청을 각하했던 우리나라 사례가 의미가 없어질 수 있다는 점에서도,[81] 적어도 우리나라에서는 위와 같은 해석이 더 조화롭다.

---

[80] IRJ 모델법에서 CBI 모델법상 승인대상의 의미를 명확히 밝히기 전에 이미 "도산절차"의 개념이 다소 불명확하다는 점을 지적한 국내문헌으로는 석광현, "국제도산법에 관한 연구-입법론을 중심으로-", 『국제사법과 국제소송 제3권』, 박영사, 2004, 270면을 참조. 위 논문에서는 "승인의 대상은 도산절차를 개시하고, 도산관재인 등 도산기관을 선임하는 것과 같은 개시단계에서의 재판뿐만 아니라 그 이후의 재판에까지 미친다"고 설명하였다.

[81] 이른바 "(주)고합"이라는 이름으로 알려진 초기의 국제도산 사건으로, 서울회생법원은 승인대상이 된 미연방파산법 제11장 절차가 종결되었다는 이유로 그 승인신청(2006국승1호)을 각하하였다. 그러나 미연방파산법원은 채무자의 요청에 따라 제11장 절차를 재개(re-open)하였고 이에 위 채무자는 제11장 절차가 다시 계속된 상태에서 서울회생법원에 다시 외국도산절

III. 도산관련재판(Insolvency-Related Judgments, IRJ)의 범위

2005년 헤이그관할합의협약, 2019년 헤이그재판협약 및 EU도산규정에서 논의된 것과 마찬가지로, 결국 IRJ 모델법의 핵심은 원활한 승인·집행이 보장되는 대상인 〈도산관련재판〉의 범위를 정하는 것이다. 이와 관련하여 UNCITRAL 제5작업반은 수년에 걸친 논의를 통해 결국 아래와 같이 그 범위를 규정하였다.[82]

1. IRJ 모델법상의 개념정의

IRJ 모델법은 제2조에서 "재판(Judgments)"의 개념을 먼저 정의하고 (제(c)호), 그와 같이 정의된 범위 내에서 다시 "도산관련재판"의 개념을 규정한 다음(제(d)호), Guide to Enactment에서 도산관련재판의 구체적인 개별유형을 설명하는 방식을 취하고 있다. 이하에서 순차적으로 살펴본다.

가. 재판(Judgments)의 개념

IRJ 모델법 제2조 제(c)호는 법원 외에 행정기관(administrative authority)에서 발령한 조치라고 하더라도 해당 입법국에서 그와 같은 조치에

차의 승인신청을 하여 그 승인결정(2007국승2호)을 받을 수 있었다. 상세는 임치용, "판례를 통하여 본 국제도산법의 쟁점", 서울대학교 BFL 제38호, 서울대학교 금융법센터, 2009, 110면 이하를 참조. 참고로 IRJ 모델법은 이러한 문제를 해결하기 위해 제2조 제(d)호에서 도산관련재판의 개념은 도산절차의 종결 여부와는 관계없는 것이라고 명시하고 있다.

82) UNCITRAL 제5작업반에서의 논의과정에 관한 상세는 한민, "도산 관련 외국 재판의 승인과 집행", 서울대학교 BFL 제81호, 서울대학교 금융법센터(2017), 94면 이하를 참조.

재판에 준하는 효력을 부여하고 있다면 IRJ 모델법상의 재판(judgments
에 포함된다고 규정하고 있다. 절차와 비용에 관한 결정(a determination
of costs and expenses)도 재판의 개념에 당연히 포함되는 것으로 명
시함으로써 실체적인 내용을 가지는 명령, 결정 등으로만 승인·집
행의 대상을 제한하고 있지 않고, 재판의 개념을 폭넓게 규정하고
있다.

1) 임시처분(interim measure of protection)의 제외

주의할 점은 임시적/잠정적 효력을 가지는 임시처분(interim measure
of protection)은 재판(judgments에 포함되지 않는다는 것이다. 임시처
분은 그 성질상 종국적인 효력을 가진다고 보기 어렵고, 다소 급하
게 발령된 것이며, 대심적 구조 없이 당사자 일방의 신청(on an ex
parte basis)에 따라 내려진 것이므로 일반적인 유형의 재판과 동일하
게 취급할 수 없다는 취지다.[83] 흥미롭게도 Guide to Enactment는 해
당 임시처분을 발령받은 상대방이 이후에라도 절차에 참여할 기회
를 부여받았다면[가령, 기 발령된 임시처분의 해제(discharge)를 신청
하여 그 심리에 출석한 경우], 해당 임시처분은 더 이상 잠정적조치
내지 임시조치(provisional or interim measure)에 해당하지 않을 수 있
다고 명시하고 있다.[84] 해당 재판이 내려지는 과정에서 대립당사자
들이 상호 간에 법률적 공방을 할 기회를 부여받았다면 해당 처분이
한시적인 효력을 가지는 것에 불과하더라도 관계없다는 것으로 이
해될 여지도 있다.

만약 그렇다면 ❶ 우리나라 채무자회생법상의 보전처분(제43조 제
1항) 내지 포괄적 금지명령(제45조 제1항)처럼 i) 채무자의 일방적
신청에 따라, ii) 회생절차의 개시신청에 관한 결정이 있을 때까지만

---

83) Guide to Enactment para. 55.
84) Guide to Enactment para. 55.

임시로 그 효력을 가지는 처분도 원칙적으로 승인·집행의 대상이 되지 못하지만,85) ❷ 그와 같은 처분에 대해 상대방이 즉시 항고하여 대심구조 하에서의 심리가 진행되었고 그러함에도 해당 임시처분이 그대로 유지되었다면,86) 그때는 IRJ 모델법상의 승인·집행 대상이 될 수 있을 것으로 생각된다.

2) 법률상 규정에 따른 당연효과(legal effects by operation of law)의 제외

또 하나 흥미로운 점은 법률상 규정에 따른 당연효과는 IRJ 모델법상의 재판에 해당하지 않는다는 점이다. 가령, 채무자회생법 제58조 제1항에 따르면 회생절차개시결정과 동시에 채권자들은 회생채권 또는 회생담보권에 기하여 도산재단에 개별적인 강제집행을 할 수 없게 되는데, 이는 별도의 결정이 아니라 법률규정에 따라 당연한 법률적 효과로 집행중지효력이 발생하는 것이므로 IRJ 모델법에서 규정한 재판(judgments)의 개념에 포함되지 못하게 된다.87)

따라서 우리나라의 국내회생절차에서 회생절차개시결정에 수반하여 발생하는 집행중지의 효력은 IRJ 모델법상의 승인·집행의 대상

---

85) 채무자회생법 제43조 제1항에 따른 보전처분은, 채무자 스스로 자신의 행동이나 권한을 제한받기 위해 신청하는 것으로 실무가 운영되어 오고 있다. 따라서 채권자가 채무자의 행동이나 권한을 제어하기 위하여 신청하는 민사집행법에 기초한 통상의 보전처분과는 그 성격에 차이가 있다. 상세는 권순일(편집대표), 『주석채무자회생법(제1판)(Ⅰ)』, 한국사법행정학회, 2021, 433면 이하[집필담당: 백숙종]를 참조.

86) 채무자회생법 제43조 제6항은 보전처분에 대해서, 같은 법 제45조 제6항은 포괄적 금지명령에 대해서 각 즉시항고가 가능하다는 규정을 두고 있다. 만약, 항고심에서 해당 임시처분을 요건이 충족하지 않은 상태에서 부적법하게 발령된 것으로 판단하여 이를 취소하는 경우에는, 아예 임시처분 결정 자체가 없어져 승인·집행의 대상 자체가 부존재하게 되는 것이므로, IRJ 모델법이 적용될 여지가 없다.

87) Guide to Enactment para. 56.

이 되지 않는다. 그러므로 한진해운 사건에서와 마찬가지로 채무자 보유의 국외재산에 대한 강제집행중지를 신속하게 중지 내지 금지 시켜야 하는 채무자는 CBI 모델법에 따라 그 대외적 효력을 부여받 아야 한다. 즉, CBI 모델법에 따라 외국법원에 국내회생절차의 승인 을 구하고 그에 따른 구제조치(relief)로서의 집행중지결정을 신청할 수밖에 없을 것으로 보인다. 다만, 회생절차 개시 전 내려진 포괄적 금지명령은 (법률규정에 따른 당연한 법률적 효과가 아니라) 별도의 독립된 재판에 따른 것이므로 그 승인·집행은 IRJ 모델법에 따를 수 있을 것이다.

나. 도산관련재판(Insolvency-Related Judgments)의 개념

1) 모델법상의 정의

IRJ 모델법 제2조 제⒟호는 ① 도산절차의 결과로(as a consequence) 발생한 것이거나 도산절차와 밀접한 관련이 있는 것으로(is materially associated with), ② 도산절차개시재판과 동시에 혹은 그 이후에 내려 진 재판(issued on or after the commencement of that insolvency proceeding)은, ③ 해당 도산절차가 종결되었는지에 관계없이(whether or not that insolvency proceeding has closed) 도산관련재판에 해당한 다고 규정하고 있다. 다만 도산절차개시재판은 포함하지 않는다고 명시하고 있다.

가. 도산절차 개시 "전" 소송이 제기된 경우의 문제

향후 사례를 통해 확인해 보아야 하겠지만, 일단 문언상으로는 도 산절차개시결정과 동시에 혹은 그 후에 "발령(issued)"되기만 하면 되 는 것으로 규정되어 있으므로 소송절차가 계속된 시점 자체는 도산 절차개시결정 이전이더라도 문제되지 않을 것으로 생각된다. 따라 서 가령 우리나라의 채무자회생법과 같이 ⅰ) 도산절차 개시 "전"에 먼저 채무자를 상대로 급부이행소송을 제기하였다가 도산절차개시 후 청구취지를 변경(급부이행을 위하는 취지 → 도산채권의 확정을 구하는 취지)하는 방법으로 해당 민사소송을 계속 진행하는 것이 허용되거나, ii) 도산절차 개시 "전"에 먼저 채무자와 거래한 상대방을 상대로 사해행위취소소송을 제기하였다가 도산절차 개시 후 도산관리인이 원고의 지위를 수계하여 부인소송으로 청구취지를 변경하는 것이 허용되는 경우, 해당 소송에서 내려진 재판도 도산절차 개시 "후"에 발령된 것이기만 하다면 도산관련재판에 포함되는 것으로 취급할 수 있을 것이다.

반면에 앞서 본 사해행위취소소송에서 종국재판 자체도 도산절차 개시 "전"에 내려진 경우 이는 IRJ 모델법에서 규정하는 도산관련재판에 포함되지 않게 된다. 해당 소송이 조금만 더 늦게 진행되어 도산절차개시사실이 인지되어 청구취지 변경과 소송수계를 진행할 수 있었다면 채권자 일반을 위한 변제자원으로 활용할 수 있었을 것이다. 그러나 그와 같은 절차가 진행되지 않은 이상 위 재판은 당해 소송에서 승소한 원고(개별채권자)가 수익자에게 이전된 채무자의 책임재산을 "개별적"으로 회수하도록 하는 것이지 채권자일반을 위한 것이 아니므로 굳이 원활한 승인·집행을 보장해줄 필요가 없다.

따라서 이러한 점에서도 도산관련재판에 해당하는지 다소 불분명한 영역에 있는 재판을 검토함에 있어, (해당 소송물이 도산법적 특유의 규칙을 청구의 기초로 삼고 있는지와 같은 다소 이론적인 접근보다는) 그 문제된 재판의 승인·집행을 보장하는 것이 채권자일반의 이익을 위한 것이어서 도산절차의 원활한 진행에 도움이 되는지를 검토해야 하는 것이 훨씬 실무에 부합하고 바람직한 접근방법이라고 생각된다.

나) 도산절차의 종결 여부와의 관계

(1) 독립적인 관계

이 부분이 가장 흥미로운 대목 중 하나인데, IRJ 모델법은 승인·집행의 대상이 되는 "도산관련재판"은 도산절차의 계속 여부와는 관계 없다고 명시하고 있다. 이로써 i) 도산관련재판이 내려진 이후에 도산절차가 종결되거나, 반대로 ii) 도산절차가 종결된 이후 비로소 도산관련재판이 내려진 경우에도 IRJ 모델법에서 정의하고 있는 도산관련재판으로 인정되는 데에는 전혀 문제가 없다는 입장을 취하고 있다.[88] 당사자 간의 권리·의무관계를 형성하거나 확인하는 종국재판이 내려진 이후에는 그 법률관계의 기초가 되거나 영향을 미친 도산절차가 종료되더라도 이미 내려진 종국재판에는 영향을 미칠 수 없다고 보아야 하므로,[89] 이와 같은 입장은 지극히 타당하다고 생각된다.

Guide to Enactment는 "회생계획인가재판이 내려진 시점에 도산절차가 종료된 것으로 보면서도 그 이후에 비로소 관리인이 부인소송을 제기할 수 있도록 한 입법례도 확인된다"면서, 이처럼 상이한 법체계로 인하여 발생할 수 있는 혼란을 막기 위해 위와 같은 규정을

---

[88] Guide to Enactment para. 59.

[89] 도산절차가 폐지결정이나 종결결정으로 종료하면 해당 절차는 장래를 향하여 소멸하는 것이고, 그 효과가 도산절차의 신청 내지 개시시점으로 소급하는 것도 아니라는 점에서 더욱 그러하다. 가령, 우리나라의 채무자회생법은 제288조 제4항에서 "제1항의 규정에 의한 회생절차폐지는 회생계획의 수행과 이 법의 규정에 의하여 생긴 효력에 영향을 미치지 아니한다"고 규정하고 있는데, 권순일(편집대표), 『주석채무자회생법(제1판)(Ⅲ)』, 한국사법행정학회, 2021, 699면[집필담당: 나청/김유성]에서는 이러한 '불소급성'을 폐지결정의 주요한 효과 중 하나로 설명하고 있다. 참고로 "종결"에 대해 이러한 규정은 없지만, 종결은 회생절차가 유효하게 존속함을 전제로 회생계획의 수행이 완료되었거나 향후 수행에 지장이 없다고 인정되는 때에 내려지는 결정이므로, 그 개념상 종결로 인한 회생절차의 소멸은 당연히 장래효를 가진다고 볼 것이다.

두었다고 설명한다.[90] 아마도 CBI 모델법하에서 '외국도산절차가 계속 중이지 않다는 사정을 들어 승인신청을 각하했던 사례'가 있었던 점을 고려한 것으로 생각된다.[91] 외국도산절차가 종결되었다는 사정이 IRJ 모델법상의 승인·집행신청을 방해하지는 않는다는 점을 명확히 하려는 의도에서 규정한 것으로 보이기 때문이다. IRJ 모델법을 통한 원활한 승인·집행을 지지하는 입장에서는 가능한 그 적용대상이 되는 도산관련재판의 범위를 폭넓게 인정할 수 있어 환영할만한 규정이라고 생각된다.

(2) Article X에서의 문제

문제는 Article X만을 받아들이는 방법으로 IRJ 모델법을 채택하는 경우이다. 이때는 CBI 모델법의 기본체계를 따라 승인대상인 '외국도산절차'를 지원하기 위해 구제조치(relief)를 통해 도산관련재판을 승인·집행하는 것인데, 만약 도산관련재판이 너무 늦게 선고되어 그 승인·집행신청이 늦어지는 바람에, 승인대상이 되었던 외국도산절차가 이미 종료되었을 수 있기 때문이다. 그 시점에서 CBI 모델법 제

---

[90] Guide to Enactment para. 59. 도산절차의 종결(closure of proceedings)에 관한 입법례에 관한 상세는 UNCITRAL, *Legislative Guide on Insolvency Law*(주 38), Chapter VI, paras. 16~19를 참조.

[91] 앞에서 본 우리나라의 ㈜고합 사건(서울회생법원 2006국승1호)이 그 전형적인 예이다. 위 사례는 UNCITRAL에서 각 입법국들의 판례를 수집하여 정리하고 있는 CLOUT(Case Law On Uncitral Texts)에 Case 1001로 소개되어 있는데, 다만 다소 오해의 소지가 있게 설명되어 이어 아쉬운 측면이 있다. 실제 위 결정은 '승인대상이 되는 외국도산절차가 존재하지 않는다'는 취지에서 각하결정을 한 반면에, 위 문헌에서는 "However, as the foreign proceeding had been closed, the debtor no longer remained in the position of the insolvency representative and therefore did not have standing to apply for recognition"과 같이 신청권자의 적격을 이유로 각하한 것처럼 설명하고 있기 때문이다. 상세는 UNCITRAL CLOUT, A/CN.9/SER.C/ABSTRACTS/101, 2010, 5면을 참조.

21조에 따른 구제조치를 발령하는 것은 더 이상 존재하지 않는 승인 대상을 지원하는 셈이어서 다소 어색한 측면이 있는 것이다.

만약 우리나라처럼 '승인대상이 된 외국도산절차가 종결되었다고 하더라도 해당 외국도산절차에 대하여 내려졌던 기 승인결정을 굳이 취소하지 않는 방식'으로 실무를 운영하는 입법국에서는 특별한 문제가 없을 것으로 보인다. 뒤늦게 내려진 도산관련재판의 승인·집행을 신청하는 시점에, 적어도 형식적으로는 승인결정이 적법·유효하게 남아 있으므로 승인대상이 개념적으로라도 존재하는 셈이기 때문이다.

그러나 '외국도산절차가 적법·유효하게 계속할 것을 조건으로 승인결정이 내려졌거나, 외국도산절차가 종결되어 더 이상 계속 중인 절차가 없는 경우에는 승인결정도 취소하거나 이를 실효시키는 방식으로 도산실무를 운영하는 국가'에 도산관련재판의 승인·집행을 신청하는 경우에는, 뒤늦은 도산관련재판의 승인·집행 신청이 적법하게 취급되지 않을 가능성도 있다. 따라서 이를 해결할 방법이 필요한데, IRJ 모델법처럼 "도산관련재판의 승인·집행을 구하는 구제조치를 신청하는 경우에는 승인대상이 되는 외국도산절차가 계속되어 있지 않더라도 상관없다"는 식으로 특별규정을 둘 수도 있을 것이다. 당사자가 책임질 수 없는 상황으로 인한 불이익을 그 신청인에게 묻는 것은 가혹한 측면이 있기 때문이다.

2. 구체적 유형

가. Guide to Enactment가 제시하는 6개의 재판유형

앞에서 본 것처럼 IRJ 모델법이 제2조 제(d)호에서 다소 추상적인 기준만을 제시하고 있는 것과 달리, Guide to Enactment에서는 도산

관련재판(Insolvency-Related Judgments)에 포함될 수 있는 6가지 유형
의 재판을 구체적으로 나열하고 있다. 물론, 이는 열거적인 의미가
있는 것은 아니어서 반드시 여기에 포함되어 있지 않은 유형의 재판
이라고 하더라도 도산관련재판에서 제외되는 것은 아니다.[92] 그러
나 IRJ 모델법 성안 과정에서 많은 회원국이 원활한 승인·집행이 보
장되어야 한다는 데에 공감한 유형의 재판들이므로, 입법국들이 도
산실무를 운영해야 하는 데 참고해야 할 중요자료로 생각된다.

그 구체적인 내용은 아래 [표 10]에서 보는 바와 같은데, 크게 i)
특정재산이 도산재단(insolvency estate)에 포함되는지 또는 도산재단
에 속한 재산이 적법하게 처분되었는지를 다루는 ⓐ유형, ii) Rubin
판결이 단초가 된 것으로 보이는 ⓑ유형(부인소송) 및 대법원 2009마
1600 결정이 영향을 미친 것으로 보이는 ⓔ유형(회생계획인가/면책
등), iii) 채무자법인의 이사에 대한 손해배상책임을 다루는 ⓒ유형과
그 책임재산의 확보에 관한 ⓕ유형, iv) 그 밖에 채무자에 대한 급부
이행 또는 채무자의 급부이행을 다루는 재판에 관한 ⓓ유형과 같은
6개의 유형으로 구분되고,[93] 이를 정리하면 아래와 같다.

[표 10] IRJ 모델법상 도산관련재판의 6가지 유형

유형	도산관련재판에 포함되는 재판의 유형	구체적 사례[94]
ⓐ	도산재단의 구성(constitution)과 재단에 속하는 자산의 처분(disposal of assets)을 다루는 재판	·환취권/별제권 행사에 대해 도산재단에 속한 재산임을 주장하며 항변하는 경우
ⓑ	채무자 내지 도산재단에 속한 자산의 거래가 부인되어야 하는지를 결정하는 재판[편파변제(preferential transactions), 저가거래(transactions at an undervalue) 포함]	·부인재판(Rubin 사안)

---

92) Guide to Enactment para. 60.
93) Guide to Enactment para. 60.
94) 이 부분은 Guide to Enactment에서 언급한 내용은 아니고, 필자가 구체적
    사례를 상정해본 것이다.

유형	도산관련재판에 포함되는 재판의 유형	구체적 사례[94]
ⓒ	채무자의 대표자 또는 이사의 책임에 관한 재판[지급불능 시(insolvency) 혹은 도산에 근접한 시기(approaching insolvency)에 행한 조치]	·Wrongful Trading(영국) 또는 Insolvent Trading(호주) 재판 ·이사 등에 대한 조사확정재판(채무자회생법 제115, 352조)
ⓓ	ⓐ,ⓑ로 포섭되지 않는 유형의 재판 중 채무자에 대한 급부이행 혹은 채무자의 급부이행에 관한 재판[금전배상, 비(非)금전배상을 모두 포함]	·견해대립可(=청구원인이 도산법 특유의 법령에 바탕을 둔 경우로만 제한 해석해야 하는지
ⓔ	(ⅰ)회생계획안(청산형 회생계획안 포함) 인가/변경재판 (ⅱ)채무자를 면책하거나 채무를 면제하는 재판 (ⅲ)자발적으로 이루어지거나(voluntary) 법원 밖(out-of-court restructuring)에서 이루어진 채무조정합의(restructuring agreement)를 인가하는 재판	·미연방파산법 제1129조에 따른 인가결정(대법원 2009마 1600 사안) ·SOA에 대한 인가재판 ·채무자회생법 제564조/제624조에 따른 면책결정(개인파산절차/개인회생절차)
ⓕ	채무자법인의 이사가 제3국에 있는 경우, 그 이사에 대한 조사(examination of a director)에 관한 재판	·제3국에 위치한 이사의 재산 조사 등 재판(다소 불분명)

나. ⓐ유형에 속한 재판의 의미(도산재단의 구성 등)

Guide to Enactment에서 구체적인 사례를 제시하고 있지는 않아 ⓐ 유형에 속하는 재판의 범위를 구체적으로 판단할 수는 없다. 하지만, 만약 "문제되는 쟁점 재산이 도산재단에 속하는 것인지 여부"를 결정하는 쟁점을 다루는 재판을 모두 포괄적으로 포함하는 취지라면, 가령, ❶ 도산재단에 속한 것으로 취급되어 도산관리인이 점유하고 있는 특정재산에 대하여 제3자가 소유권을 주장하면서 그 반환을 구하는 경우(환취권이 문제된 경우), ❷ 담보권자가 특정재산에 대해 담보권을 실행하여 임의경매절차를 진행하고 있는데, 도산관리인이 사실은 그 재산이 도산재단에 속하는 재산이라고 주장하면서 경매개시결정에 대한 이의신청 내지 제3자 이의의 소를 제기하는 경우(별제권이 문제된 경우)도 이에 포함될 수 있을 것으로 생각된다.

따라서 이러한 점에서도 '환취권과 별제권에 관한 재판은 특별한 사정이 없는 한 도산절차로부터 직접 파생되거나 밀접한 관련을 가진 재판으로 볼 수 없다'는 입장을 취하고 있는 EU도산규정과는 차이가 있으므로,[95] EU도산규정에서 진행된 논의를 IRJ 모델법의 해석에 그대로 적용할 수는 없을 것으로 생각된다.

다. ⓑ, ⓔ유형에 속한 재판
(부인재판, 회생계획인가재판, 면책재판 등)

IRJ 모델법을 새로 성안한 이유는 바로 이 부분을 규정하기 위한 것이었다고 표현해도 과언이 아닐 정도로, ⓑ, ⓔ유형에 속한 재판은 도산관련재판의 핵심을 차지하는 부분이다. 대립당사자간의 분쟁을 해결하는 성질(resolving bilateral disputes between parties)을 가지는 부인재판뿐만 아니라, 채권자와 이해관계인들의 이익에 집단적으로 영향을 미치는 성질(directly affect the rights of creditors and other stake holders collectively)을 가지는 회생계획인가재판이나 면책재판 등도 도산관련재판으로 포함시키고 있다.[96] 이는 원활한 승인·집행을 보장하려는 국제도산의 목적과 취지에 부합하므로 IRJ 모델법의 입장에 찬동한다. 구체적인 내용은 이하에서 항을 달리하여 살펴본다.

1) 부인재판

대립당사자간 소송의 방식으로 진행되는 부인재판은 이와 같이 도산관련재판의 범주에 들어간다. 한편, 부인소송은 앞서 본 바와 같

---

95) Christoph G. Paulus, EuInsVO Kommentar, 5. Auflage (2017), Art. 32, Rn. 16, 석광현(주 21), 13면, 각주 38에서 재인용.

96) 석광현(주 21), 6면은 전자를 "대립당사자간 재판", 후자를 "집단적 절차 재판"이라고 부르면서, 앞서 본 6개의 재판유형 중 ⓔ유형을 제외한 나머지는 모두 대립당사자간 재판의 성질을 가지는 것으로 설명한다.

이 일반 민사소송의 실질을 가지고 있으므로 소송 진행과정에서 그 상대방에 대한 대인관할권 확보의 문제가 여전히 남아 있는데, 이하에서 보는 것처럼 IRJ 모델법 제14조 제(g)호는 특별한 사정이 없는 한 입법국으로 하여금 재판국의 간접관할권을 존중하도록 하여 이를 입법적으로 해결하였다.97) 이로써 ⓑ유형에 속한 부인재판에 대한 승인·집행이 Dicey Rule과 같은 개별국가의 법리에 따라 거부되는 경우가 발생하지 않도록 적극지원하고 있는 것이다.

2) 회생계획인가/면책재판 등

ⓔ유형의 도입이 우리나라의 도산실무에는 가장 큰 영향을 미칠 것으로 생각된다. 외국도산절차에서 내려진 회생계획인가재판 내지 면책/면제재판을 IRJ 모델법을 통해 처리할 수 있게 됨으로써, 대법원 2009마1600 결정에서 면책재판에 관하여 판시한 사항을 더 이상 그대로 유지할 수 없게 되었기 때문이다. 위 대법원 결정은 "외국법원의 면책재판 등은 실체법상의 청구권 내지 집행력의 존부에 관한 것으로서 그에 의하여 발생하는 효과는, 채무자와 개별채권자 사이의 채무 혹은 책임의 감면이라고 하는 단순하고 일의적인 것이고, 그 면책재판 등의 승인 여부를 둘러싼 분쟁은 면책 등의 대상이 된 채권에 기하여 제기된 이행소송이나 강제집행절차 혹은 파산절차 등에서 당해 채무자와 채권자 상호간의 공격방어를 통하여 개별적으로 해결함이 타당하다"는 입장을 취하였다.98) 그러나 사실은 면책재판 등은 채권자들과 이해관계인들의 권리·의무관계를 집단적으로

---

97) IRJ 모델법 제14조 제(g)호 제(iv)목은 재판국(A) 법원이 '승인·집행국(B)에서는 존재하지 않는 법리'를 근거로 관할권을 행사하여 재판을 내렸더라도 그와 같은 관할권 행사의 기초법리가 승인·집행국(B)의 법령과 모순되고 양립 불가능한 것이 아니라면 이를 이유로 승인·집행을 거부할 수 없다고 규정하고 있는데, 이하 해당 부분에서 더 자세히 살펴본다.

98) 대법원 2010. 3. 25. 자 2009마1600 결정.

처리하는 재판이어서 개별당사자 사이에서 진행되는 대립당사자 재
판과 달리 특별한 취급을 해야 한다는 것이, IRJ 모델법 성안 과정에
서 전 세계 도산실무가들 사이에서 확인되었다.99)

ⓔ유형의 도입은 Gibbs Rule을 근거로 한 영국법원의 폐쇄적인 입
장을 돌파하는 수단으로 기능할 것으로 보이는데, 영국이 ⅰ) 오랫동
안 자국에서 확립되어 온 법리를 포기하면서까지 IRJ 모델법을 채택
할 것인지, ⅱ) 설령 IRJ 모델법을 채택하더라도 '영국법이 준거법으
로 지정된 채권·채무'에 대해서는 관련 채권자들의 이익이 충분히
보호되지 않았음을 이유로, 해당 채무의 감면이 포함된 외국도산절
차의 회생계획인가결정 내지 면책결정의 승인·집행을 거부할 여지
는 없는지(제14조 제(f)호)100) 등도 앞으로 지켜보아야 할 흥미로운
대목으로 생각된다.

또한 자발적으로 진행된 사적 채무조정합의(restructuring agreement)
의 개념 및 범위에 관하여 Guide to Enactment가 구체적으로 설명하
고 있지는 않지만,101) 법원 밖에서 채무자와 주요 채권자들 사이에
서 이루어지는 SOA가 이에 해당함은 넉넉히 인정할 수 있다. 따라서

---

99) 상세는 Guide to Enactment para. 40, 108, 109를 참조. 석광현, "미국 연방파
산법에 따른 회생계획인가결정의 한국에서의 승인", 양창수 교수 고희기념
논문집 간행위원회, 自律과 正義의 民法學: 梁彰洙 교수 古稀기념논문집,
박영사, 2021, 569면은 이와 같은 이유로, 미연방파산법 제11장 절차에서
내려진 "회생계획인가결정"을 "대립적 당사자에 대한 상호 간의 심문이 보
장된 절차에서 한 재판"으로 취급하여 민사소송법 제217조를 적용한 2009
마1600 결정은 회생계획인가결정의 성질을 오해한 것이라고 비판한다.

100) IRJ 모델법, Article 14(f)(ii). 이하 해당 부분에서 살펴본다.

101) Guide to Enactment para. 60에서는 위 사적채무조정합의가 UNCITRAL,
Legislative Guide on Insolvency Law(주 38), Chapter Ⅳ, section B에서 명시한
"expedited proceeding"을 의미하는 것이라고 설명하고는 있다. 그러나 위
Legislative Guide의 해당 부분에서도 '사적 채무조정합의는 정해진 절차가
없어서 신속하고 효율적으로 진행될 수 있다'는 취지의 설명만 하고 있고,
구체적으로 이에 해당하는 도산절차의 유형을 나열하고 있지는 않다.

SOA 절차에서 수립된 Scheme에 대한 해당 도산법원의 인가재판은 위 ⓔ유형에 포함될 수 있을 것으로 생각된다.

라. ⓒ, ⓕ유형에 속한 재판(이사에 대한 손해배상책임 등)

이는 채무자법인 소속 이사가 그 채무자를 도산상태에 빠지게 하거나 도산상태에 빠져 있음을 알면서도 고의로 거래상대방과 법률관계를 맺어 채무자법인에 채무를 부담시키는 경우에는 해당 이사가 개인적인 책임(personal liability)을 부담해야 한다는 입법례를 기초로 한 것이다.[102] 대표적으로 영국은 1986년 영국도산법 제214조에서 "Wrongful Trading Prevention"이라는 이름으로, 호주는 2001년 회사법(Corporation Act) 제588G에서 "Insolvent Trading Prevention"이라는 이름으로 각 이에 관한 규정을 두고 있다.[103]

흥미로운 점은 COVID-19로 인하여 영국에서는 Corporate Insolvency and Governance Act 2020(CIGA 2020), 호주에서는 Corona Virus Economic Response Package Omnibus Act 2020(Response Act 2020)라는 특별법을 통과시켜 위와 같은 이사의 의무를 한시적으로나마 완화해주었다는 점이다. 이는 COVID-19로 경제가 위축되는 상황에서 소속 이사들이 이와 같은 의무를 지나치게 신경 쓰다가 해당 법인의 일상적인 영업활동을 위한 거래행위까지 위축되지 않도록 한 것으로 이해되는데,[104] 일단 먼저 엄격히 규제를 해 둔 상태였기 때문에 이를 일시적

---

[102] UNCITRAL, *Legislative Guide on Insolvency Law, Part Four*, 2019를 참조. 흥미롭게도 위 문헌은 일반적인 법인에 관한 이사의 책임(Section 1)과 기업집단에서의 이사의 책임(Section 2)을 각 구분하여 설명하고 있다.

[103] 주로 영연방국가에서 이와 같은 규정을 많이 두고 있는 것으로 보이는데, 영국/호주의 각 규정에 관한 상세는 Andrew Keaya/Michael Murray, "Making Company Directors Liable: A Comparative Analysis of Wrongful Trading in the United Kingdom and Insolvent Trading in Australia", INSOL International Insolvency Review, 2005, 27면 이하를 참조.

으로 완화해주는 방법으로 탄력적 대응을 할 수 있다는 점이 인상적
이다.

참고로 우리나라는 이처럼 도산에 근접한 시기(in the period
approaching insolvency)에서의 이사의 의무에 관한 별도의 규정을 두
고 있지는 않지만, 도산절차 진행과정에서 "이사 등의 책임에 기한
손해배상청구권"에 관하여 조사확정재판을 진행할 수 있도록 하고
있다(제115조, 제352조). 따라서 국내도산절차에서 내려진 이사 등에
대한 조사확정재판은 위 ⓒ유형에 포함되는 것으로 취급되어, IRJ 모
델법에 따라 해당 이사의 책임재산이 소재한 다른 외국에 그 승인·
집행을 신청할 수 있을 것이다.

한편, ⓕ유형은 관련 문헌만으로 그 의미를 파악하기가 쉽지는 않
지만,105) ⓒ유형 재판과 관련하여 손해배상책임을 부담하는 이사 등
의 책임재산 파악 등을 위한 재판(가령, 민사집행법 제62조의 재산명
시명령에 유사한 재판)을 의미하는 것으로 소개하는 견해가 있다.106)
물론, 향후 실제 사례를 확인하여 그 정확한 의미를 파악하여야 하
겠지만 위 ⓕ재판을 "a judgment authorizing the examination of a
director where that director is located in a third jurisdiction"이라고 설
명하면서 '이사에 대한 조사'가 제대로 이루어질 수 있도록 권한을
부여하는 내용의 재판이라고 소개하는 문헌도 있는 점을 고려하

---

104) 상세는 김영석, "COVID-19로 인한 주요국가의 도산관련 입법현황 및 국내
    도입가능성 검토", 도산법연구 제11권 제2호, 도산법연구회, 2021, 211면
    이하를 참조.
105) Guide to Enactment에서 그 의미를 구체적으로 설명하고 있지 않고, 제5작
    업반의 관련 문헌에서도 관련 논의를 찾아보기가 어려워 그 의미가 불분
    명하다.
106) 석광현(주 21), 9면에서도 이 부분은 다소 그 의미가 불분명하다고 설명하
    고 있다. 이에 관하여는 향후 실제 사례를 확인하여 그 정확한 의미를 파
    악하여야 할 것이다.

면,107) 이사에 대한 책임추급을 지원하는 내용의 조문으로 이해될
가능성이 커 보인다.108)

마. ⓓ유형에 속한 재판(채무자에 대한 급부이행 등)

1) 포괄적인 규정이므로 그 제한이 필요하다는 논의

ⓓ유형은 이른바 "catch-all"과 같은 성격을 가지는 포괄규정으로
서 굉장히 폭넓게 규정되어 있다. 그 문언에 따르면 채무자가 상대
방에게 급부이행을 구하거나 역으로 상대방이 채무자에 대하여 급
부이행을 구할 수 있는 경우에는 모두 위 유형에 포함되고, 특히 그
급부의 내용도 금전배상과 비(非)금전배상을 구분하고 있지 않기 때
문에 다양한 유형의 재판이 위 ⓓ유형으로 포섭될 수 있게 된다.

너무 과도하게 폭넓은 개념설정은 통상의 민·상사재판에 관한 승
인·집행의 영역을 침해할 우려가 있다는 취지에서, 비록 "청구원인
의 발생 시기"에 따라 구분을 할 필요는 없지만 적어도 "청구원인의
법적기초"에 따라 도산관련재판의 범위를 제한하자는 논의가 있
다.109) 유력한 견해는 청구원인의 발생시기가 도산관련재판인지를

---

107) Evan J. Zucker/Rick Antonoff, "UNCITRAL's Model Law on Recognition and
Enforcement of Insolvency-Related Judgments-a universalist approach to
cross- border insolvency", INSOL International, 2019, 5면을 참조.

108) 추측하건대, 가령, ① 소속 이사의 잘못으로 채무자법인이 도산상태에 빠
져 그 도산절차가 A국가에서 개시되었고 A국 도산법원이 그 이사의 책임
재산 조사에 관한 명령을 내린 경우, ② 위 명령의 승인·집행을 받은 B국은
설령 위 이사가 B국이 아닌 C국에 있더라도 승인·집행에 응해야 하는 취지
일 수도 있다고 생각된다. 입법례에 따라서는 책임재산 조사에 관한 재판
을 '대인적 처분'으로 취급하여 원칙적으로 그 상대방인 해당 이사가 B국
에 소재하거나 B국이 인적관할권을 확보한 경우에만 이를 집행할 수 있는
것으로 취급할 수도 있기 때문이다. 즉, ⓕ유형을 추가함으로써 이러한 문
제를 방지하고 신속한 도산재단의 증식·유지(=책임재산의 확보는 결국 도
산재단의 확보로 이어질 것이기 때문임)를 보장하려는 것이 아닐까 싶다.

결정함에 있어서 결정적인 것은 아니고, 공익채권이나 재단채권의 지급을 명하는 재판이 항상 통상의 민사재판에 해당하는 것도 아니며, 설령 그 기준이 유의미하다고 하더라도 국가별로 그 범위를 달리 보는 이상 이는 명확한 기준이 되지 못한다는 등을 근거로 "청구원인의 발생시기"를 기준으로 도산관련재판의 범위를 제한할 필요는 없다고 주장하는데,110) 전적으로 찬동한다. 그러나 위 견해가 취하고 있는 '청구원인의 법적기초'를 기준으로 그 개념을 제한하자는 주장에는 동의하기 어려운데, 그 이유에 대해서는 이하에서 항을 바꾸어 설명한다.

2) 비판적 검토

"청구원인의 법적기초"로 그 범위를 제한하는 것은 고려할 수 있다는 부분, 즉, EU도산규정이 취하고 있는 입장을 따라 청구원인 또는 쟁송의 핵심을 분석하여 통상의 민·상사법에 근거한 청구로 판단되는 경우에는 도산관련재판의 범위에서 제외할 수 있다는 부분은 선뜻 동의하기가 어렵다. 앞서 본 2019년 헤이그재판협약, EU도산규정 등에서 언급한 바와 같은 이유인데, 이를 다시 정리하면 다음과 같다.

첫째, 실무상 대부분의 영역에서는 해당 재판의 기초가 도산법 특유의 규칙에 의한 것인지 일반적인 민·상사법에 기초한 것인지 그 경계가 불분명하다. 가령, 도산절차개시 전에 당사자 간에 기 체결된 계약에 기초한 소송이라고 하더라도 해당 청구권이 회생채권/파산채권에 해당하는지, 공익채권/재단채권에 해당하는지를 판단하는 데에는 해당 입법국의 도산법령이 개입될 수밖에 없고, 나아가 그 법률관계가 미이행 쌍무계약에 해당한다면 도산관리인의 이행 내지 해제의

---

109) 석광현(주 21), 10면 이하를 참조.
110) 상세는 석광현(주 21), 11면을 참조.

선택이라는 도산절차상의 중요한 법률행위가 개입되기 때문이다.

둘째, 설령 청구원인은 민·상사에 기초한 것이라고 하더라도 항변 내지 재항변단계에서 비로소 도산법 특유의 규칙이 문제될 수 있다. 가령, 선박소유자인 리스회사가 도산한 해운회사에게 선박의 인도를 구하는 사안에서 채무자인 해운회사가 리스계약이 미이행 쌍무계약임을 주장하며 그 이행을 선택함에 따라 리스계약이 해지되지 않았다면서 선박에 대한 점유권원을 주장하는 경우, 사건의 쟁점이 이와 같은 항변 내지 그에 대한 원고 측의 재항변에 집중되는 경우에는 단지 '청구원인'이 민·상사법에 기초하고 있다는 이유만으로 이를 차별 취급하는 것은 부당하다.

셋째, EU도산규정은 그 전문(前文, Recital) 제35항에서 명시적으로 '도산절차개시 전에 이미 체결되어 있던 계약을 기초로 한 소송을 도산절차로부터 직접 파생되었거나 밀접하게 관련되어 있는 재판에서 배제하겠다'고 선언하였으므로 CJEU가 Nickel & Goeldner 사안에서 판시한 것과 같은 해석이 가능할 수 있었다. 그러나 이와 달리 IRJ 모델법은 오히려 그 성안과정에서 "도산절차 개시 전에 발생한 청구원인에 기하여 소송이 제기되는 경우에는 도산으로 인한 쟁송이라고 할 수 없으므로 도산관련재판의 범위에서 제외되어야 한다"는 EU/독일의 주장이 미국 등의 반대에 따라 반영되지 못하였다.111) 따라서 이러한 상황에서도 EU도산규정과 같이 해석하는 것은 모델법을 기초한 자들의 의사를 곡해하는 것이다.

넷째, 특히 채무자가 제3자를 상대로 급부이행을 구하는 소송의

---

111) 석광현(주 21), 10면에 의하면, 미국이 "도산절차 관련 쟁송으로서 도산절차의 대표자가 도산재단을 위하여 수행하는 소송에 관한 재판은 그 청구원인의 발생 시기에 관계없이 모두 도산관련재판에 포함시켜야 한다"는 태도를 보이면서, 이와 다른 입장에 선 EU/독일과 대립하였다고 한다. 이에 통일된 의견을 도출할 수 없었기에 IRJ 모델법은 이 부분에 관한 입장을 밝히지 않고 있다는 것이다.

경우에도 결국 해당 급부가 도산재단에 환입되어 채무자 및 이해관계인들을 위해 사용된다. 따라서 부인소송의 본질(=제3자로부터 재산을 다시 회수하여 도산재단을 확보한다는 취지)과 차이가 없고 오히려 "채권자일반"의 이익을 위한 관점에서 본다면 위와 같은 유형의 재판에 대해서도 원활환 승인·집행을 보장함이 타당하다.

다섯째, CJEU의 결정에 구속을 받는 EU회원국과 달리, IRJ 모델법은 결국 입법국 스스로의 판단에 따라 도산관련재판의 범위를 설정하게 된다. 따라서 구조적으로 통일적인 실무의 확립이 담보가 되지 않는 상황인데, 이에 더하여 도산관련재판의 개념을 제한하여 승인·집행을 거부할 수 있는 해석상 명분까지 준다면 이해관계인들의 지위는 더욱 불안해질 것이다. 결국 IRJ 모델법이 당초 꾀하였던 도산절차의 신속하고 효율적인 진행 및 이를 통한 채권자들의 보호라는 목적은 달성할 수 없게 될 가능성이 커 보인다.

3) 가능한 대안

이론적으로는 '청구원인의 법적기초'를 기준으로 도산관련재판의 개념을 다시 제한해봄직 하다는 논의가 충분히 설득력이 있으나, IRJ 모델법의 입법취지 및 도산실무의 운용과정에서 나타날 수 있는 앞에서 살펴본 것과 같은 문제점 등을 고려하면 그와 같은 주장을 그대로 받아들이기는 어려운 측면이 있다. 따라서 향후 각 입법국들의 판례 집적을 통해 도산관련재판의 개념을 조금씩 가다듬어 가는 것은 별론으로 하고, 굳이 선제적으로 그 개념을 제한해야 한다는 입장을 취할 필요는 없을 것으로 보인다.[112]

우리나라에서는 아직 이 부분에 관한 논의가 활발하게 이루어지고 있지 않아 단정하기는 어려우나, 대법원이 2015. 5. 28. 선고 2012다

---

[112] 물론, 이와 같은 쟁점에 대한 판단을 각 입법국들에게 개별적으로 맡겨두면 통일적인 법리형성이 더욱 어려울 수 있다는 반론도 있을 수 있다.

104526, 104533 판결에서 각 법률관계의 적용될 준거법을 구분하는 기준으로 '도산전형적인 법률효과에 해당하는 사항'과 '그렇지 않은 사항'을 구분하였던 것도 하나의 기준이 될 수 있지 않을까 생각해본다. 이렇게 본다면 절차진행단계(청구원인 ⇨ 항변 ⇨ 재항변)에 따른 형식적 구분에 얽매이지 않고 전체적으로 사건을 조망할 수 있기 때문이다.

다만, 위 대법원 판결에서 제시한 것처럼 '계약 자체의 효력과 관련된 실체법적 사항에 해당하는지 여부'로 양자를 구분할 것은 아니고, 실체법적 사항이라고 하더라도 도산법에서 그 요건/효과에 관한 사항을 특칙으로서 규율하고 있다면 폭넓게 도산관련재판으로 인정할 수 있을 것이다. 도산법은 다수이해관계인의 권리관계를 집단적으로 처리하는 '절차법적'인 성격을 가짐과 동시에 개별 채권·채무의 실질적인 내용도 변경하는 '실체법적'인 성격도 동시에 가지고 있기 때문이다. 따라서 사안에서 문제되는 도산법 특유규칙이 실체법적 성격을 가지는지, 절차법적 성격을 가지는지, 아니면 양 성격을 모두 가지는지에 따라서 도산관련재판의 범위를 정하는 입론(立論)도 가능하다고 생각된다.113) 향후 더 많은 연구가 필요한 부분이다.

3. 재판국에서의 유효성/집행가능성 및 불복기간 중의 취급

가. 유효성/집행가능성

한편, IRJ 모델법 제9조는 도산관련재판의 유형에 포함된다고 하더라도 ① 해당 재판을 발령한 국가(originating State)에서 그 대상재판이 효력을 가지는 경우에만(only if it has effect) 입법국이 이를 "승

---

113) 이는 준거법 결정의 사전단계로서 '실체법'에 해당하는지 '절차법'에 해당하는지를 구분하는 문제와는 평면을 달리하나, 이헌묵, "법정지법의 적용에 있어서 절차와 실체의 구분", 민사소송 제16권 제2호, 한국민사소송법학회, 2012, 379면 이하에서의 논의를 참조할 수 있을 것이다.

인"할 수 있고, ② 위 재판국에서 그 대상재판이 집행가능한 경우에
만(only if it is enforceable) 입법국이 이를 "집행"할 수 있다고 규정하
고 있음에 유의해야 한다.

따라서 가령, 1심판결에 대한 항소심이 진행 중이고 그에 대한 집
행정지결정까지 내려진 경우에는 그 1심판결은 해당 국가에서 효력
은 가지지만 집행은 불가능한 상황이므로, 입법국도 승인(recognition)
만 할 수 있을 뿐 집행(enforcement)까지 허용할 수는 없게 된다.114)
다만, 아래에서 보는 바와 같이, 재판국에서 불복절차가 진행 중인
때에는 입법국이 그 승인·집행을 연기하거나 거부할 수 있으므로(IRJ
모델법 제10조), 위와 같은 상황에서라면 실무상 입법국이 '승인'조
차도 선뜻 허가해줄 것으로 보이지는 않는다.

중요한 것은 각 입법국마다 재판의 유효성(effectiveness)과 집행가
능성(enforceability)의 존부를 판단하는 기준인 '재판의 최종성(finality
and conclusiveness)'을 상이하게 이해할 수 있다는 점이다. 이에 IRJ 모
델법은 이러한 점을 고려하여 〈재판국의 법령〉을 기준으로(by reference
to the law of the originating State) 이를 판단하도록 규정하고 있
다.115) 물론 여기서 말하는 '최종성'이란 그 문언의 해석상 '확정되어
기판력까지 발생할 것'까지 요구되는 것은 아니어서 우리 민사소송
법상 재판의 종국성 내지 확정성과 동일한 개념으로 볼 수는 없
다.116) 따라서 외국법원의 재판이 "확정"될 것을 요구하는 민사소송
법 제217조 제1항에 비해 IRJ 모델법상의 승인집행의 대상범위는 훨
씬 더 넓다(이하 다.항 참조).

---

114) Guide to Enactment, para. 77.
115) Guide to Enactment, para. 77.
116) 석광현(집필부분), 『2018, 2019 도산관련 UNCITRAL 모델법 입법방안 연구』,
　　　이화여자대학교 산학협력단(법무부 용역보고), 2020, 49~50면.

나. 불복기간 중의 취급

앞에서 본 바와 같이, 재판국에서 내려진 판결이 최종성의 성질을 가지고 있어 이론상으로는 그 승인·집행이 가능하다고 하더라도, 만약 그 재판에 대한 상소심이 재판국에서 진행 중이라면 입법국의 입장에서는 선뜻 그 승인·집행을 허가해주기가 저어될 수 있다. 상소심에서 해당 재판을 취소한다면 입법국에서도 이에 따라 별도의 후속조치를 취해야 하고, 무엇보다도 그사이에 새롭게 이해관계를 맺은 당사자들 간의 법률관계가 다소 복잡하게 관련될 가능성이 있기 때문이다.

이에 IRJ 모델법 제10조는 이러한 상황을 방지하고 입법국들이 유연하게 대처할 수 있도록 승인·집행이 신청된 대상재판이 재판국에서 심사 중이거나(if the judgment is the subject of review in the originating State) 아직 불복기간이 도과하지 않은 경우(if the time for seeking ordinary review[117] in that State has not expired)에는 입법국이 그 승인·집행을 연기하거나(postpone), 거부하거나(refuse),[118] 담보제공을 받는 것을 조건으로(conditional on the provision of such security) 승인·집행하는 것을 허용하고 있다. 물론 위와 같은 규정은 입법국에게 재량을 부여하고자 하는 취지이다. 가령, 항소의 제기가 단지 1심판결의 확정을 지연시키기 위한 것으로 보이고 불복 자체가 경솔

---

117) Guide to Enactment, para. 80은 "ordinary review"를 제한된 시간 내에 해당 사건의 사실관계와 법적 판단(facts and law)을 검토하는 유형의 불복심사로 설명하고 있다. 우리나라의 민사소송법상 항소/상고, 항고/재항고 등과 같은 통상적인 불복절차들이 이에 해당할 것으로 보인다. 위 para. 80은 이와 대비하여 '인권법원(a court of human rights)에 대한 상소'나 '기본권에 위반에 관한 내부적 상소(internal appeals for violation of fundamental rights)'는 "extraordinary review"에 해당하는 것이어서, 위 규정에서 말하는 "ordinary view"에 포함되지 않는다고 한다.

118) 위와 같은 장애 사유가 사라지면 승인·집행을 재신청할 수 있는 것은 물론이다. IRJ 모델법 제10조 제2항은 이 점을 명확히 하고 있다.

한 것(frivolous)으로 생각되는 경우에는 일단 승인까지는 허용하고, 집행에 대해서만 그 효력발생시점을 뒤로 미루거나 담보제공을 명하는 방법도 충분히 가능하다.[119]

다. 민사소송법상 승인·집행대상과의 비교

위에서 본 IRJ 모델법 제9조, 제10조에서 규정한 내용을 정리하면 다음과 같다. ① 승인·집행의 대상이 되는 재판이 해당 재판국에서 확정될 필요까지는 없다. ② 단지 최종성(finality and conclusiveness)의 성질을 지녀 유효하고 집행가능한 상태이기만 하면 된다. ③ 다만, 그와 같은 경우에도 입법국은 연기, 거부, 담보제공명령 등을 통해 탄력적으로 도산관련재판의 승인·집행을 처리할 수 있다.

이는 승인·집행의 대상이 되는 외국재판이 "확정"될 것을 요구하는 민사소송법 제217조에 따른 일반적인 외국재판의 승인·집행보다 훨씬 그 범위가 넓다. 특히 민사소송법 제217조 상의 "확정"의 의미를 형식적 확정력을 넘어서 실질적 확정력(=기판력)까지 포함하는 것으로 보는 입장과 대비하면 더욱 그러하다.[120] 이를 표로 정리하면 아래와 같다.

---

119) Guide to Enactment, para. 81.
120) 법원이 내린 종국적 재판이 해당 소송절차 내에서 통상적인 불복방법에 의하여 취소·변경될 수 없게 되면 그 재판을 '확정재판'이라고 하는데, 김효정/장지용, 『외국재판의 승인과 집행에 관한 연구』, 사법정책연구원, 2019, 31면은 ① 이러한 상태에서의 판결의 불가변경성을 형식적 확정력이라고 설명하고, ② 판결이 형식적으로 확정되어 당사자가 이를 다시 다투는 것이 허용되지 않거나[불가쟁(不可爭)] 법원이 그 판결의 내용인 특정한 법률효과의 존부에 관한 판단과 모순·저촉되는 판단을 할 수 없게 되는 효력[불가반(不可反)]을 '실질적 확정력' 또는 '기판력'이라고 설명한다. 위 문헌은 민사소송법 제217조에서의 확정이 형식적 확정력을 의미하는 것이라는 점에는 이견이 없지만, 한 걸음 더 나아가 실질적 확정력까지를 요구하는 것인지에 대해서는 견해가 대립한다고 소개하고 있다.

구분		승인·집행의 가부		
		상소심 계속 중인 1심 재판	형식적 확정력까지 갖춘 재판	실질적 확정력까지 갖춘 재판
민사소송법 제217조 등에 따른 승인·집행	실질적 확정력을 취하는 입장	×	×	○
	형식적 확정력을 취하는 입장	×	○	○
IRJ 모델법에 따른 승인·집행		○	○	○

가령, 영국법원에서 영국법에 따라 최종성의 성질을 가진 1심판결이 선고되었지만 이에 대해 항소심이 진행 중인 경우,[121) 위 1심판결은 형식적 확정력조차도 갖추지 못한 것이므로 우리나라에서 민사소송법 등에 따른 일반적인 외국재판의 승인·집행절차를 통해 대내적 효력을 부여받지는 못한다. 그러나 만약 위 1심판결이 도산관련재판에 해당하여 IRJ 모델법을 적용받을 수 있다면 승인·집행의 대상이 되므로 도산절차의 이해관계인들로서는 보다 신속하고 원활하게 도산관련재판을 통해 확보된 권리의 만족을 받을 수 있게 되는 것이다.

4. 양도가능성

IRJ 모델법이 EU도산규정과 가장 다른 입장을 취하고 있는 부분은 바로 도산관리인이 도산절차에서 문제된 채권을 제3자에게 양도하고 그 제3자가 양수인으로서 거래상대방에 대한 승소판결을 받은 경우의 취급이다. EU도산규정은 이를 부정적인 요소로 보는 반면에,

---

121) 영국법원에서 선고된 1심판결이 불복되는 절차 및 그 과정에서 발생하는 각종 효력에 관한 상세는 이헌묵, "외국재판의 승인과 집행의 근거의 재정립과 외국재판의 승인과 집행의 대상 및 상호보증과 관련한 몇 가지 문제", 통상법률 제136호, 법무부, 2017, 15면 이하를 참조.

IRJ 모델법은 해당 재판이 도산관련재판으로서의 성질을 잃는 것은 아니므로 IRJ 모델법에 따라 여전히 승인·집행 대상이 된다고 설명하고 있다(Guide to Enactment, para. 61).[122]

물론, 이와 같은 입장은 채권 보유 주체의 변동과 관계없이 해당 소송물의 기초만을 기준으로 "도산관련재판"에 해당하는지를 판단해야 한다는 것이어서 이론상으로는 충분히 수긍할 수 있다. 다만, 도산관리인으로부터 채권을 양수한 제3자의 "개별적인 채권 만족"을 위한 경우에도 원활한 승인·집행을 보장해주는 결과가 되어 채권자 일반의 이익 보호를 위한 IRJ 모델법의 정책적인 목적과는 다소 부합하지 않아 보이는 측면도 있다.

그러나 이와 같은 입장은 소비자계약에서 발생한 채권을 양수한 '직업인'도 국제사법 제27조에 의한 보호를 받을 수 있다고 보는 입장(=계약체결 시를 기준으로 준거법이 결정되는 이상, 사후적으로 소비자가 채권을 양도하였다고 하더라도 준거법에 영향을 미치지 않는다는 취지)[123]과 일관되는 측면이 있다. 또한, 이처럼 과감하고 전향적인 입장은 제3자들로 하여금 도산관리인으로부터 도산관련 채권을 매입하는 데에 보다 관심을 가지도록 할 수 있다. 오랜 기간 동안 수개의 소송을 진행해 오면서 불필요한 법률적 비용을 지출하였던 채무자 내지 관리인이 도산관련채권을 조속히 처분하여 환가하고 채무자의 재건이라는 본래의 목적에 더 집중할 수 있도록 도와주는 역할을 할 수 있을 것으로 보이는 이유다. 이에 UNCITRAL가 꿍

---

122) Guide to Enactment, para. 61은 도산법원의 승인(with the approval of the court)을 얻어 도산관련채권을 양수한 제3자가 소를 제기하였다고 하더라도, 그와 같은 사정이 해당 도산관련재판의 승인가능성(recognizability) 내지 집행가능성(enforceability)에 영향을 미치는 것은 아니라고 설명한다.
123) 이에 관한 상세는 김인호, "소비자계약 및 그 분쟁해결조항에 대한 소비자 보호의 범위와 한계", 국제거래법연구 제29권 제2호, 국제거래법학회, 2020, 39면을 참조.

장히 흥미로운 결단을 내렸다고 생각되고 향후 실무가 어떤 방향으로 운용될지 그 귀추가 주목된다.

Ⅳ. IRJ 모델법상 승인·집행의 요건 및 그 거부사유

IRJ 모델법 제13조는 ❶ 적법한 신청권을 가진 자가(제11조 제1항) ❷ 위에서 살펴본 6가지 유형 중 하나에 해당하면서(제2조 제(d)호), ❸ 그 재판을 발령한 국가에서 유효하고 집행 가능한 도산관련재판에 관하여(제9조), ❹ 적절한 서류를 첨부한 상태로(제11조 제2항), 입법국에 그 승인·집행을 신청하거나 해당재판의 승인을 방어방법(defense)이나 선결문제(incidental question)로 제기하는 경우에는,124) ❺ 입법국이 제7조 내지 제14조에 정한 거부사유가 없는 한 해당재판을 승인 또는 집행해야만 한다고 규정하고 있다. 이하에서 먼저 절차에 관한 요건들(신청권자, 첨부서류)을 소개하고 이어서 승인·집행 거부 사유에 대하여 살펴보기로 한다.

---

124) 물론, 항변이나 부수적인 쟁점으로 주장되는 경우에 "집행(enforcement)"은 문제되지 않고 "승인(recognition)"의 국면만 남게 되는데, Guide to Enactment, para. 84에서도 이와 같은 점을 정확히 지적하고 있다. Guide to Enactment, para. 78도 "승인(recognition)"은 당사자 간의 권리·의무에 관한 재판국의 판단에 승인국이 그 효력을 부여하겠다는 의미지만, "집행(enforcement)"은 한 걸음 더 나아가 집행국의 법률적 절차를 대상재판에 직접 적용하겠다는 것이라면서 이를 구분한다. 개념적으로 승인이 집행에 전제가 되는 개념이거나 적어도 집행에는 승인이 수반되는 것으로 보아야 한다는 것인데, 지극히 타당한 설명이다.

1. 절차적인 요건

가. 신청권자

IRJ 모델법은 도산관련재판 승인·집행의 신청권자를 외국도산절차의 대표자(insolvency representative)와 재판국의 법에 따라 적격을 가지는 자(other person entitled under the law of the originating State)로 제한하고 있다(제11조 제1항).

앞에서 본 바와 같이 여기서 말하는 "insolvency representative"는 CBI 모델법에서 말하는 "foreign representative"를 의미하므로,125) 그 신청권자를 특정하기는 어렵지 않다. 다만, 외국도산절차의 대표자가 도산관련재판의 승인·집행을 처음으로 신청하는 경우에는 앞서 본 바와 같이 해당 재판의 승인·집행신청 이외에 "외국도산절차에서 내려진 도산관리인 선임재판"에 대한 승인·집행도 함께 신청하도록 석명권을 행사해야 할 것으로 생각된다.126) IRJ 모델법에 따르면 도산관리인 선임결정도 별도의 독립된 도산관련재판 중 하나이므로 이에 대한 대내적 효력이 부여되어 있지 않다면 적법한 신청권자가 아닌 자가 제기한 것으로 볼 여지도 있기 때문이다.

한편, Guide to Enactment는 "재판국법에 따라 적격을 가지는 자"에 관하여 해당재판의 내용에 이해관계를 가지고 있는 채권자(a creditor whose interests are affected by the judgment)가 포함될 것이라고 설명하고 있다.127) 즉, 급부이행을 명하는 해당재판에서 승소한 자가 이에 포함될 수 있음은 당연하고 그 외에도 각 입법국에서 정한 다양한 유형의 이해관계인들이 이에 포함될 수 있을 것으로 보여 향후

---

125) Guide to Enactment, para. 50.
126) 물론, 당사자의 주장에 불완전, 불명확한 점이 있다고 판단되는 때에 국한되고, 석명권의 한계를 일탈해서는 안 될 것이다.
127) Guide to Enactment, para. 84.

그 실무가 주목된다. 가령, 외국법원에서 채무자에 대한 판결원리금 채권을 양수한 자도 해당재판과 밀접한 이해관계를 가지는 자에 해당하므로 IRJ 모델법에 따른 적법한 신청권자로서 그 상대방(도산채무자)의 재산이 소재한 국가에 위 재판에 따른 승인·집행을 구할 수 있다고 볼 것이다. 이때 그 적격 여부는 어디까지나 〈재판국법〉에 따라 판단되어야 한다. 따라서 가령 우리나라에 도산관련재판의 승인·집행을 신청한 위 양수인이 민법 제450조(지명채권양도의 대항요건)상의 통지요건을 갖추지 못하였다고 하더라도 그와 같은 사정만으로 적법한 신청권자가 아니라고 단정할 수 없음은 물론이다.

나. 첨부서류

IRJ 모델법은 신청권자가 승인·집행을 신청하면서 제출하여야 할 서류로 ① 도산관련재판의 증명된 사본(certified copy),128) ② 위 도산관련재판이 그 재판국에서 유효하고 집행가능하다는 점(effect and enforceable)을 증명하는 서류(상소심 계속 중이라면 그에 관한 자료 포함)129)를 요구하고 있다(IRJ 모델법 제11조 제2항 제(a), (b)호).130) 다만, 관련 서류가 없는 경우에는 다른 증거들을 제출함으로써 이에 갈음할 수 있도록 하여, 제출서류를 엄격히 제한하고 있지는 않다(같은 항 제(c)호).

---

128) Guide to Enactment, para. 85는 증명된 사본(certified copy)의 의미에 관하여 재판국의 법령을 따라 해석하도록 설명하고 있는데, 가령 우리나라 같은 경우에는 "판결등본" 내지 "결정등본"이 이에 해당할 것으로 생각된다.

129) 'CBI 모델법에 따른 승인(외국도산절차에 대한 승인)이 내려졌다는 서류'도 관련 서류로 제출될 수 있다. 다만, Guide to Enactment, para. 85는 이러한 경우에도 위와 같은 승인자료는 '대상재판과 관련된 도산절차가 개시되었다'는 점을 보여주는 자료로만 기능할 뿐, 그 승인이 적법하게 내려진 것이라는 점까지 증명하는 것은 아니라고 설명하고 있다.

130) IRJ 모델법 제11조 제2항 제(b), (c)호.

또한, 입법국은 위와 같은 문서들을 그 공식 언어로 번역한 서류와 함께 제출하도록 요구할 수 있지만(IRJ 모델법 제11조 제3항),131) 설령 그 문서들이 인증되지 않았다고 하더라도(whether or not they have been legalized), 이를 진정하게 작성된 것(authentic)으로 추정하는 입법을 하도록 허용된다(같은 조 제4항).132) 가능한 신청권자들이 도산관련재판의 승인·집행을 준비함에 있어 큰 부담을 느끼지 않도록 노력하고 있는 셈이다.

물론, 도산관련재판의 상대방은 승인·집행을 결정하는 심리과정에 당연히 참여할 수 있다(같은 조 제5항). 따라서 설령 입법국이 '인증되지 않은 서류를 진정한 것으로 추정'하는 입법례를 취하더라도, 그 심리과정에서 해당 서류들이 위조·변조되었거나 권한범위를 넘어 허위로 작성된 것이라는 점 혹은 서류의 봉인 내지 날인 작업이 제대로 이루어지지 않았다는 점 등은 쉽게 주장·증명될 수 있을 것으로 보인다.

2. 임시조치

IRJ 모델법은 제12조에서 "긴급히 필요한 경우(urgently needed)"에는 법원이 도산관련재판의 승인·집행 결정을 내리기 전에 먼저 임시

---

131) IRJ 모델법은 이를 입법국의 재량사항으로 규정하고 있지만, 실무상 대부분의 입법국들은 당연히 해당 국가의 공식 언어로 번역된 서류를 함께 첨부하도록 요구할 것으로 생각된다. CBI 모델법에서도 같은 쟁점이 다루어졌고, 우리나라의 채무자회생법은 제631조 제1항 제2문에서 "외국어로 작성된 서면에는 번역문을 붙여야 한다"라고 명시하여, 번역문을 요구하는 입장을 취하고 있다.

132) 입법국이 양자조약 내지 다자간 협약 등을 통해 특정국가와의 사이에서는 문서를 인증(legalization)하기로 합의한 경우에는 해당 조약이나 협약이 우선하여 적용되므로(IRJ 모델법 제3조 제1항), IRJ 모델법과 해당 기존의 국제규범들이 모순·충돌할 가능성은 없다. 상세는 Guide to Enactment, paras. 89~91을 참조.

적 구제조치를 내릴 수 있도록 하였다. 도산관련재판의 승인·집행 신청 후 그 결정이 내려질 때까지 상대방의 자산처분을 금지하는 결정을 포함한 법률상 또는 형평법상 구제조치(legal or equitable relief)를 받을 수 있도록 한 것이다. 외국도산절차에 대한 승인결정이 내려지기 전 채무자가 임시적 구제조치를 먼저 발령받을 수 있도록 허용하였던 CBI 모델법 제19조와 같은 취지의 조문으로 생각된다.

물론, 잠정적 구제조치를 발령받는 구체적인 방법과 그 내용[가령, 보전처분의 신속성과 밀행성(密行性)을 존중하여 당사자 일방의 신청방식(ex parte)으로 절차를 진행하는 것을 허용할지, 만약 이를 허용한다면 어떠한 내용의 구제조치까지 그 발령을 허용할 것인지 등]은 모두 입법국의 재량에 달려 있다.133) 따라서 가령 우리나라는 기존에 확립된 보전처분의 체계를 그대로 활용할 수 있을 것이다.

한편, 이와 같은 잠정적 구제조치를 발령받는 과정에서 상대방에게도 이에 대한 통지가 충분히 이루어져야 한다(IRJ 모델법 제12조 제2항). 따라서 ex parte 방식을 취한 입법국에서도 일단 잠정적 구제조치가 발령되었다면 그 후에는 상대방에게 해당 내용을 알려주고 그에 대해 불복할 수 있는 기회를 부여하는 것이 바람직할 것이다. 이미 구제조치가 발령된 이상 임의로 자산을 산일·은닉할 위험성이 크다고 보기는 어렵기 때문이다. 만약 IRJ 모델법 제14조에 명시된 승인·집행거부 사유에 해당하는 것이 명백함에도 이에 관한 자료가 재판부에 충분히 제공되어 있지 않음을 기화로 "긴급한 필요성" 부분만 소명하여 잠정적 구제조치를 발령받은 자가, 본안 결정이 내려질 때까지 그와 같은 유리한 상태를 아무런 제재 없이 그대로 유지할 수 있다면 상대방으로서는 굉장히 불합리하고 부당한 상황에 처해질 것이다.134)

---

133) Guide to Enactment, para. 93.

134) 참고로 같은 국면에서 ICSID 중재판정이 내려진 이후 '승소한 투자자'가 '패소한 국가'의 재산을 상대로 강제집행을 하는 경우, 그 집행(enforcement)을

3. 승인·집행의 거부사유

IRJ 모델법은 위에서 본 바와 같이 가능한 도산관련재판의 원활한 승인·집행을 보장하려는 입장에 있지만, 그럼에도 입법국들이 그 승인·집행을 거부할 수 있도록 몇 가지 사유를 규정하고 있다. 제7조에서 언급하는 일반적인 공서위반과 제14조에서 열거하고 있는 개별적인 승인·집행거부사유가 그것인데, 후자는 그 사유가 존재하더라도 입법국이 반드시 승인·집행을 거부해야하는 것은 아니고 "거부할 수 있다(may be refused)"는 재량규정에 불과하므로, 향후 각 입법국들이 구체적으로 각 사유가 문제된 상황에 대하여 어떠한 재판을 내리는지 그 실무의 경향에 주목할 필요가 있다.

가. 공서위반

IRJ 모델법은 특정한 조치가 입법국의 공서[절차적 공정성(procedural fairness)의 근본원칙(fundamental principles) 포함]에 반하는 경우에는 그 입법국이 해당 조치를 취하지 않고 거부할 수 있다고 규정하고 있다. 임시조치, 승인·집행결정 등이 모두 그 거부의 대상이 되므로 입법국으로서는 막강한 권한을 가지게 된다. 물론, 이때 공서(public policy)는 각 입법국의 법체계에 따라 그 내용이 서로 다를 수 있다는 점에 유의해야 한다.135)

신청하고 진행하는 절차를 당사자 일방의 신청(ex parte)의 방식으로 진행해도 된다는 입장(뉴욕남부지방법원, 버지니아동부지방법원)과 일반소송(plenary action)의 방식으로 진행해야 한다는 입장(D.C. 지방법원) 사이에 견해대립이 있었고, 제2연방항소법원은 절충적인 입장을 취한 바 있다. 상세는 김영석, "ICSID 중재판정의 집행(enforcement)에 관한 연구", 국제사법연구 제25권 제2호, 한국국제사법학회, 2019, 532면 이하를 참조.

135) 공서위반 조항을 이유로 외국도산절차의 승인과 구제조치의 발령을 거부한 CBI 모델법 사례에 관하여는 UNCITRAL, *Model Law on Cross-Border Insolvency:*

흥미로운 것은 위 조문은 기본적으로 CBI 모델법 제6조와 동일하면서도 입법국에서의 〈절차적 공정성(procedural fairness)〉을 강조하는 부분을 말미에 추가하였다는 점이다. Guide to Enactment는 절차적 공정성(procedural fairness)과 자연적 정의(natural justice)를 공서의 개념에서 배제하는 국가도 있는 점을 고려하여, 절차적 공정성의 중요성을 강조하기 위해 이와 같은 문구를 명시적으로 추가한 것이라고 설명한다. 다만, 이와 같은 차이로 IRJ 모델법에서 의미하는 공서가 CBI 모델법에서 말하는 공서와 다르다거나, CBI 모델법에서 말하는 공서에 절차적 공정성이 포함되지 않는 것으로 해석되어서는 안 될 것이라는 점도 강조하고 있다.136)

나. 개별적 승인·집행 거부사유

1) 개관

승인·집행의 대상이 되는 재판(이하 '대상재판'이라 한다)에 관한 본안심사가 허용되지는 않는다. 다만, IRJ 모델법은 제14조에서 그 대상재판이 내려진 절차(이하 '대상절차'라 한다)에 대해서는 심리할 수 있도록 하고 있다. 즉, 공정한 절차를 거쳐 내려졌는지, 입법국 혹은 제3국에서 이미 내려진 재판과 모순·저촉 우려가 있는 것은 아닌지, 승인·집행을 허용하면 도산절차의 관리에 방해가 될 여지가 없는지, 소송상대방에 대한 관할권을 적법하게 확보한 상태에서 내려진 것인지 등에 대해서는 입법국이 심리하고 이를 근거로 승인·집행

The Judicial Perspective, 2013, para. 48 이하를 참조. 가령, *In re Dr. Jürgen TOFT*, 453 B.R. 186(Bankr. S.D.N.Y. 2011)에서는 독일도산절차의 대표자가 채무자의 미국 내 우편물 및 전자메일 등을 대신 수령할 수 있게 해달라고 구제조치를 신청하였는데, 미연방파산법원은 공서양속에 반한다고 판단하여 이를 거부한 적이 있다.

136) Guide to Enactment, para. 74.

을 거부할 수 있다.

제14조에서 명시된 사유들은 열거조항(exhaustive)이므로,137) 입법
국들이 여기에 언급되지 않은 사유를 근거로 하여 승인·집행을 거부
하는 것은 허용되지 않는다. 위 각 사유는 〈통상의 민사재판에 공통
되는 거부사유〉와 〈도산관련재판에 특유한 사유〉로 구분할 수 있는
데, 이를 정리하면 아래 [표 11]과 같다.138)

[표 11] IRJ 모델법상 개별적 승인·집행의 거부사유

구분	IRJ 모델법 제14조	비고
통상의 민사 재판에 공통되는 거부사유	(a) 대상재판의 소송상대방이 (i) 대상절차에서 충분한 시간적 여유를 두고 절차개시를 통지받지 못하여 그 방어권이 침해된 경우(다만, 소송상대방이 대상절차에 출석하여 이를 다투지 않고 절차 진행에 응한 때는 제외) (ii) 입법국에서 입법국이 허용하지 않는 문서송달의 방식으로 그 절차 개시를 통지받은 경우	통지요건/ 송달요건
	(b) 대상재판이 사기에 의한 방법으로 편취된 경우	사기재판
	(c) 대상재판이 입법국에서 동일당사자 사이에 이미 내려진 재판과 모순·저촉되는 경우	다른 재판과의 모순·저촉 방지
	(d) 대상재판이 제3의 국가에서 동일당사자 사이에 동일한 소송물에 관하여 이미 내려진 선행재판과 모순·저촉되는 경우(다만, 그 선행재판이 입법국에서의 승인·집행 요건을 충족한 경우)	
도산관련 재판에 특유한 거부사유	(e) 대상재판의 승인·집행이 도산절차의 관리(입법국에서 승인·집행될 수 있는 다른 중지명령/기타명령)를 방해하는 경우	도산절차에 대한 방해
	(f) 대상재판이 (i) 채권자일반의 이익에 중대한 영향을 미치는 내용(회생계획안/청산계획안의 인가여부, 면책허부, 자율적/법원 외 채무조정합의에 대한 인가여부)이고, (ii) 그와 동시에 채권자와 이해관계인들(채무자 포함)이	집단적 절차 재판에 대한 특별취급 (대법원 2009마1600

---

137) Guide to Enactment, para. 98.
138) 석광현(주 21), 24면 이하에서는 (a),(b),(c),(d)를 "통상의 민사재판에 공통되는 거부사유"로, (e),(f),(g)를 "도산관련재판에 특유한 거부사유"로 구분하고 있는데, 타당한 구분이라 생각된다.

구분	IRJ 모델법 제14조	비고
	대상절차에서 적절하게 보호받지 못한 경우	결정)
	(g) 재판국의 법원이 다음과 같은 사항 중 어느 하나의 요건을 충족하지 못한 경우 (i) 소송상대방의 명시적인 동의를 얻어 관할권을 행사하였을 것 (ii) 소송상대방의 관할권 복속(submission)을 근거로 관할권을 행사하였을 것, 즉, 소송상대방이 재판국의 법이 정한 일정기간 내에 관할권 또는 관할권 행사에 관하여 이의를 제기하지 않은 상태로 본안을 다투었을 것(다만, 재판국의 법원에서 그와 같은 이의가 받아들여지지 않았을 것인 경우는 제외) (iii) 입법국의 법원이 행사할 수 있었던 법리에 기초하여 관할권을 행사하였을 것(=경상의 원칙)139) (iv) 입법국의 법에 모순·저촉되지 않는 법리에 기초하여 관할권을 행사하였을 것	간접관할권 (Rubin 판결)
CBI 모델법 관련 추가사유	(h) 대상재판이 CBI 모델법(을 받아들여 입법된 도산법령)에 따라 외국도산절차로서의 승인을 받지 않았거나 받을 수 없는 국가에서 내려진 경우 (i) 다만, CBI 모델법(을 받아들여 입법된 도산법령)에 따라 승인을 받거나 받을 수 있었던 외국도산절차의 대표자가 대상절차에 참여하여 청구원인에 관한 본안 실체에 관하여 다툴 수 있었고, (ii) 그와 동시에 대상재판이 단지 대상절차 개시 당시 재판국에 소재하였던 자산과만 관련되어 있는 경우에는 제외	CBI 모델법과의 호환성

IRJ 모델법은 이와 같이 상세한 규정을 통해 ❶ 민사 또는 상사의 재판상 및 재판외 문서의 해외송달에 관한 1965. 11. 1. 협약(Convention on the Service Abroad of Judicial and Extrajudicial Documents in Civil

---

139) "재판국"이 "입법국"에서 확립된 것과 동일한 관할법리를 근거로 대상절차에 대한 직접관할권을 행사한 경우를 의미하는 것이다. 석광현(집필부분)(주 116), 70면은 이를 "경상(鏡像)의 원칙(mirror image rule, Spiegelbildprinzip)"이라고 소개하면서, 우리나라 민사소송법 제217조 제1항에서 요구하는 외국재판의 승인요건 중 제1호 "1. 대한민국의 법령 또는 조약에 따른 국제재판관할의 원칙상 그 외국법원의 국제재판관할권이 인정될 것"도 같은 취지의 조문이라고 설명한다.

or Commercial Matters, 이하 '헤이그송달협약')과 모순되지 않는 체계를 수립하면서[(a)호(ii)목],140) ❷ 입법국 혹은 제3국에서 내려진 재판과의 모순·저촉을 방지하고자 노력하였고[(c),(d)호], ❸ 특히 집단적 절차 재판(회생계획인가결정, 면책결정 등)에 대해서는 다수당사자 간의 실체적 권리·의무관계가 조정되는 재판이므로, 그에 대한 이해관계인들의 절차참여가 선행되어야 함을 명시하는 등 대법원 2009마1600 결정에서 우려하였던 점141)을 불식시켰다[(f)호]. ❹ 또한, Rubin 판결에서 지적되었던 재판국의 간접관할권 문제를 입법적으로 해결하여, 특별한 사정이 없는 한 입법국이 대인관할권 등을 문제 삼아 도산관련재판의 승인·집행을 거부할 수 있는 경우는 없도록 하였다[(g)호].

물론, 위 사유에 해당하더라도 입법국들이 이를 근거로 승인·집행을 할 수 있다는 것이지 반드시 승인·집행을 거부해야 하는 것은 아

---

140) 우리나라도 1997. 8. 헤이그송달협약에 가입한 이래 ⅰ) 위 송달협약에 가입한 국가와의 사이에서는 헤이그송달협약을, ⅱ) 위 협약에 가입하지 아니하였지만 별도의 조약을 체결한 나라와는 해당 조약을, ⅲ) 그 밖의 나라에 대해서는 국제민사사법공조법을 적용하여, 송달업무를 처리해오고 있는데, 법원행정처가 2011년부터 2014년까지 외국법원으로부터 송달촉탁을 받거나 외국으로 촉탁한 건수의 합계는 해마다 거의 900건에 이르는 것으로 파악된다. 이에 관한 더욱 자세한 통계는 김윤종, "헤이그 송달협약 및 증거조사협약에 관한 체약국 개요서(Country Profile)상의 실무정보 제공 일람표(Practical Information Chart)", 국제규범의 현황과 전망: 2014년 국제규범연구반 연구보고 및 국제회의 참가보고, 2016, 7면 이하를 참조.

141) 대법원 2009마1600 결정은 "외국법원의 면책재판 등은 실체법상의 청구권 내지 집행력의 존부에 관한 것으로서 그에 의하여 발생하는 효과는, 채무자와 개별 채권자 사이의 채무 혹은 책임의 감면이라고 하는 단순하고 일의적인 것이고, 그 면책재판 등의 승인 여부를 둘러싼 분쟁은 면책 등의 대상이 된 채권에 기하여 제기된 이행소송이나 강제집행절차 혹은 파산절차 등에서 당해 채무자와 채권자 상호간의 공격방어를 통하여 개별적으로 해결함이 타당하다"고 명시하고 있다. 도산절차에서는 채무자와 채권자 간의 상호 공방이 제대로 이루어지지 못하여 실체관계에 부합하는 권리·의무의 조정이 제대로 이루어지기 어렵다는 관념에 기초한 것으로 생각된다.

니다. 따라서 구체적 사례마다 입법국들의 판단은 달라질 수 있겠지만, IRJ 모델법 제14조가 제시한 개별적 승인·집행거부사유는 모델법 기초자들이 제시한 하나의 기준으로서 충분히 유의미하므로, 이하에서 제14조의 주요 내용을 살펴보기로 한다.

2) 통상의 민사재판에 공통되는 거부사유

가) 통지요건/송달요건[(a)호]

(a)호는 제(ⅰ)목을 통해 대상절차에 참여하는 "상대방"의 이익을, 제(ⅱ)목을 통해 대상재판을 승인·집행하는 "입법국"의 이익을 각 배려함으로써,[142] 대상재판의 승인·집행으로 그 상대방과 입법국이 전혀 예상하지 못했던 상황에 처하지 않도록 노력하고 있다. 그 문언은 2019년 헤이그재판협약 제7조 제1항 제(a)호와 유사하다.

먼저 제(ⅰ)목은 소송상대방이 대상절차에서 방어권을 적절하게 행사할 수 있도록 충분히 시간을 두고 미리 절차의 진행상황을 통지하라는 취지의 조항으로,[143] 우리나라 민사소송법 제217조 제1항 제2호[144]와 유사하다. 물론, 소송상대방이 대상절차에서 이와 같은 점

---

[142] Guide to Enactment, para. 99.

[143] 따라서 Guide to Enactment, para. 100은 단순히 절차가 개시되었다는 것 이외에 해당 절차에서 다루어지고 있는 소송물 내지 청구원인이 무엇인지도 통지되어야 한다고 설명하고 있다.

[144] 제217조(외국재판의 승인) 제1항은 승인대상이 되는 외국법원의 확정판결 등이 갖추어야 하는 요건들을 나열하고 있는데, 그중에서 제2호는 "2. 패소한 피고가 소장 또는 이에 준하는 서면 및 기일통지서나 명령을 적법한 방식에 따라 방어에 필요한 시간여유를 두고 송달받았거나(공시송달이나 이와 비슷한 송달에 의한 경우를 제외한다) 송달받지 아니하였더라도 소송에 응하였을 것"이라고 규정하여, 소송상대방이 절차에 충분히 참여하여 방어권을 행사하였을 것을 요구하고 있다. 대법원은 외교상 경로를 거치지 않은 방식(가령, 자국영사에 의한 직접 실시방식)으로 진행된 송달은 무효로 취급하지만(대법원 1992. 7. 14. 선고 92다2585 판결), 일단 적법하게 송달된 이후에는 그 후의 소환 등 절차가 우편/공시송달에 의하더라도

을 지적하면서 절차의 속행/연기 등을 구하지 않고 그냥 심리진행에 응하였던 경우에는 승인·집행단계에서 이와 같은 점을 거부사유로 다시 원용할 수 없도록 하고 있다. 이는 대상절차에서 제기할 수 있었던 주장을 승인·집행단계에 이르러 비로소 주장하는 것을 방지하기 위함이므로, 만약 재판국에서 관련 법령상 대상절차에서 이와 같은 항의자체를 하는 것이 불가능하였다면 여전히 승인·집행단계에서 이를 거부사유로 주장할 수 있다.[145]

다음으로 제(ii)목은 헤이그송달협약에 가입한 "입법국들"의 입장을 존중한 조문이다.[146] 대상절차 진행 중 소송상대방이 공교롭게도 입법국(헤이그송달협약 가입국)에 거주하고 있어서 입법국에서 위 대상절차의 개시를 송달/통지받았지만, 그 방법이 헤이그송달협약에 의한 것이 아니었던 경위[가령, 중앙당국(Central Authority)을 통한 송달이 아니라 Claims Agent[147]가 직접 대상절차의 진행과정을 통지

무방하다는 입장을 취하고 있다(대법원 2003. 9. 26. 선고 2003다29555 판결). 상세는 전원열, 『민사소송법 강의』, 박영사, 2020, 497면 이하를 참조. 참고로 보충송달은 공시송달과 달리 본인과의 관계 등에 따라 본인에게 서류를 전달할 것이라는 합리적인 기대를 기초로 하므로 보충송달 방식으로 진행된 외국재판은 그 승인·집행요건을 적법하게 충족한 것으로 평가된다(대법원 2021. 12. 23. 선고 2017다257746 전원합의체 판결). 상세는 김영석, "외국재판의 승인 및 집행요건으로서 민사소송법 제217조 제1항 제2호에서 정한 '적법한 송달'의 의미", 서울대학교 법학 제63권 제3호, 2022, 241면 이하를 참조.

145) Guide to Enactment, para. 100.

146) 입법국에 따라서는 서류의 송달(service of documents)을 단순히 정보를 전달하는 문제(a matter of conveying information)가 아니라, 해당 국가의 주권행위 내지 공적인 행위(a sovereign or official act)라고 이해하기 때문이라고 한다. 후자의 경우 정해진 절차에 따라 송달절차를 진행하지 않는 것이 해당 국가의 주권을 침해한 것으로 간주될 수도 있다는 것이다. 상세는 Guide to Enactment, para. 102를 참조.

147) 미연방파산법 제156(c)는 이른바 "Claims Agent"에게 도산절차 진행 과정에서 이해관계인에게 전달되어야 하는 각종 서류의 송달, 기일통지, 기타 안

한 경우1, 위 입법국이 대상재판의 승인·집행을 거부할 수 있도록 허용하는 것이다. 실제 위 조문이 적용되는 경우가 많지는 않을 것으로 보이지만, 우리나라와 같이 헤이그송달협약에 이미 가입한 가입국들이 IRJ 모델법을 받아들이더라도 각 규범 간에 모순·저촉되는 상황이 발생하지 않도록 배려한 것이어서 의미 있는 규정이라고 생각된다.

다만, 회생계획인가결정과 같은 집단적 절차 재판의 경우에는 위와 같은 규정이 그대로 엄격하게 적용된다고 볼 수 없고, 이해관계인에게 의견 청취의 기회가 부여되거나 불복의 기회가 있다면 그것으로 족한 것으로 볼 여지도 있다는 견해가 있다.[148] 다수당사자의 이해관계가 관련되어 있는 집단적 절차 재판은 신속하고 통일적으로 처리되어야 할 필요성이 작지 않으므로 타당한 견해라고 생각된다. 참고로 주요 국가에서는 이러한 점을 고려하여 집단적 절차 재판의 처리에 관하여 송달 외에 "공고"로 처리하는 것을 허용하는 경우도 적지 않을 것으로 생각된다.[149] 이와 같은 방식을 통해 진행된

내사항 전달 등을 위임할 수 있도록 하고 있는데, 이른바 Mega Case라고 불리는 대형사건의 경우에는 실무상 이와 같은 Claims Agent가 반드시 선임된다. 채무자가 특정한 Claims Agent를 선정하여 그와 계약을 체결하겠다고 미연방파산법원에 허가를 구하는 방식으로 실무가 처리되고 그 비용은 도산재단에서 충당되는데, 이미 미국에는 Prime Clerk, Epic을 비롯한 많은 저명한 Claims Agent들이 도산법률시장을 확보하고 있다. 참고로 필자는 뉴욕남부파산법원 실무 수습기간 중인 2019. 9. 3. 마침 미국으로 국제화연수를 온 서울회생법원 법관들과 Weil, Gotshal & Manges LLP 사무실을 방문하여 Epic 담당자들을 만나 실무에 관한 설명을 들을 기회가 있었는데, 이에 관한 상세는 구자광, "2019 도산법분야연구회 국제화연수보고서", 대법원 도산법분야연구회, 2019, 22면 이하를 참조.

148) 석광현(주 21), 24면.

149) 채무자회생법은 제10조(송달에 갈음하는 공고) 제1항에서 "이 법의 규정에 의하여 송달을 하여야 하는 경우 송달하여야 하는 장소를 알기 어렵거나 대법원규칙이 정하는 사유가 있는 때에는 공고로써 송달을 갈음할 수 있

절차에서 내려진 회생계획인가재판 내지 면책재판에 대해서는 위(a)
호가 문제되는 경우가 많지 않을 수 있다. 이러한 이유로 집단적 절
차 재판에 관하여 후술하는 (f)호가 보충적으로 도입된 것이 아닐까
생각된다.

　나) 입법국에서의 재판과 모순·저촉되는 경우[(c)호]
　이 부분은 대상재판과 입법국에서 내려진 재판 사이에 모순·저촉
이 발생하는 경우에는 "입법국의 재판"에 우선적인 효력을 주겠다는
것으로 2019년 헤이그재판협약 제7조 제1항 제(e)호의 문언을 그대로
차용한 것이다. 입법국에서 내려진 재판이 대상재판보다 나중에 선
고된 것이더라도, 그 소송물이 대상재판과 상이하여 양 재판 간에
'직접적으로' 충돌하는 국면이 없더라도, 당사자만 동일하다면 위와
같은 입법국 재판 우선의 원칙이 그대로 적용된다.[150) 입법국의 재
판에 강력한 지위를 부여하고 있는 셈이다.
　또한 반드시 대상절차 내지 대상재판의 당사자가 아니라고 하더
라도 그 일방당사자의 권리·의무를 승계하여 대상재판의 효력을 받
게 되는 자라면 위에서 말하는 '동일당사자'의 개념에 포함되므
로,[151) 위 조항의 적용범위는 굉장히 넓다. 입법국은 그만큼 도산관

다"고 규정하고 있고, 채무자 회생 및 파산에 관한 규칙(대법원규칙)은 제7
조에서 그 구체적인 사유를 아래와 같이 규정하고 있다(밑줄과 강조는 필
자가 임의로 표시).

> **채무자 회생 및 파산에 관한 규칙 제7조(송달에 갈음하는 공고)**
> 법 제10조 제1항에 규정된 <u>"대법원규칙이 정하는 사유"</u>는 다음 각 호의 어느 하
> 나에 해당하는 사유를 말한다.
> 1. 도산절차의 진행이 현저하게 지연될 우려가 있는 때
> 2. 회생절차의 개시 당시(변경회생계획안이 제출된 경우에는 그 제출 당시를
> 　말한다) 주식회사인 채무자의 부채총액이 자산총액을 초과하는 때로서 송
> 　달을 받을 자가 주주인 경우

150) Guide to Enactment, para. 105.

련재판의 승인·집행을 거부할 수 있는 폭넓은 재량을 부여받는 셈인데, IRJ 모델법을 거부감 없이 받아들일 수 있도록 하려는 모델법 기초자들의 의지를 엿볼 수 있는 대목이다.

다) 제3국에서의 재판과 모순·저촉되는 경우[(d)호]

반면에 IRJ 모델법은 '제3국에서 내려진 재판'에 대해서는 '입법국의 재판'만큼 강력한 지위를 부여하지는 않고 있다. 일정한 요건이 구비된 경우에만 대상재판에 우선할 수 있도록 함으로써 적절한 균형점을 모색하고 있다. 이 역시 2019년 헤이그재판협약 제7조 제1항 제(f)호의 문언을 차용한 것인데, 이에 따르면 제3국에서 내려진 재판은 ① 동일한 당사자(same parties) 사이에, ② 동일한 소송물(same subject matter)에 관한 것으로서, ③ 대상재판보다 먼저 내려지고 (earlier judgment), ④ 그 재판이 입법국에서 승인·집행될 수 있는 요건을 충족한 경우에만, 비로소 대상재판에 우선할 수 있게 된다.

나아가 Guide to Enactment가 '선행재판에 해당하는지를 판단하는 기준시점'에 관하여 구체적으로 설명하고 있지는 않지만, 앞서 본 것처럼 재판국에서 확정되지 않은 재판도 IRJ 모델법상 승인·집행의 대상이 될 수 있는 점에 비추어 보면, 전(全) 심급(審級)을 통틀어 급부의 이행을 명하는 판결이 최초로 내려진 시점을 기준으로 판단해야 할 것으로 생각된다. 가령, 1심에서는 원고 청구가 기각되었다가 항소심에서 1심이 취소되고 피고에게 급부의 이행을 명하는 판결이 내려진 다음 상고심에서 상고가 기각된 경우에는 항소심 판결의 선

---

151) Guide to Enactment, para. 105에서는 승계인을 "the successor to that person"이라고만 표현하고 있어서 그 의미가 명확하지는 않지만, 우리나라 민사소송법 제218조(기판력의 주관적 범위)처럼 i) 변론종결 후의 승계인뿐만 아니라, ii) 소송의 대상이 된 목적물을 소지한 사람까지 포함하는 것으로 해석될 여지도 있으므로, 향후 실무를 주목할 필요가 있다.

고일을 기준으로 제3국에서 내려진 재판과 대상재판의 선행여부를 판단해야 할 것이다.

3) 도산관련재판에 특유한 거부사유

이하에서 살펴보는 거부사유는 2019년 헤이그재판협약에서는 찾아볼 수 없는 도산절차 특유의 승인·집행거부사유이다. 대법원 2009 마1600 결정 내지 Rubin 판결 등에서 지적되었던 쟁점을 입법적으로 해결하려는 노력들이 엿보이는 부분이다. 특히, (f)호, (g)호는 외관상 거부사유로 명시되어 있지만 그 실질을 들여다보면 결국 특별한 사정이 없는 한 도산절차에서 내려진 집단적 절차 재판과 부인재판 등의 승인·집행을 거부할 수 없다는 취지다. 사실상 IRJ 모델법이 당초 달성하려고 했던 원활한 승인·집행이라는 목적을 입법적으로 뒷받침하는 부분인 셈이다.

가) 도산절차에 대한 방해[(e)호]

이는 도산관련재판의 승인·집행으로 도산절차의 진행·관리가 안정적이고 효율적으로 진행될 수 없는 상황이 초래되지 않도록 배려하려는 조문으로 이해된다. 이때 그 방해로부터 보호되어야 하는 도산절차에는 i) 대상재판이 직접적으로 관련되어 있는 도산절차뿐만 아니라, ii) 동일한 채무자에 대한 병행절차(concurrent proceedings)까지 포함되므로,[152] 위 조문이 폭넓게 활용될 수 있다.

여기서 "방해(interference)"라는 용어는 처음으로 도입되는 개념이다. 그 의미가 명확하지는 않지만 Guide to Enactment는 i) 외국도산절차(주절차)를 승인한 A국에서 예외적으로 개별채권자(원고)의 채무자에 대한 소송(소멸시효 중단을 위한 소송)의 개시·진행을 허가

---

152) Guide to Enactment, para. 107.

하였고(CBI 모델법 제20조 제3항), ii) 그 소송에서 개별채권자(원고)
가 승소하였으나 CBI 모델법 제20조 제1항에 따라 그 대상재판(승소
판결)에 기한 원고의 실제 집행은 중지되어 있는 상황에서, iii) 위 개
별채권자(원고)가 B국에 위 〈A국에서 내려진 대상재판〉의 승인·집행
을 신청하는 경우를 예로 들고 있다.153) 이때 B국이 위 재판의 승인·
집행신청을 받아들인다면 A국에서 진행되는 도산절차를 방해할 수
있으므로, B국으로서는 이는 허용해서는 안 된다는 것이다.

참고로 우리나라의 채무자회생법은 외국도산절차를 승인하고 그
에 따른 지원결정으로서 채무자에 관하여 계속 중인 국내소송절차
에 대한 중지결정을 한 경우에는 "그 중지결정의 효력이 상실된 날
의 다음날부터 2월이 경과하는 날까지 채권자의 소멸시효가 완성되
지 않는다"고 규정(채무자회생법 제636조 제5항)함으로써 이를 입법
적으로 해결하였다. 따라서 소멸시효 중단을 위한 소송 진행의 허가
가 문제될 여지는 없다. 다만, 소멸시효 중단 외의 긴급한 사정을 이
유로 소송의 개시·진행이 예외적으로 허용될 가능성은 언제든지 있
다(제636조 제4항). 이러한 경우, 예외적으로 소송이 진행되어 종국
재판이 내려지는 때에는 앞서 본 것과 동일한 상황(=종국재판이 내
려졌음을 이유로 제3국인 B국에서 그 승인·집행을 구하는 상황)이
발생할 가능성이 있으므로 유의하여야 한다.154)

---

153) Guide to Enactment, para. 107.
154) 가령, 예외적으로 허가를 받고 진행된 우리나라 소송절차에서 승소한 채
권자가 채무자의 재산이 소재한 외국법원에 위 국내판결의 승인·집행을
구하는 경우, 채무자/관리인은 그 외국 승인·집행 절차에 적극적으로 참
여하여 위와 같은 사정을 밝히고 "해당 재판이 승인·집행되는 경우 대한
민국에서 진행 중인 도산절차에서 사용되어야 할 변제자원이 특정채권자
에게만 편파변제된다. 따라서 채권자 일반의 이익을 해하여 종국적으로
도산절차를 방해(interference)하는 것이다"라는 주장을 할 수 있을 것으로
보인다.

결국, 방해의 의미에 대해서는 그 해석상 논란이 있을 수 있으므로 실무의 집적을 통해 해결되어야 할 것으로 보인다. 다만, 이처럼 방해를 이유로 승인·집행을 거부하는 것은 도산재단의 고갈을 방지하기 위한 목적으로 사용되어야 하고 특정국가에서 내려진 재판의 승인·집행만을 선택적으로 거부할 목적으로 사용되어서는 안 될 것이므로 신중하게 판단하여야 할 것이다.155)

나) 집단적 절차 재판에 대한 특별취급[(f)호]
(1) 주요내용
이는 채권자 일반의 권리에 중대하게 영향을 미치는 재판들(judgments that materially affects the rights of creditors generally), 즉, 회생계획/청산계획의 인가여부, 채무자의 면책여부, SOA와 같은 사적조정합의의 인가여부 등을 결정하는 재판과 같은 이른바 "집단적 절차 재판"에 대한 특별한 취급을 하고 있는 규정이다. 일반채권자들에게 간접적으로만 영향을 미치게 되는 대립당사자간 재판(bilateral disputes, 가령 부인재판)과 달리, 채권자들의 권리·의무관계에 직접 영향을 미치는 재판이므로 그 중요성을 고려하여 특별규정을 둔 것이다.156) 이하에서 살펴볼 (g)호와 더불어 IRJ 모델법의 가장 핵심적인 역할과 기능을 하는 규정이라고 생각된다.

개별적 승인·집행거부 사유가 존재하지 않더라도, 집단적 절차 재판이 내려진 대상절차(=가령 회생계획안의 심리/결의를 위하여 관계인집회가 소집·진행되는 절차)에서 채무자, 채권자 기타 이해관계인들

---

155) Guide to Enactment, para. 107.
156) Guide to Enactment, para. 109는 "대립당사자간 재판"에 대해서는 위 (f)호가 적용되지 않는 것임을 강조하고 있다. 만약 이와 같은 유형의 재판에 대해서까지 대상재판의 당사자도 아닌 제3자의 이의제기를 허용한다면, 이는 대상재판으로부터 간접적으로만 영향을 받을 뿐인 제3자에게 너무 많은 권한을 부여하게 되어 불필요한 소송들이 제기될 것이라고 설명한다.

의 권리가 적절하게 보호되지 않았다면(were not adequately protected), 입법국이 이를 근거로 승인·집행을 거부할 수 있다는 데에 (f)호의 중요성이 있다. 물론 채무조정안에 의해 권리변경이 이루어지지 않는 채권자(가령 해당 채무조정안에 따라 기존 채권원리금의 100%를 변제받게 되는 자)는 이 조문에 근거하여 승인·집행의 거부를 주장할 수 없다.157) 문제는 "적절하게 보호되었는지"를 어떻게 판단하느냐는 데에 있다.

(2) 판단기준 및 활용가능성

Guide to Enactment가 명확히 설명하고 있지는 않지만, 절차는 법정지법에 따라야 한다는 국제사법의 대원칙에 따라 채권자와 이해관계인 등이 대상절차에서 적절하게 권리를 보호받았는지 여부는 "재판국법을 기준"으로 하거나, 적어도 "재판국법을 중심"으로 판단될 가능성이 있다. 그렇다면 사실상 (f)호를 근거로 승인·집행을 거부할 수 있는 가능성은 실무상 많지 않을 것으로 생각된다. 대상절차에서 수립된 채무조정안, 관련자료, 투표권의 행사방법 등 채무조정안의 결의에 관한 사항이 국외채권자들에게 충분히 통지되지 못한 경우에는 재판국의 법원 스스로가 그와 같이 하자 있는 절차를 통해 결의된 채무조정안을 인가하지 않을 것이기 때문이다. 즉, 이러한 경우에는 승인·집행단계까지 나아가기도 전에 재판 자체가 발령되지 않을 가능성이 많다.

---

157) Guide to Enactment, para. 108. 참고로 정확히 일치하는 것은 아니지만 우리나라의 채무자회생법 제191조 제1호에서 "회생계획으로 그 권리에 영향을 받지 아니한 자"는 의결권을 행사할 수 없도록 규정한 것도 같은 맥락에서 이해할 수 있다. 이때 "권리에 영향을 받는지 여부"는 실무상 그 권리의 실제 가치를 기준으로 하는 것이 아니라 표면상 권리를 기준으로 판단하는데, 상세는 권순일(편집대표)(주 89), 60~61면[집필담당: 김이경]을 참조.

달리 말하면 채권자나 이해관계인들의 권리가 충분히 보호되었는지 여부는 재판국 법원이 인가결정이나 면책결정을 내리기 전에 이미 스스로 한번 검토하였을 가능성이 높다. 따라서 설령 승인·집행단계에서 (f)호를 기초로 한 이의제기가 있더라도 이에 따라 실제로 승인·집행이 거부되는 경우는 많지 않을 것으로 보인다. 실제로 서울회생법원도 앞서 본 버지니아동부파산법원(2004국지1) 및 영국의 High Court(2016국지100001)와의 국제공조 과정에서 국내채권자들이 해당 외국도산절차에서 충분히 참여기회를 보장받고 적절하게 보호받았는지를 검토하였으나, 특별한 문제가 있다는 점을 발견하지 못하였다.

따라서 위 조문은 외관상으로는 입법국의 국내채권자들을 보호할 수 있는 것처럼 명시되어 있지만, 실질적으로 활용되는 경우는 드물 것으로 생각된다. 도산절차에서 가장 중요한 회생계획인가재판, 면책재판의 승인·집행에 대한 입법국들의 거부감을 없애면서도, 사실상으로는 그 원활한 승인·집행이 보장되도록 하려는 IRJ 모델법 기초자들의 의도가 반영된 부분으로 보인다.

(3) 2009마1600 결정과의 관계

문제는 이와 같은 IRJ 모델법이 우리나라에 미치는 영향이다. 앞서 본 바와 같이 IRJ 모델법은 회생계획인가재판/면책재판을 "집단적 절차 재판"으로 판단하여 대심구조를 가지는 대립당사자재판과 달리 취급해야 한다는 점을 확인하였다. 반면에 대법원 2009마1600 결정은 미연방파산법 제11장 절차에서 내려진 회생계획인가재판이 성질상 '대립당사자간 재판'에 해당함을 전제로 논리를 전개하였다. 위 대법원 결정은 실체적 권리·의무의 존부는 채무자와 채권자 상호간의 공격방어를 통하여 개별적으로 해결함이 타당하다고 판시하였고 이후 우리나라의 하급심 실무례도 위와 같은 입장을 기초로 형성

되고 있다.158)

물론, IRJ 모델법 자체가 강제력, 구속력을 가지는 국제규범은 아니므로 우리나라로서는 이와 같은 점을 고려하지 않고 기존에 확립된 법리를 그대로 유지할 수도 있다. 그러나 국제적으로 표준이 되는 도산기준을 채택하여 안정적인 도산실무를 운영하고 있다는 점을 외국법원과 외국채권자들에게 보여주는 것이 대한민국 도산법원의 발전을 위해 필요한 측면이 있다. 이런 점에서 기존의 입장을 변경할 필요가 있고, 이하에서 살펴보는 것처럼 IRJ 모델법을 받아들여 이를 입법적으로 해결하는 것이 하나의 방법이 될 수 있을 것으로 생각된다.

다) 재판국의 간접관할권[(g)호]

(1) 주요내용

이는 Rubin 판결에서 지적된 "간접관할권" 쟁점을 해결하기 위해 IRJ 모델법 기초자들이 성안한 부분이다. 구체적으로 ① 대상절차 진행과정에서 소송상대방의 명시적인 동의(explicit consent)가 있었거나[제(ⅰ)목], ② 소송상대방의 관할권 복속(submission)이 존재한 경우는 물론, ③ 재판국법원이 관할권 행사의 기초로 삼은 법리가 입법국에서 통용되는 법리이거나[제(ⅲ)목], ④ 입법국의 법령과 모순·저촉되지 않는 법리(a basis that was not incompatible with the law of this State)인 경우까지도[제(ⅳ)목], 재판국법원의 관할권 행사는 적법하다고 규정하고 있다.

문언으로는 위 네 가지 요건 중 어느 하나에도 해당하지 않는다면 재판국 법원의 간접관할권을 부정할 수 있는 것처럼 규정되어 있어서 다소 엄격한 조항으로 보이기도 한다. 그러나 재판국의 법원이

---

158) 석광현(집필부분)(주 116), 68면.

자국의 고유한 법리에 의해 간접관할권을 행사하여 대상재판을 선고한 경우라고 하더라도 그 법리가 입법국 법원의 법리와 모순·저촉되는 정도에 이르는 정도가 아니라면 이를 이유로 승인·집행을 거부할 수는 없다[제(iv)목]. 따라서 결국 실질적으로는 간접관할권을 이유로 승인·집행이 거부되는 경우를 제한하려는 취지의 조문으로 이해된다. 같은 취지에서 Guide to Enactment도 이를 "Safe Harbours"라고 표현하고 있기도 하다.

(2) 판단기준 및 활용가능성

소송상대방이 재판국 법원의 관할권 행사에 명시적으로 동의하였는지[제(ⅰ)목]는 사실인정의 문제(a question of fact)로 취급된다.159) 반면에 적절한 방법으로 재판국 법원의 '관할권(jurisdiction)' 또는 '관할권 행사(exercise of jurisdiction)'에 이의를 제기하였는지[제(ⅱ)목]는 법률해석의 문제(a matter for the law)로 취급된다.160) 따라서 우리나라 대법원처럼 법률심으로서 기능하는 상급심에서는 사실인정의 영역에 해당하는 '명시적 동의 존부'와 같은 쟁점에 관하여는 채증법칙 위반이나 자유심증주의의 한계를 벗어난 정도가 아니라면 가능한 하급심의 판단을 존중해야 할 것이다.

흥미로운 것은 제(ⅱ)목에서 '관할권'을 다투는 것 외에 '관할권의 행사'를 다투는 것을 별도로 규정하고 있다는 점이다. 이는 소송상대방이 "재판국의 법원이 관할권을 가지고 있는 것은 인정하지만 문제되는 쟁점 사안에서까지 관할권을 행사하는 것은 부적법하다"고 항변하는 것을 허용하는 셈이다. 영미법계 국가에서 오랫동안 확립되어 온 이른바 '부적절한 법정지(forum non convenience)의 법리'를 고려한 입법으로 보인다.161) 만약 이 부분이 문언 그대로 채무자회생

---

159) Guide to Enactment, para. 112.
160) Guide to Enactment, para. 113.

법에 반영된다면 국제사법(2022. 1. 4. 법률 제18670호로 전부개정된 것) 제12조에 이어 채무자회생법에서도 불편한 법정지의 법리(forum non convenience)[162]가 도입되는 것이어서 민사소송실무에 많은 영향을 미칠 것으로 생각된다.

한편, 소위 경상(鏡像)의 원칙(mirror image rule, Speigelbildprinzip)을 도입하여, 재판국의 법원이 입법국의 법리와 동일한 법리에 기초하여 관할권을 행사한 경우에는 그 대상재판의 승인·집행을 거부할 수 없다는 제(iii)목도 흥미롭다. 어떻게 보면 당연한 법리를 선언한 것으로 보이기도 하지만 그만큼 재판국 법원의 관할권 행사를 존중하려는 의지가 엿보이는 대목이다. 또한, 재판국의 관할권 행사의 기초가 된 법리가 '입법국의 절차적 공정성의 중심적 신조(central tenets of procedural fairness)'[163]에 반하는 정도가 아니라면 간접관할권을

---

161) 석광현(집필부분)(주 116), 70면.

162) 당사자의 편의와 비용 또는 정의의 실현을 위하여 외국 또는 타법역의 법정이 심리하는 것이 바람직스럽다고 여겨질 때에는, 재량에 의하여 소송을 정지하거나 각하할 수 있는 법리를 의미하는데, 전통적으로 영국법에서 형성되어 온 것으로 알려져 있다. 상세는 이호정, "영국에 있어서의 forum non conveniences를 이유로 하는 소송의 정지", 서울대학교 법학 제36권 제34호(통권 제99호), 서울대학교 법학연구소, 1995, 28면 이하를. 현행 국제사법 제12조의 도입배경에 관한 상세는 석광현, 『국제재판관할법』, 박영사(2022), 170면을 각 참조. 참고로 국제사법 제12조는 현행 국제사법 제90조를 통해 도입된 선박가압류관할의 무제한적인 확장을 제한하는 근거로도 활용될 수 있어 보이는데, 상세는 김영석, "2022년 개정 국제사법에 따른 해상사건의 국제재판관할", 인권과 정의 제514호, 대한변호사협회(2023), 22면 이하를 참조.

163) Guide to Enactment, para. 115에서는 위와 같은 표현을 사용하고 있는데, 이에 따르면 입법국의 법리를 근본적으로 뒤흔들만한 명백히 모순되는 법리에 기초한 것이 아닌 한 재판국의 관할권을 존중할 수밖에 없게 된다. 위 para 115에서는 한 걸음 더 나아가 제(iv)호는 입법국 법원들이 간접관할권을 핑계로 도산관련재판의 승인·집행을 거부하는 것을 방지할 목적으로 입안되었다고 밝히고 있다.

이유로 승인·집행을 거부할 수 없도록 한 제(iv)목은 향후 도산관련 재판의 원활한 승인·집행을 보장하는 가장 큰 원동력이 될 것이다. Rubin 판결을 통한 영국대법원의 반발을 극복하고자 한 부분으로 생각되는데, 항을 바꾸어 살펴본다.

(3) Rubin 판결과의 관계

제(g)호 제(iv)목에 따르면, Dicey Rule에 의해서는 뉴욕남부파산법원이 Eurofinance 등 소송상대방에 관할권을 행사하지 못한다고 하더라도, 그와 같은 사정만으로 영국법원이 바로 뉴욕남부파산법원에서 내려진 부인재판의 승인·집행을 거부할 수 있는 것은 아니다. 뉴욕남부파산법원이 관할권행사의 기초로 삼은 법리가 영국에서 확립된 절차적 공정성의 중심적 신조를 현저하게 침해하는 경우에만 위 부인재판에 대한 영국법원의 승인·집행의 거부가 정당화되기 때문이다.[164]

물론, 영국법원이 IRJ 모델법을 받아들이면서 제(g)호 제(iv)목을 받아들이지 않을 가능성이 있고, 설령 받아들인다고 하더라도 Dicey Rule에 반하는 외국법원의 관할권 행사를 영국의 절차적 공정성을 현저히 침해하는 것으로 판단할 가능성도 충분히 있다. 따라서 향후 영국뿐만 아니라 Dicey Rule을 받아들인 영연방(Commonwealth) 국가들의 입법추이 및 실무례를 주목할 필요가 있다. 그러나 많은 토론과 논의를 거친 끝에 위와 같은 IRJ 모델법의 규정들이 성안된 이상, 영국을 포함한 영연방국가들이 적극적인 조치까지는 아니라고 하더라도 국제도산 실무의 원활한 발전과 증진을 저해하지는 않는 입장으로 IRJ 모델법을 채택하거나 운영할 것으로 기대된다.

---

164) 석광현(집필부분)(주 116), 70면도 같은 취지에서 위 제(iv)목의 기준을 적용한다면 관할권을 인정할 여지가 있었을 것이라고 지적하고 있다.

(4) 관할집중력원칙의 부재(不在)

결과적으로 IRJ 모델법은 EU도산규정과 달리 관할집중력원칙을 선언하지 않는 입장을 취하였고, 이로써 도산법정지국의 법원에 부인소송 관할권을 직접 부여하는 전향적인 입장까지 나아가지는 못하였다. 관할집중력원칙을 도입하여 Dicey Rule을 우회할 수 있는 길을 만든다면 영국이 반발할 것을 우려한 UNCITRAL의 고민이 반영된 것으로 생각된다.

물론, 앞서 본 것처럼 Safe Harbours로 불리는 제14조 제(g)호 제(iv)목을 통해 간접관할권 요건을 극복할 방법은 마련되었지만, 이를 EU도산규정처럼 정면으로 돌파하지는 못하게 된 셈이어서 아쉬운 측면은 있다. 하지만 역내에서 직접 구속력 있는 규범으로 기능하는 EU도산규정과 달리, 모델법은 어디까지나 국제예양에 따른 주권국가들의 상호존중을 기초로 성안된 것이다. 이러한 점을 고려한다면 재판국의 간접관할권 유무에 대한 판단을 입법국에 맡기는 입장을 취한 UNCITRAL의 방침은 충분히 수긍할 수 있다.

4) CBI 모델법 관련 추가사유

이 부분은 CBI 모델법을 이미 받아들인 국가들이 IRJ 모델법을 채택하는 경우 양 모델법 간의 모순·저촉을 방지하면서도 정합성 있는 도산관련재판의 승인·집행 실무를 안착시키고자 추가된 사유이다. IRJ 모델법에 따른 요건을 모두 구비하였다는 이유만으로, CBI 모델법에 따른 승인을 받지 않은 외국도산절차와 관련하여 내려진 대상재판을 승인·집행하는 것은 다소 어색하고 모순되지 않느냐는 문제점에서 출발하였다.

이에 IRJ 모델법 제14조는 제(h)호에서 재판국에서 진행되는 도산절차가 아직 입법국에서 CBI 모델법에 따라 승인을 받지 않았거나 받지 않을 예정에 있는 경우(is not or would not be recognizable)에

는165) 기본적으로 입법국이 위 도산절차와 관련하여 내려진 재판의
승인·집행을 거부할 수 있도록 하였다(본문). 그러나 ① 도산절차에
관하여 CBI 모델법에 따른 승인신청이 이루어졌다면 입법국으로부터
충분히 그 승인을 받을 수 있었고(could have been recognized), ② 도산
절차의 대표자166)가 대상절차에 참여(participated in)하여 청구원인에
관한 본안 실체(substantive merits of the cause of action)를 실질적으로
다투었으며[위 ①, ②가 제(i)목에 해당함], ③ 이와 동시에 대상재판
이 대상절차 개시 당시(at the time the proceeding commenced) 재판국
에 소재하였던 자산(assets)167)하고만 관련되는 경우[위 ③가 제(ii)목
에 해당함]에는 예외를 두고 있다. 즉, 위 요건들이 충족되는 경우에
는 입법국이 '외국도산절차'를 승인하지 않은 상황이라고 하더라도
도산관련재판의 승인·집행을 거부할 수 없도록 한 것이다(단서).

가령, 아래와 같은 경우를 상정해보자.168)

---

165) Guide to Enactment, para. 117은 재판국에서 진행된 도산절차에 채무자의
COMI 내지 영업소(establishment)가 없어서 해당 절차가 주절차는 물론 종
절차로서도 승인될 수 없는 상황이 이에 해당할 것이라고 설명한다.

166) 이하에서 보는 것처럼, 재판국에서 아직 채무자에 대한 도산절차 자체가
개시되지 않았다면, 다른 국가에서 진행되고 있는 도산절차의 대표자가
대상절차에 참가하는 것도 무방하다.

167) Guide to Enactment에서 명확하게 언급하고 있지는 않지만, 대상절차에서
문제된 재산은 "대상절차의 소 제기 당시"에만 재판국에 있으면 족하고
그 이후에는 재판국이 아닌 제3국으로 이전되더라도 관계없다는 것으로
보인다. 제소 당시부터 현재까지 해당 재산이 그대로 재판국에 있는 경우
에는 그 재판국에서 내려진 재판으로 재판국내법에 따라 즉시 집행하면 되
는 것이어서, 별도의 승인·집행이 처음부터 문제 되지 않고, 따라서 굳이
위와 같은 조문을 별도로 둘 이유가 없기 때문이다. 즉, 위 조문은 제소 이
후 해당 재산이 제3국으로 이전한 경우를 상정하여 규정된 것으로 보인다.

168) Guide to Enactment, para. 117에서 소개된 사례를 기초로 필자가 조금 더
보충설명을 하였다.

❶ 채무자의 COMI가 소재한 A국에서는 채무자에 대한 주절차(main proceeding)가 개시되었으나, 채무자의 영업소가 소재한 B국에서는 아직 채무자에 대한 종절차(non-main proceeding)가 개시되지 않았음

❷ B국에서 진행된 대상절차에 〈A국 도산절차〉에서 선임된 도산절차의 대표자가 적극적으로 참여하여 본안에 관하여 다투었음

❸ 위 대상절차(B국)에서 내려진 대상재판은 대상절차의 소 제기 당시 B국에 있었던 자산(소송상대방의 소유)하고만 관련되어 있었지만 이후 위 재산이 C국(=CBI 모델법을 받아들인 국가)으로 이전되었음

❹ 이에 위 대상재판(B국에서 발령함)의 승소당사자(=A국 도산절차에서 대표자)가 C국에서 대상재판(B국에서 내려진 재판)의 승인·집행을 구하는 경우

이때 C국의 법원은 ⅰ) B국에서 대상절차만 진행되었을 뿐 도산절차가 개시되지 않았다거나, ⅱ) 그 도산절차가 C국에서 외국도산절차로서 승인되지는 않았다는 사정만으로 대상재판의 승인·집행을 거부할 수는 없게 된다. 외국도산절차의 대표자가 대상절차에 보조참가(intervene) 등의 형태로 참여하거나 그렇지 않더라도 본안에 관하여 의견을 개진하였다면 이는 대상절차에 참여한 것(participated in)으로 인정되고,169) 반드시 당사자의 지위에서 참여할 필요는 없는 것이다. 즉, (h)호는 도산재단의 중요한 부분을 차지하는 "자산(assets)"170)이

---

169) Guide to Enactment, para. 119.

170) Guide to Enactment, para. 120에 의하면, 여기서 말하는 "자산"은 당연히 "채무자의 자산(assets of the debtor)"을 의미하는 것이고 그 개념에 대해서는 UNCITRAL, *Legislative Guide on Insolvency Law*(주 38)의 규정이 그대로 적용된다. 위 *Legislative Guide*, Introduction, para. 12(b)에 따르면 채무자의 자산은 아래와 같이 다양한 개념으로 소개되고 있다(밑줄과 강조는 필자가 임의로 표시).

(b) **"Assets of the debtor"**: property, rights and interests of the debtor, including rights and interests in property, whether or not in the possession of the debtor,

도산법정지국(A국)이 아닌 다른 국가(B국)에 위치하고 있다가 대상절
차가 개시된 이후 또다시 제3국(C국)으로 이전된 경우, 많은 이해관계
인들의 법률관계를 둘러싼 문제를 해결할 수 있는 정치(精緻)한 조항
이라고 생각된다. 위 ⒣호는 CBI 모델법을 받아들이지 않는 국가들도
이를 규정할 수 있는 조항으로 설명되고 있으므로,171) 향후 실무상
위 조문을 활용하여 사안을 해결할 수 있는 경우는 더 많을 것으로
생각된다. 그렇다면 이미 CBI 모델법을 받아들여 안정적인 국제도산
실무를 운영하고 있는 우리나라로서도 IRJ 모델법을 받아들이는 과정
에서 굳이 위 ⒣호를 배제할 필요가 없이 함께 받아들임으로써, IRJ
모델법과 기존 CBI 모델법 사이의 관계를 명확히 설정하고 보다 안정
적이고 예측가능한 도산실무를 확립할 필요가 있다고 생각된다.

V. 승인·집행의 효과

1. 확장모델 혹은 동화모델

IRJ 모델법이 제15조에서 입법국으로 하여금 대상재판인 도산관
련재판의 효력을 어느 정도로 인정할 것인지 스스로 선택할 수 있도
록 한 부분도 굉장히 흥미로운 대목이다. 입법국으로서는 ① 대상재
판이 재판국에서 가지는 것과 같은 동일한 효력(the same effect it has
in the Originating State)이 입법국에 그대로 확장·적용되는 것으로 정
할 수도 있고(이른바 확장모델, extension model), ② 이와 달리 대상
재판이 입법국에서 내려졌으면 부여받았을 효력(would have had if it

> tangible or intangible, movable or immovable, including the debtor's interests in
> encumbered assets or in third party-owned assets;

171) Guide to Enactment, para. 116.

had been issued by a court of this State)만을 가지는 것으로 정할 수도 있다(이른바 동화모델, assimilation model).172)

만약 확장모델을 취한다면 모든 입법국들에서 균질한 대상재판의 효력을 누릴 수 있게 되므로 대상절차에서 승소한 당사자에게는 굉장히 유리하다. 반면에 실질적으로 그 집행업무를 수행해야 하는 입법국의 법원 내지 집행기관의 입장에서 본다면 재판국의 관련 법리를 연구하고 비교분석해야 하는 부담이 추가되므로 동화모델을 선호할 것으로 보인다. 따라서 정책적인 결단이 필요한 영역이라고 생각된다.173)

2. 실질적인 차이점

물론 대상재판이 소송상대방에게 명하는 조치가 입법국에서 가능하지 않은 유형의 구제조치인 경우(relief that is not available), 입법국으로서는 그와 가장 동등한 효력을 가지는 구제조치를 발령하면 족

---

172) 석광현(집필부분)(주 116), 79면 이하에 의하면, EU는 확장모델을 지지하였던 반면에, 미국은 동화모델을 선호한 탓에 IRJ 모델법은 이와 같이 입법국으로 하여금 선택하도록 하는 방식의 입법을 하게 되었다고 한다. 참고로 일반적인 외국재판의 승인·집행에 관하여는 이른바 누적설(=원칙적으로 재판국법의 효력을 따르되 승인국법에 상응하는 재판의 효력을 한도로 하는 견해)도 점차 유력한 견해로 주장되고 있으나, IRJ 모델법에서는 이를 직접적인 선택지로 제시하고 있지는 않다. 누적설에 관한 상세는 석광현, 『국제민사소송법, 국제사법(절차편)』, 박영사, 2012, 409면 이하를 각 참조.
173) CBI 모델법상의 승인결정이나 지원결정의 효력에 대해서도 동일한 논의(도산법정지국에서 발생한 승인효력을 그대로 확장하여 인정할 것인지 v. 승인국의 도산법률에 따라 인정된 효력만을 부여할 것인지)가 있을 수 있는데, 김인호, 『국제사법: 판례와 사례/분석과 해설』, 박영사, 2012, 903면도 대법원 2009마1600 결정을 소개하면서 '채무자회생법상 지원결정이 외국도산절차에 대해 국내에서 동일한 효력을 부여하는 재판인지가 쟁점이 될 수 있다'고 소개하여 이 점을 지적하고 있다.

하고 재판국에서 부여되는 효력을 초과하는 정도로 지원해줄 필요는
없다(relief that is equivalent to, but does not exceed, its effects under
the law of the originating State)(IRJ 모델법 제15조 제2항).

　먼저 〈재판국에서 대상재판에 대해 부여하는 효력(㉮)〉보다 〈입법
국에서 대상재판에 대해 부여하는 효력(㉯)〉이 더 작은 경우에 입법
국으로서는 당연히 ㉯정도의 효력만 부여하면 된다. 어느 모델을 취
하든지 간에 입법국으로서는 제15조 제2항에 따라 입법국이 알고 있
는 범위를 초과하는 부분까지는 구제조치를 발령해줄 필요가 없기
때문이다. 재판국에서 대상재판에 대해 부여하는 효력(㉮)보다 입법
국에서 대상재판에 대해 부여하는 효력(㉯)이 큰 경우도 마찬가지다.
확장모델을 취하는 입장에서는 당연히 ㉮정도의 효력만 부여하면 될
것이고 동화모델을 취하는 입장에서도 (㉯만큼의 효력을 부여할 필
요 없이) ㉮정도의 효력만을 부여하면 되기 때문이다.174) 따라서 어
느 입장을 취하든지 간에 실질적인 차이는 크지 않게 되는데, 이를
정리하면 아래 [표 12]와 같다.

　가령, 우리나라에서는 아직 허용되지 않는 〈제3자 면제조항〉이 포함
된 미연방파산법상 회생계획인가결정이 우리나라에 승인·집행 신청된
경우를 생각해보자. 이때 〈제3자 면제조항〉에 대하여 미국(재판국)이

---

174) IRJ 모델법 제15조는 그 문언만으로는 입법국에서의 효력이 더 큰 경우까
　　지를 상정하여 만든 것으로 보이지는 않지만, Guide to Enactment, para.
　　123에서는 그러한 경우를 포함하는 것으로 설명하고 있다. 위 문헌에서는
　　'집행중지결정을 발령한 A국에서는 그 결정이 대인적 효력(in personam
　　effects)을 가지는 것에 불과하지만 그 결정을 승인·집행하는 B국에서는 집
　　행중지결정에 대해 대물적 효력(in rem effects)까지 부여하고 있는 경우'를
　　예로 들면서, 이 경우에도 제15조 제2항이 적용됨을 분명히 밝히고 있다.
　　이때 ⅰ) B국이 확장모델을 취하는 경우에는 대인적 효력만이 부여되겠지
　　만, ⅱ) 동화모델을 취하는 경우에도 제15조 제2항에 따라 당초 A국에서
　　부여받은 정도 이상의 지위는 누리지 못하므로 B국으로서는 대인적 효력
　　만을 부여하면 된다고 설명한다.

부여하는 효력보다 우리나라(입법국)에서 부여하는 효력이 더 작다.

[표 12] 확장모델/동화모델의 적용례

순번	구분	확장모델 적용 시	동화모델 적용 시
1	재판국 ㉮ ········· 입법국 ㉯	㉯ (제15조 제2항)	㉯ (동화모델) 175)
2	재판국 ㉮ ········· 입법국 ㉯	㉮ (확장모델)	㉮ (제15조 제2항)

   따라서 상기 [표 12] 중 순번 1에 해당하는 것으로 볼 수 있다. 결국, 어느 모델을 따르던 간에 우리나라는 IRJ 모델법 제15조 제2항 내지 동화모델을 근거로 우리나라에서 허용되는 만큼의 면제효력만 부여하면 된다. 즉, 미연방파산법 제11장 절차상의 채무자 이외의 제3자들은 우리나라에서는 위 회생계획에서 수립된 바에 따른 면제효력을 누릴 수 없는 셈이다. 물론, 우리나라에서도 입법론 혹은 해석론을 통해 향후 제3자 면제조항의 효력이 인정되는 것으로 법리가 변경된다면 대내적 효력의 범위가 변경될 수 있다. 다만, 이러한 때에도 이미 발생한 효력에 관한 소급적용 여부는 경과규정의 유무, 대법원 전원합의체판결(판례변경)의 개별적 입장176) 등에 따라 달라

---

175) 동화모델을 취하는 경우에는 당연히 입법국에서 알고 있는 범위(㉯)만큼의 효력만 부여하면 되므로 굳이 IRJ 모델법 제15조 제2항을 근거로 삼지 않을 여지도 있어 위와 같이 표시하였다.

176) 예컨대 대법원은 2005. 7. 21. 선고 2002다1178 전원합의체 판결, 2008. 11.

질 것이다.

흥미로운 점은 재판의 효력에 관한 이슈는 사실은 도산관련재판을 넘어서 일반적인 외국재판의 승인·집행에 관하여 문제되는 민사소송법/민사집행법의 일반적인 쟁점이라는 점이다. 이에 대하여 종전부터 견해대립만 있었을 뿐 명시적인 대법원 판례나 입법적인 해결이 이루어지지 못했던 상황에서,[177) 공교롭게도 우리나라의 2009마1600 결정이 단초가 되어 성안된 "도산관련재판"에 관한 IRJ 모델법을 통하여 이 부분에 관한 우리나라의 태도를 결정할 수 있게 된 것이다. 굉장히 아이러니하지만, 의미 있는 인연이라고 생각된다.

VI. 검토

CBI 모델법의 해석을 둘러싸고 발생한 국제도산 실무 간의 충돌을 방지하기 위한 목적으로 성안된 IRJ 모델법의 내용은 위에서 본 바와 같이 그 내용들이 굉장히 구체적이고 비교적 정치하게 규정되어 있다. 이는 다소 추상적인 용어로 성안하였다가 발생한 기존 CBI 모델법의 전철을 밟지 않기 위한 것인데, 도산실무가들과 국제도산 절차에 직접 참여하여야 하는 많은 이해관계인들로서는 환영할만한 일이다.

---

20. 선고 2007다27670 전원합의체판결에서 기존 판례를 변경하면서, 변경된 판례를 장래의 사건에 대해서만 적용한다는 입장을 취하였다. 이에 대한 비판으로서는 이동진, "판례변경의 소급효", 민사판례연구 제36권, 박영사, 2015, 1083면 이하를 참조.

177) 석광현(집필부분)(주 116), 79면에 의하면, 종래 우리나라에서는 "효력확장설"이 주류적인 입장을 취하였다가 근자에는 이를 원칙으로 하면서도 승인국법을 여과기로 이용하는 "누적설"이 점차 유력해지고 있는 입장이라고 한다.

결국, 실무상으로는 앞에서 본 바와 같이 원활한 승인·집행을 보장해주는 도산관련재판의 범위를 어느 정도까지 인정할지, 개별적 승인·집행 거부사유를 어느 정도로 엄밀하게 적용할 것인지가 문제될 것으로 보인다. 특히, ❶ 전자와 관련하여서는 반드시 도산법 특유의 규칙이 문제된 경우가 아니라고 하더라도 Guide to Enactment, para. 60의 ⓓ유형에 포함시킬 것인지, ❷ 후자와 관련하여서는 ⅰ) 채권자, 이해관계인들이 회생계획인가재판과 같은 집단적 절차 재판에서 적절하게 보호받았다고 인정되려면 대상절차가 어느 정도까지 안내되고 절차참여의 기회를 제공해야 하는지(IRJ 모델법 제14조 제(f)호), ⅱ) 재판국이 행사한 관할권의 기초가 입법국의 법에 모순·저촉되지 않는다고 평가받기 위해서는 어떠한 요소를 결여해서는 안 되는지(IRJ 모델법 제14조 제(g)호)가 핵심적인 이슈가 될 것으로 생각된다. 물론, 이는 IRJ 모델법을 받아들인 입법국의 법원들이 저마다 고유하고도 독자적인 기준을 적용하여 달리 판단할 수 있는 것이어서, CBI 모델법과 마찬가지로 같은 조문에 대해서도 상이한 해석례가 형성될 가능성이 있다. 이에 IRJ 모델법을 받아들인 주요국가의 국제도산 실무에 지속적으로 관심을 기울일 필요가 있다.

무엇보다도 가장 중요한 것은 우리나라가 이와 같은 국제적 흐름에 따라 성안된 IRJ 모델법을 받아들일 것인지 여부이다. 만약 받아들이기로 결정한다면 IRJ 모델법이 제안한 두 가지 방안(Article X만을 받아들이는 방안과 나머지 모델법 조문 전부를 받아들이는 방안) 중 어떠한 안을 채택하는 것이 기존 우리의 법체계와 부합할 것인지, 구체적인 조문들의 배치 및 내용은 어떻게 할 것인지, CBI 모델법을 따라 이미 입법된 채무자회생법 제5편과 충돌하거나 모순·저촉될 여지가 있어 배제 혹은 수정해야 할만한 조항은 없는지 등과 같은 구체적인 문제들을 검토하여야 한다. 아직은 초기 단계이기는 하지만 우리나라의 법무부도 이에 관하여 국내의 저명한 학자들을 통해 그 입법방안을 연구하고 있으므로,[178] 매우 고무적이고, 이에 대해 많은 관심을 가질 필요가 있다. 구체적인 입법 방법은 이하 제6 장에서 우리나라의 국제도산 실무현황 등을 살펴보면서 함께 검토하기로 한다.

제4절 영연방국가들의 예상되는 입장

IRJ 모델법이 성안은 되었지만 향후 얼마나 많은 국가들이 IRJ 모델법을 받아들일지는 아직 미지수다. 특히 영국처럼 상당한 기간 동안 Dicey Rule, Gibbs Rule 등에 기초하여 국제도산사건을 처리해온 국가의 경우에는 IRJ 모델법을 채택하는 것이 자기부정을 하는 것과 같다고 생각하여 이를 받아들이지 않거나 받아들이더라도 그 내용을 대폭 수정하는 방법을 채택할 여지도 있다. 그러나 영연방에 속한 캐나다, 호주, 싱가포르의 아래와 같은 사례들을 보면 영연방국가들조차 기존에 영국에서 확립되어 있던 다소 보수적인 법리를 포기하거나 지양하고, 보편주의에 따른 국제도산 실무를 운영하는 방향으로 그 입장을 선회한 것으로 생각된다. 즉, 어떤 경로를 택하든지 간에 결국에는 영국보다는 미국이 주도하였던 전향적인 체제가 보편화될 것으로 보이고, 이러한 점에서 IRJ 모델법이 많은 국가들에 의해 채택될 것으로 예상된다.

---

178) 석광현(집필부분)(주 116)이 그 용역보고서이다.

I. 캐나다의 동향

1. 영국의 SOA 절차 등 승인(Syncreon 사안)

먼저, 캐나다의 온타리오주 법원(Ontario Superior Court of Justice)은 비교적 최근인 2019. 10. 7. Syncreon 사건에서[179] 처음으로 영국에서 진행된 SOA절차를 외국도산절차로 승인하고, 그 절차에서 진행된 영국법원의 재판[180]을 승인·집행하는 결정을 내려 많은 주목을 받았다. Syncreon Group은 미국 미시간 주(State of Michigan)에 기반을 두고 있는 자동차부품관련업체 기업집단이었다. 그 계열사 중 네덜란드에서 설립된 Syncreon B.V.와 영국에서 설립된 Syncreon Automotive(UK)에 대한 SOA 절차가 영국의 High Court에서 진행되었는데, 그 Scheme에는 보증인의 지위에 있던 캐나다 계열사(Syncreon Canada)에 대한 채무를 감면하는 내용도 포함되어 있었다. 이에 CBI 모델법을 받아들여 입법된 캐나다의 CCAA Part IV[181]를 근거로 SOA 절차 등에 대한 승인신청이 이루어졌고, 온타리오법원은 이를 흔쾌히 승인한 것이다.[182]

영국은 영국 밖에서 도산절차가 진행되어 향후 영국법원이 그 도산절차를 수동적으로 승인하는 입장에 처하는 것은 거부하고 있다. 그러면서도 막상 영국에서 진행된 도산절차를 영국 밖에서 승인·집행 받는 것은 당연하게 생각하는 다소 모순적인 태도를 보이고 있음

---

[179] *Syncreon Group B.V.*, Re, 2019 ONSC 5774, 2019 CarswellOnt 16582 (2019).

[180] SOA의 소집을 허가하는 Convening Order에 대한 승인·집행 신청이 이루어졌는데, 이 부분 청구취지는 "Recognizing and giving effect ro the Convening Order"이다.

[181] 앞서 본 것처럼 캐나다는 2005년에 CBI 모델법을 받아들여 CCAA (Companies' Creditors Arrangement Act)의 Part IV를 입법하였다.

[182] 다만, 네덜란드 법인의 COMI가 영국에 있는 것으로 볼 수는 없다고 판단하여 SOA 절차 자체는 종절차(non-main proceedings)로 승인되었다.

을 보여주는 전형적인 사례이다. 영국이 EU회원국의 지위를 유지하던 시절에도 EU도산규정으로부터 외국도산절차로 인정받지 못했던 "SOA"를 정작 영국 스스로 그 적용범위를 제한했던 CBI 모델법을 통해 캐나다에서 승인받은 셈이어서, 영국의 국제도산 실무가들 사이에서도 적지 않은 반향을 일으킬 것으로 생각된다.

2. 미국 부인재판의 승인·집행(Gourmet Resources 사안)

한편, 캐나다가 CBI 모델법을 받아들이기 전인 1991년에 다루어진 사안으로, CCAA가 아닌 캐나다 민사소송법이 적용된 사안이기는 하지만, 온타리오주법원이 뉴욕남부파산법원에 내려진 부인재판의 승인·집행을 적극적으로 허용하려는 태도를 엿볼 수 있는 Gourmet Resources 사안을 간단히 소개한다.

뉴욕남부파산법원에서 개시되어 진행된 채무자 Gourmet Resources International Inc.에 관한 도산절차에서 도산관리인(Trustee)으로 선임된 자가, 채무자의 거래상대방인 Paramount(캐나다법인)를 상대로 부인소송을 제기하였다. 이후 뉴욕남부파산법원에서 1988. 6. 23. 승소판결을 확정 받고 캐나다의 온타리오주법원에 위 부인재판의 승인·집행을 구하였는데, 온타리오주법원은 '뉴욕남부파산법원에 관할권이 없었으므로 위 부인재판이 승인·집행되어서는 안 된다'는 Paramount의 항변을 배척하고 이를 승인·집행하는 판결을 선고하였다.

위 법원은 Paramount가 ⅰ) 미연방파산법원에서 진행된 도산절차에 채권신고(proof of claim)를 하였고, ⅱ) 부인소송 절차에서 진행된 pre-trial hearing에도 참여하였으며, ⅲ) 증거 수집을 위한 Deposition을 신청하기도 하는 등 적극적으로 절차에 참여한 점 등을 종합하여, 뉴욕남부파산법원에 자발적 복속(voluntary submission)을 한 것으로 볼 수 있다고 판단하였다. 물론, 위 사안은 Rubin 판결과 구체적인 사실관계가 상이하기는 하지만, 뉴욕남부파산법원에서 진행된 도산절차 및 그 절차에서 내려진 재판을 가능한 존중하고, 다수 이해관계인들의 채권·채무관계의 신속한 확정을 적극적으로 지원하려는 캐나다 법원의 의지를 엿볼 수 있다.

3. Dicey Rule을 벗어나려는 움직임(Beals 사안)

캐나다대법원이 Dicey Rule이 구축하여 온 틀을 점점 벗어나려는 방향으로 판례를 형성해 나가고 있는 점도 주목할 만하다. 캐나다대법원은 1990. 12. 20. Morguard Investments 판결에서 "한 나라 내에서 시민들과 시장을 함께 공유하는 이웃 주들(sister provinces) 상호간(inter-provincial)에 재판을 승인·집행하는 경우에는 Dicey Rule을 그대로 적용할 수 없고, 대상재판을 내린 법원이 그 소송물(the subject matter of the action)과 실질적인 관련성(a real and substantial connection)을 가지고만 있다면 충분히 그 승인·집행을 인정할 수 있다"고 판시하였다. 즉, 이러한 경우에는 Dicey Rule에 따른 간접관할권 요건이 반드시 구비되지 않더라도 대상재판이 승인·집행될 수 있다고 한 것이다.

또한, 캐나다대법원은 2003. 12. 18. Beals v. Saldanha 사건에서 이러한 법리는 '외국(foreign country)에서 내려진 재판'에 대해서도 마찬가지로 적용될 수 있다고 판시함으로써 Dicey Rule로부터 한 걸음 더 멀어졌다. 전 세계적으로 경제활동이 빈번하게 일어나는 현대사회에서 외국재판의 승인·집행을 원활하게 보장하는 것은 국제예양의 관점에서 당연히 필요하다는 점 등을 근거로 하였는데, 미국의 플로리다 주법원에서 캐나다 시민권자인 피고들을 상대로 내린 "궐석재판(default judgment)"의 승인·집행을 허용한 것이라는 점에서 그 의미가 더욱 크다.[183]

이처럼 일반적인 민사재판의 승인·집행에 있어서 Dicey Rule을 엄

격히 적용하지 않는 법리가 이미 확립되어 있으므로, 캐나다대법원
은 도산관련재판의 승인·집행에 있어서도 영국대법원이 취한 폐쇄
적인 노선(Rubin 판결 등)을 취하지 않을 것으로 기대된다.

II. 호주의 동향

호주의 WA 주법원이 2002. 5. 17. Bulong Nickel 사건에서 Gibbs
Rule을 간접적으로 반대하는 취지의 판시를 하였던 점도 주목할 만
하다. 호주에서 설립된 법인인 Bulong Nickel과 Bulong Operations가
2001년 호주회사법 제411조 제1항에 따른 SOA 절차를 진행하려고
계획하면서,[184] 위 법원에 채권자집회의 소집허가를 구하였는데, 조
정대상 채무에 뉴욕주법이 준거법으로 지정된 채무도 포함되어 있
어 문제되었다. 전통적인 Gibbs Rule에 따르면 뉴욕주법에 따른 채무
는 미국에서만 그 조정이 가능할 것이므로, 해당 채무의 조정을 위
해 "호주"에서 SOA를 진행하는 것 자체가 무용할 수 있어 그 채권자
집회를 허가할 실익이 없게 되기 때문이다.

그러나 담당 법관인 Heenan J는, 이와 같은 쟁점은 향후 SOA가 실
제로 인가되어 해당 채무의 내용이 변경되면 그때 발생하는 문제일
뿐 현 단계에서 직접적으로 발생한 문제는 아니고,[185] 도산이나 SOA
와 같은 절차에서 채권 자체의 준거법이 아닌 다른 법률을 근거로

---

183) 위 사건에 관한 상세는 Allison M. Sears, "Beals v. Saldanha: The International
     Implications of Morguard Made Clear", Saskatchewan Law Review, 68
     SASKLREV 223, 2005를 참조.
184) 앞서 New Cap 사건에서 살펴본 것처럼 Jennifer Payne, *Scheme of Arrangement:
     Theory, Structure and Operation*, Cambridge University Press, 2014, 326면은
     호주의 SOA를 영국의 SOA와 유사하다고 소개하고 있다.
185) Bulong Nickel 판결, paras. 50~53.

채무조정이 이루어질 수도 있다고 판단하면서,[186] 결국, 채권자집회
의 소집을 허가하였다. 즉, 직접적으로 Gibbs Rule에 반대한 것은 아
니지만, Gibbs Rule이 가지고 있는 폐쇄적인 문제점과 이에 기초하여
도산절차를 진행할 시에 닥치게 될 실무상의 어려움을 내비치면서
간접적으로 그 적용을 제한하려는 움직임을 보였다는 점에서 큰 의
미가 있다고 생각된다.

Ⅲ. 싱가포르의 동향

싱가포르법원은 위와 같은 WA 주법원(호주)의 입장에서 한 걸음 더
나아가, 2016. 9. 27. Pacific Andes 사건에서 "홍콩법 및 영국법이 적용
되는 채무도 싱가포르법원의 SOA 절차를 통해 조정될 수 있다"고 명시
적으로 판시하면서 직접적으로 Gibbs Rule을 배척하였다.[187] 〈Bermuda
에서 설립되었으나 싱가포르 증권거래소에 상장된 법인 Pacific
Andes 및 그 계열사들〉이 싱가포르법원에 2001년 싱가포르회사법 제
210조 제10항에 따른 SOA 절차 및 집행중지(moratoria)를 신청한 사
건이었는데,[188] 위 채무자들이 영국법과 홍콩법을 준거법으로 하는
채무를 조정 대상으로 삼고 있어서 문제 되었다.

그런데 위 사건의 담당 법관인 Kannan Ramesh는 Gibbs Rule의 엄

---

[186] Nicki Gunn/Pascal Moussa, "Creditor's schemes of arrangement in Australia –
A key part of the international scheme landscape", DLA PIPER, 2019를 참조.

[187] Pacific Andes Resources, para. 50.

[188] Pacific Andes Group의 다른 계열사들에 관하여 이미 미국과 페루에서 구
조조정절차가 진행 중이었는데, 그 절차의 원활한 진행을 위한 시간확보
를 위해, 싱가포르에 SOA 절차가 신청되었다고 한다. 사안의 배경에 관한
상세는 Lian Chuan Yeoh, "Moratorium Over Singapore Proceedings Against
Bermudan Company Granted", Allen & Overy LLP, 2016을 참조.

격한 적용을 반대하고 싱가포르의 SOA 절차에서 영국과 홍콩의 채
무들을 조정할 수 있다고 판시하였다. 계약당사자 일방(채무자)에 대
한 도산절차가 진행되더라도 그 도산법정지국이 그 당사자 일방(채
무자)의 주소나 사업소재지와 관련성이 있는 곳이라면, 계약상대방
으로서는 그곳에서 채무자에 대한 도산절차가 개시되고 해당 절차
에서 자신이 보유한 계약상채권이 조정될 수도 있다는 점을 이미 계
약 체결 시부터 예상하고 있었을 것이라는 것이다. 이러한 인식의
기초는 도산절차에서 면책결정을 통해 해당 채권·채무 등을 조정할
수 있는 충분한 논거가 되므로, 이 사건에서도 싱가포르법원이 본안
소송관할권(subject-matter jurisdiction)을 가진다고 판단하였다. 즉, 싱
가포르 절차와 채무자들이 실질적인 관련성을 갖기만 한다면 싱가
포르법이 준거법으로 지정되지 않은 채무도 싱가포르의 SOA 절차를
통해 감면될 수 있다는 것이다.[189]

---

189) Pacific Andes 판결, paras. 50~52.

제 6 장

우리나라의 실무현황 및
IRJ 모델법 채택의 필요성

우리나라가 CBI 모델법을 받아들여 2005. 3. 31. 채무자회생법 제5편(국제도산)을 제정한 다음 2006. 4. 1.부터 현재까지 약 15년간 그에 따라 국제도산 실무를 운영해오고 있음은 주지하는 바와 같다. 그동안 서울회생법원에 신청되어 발령된 지원결정은 대부분 채무자가 보유한 국내재산의 가압류 내지 강제집행의 중지/취소를 구하거나 국제도산관리인의 선임을 구하는 것에 불과하고, 외국도산절차에서 수립된 채무조정안이나 그 인가결정에 대한 승인·집행이 직접적으로 다루어진 적은 없다.

그러나 채권자 신청의 국내 법인파산 사건에서 미연방파산법 제11장 절차에서 수립·인가된 회생계획안의 승인·집행이 선결문제로 다루어진 적이 있고(대법원 2009마1600 사건), 일반 민사소송에서 소송상대방인 피고(주로 개인채무자들)가 미국, 일본 등에서 진행된 외국도산절차에서 면책받았음을 이유로 항변하여 그 도산절차에서 수립된 면책재판의 승인·집행이 주된 쟁점으로 다루어지는 하급심들은 쏟아져 나오고 있다.

여기에다가 외국에서 경제활동을 하거나 국외재산을 보유하는 것이 더 이상 특별하지 않고 일반화되고 있는 상황이라는 점을 고려하면, 앞으로도 외국도산절차에서 내려진 주요 재판들의 승인·집행이 문제되는 경우가 점점 늘어날 것은 비교적 쉽게 예상할 수 있다. 따라서 향후 안정적인 실무를 운영하기 위해서라도 IRJ 모델법을 받아들여 안정적인 법체계를 구축하여 둘 필요가 있다. 따라서 이하에서는 먼저 서울회생법원의 CBI 모델법에 따른 지원결정 현황을 살펴보고, 도산관련재판에 대한 국내법원의 취급을 다룬 대법원 2009마1600 결정 및 이에 따라 형성된 하급심의 실무례를 소개한 다음, IRJ 모델법 채택의 필요성 및 그 구체적인 방법을 검토하기로 한다.

제1절 외국도산절차에 대한 채무자회생법상의 지원결정

Ⅰ. 실무현황

1. CBI 모델법과의 간극을 메우려는 실무상의 노력

앞서 본 것처럼 우리나라는 CBI 모델법을 온전히 수용하지 않았고, 이에 채무자회생법은 COMI라는 개념을 알지 못한다. 즉, 주절차로서의 성질을 가지는 외국도산절차를 승인하는 경우에도 그에 대해 자동중지효력이 부여되지 않으므로 CBI 모델법 제20조 제1항 제(a),(b),(c)호에 따른 구제조치를 발령받기 위해서는 외국도산절차의 대표자가 별도의 지원신청을 해야 하는 불편함을 겪게 되었다.[1]

그러나 우리나라 법원은 실무를 운영하는 과정에서 ❶ 주절차의 성질을 가지는 외국도산절차에 대해서는 직권으로 승인 전 명령을 발령하거나(서울회생법원 2017국승100001,[2] 2021국승100000[3]), 승인

---

[1] 앞서 본 것처럼 CBI 모델법 제20조는 채무자의 COMI 소재지 국에서 개시된 도산절차, 즉, '주절차(main proceeding)'의 성질을 가지는 외국도산절차에 대해서는 승인결정과 함께 자동적으로 집행중지의 효력이 부여되는 것으로 규정하고 있다. 우리나라의 채무자회생법과 가장 상이한 대목이다. 상세는 권순일(편집대표), 『주석채무자회생법(제1판)(Ⅵ)』, 한국사법행정학회, 2021, 601면[집필담당: 김영석]을 참조.

[2] 서울회생법원은 2017국승100001 사건에서 채무자(싱가포르법인)의 COMI가 미국에 있다고 판단하고 '뉴욕남부파산법원에서 진행되고 있는 외국도산절차'를 적극적으로 지원하기 위해 승인신청 사건이 접수된 지 하루만인 2017. 2. 21. "직권으로" 승인 전 명령을 내렸다. 이는 '승인결정이 있을 때까지 채무자가 보유한 국내재산에 대한 강제집행 등을 금지한다'는 내용이었는데, 법원이 종전에도 승인 전 명령을 발령한 사례들은 있었지만, 본건

결정과 동시에 지원결정을 함께 발령하고 있고(서울회생법원 2012국
지2, 2015국지100001, 2019국승100000),4) ❷ 외국도산절차의 대표자를
그대로 국제도산관리인으로 선임하여 불필요한 도산관리인 중복으

은 당사자의 신청에 의한 것이 아니라, 법원이 직권으로 승인 전 명령을
발령한 최초의 사례라는 점에서 의미가 있다. 위 2017국승100001 사안의
주요내용은 [별지 8]을 참조. 참고로 실무상 최초의 승인 전 명령은 일본의
해운회사 산코기센(三光汽船)에 관한 서울회생법원 2012국지1 사건에서 당
사자의 신청에 의해 발령되었다. 상세는 김영석, "해운회사의 국제도산에
관한 연구 -선박 관련 쟁점을 중심으로", 사법논집 제64집, 법원도서관,
2017, 413면을 참조.

3) 서울회생법원은 2021국승100000 사건에서도 개인채무자 양○○(호주국적
보유자)에 관하여 개시된 호주연방법원의 파산보호절차 NSD 522/2018를 적
극적으로 지원하기 위해 2021. 7. 9. 승인신청 사건이 접수된 이후 2021. 7.
14. "직권으로" 승인 전 명령을 내렸다. 참고로 위 사건은 ① 1966년 호주파
산법에 따라 파산절차가 개시된 이후 채무자 양○○의 도산관리인(Trustee)
으로 선임된 이안 맨스필드(David Ian Mansfield)가 외국도산절차의 대표자
(foreign representative)로서 신청한 것인데, ② 위 신청인은 "양○○의 재산
은 대부분 호주에 있지만 대한민국에도 예금채권, 토지, 건물, 주식 등이
있는 것으로 보인다"면서, 공정한 환가·변제 등을 진행하기 위해 외국도산
절차의 승인을 신청한다고 주장하였다. 이후 해당 재판부는 2021. 7. 20. 심
문기일을 거친 다음 2021. 7. 28. 위 호주도산절차에 대해 승인결정을 하였
는데, 승인결정과 함께 직권으로 별도의 지원결정(=승인 이후에도 강제집
행을 중지하는 취지의 결정)까지 발령하지는 않았다.

4) 채무자회생법 제636조 제1항은 "법원은 외국도산절차를 승인함과 동시에...
이해관계인의 신청에 의하거나 직권으로...다음 각호의 결정을 할 수 있다"
고 규정하고 있다. 따라서 법원으로서는 승인대상인 외국도산절차가 주절차
의 성질을 가지고 있다고 판단하는 경우에는, 승인결정과 동시에 지원결정
을 "직권으로" 발령하는 방법으로 CBI 모델법 제20조처럼 실무를 운영할 수
있을 것이다. 서울회생법원은 2012국지1, 2015국지100001, 2019국승100000
사건에서 승인결정과 동시에 채무자가 보유한 국내재산에 관한 강제집행
등을 금지하는 내용의 지원결정을 발령한 적이 있지만, 모두 외국도산절차
대표자의 신청에 의한 것이고 법원이 직권으로 발령한 것은 아니었다. 참
고로 그중 서울회생법원이 최근에 처리한 2019국승100000 사안의 주요내
용은 [별지 8]을 참조.

로 절차가 지연되는 것을 방지하고 있으며(서울회생법원 2010국지2, 2014국지1, 2016국지100000, 2016국지100001, 2021국지100000, 2021국지100001),5) ❸ 무엇보다도 국내재산을 처분하여 국외로 송금하는 업무와 관련하여 외국법원과의 공조를 통해 국내·외채권자가 부당한 취급을 받는 경우가 없도록 노력하는 등(2014국지1, 2016국지100001)6) CBI 모델법과의 간극을 메우려고 노력하고 있다.

---

5) 서울회생법원은 지금까지 여섯 차례에 걸쳐 국제도산관리인 선임을 결정하였는데, 중간에 신청이 취하되었던 2008국지1[토드 오(Todd Oh)] 사건을 제외한다면, ① 2010국지2[리만브라더스 커머셜 코퍼레이션 아시아 리미티드(Lehman Brothers Commercial Corporation Asia Limited)], ② 2014국지1(강○○/강○○), ③ 2016국지100000[피닉스 헬리파트(Phoenix Heliparts Inc.)], ④ 2016국지100001[리먼브러더스 인터내셔날 유럽(Lehman Brothers International Europe)], ⑤ 2021국지10000[피상속인 박○○의 상속재산], ⑥ 2021국지100001 [유엘 팬 퍼시픽 리미티드(UL Pan Pacific Limited)] 사건에서 외국도산절차의 대표자를 그대로 국제도산관리인으로 선임하였다. 참고로 서울회생법원은 실무준칙 제502호(국제도산관리인의 선임·해임·감독기준)에서 CBI 모델법을 받아들인 대부분의 국가들에서 외국도산절차의 대표자(foreign representative)에게 직접 국내자산의 처분권한을 주고 국제도산관리인과 같은 개념을 두고 있지 않은 점을 고려하여, "기존 국제도산관리인"이라는 개념을 설정하였다. 외국도산절차의 대표자를 이에 포섭시켜 특별한 사정이 없는 한 그대로 국제도산관리인으로 선임될 수 있도록 하고 있는 것이다(위 실무준칙 제6조). 다만, 채무자회생법 제83조 제2항 제1호, 제2호, 제4호의 사유가 존재한다고 인정되거나, 기존 국제도산관리인을 해임할 필요성이 인정되는 경우에는 외국도산절차의 대표자 이외의 다른 자를 "제3자 국제도산관리인"으로 선임할 수 있도록 하여 이를 보완하고 있다(위 실무준칙 제12조).

6) 서울회생법원은 2014국지1 사건에서 2017. 11. 8. 처음으로 공식적인 공조결정을 내리고, 그 무렵부터 2018. 1. 11.까지 미국의 버지니아동부파산법원과의 사이에 채무자회생법 제641조에서 정한 "법원 간 공조"를 진행한 다음, 2018. 1. 18. 채무자가 보유한 국내자산의 매각대금의 미국 송금을 허가하였다. 필자는 위 사건의 주심법관으로서 버지니아동부파산법원의 법관 Brian F. Kenney와 직접 수차례에 걸쳐 교신하였는데, 공조과정에서 확인한 주요 사항은 ① 미국법원이 파악하고 있는 국내채권자의 현황(이름,

특히 국내도산절차의 대외적 효력(이른바 Out-bound형 국제도산 사건)이 문제된 한진해운 사건(2016회합100211호)에서도 서울회생법원은 뉴저지파산법원과 공조하여 한진해운의 미국자회사(Total Terminals International, LLC.)가 보유한 롱비치터미널(Long Beach Terminal)의 지분매각대금을 송금받는 등 안정적으로 공조실무를 운영하여 오고 있다.7)

2. 지원결정의 현황

우리나라에서 지금까지 발령된 승인 전 명령이나 지원결정은 아래 [표 13]에서 보는 바와 같은데, CBI 모델법을 채택한 국가로서 그동안 안정적인 국제도산 실무를 운영하여 온 사실은 충분히 칭찬받을만하다.

[표 13] 서울회생법원의 지원결정 실무현황(2023. 12. 현재)

구분	내용	사건번호
승인 전 명령	강제집행 등 금지	① 2012국지1[산코기센(三光汽船)] ② 2015국지100001[다이이찌주오기센(第一中央汽船)]8) ③ 2017국승100001[썬에디슨 프로덕츠 싱가포르 프라이빗 리미티드(Sunedison Products Singapore Pte. Ltd.)]

주소, 채권 등), ② 미국도산절차의 Liquidation Plan에 명시된 국내채권자에 관한 변제방법(변제율, 변제기한, 미국채권자 등과 차별취급을 받고 있지는 않은지 등), ③ 미국도산절차의 진행과정에서 국내채권자들이 서류를 제대로 송달받고 절차를 통지받는 등 절차참가기회를 충분히 부여받았는지, ④ 미국 도산절차의 진행을 뒤늦게 알게 된 국내채권자들이 보호받을 방법은 있는지 등이었다. 위 사건에서 진행된 공조과정의 상세는 김영석, "국제도산사건에서의 공조실무현황 -서울회생법원의 최근동향", 2017년 국제규범의 현황과 전망, 법원행정처, 2018, 85면 이하를 참조.
7) 상세는 이주헌, "국제도산 분야의 최근 이슈", 2016년 국제규범의 현황과 전망, 법원행정처, 2017, 98면 이하를 참조.

구분	내용	사건번호
지원 결정		④ 2019국승100000[에이치에이치아이씨-필(HHIC-Phil Inc.)] ⑤ 2021국승100000[양○○]
	가압류 취소	① 2007국지1[엘지필립스 디스플레이즈 홀딩 비브이(LG Philips Display Holding BV)]
	가압류 중지	① 2010국지1[리만 브라더스 커머셜 코포레이션 아시아 리미티드(Lehman Brothers Commercial Corporation Asia Limited)] ② 2016국지100002[피닉스 헬리파트(Phoenix Heliparts Inc.)]
	강제집행 등 금지	① 2012국지2[산코기센(三光汽船)] ② 2015국지100001[다이이찌주오기센(第一中央汽船)] ③ 2019국승100000[에이치에이치아이씨-필(HHIC-Phil Inc.)]9)
	국제도산 관리인 선임	① 2010국지2[리만 브라더스 커머셜 코포레이션 아시아 리미티드(Lehman Brothers Commercial Corporation Asia Limited)] ② 2014국지1[강○○/강○○] ③ 2016국지100000[피닉스 헬리파트(Phoenix Heliparts Inc.)] ④ 2016국지100001[리먼브러더스인터내셔날(유럽)[Lehman Brothers International(Europe)] ⑤ 2021국지100000[피상속인 박○○의 상속재산] ⑥ 2021국지100001[유엘 팬 퍼시픽 리미티드(UL Pan Pacific Limited)]
	체납처분의 중지 (취하)	① 2014국지2[강○○/강○○]
	소송중지 (취하)	① 2017국지100001[피닉스 헬리파트(Phoenix Heliparts Inc.)]

---

8) 외국도산절차의 대표자인 야쿠시지 마사카즈(藥師時正和)는 2015. 12. 3. 위 외국도산절차에 대한 승인신청(2015국승100001)과 함께 강제집행 등 금지를 구하는 내용의 지원신청(2015국지100001)도 하였다. 그런데 '승인 전 명령'의 신청취지는 '지원신청 사건'이 아닌 '승인신청 사건'에 포함되어 있었음에도, 법원은 지원신청이 이미 신청되어 있음을 고려하여 2015. 12. 14. 승인 전 명령을 지원신청(2015국지100001) 사건에서의 결정으로 내렸다. 그리고 이후 2015. 12. 28. 승인결정과 함께 정식으로 강제집행 등 금지명령을 내렸다. 참고로 서울회생법원이 '직권으로' 승인 전 명령을 내렸던 최초의 사건인 썬에디슨 프로덕츠 싱가포르 프라이빗 리미티드(Sunedison Products Singapore Pte. Ltd.) 사안에서는 별도의 지원신청 사건이 없었기 때문에, 승인신청(2017국승100001) 사건번호로 승인 전 명령이 내려졌다.

다만, 위 표에서 알 수 있는 것처럼 대한민국 내 자산을 처분하고 그 매각대금을 국외로 송금하기 위해 사실상 신청이 강제되는 국제도산관리인 선임(채무자회생법 제636조 제1항 제4호)을 제외한다면,[10] 가압류 중지, 가압류 취소, 강제집행 등 금지와 같이 채무자회생법 제636조 제1항 제2호[11]에서 정한 범주를 벗어나지 못하고 있다는 점은 다소 아쉽다. CBI 모델법을 받아들인 다른 국가(특히, 미국)에서 발령되고 있는 처분들에 비해 다양하지 못하고 제한된 유형의 재판들만 내려지고 있는 것이다.

채무자 보유의 국내자산의 매각이 쉽게 이루어질 수 있는 환경을 만드는 수단으로만 지원결정이 활용되고 있고, 채무자와 직접 법률관계를 맺고 채권·채무를 가진 이해관계인들의 권리·의무 조정을 지원하는 역할은 하고 있지 못하다. 굳이 비유하자면 영업소(establishment)에서 개시·진행되는 종절차(non-main proceedings)나 이차적 도산절차(secondary proceedings)의 실질을 가지는 역할만을 수행하고 있는 셈이다.

---

9) 이 사건에서는 외국도산절차의 대표자인 스테파니 씨. 사노(Mr. Stefani C. Sano) 2019. 1. 23. 외국도산절차에 대한 승인신청(2019국승100000)을 하면서 강제집행 등 금지를 구하는 지원신청을 했음에도 불구하고, 지원신청 사건에 대해 별도의 독립된 "국지" 사건번호를 붙이지 아니하고 "국승" 사건번호가 이미 부여된 승인절차의 일부로서 결정을 내렸다는 점에 특색이 있다. 미연방파산법원 등 외국법원에서 승인신청과 그에 따른 구제조치(relief) 신청을 별도의 독립된 사건으로 구분하지 않고 하나의 사건으로 처리하고 있는 실무를 반영하고자 한 시도로 보인다.

10) 채무자회생법 제637조는 채무자 국내자산의 처분 및 반출·환가 권한을 (외국도산절차의 대표자가 아니라) '국제도산관리인'에게 부여하고 있다. 따라서 외국도산절차의 대표자로서는 환가, 송금 등을 위해 사전에 국제도산관리인 선임결정을 받아두어야 할 필요가 있는 것이다.

11) 채무자회생법 제636조 제1항 제2호는 "채무자의 업무 및 재산에 대한 강제집행, 담보권실행을 위한 경매, 가압류, 가처분 등 보전절차의 금지 또는 중지"라고 규정하고 있다.

II. 제한된 유형의 지원결정만 내려지는 원인

1. 우리나라의 경제규모 및 경제주체들의 활동 수준

이처럼 우리나라에서 처리되는 In-bound 유형의 국제도산 사건이 비교적 단순한 형태의 업무만을 처리하게 된 데에는 여러 가지 원인들이 있을 것이다. 그런데 먼저 우리나라의 경제규모 내지 개별 경제주체의 활동이 아직 전 세계의 경제시장을 주도할 정도로 활발하게 진행되고 있지는 못하다는 점을 생각해볼 수 있다. 앞서 살펴 본 Lehman Brothers International Europe 사건에 관하여 동일한 In-bound 유형의 국제도산 사건이라고 하더라도 ⅰ) 뉴욕남부파산법원에서 진행된 제15장 사건은 위 채무자(영국에서 설립된 법인 LBIE)에 대하여 권리를 가진 주요 채권자들이 채무조정, 자산처분의 우선순위 및 변제방법을 정한 Scheme을 승인·집행하는 내용을 다룬 반면에[뉴욕남부파산법원의 Case No. 18-11470 (SCC)], ⅱ) 우리나라에서 진행된 국제도산승인/지원 사건은 위 채무자가 대한민국에 보유하고 있는 자산을 처분·매각하여 영국으로 그 대금을 송환하는 환가작업을 지원하는 것에 그친 것(서울회생법원 2016국승100001호, 2016국지100001호)이 이를 극명하게 보여준다. 이러한 문제는 기본적으로 국가별 경제구조 및 규모의 차이에 기인한 것이고 우리나라 국제도산 시스템이나 그 실무운영상의 문제에 따른 것으로 보기는 어렵다. 따라서 다소 아쉽기는 해도 이해할 수 있고 경제성장에 따라 자연스럽게 해결될 수 있는 문제라고 생각된다.

2. CBI 모델법상 구제조치의 제한적 수용

한편, 채무자회생법이 CBI 모델법 제21조에 규정된 지원결정 유형

중 일부만을 제한적으로 도입하고, 미연방파산법 제1507조의 모체가
된 CBI 모델법 제7조(추가적인 지원)는 아예 받아들이지 않음으로써
입법적으로 다양한 내용의 지원결정을 허용하지 않은 점도 주된 원
인이 되었을 것으로 생각된다. 물론, CBI 모델법 제21조 제1항 제(g)
호상의 추가적인 구제조치(additional relief)와 제7조상의 추가적인 지
원(additional assistance)의 관계가 다소 불분명하고, 실무상 위 두 조
문의 기능과 역할이 중첩되는 측면이 있는 것으로 생각되기는 한다.
하지만 미연방파산법원에서 여전히 양 조문의 의미와 역할을 구분
하여 해석하려고 노력하면서 제1521(a)(7) 이외에 1507조를 근거로 하
여서도 외국도산절차에서 수립된 채무조정안을 승인·집행하였던 점
등에 비추어 보면, 처음부터 이와 같은 논의의 싹 자체를 잘라버린
채무자회생법 제5편(국제도산)의 입장이 다소 아쉽다. 따라서 최근
에 법무부에 제출된 채무자회생법 개정안에서 CBI 모델법 제7조와
동일한 내용의 조문을 신설하는 것으로 의견이 제시된 부분[12]은 무
척 고무적이다.

　참고로 실무를 처리하는 과정에서 외국도산절차의 대표자들이 외
국도산절차의 "승인"신청을 하여 그 결정만을 받고 별도의 "지원"을
신청하지는 않는 사례들을 발견할 수 있었다(2017국승100001호, 2019
국승100000). 물론, 기록만으로 채무자 내지 그 대표자의 진의(眞意)
를 알 수는 없지만, 혹시 채무자회생법이 CBI 모델법과 동일하게
COMI를 알고 그에 따라 당해 외국도산절차에 승인결정과 동시에 자
동적으로 집행중지 효력을 부여해주는 것으로 오해하고, 후속지원

---

[12] 석광현(집필부분), 『2018, 2019 도산관련 UNCITRAL 모델법 입법방안 연구』,
이화여자대학교 산학협력단(법무부 용역보고), 2020, 149~150면은 "이 법의
어떠한 규정도 법원 또는 국내도산절차의 관리인·파산관재인 그 밖에 법
원의 허가를 받은 자 등이 다른 법에 따라 추가적인 지원을 제공하는 권한
을 제한하지 아니 한다"는 부분을 신설하자고 제안하고 있다(다만, 아직 편
제상 조문번호까지 특정해서 제안하지는 않았다).

에 대한 별도의 신청을 하지 않았을 가능성도 배제할 수는 없어 보인다. 이러한 우려를 불식시키기 위해서라도 다소 독특하게 운영되는 우리나라의 국제도산 운영체제를 탈피하여 COMI의 개념을 받아들이는 것이 바람직하다고 생각된다.

3. 다양한 유형의 주문이 탄력적으로 활용되지 못하는 재판실무

다양한 형태의 주문을 본안재판에서 발령하는 것이 일반적이지 않은 것으로 취급되어 온 우리나라의 재판실무 관행도 채무자회생법상 지원결정의 다양화를 저해하는 요소로 기능하였을 것으로 생각된다. 영미법계에서는 부대체적 작위의무 혹은 부작위의무를 명하면서 간접강제를 함께 발령하는 것이 일반화되어 있는데, 이와 달리 우리나라에서는 주문들이 탄력적으로 활용되지 못하고 있기 때문이다.

물론 이와 같은 차이는 도산분야가 영미법계에서는 전통적으로 형평법원(Court of Chancery)에 속한 영역으로 간주되었기 때문에 발생하였다. 보통법만으로 그 권리를 충분히 보호받지 못하는 개별당사자들을 구제해주면서 법리가 발전되어 왔기 때문에,13) 단순한 금전배상 외에 특정이행(specific performance)이나 금지명령(injunction)과 같이 다양한 형태의 구제조치를 발령하는 실무관행이 자연스럽게 정착될 수 있었다. 그러나 새로운 유형의 구제조치를 쉽게 받아

---

13) Andrew Kull, "Common-Law Restitution and the Madoff Liquidation", 31 No 12. Bankruptcy Law Letter, 2011에서는 영미법상 파산절차에서의 도산관리인(Trustee) 제도의 기원이 형평법상의 Equity Receiver에 있고, 부인소송 또한 그 본질은 형평법상 구제조치(equitable remedies)에 기원한다는 점을 분명하게 밝히고 있다. 형평법 자체의 생성과 발전을 자세히 소개한 국내문헌으로는 피정현, "영미법상의 Common Law", 법학연구 제16집, 원광대학교 법학연구소, 1999, 34면 이하를 참조.

들이는 것에 다소 소극적이고 가능한 기존질서가 확립한 틀 안에서만 사안을 해결하려고 하는 전통적인 우리의 실무관행 또한 그 원인이 되었음을 부인할 수는 없다.

특히 부작위채무 또는 부대체적 작위채무를 명하는 재판에서 간접강제결정까지 동시에 발령하여주는 것을 예외적으로만 허용하던 기존 재판실무도 하나의 원인이 되었던 것으로 보인다.[14] 상대방이 위와 같은 채무를 불이행하더라도 별도의 간접강제신청을 하고 그 결정을 받아야만 비로소 기존재판의 실효성을 담보 받게 되므로, 소송당사자로서는 별도의 후속절차 없이 기존주문만으로도 즉시 강제집행이 가능한 형태의 청구취지를 선호하게 되었을 것이다. 이에 따라 임시의 지위를 정하기 위한 가처분 사건(민사집행법 제300조 제2항)을 제외한 대부분의 본안재판에서는 금전급부의 이행이나 정형화된 유형의 대체적 작위채무를 명하는 내용(가령, 건물명도/토지인도 청구)의 재판이 주류를 이루게 되었다.[15] 결과적으로 기존에 다

---

14) 물론, 대법원 2013. 11. 28. 선고 2013다50367 판결에서는 "부대체적 작위채무를 명하는 판결의 실효성 있는 집행을 보장하기 위하여 판결절차의 변론종결 당시에 보아 집행권원이 성립하더라도 채무자가 그 채무를 임의로 이행할 가능성이 없음이 명백하고, 그 판결절차에서 채무자에게 간접강제결정의 당부에 관하여 충분히 변론할 기회가 부여되었으며, 민사집행법 제261조에 의하여 명할 적정한 배상액을 산정할 수 있는 경우에는 그 판결절차에서도 민사집행법 제261조에 따라 채무자가 장차 그 채무를 불이행할 경우에 일정한 배상을 하도록 명하는 간접강제결정을 할 수 있다"고 판시하여, 판결절차에서 동시에 간접강제결정을 할 수 있는 문을 열어두었지만, 여전히 실무상 간접강제결정이 함께 발령되는 경우가 원칙적인 모습으로 보이지는 않는다. 다만, 대법원이 2021. 7. 22. 선고 2020다248124 전원합의체 판결에서 "판결절차에서 부작위채무 또는 부대체적 작위채무의 이행을 명하면서 동시에 간접강제를 명할 수 있다"고 다시 한 번 선언하였으므로 간접강제결정이 향후 보다 활성화될 수 있을 것으로 기대된다.

15) 우리나라에서의 '임시의 지위를 정하기 위한 가처분'과 같이 독일, 프랑스, 일본에서도 부대체적 작위의무/부작위의무의 이행을 구하는 명령이 존재

루어진 적이 없는 새로운 유형의 신청취지 내지 청구취지에 대해서
는 소송당사자들 스스로 이를 구하지 않는 분위기가 형성된 것이다.
CBI 모델법 제21조 제1항 제(g)호에 상응하는 채무자회생법 제636조
제1항 제5호 "그 밖에 채무자의 업무 및 재산을 보전하거나 채권자
의 이익을 보호하기 위해 필요한 처분"을 근거로 한 지원결정의 신
청 자체가 단 한 차례도 없었다는 점이 이를 뒷받침한다.

   그러나 다수 이해관계인들의 권리·의무관계를 신속하게 그리고 집
단적으로 확정해야 하는 도산절차는 그 성질상 일반 민사재판과 현
격한 차이가 있고, 도산재단의 산일방지와 효율적 관리, 다수 이해관
계인들의 보호 등을 위해 다양한 유형의 구제조치가 필요하다는 점
은 비교적 명백하다. 따라서 향후 우리나라의 도산재판실무에서도 외
국도산절차를 지원하는 내용의 결정을 함에 있어 ⅰ) 집행자체가 불
가능할 정도로 특정되지 않는 내용의 주문이 아니라면,16) 금전지급,
특정이행명령, 금지명령, 확인적 구제수단과 같은 다양한 형태의 주
문을 허용하고,17) ⅱ) 이와 함께 그 실효성 담보를 위해 간접강제결정

   하고 이에 관하여 간접강제를 부과하고 있는데, 이에 관한 독일, 프랑스,
   일본의 입법례에 관한 상세는 오흥록, "간접강제에 대한 몇 가지 검토 -집
   행문 부여절차, 청구이의의 소를 중심으로", 민사판례연구 제37권, 박영사,
   2015, 926면 이하를 참조.
16) 대법원 2017. 5. 30. 선고 2012다23832 판결은 "특정이행 명령의 대상이 되
   는 계약상 의무가 충분히 특정되지 못하여 판결국인 미국에서도 곧바로
   강제적으로 실현하기가 어렵다면, 우리나라 법원에서도 강제집행을 허가
   하여서는 아니 된다"고 하면서, 집행대상이 되는 미국판결 중 특정이행
   (specific performance)을 명한 부분은 '외국 및 국내의 특허출원, 특허권 등'
   을 총 망라하는 것이어서 매우 포괄적이고 광범위하여 특정이행의 대상이
   충분히 구체적이고 명확하지 않고, 따라서 우리나라에서 그 강제집행을 허
   가할 수 없다고 결론을 내렸다. 참고로 외국중재판정의 집행에 관하여도
   동일한 쟁점이 문제되는데, 상세는 박설아, "외국중재판정에 대한 집행결
   정: -집행가능성 요건을 중심으로-", 국제거래법연구 제27집 제1호, 2020,
   69면 이하를 참조.

을 탄력적으로 함께 발령하는 방법을 고려해볼 만하다. 이것이 도산 법령의 입법취지에 부합하고 실무상으로도 바람직하기 때문이다.

가령, 미연방파산법에서 사용된 것과 같은 방식으로 아래와 같은 유형의 주문을 적절하게 수정하여 실무에 적용하는 것도 고려해볼 만하다.

1. 외국도산절차에서 수립된 채무조정안 및 그 인가결정은 대한민국에 서 완전한 효력을 가지고, 해당 채무조정안의 영향을 받는 모든 이해 관계인들과 그 지위를 승계하는 자들을 구속한다.
2. 채무조정안에서 정한 사항에 반하여, 채무자를 상대로 이미 권리변경 이 이루어진 채권, 채무, 기타 권리를 소 제기 등의 방법으로 주장하 거나 채무자의 재산에 강제집행 등을 개시하는 것은 금지된다.
3. 위와 같은 사항을 불이행하는 경우 그 위반자들은 위반행위 1회당 1,000,000원씩을 지급한다(혹은 위반행위가 지속되는 1일당 100,000원 씩을 지급한다).[18]

---

[17] 이와 같은 유형의 구제조치는 국제중재판정에서는 흔하게 내려지고 있고, 외국중재판정의 승인·집행에 관한 1958년 협약(=뉴욕협약)에 가입한 여러 국가들 사이에서도 전형적인 형식의 주문으로 취급되어 쉽게 승인·집행되 고 있다. 따라서 향후 우리나라가 위와 같은 내용의 지원결정을 내리는 경 우, 영미법계 국가에서는 오히려 익숙한 결정으로 취급되어 우리나라의 도 산실무에 대해 더 안정적인 기대를 가질 수 있을 것으로 보인다. 국제중재 판정에서 사용되는 구제수단에 관한 상세는 목영준, 『상사중재법』, 박영사, 2018, 223~228면을 참조. 특정이행명령과 같은 구제조치를 발령하는 것이 아직은 실무상 다소 어색하지만, 채무자회생법 제636조 제1항 제5호를 통 해 이러한 조치를 발령하는 것이 불가능해보이지는 않으므로, 선례가 없음 을 이유로 위 조항의 탄력적 활용을 스스로 자제할 것은 아니다.
[18] 어떠한 행위를 "위반행위"로 보고 그와 같은 위반행위에 대하여 어떠한 방 식으로 제재를 가할 것인지에 관하여는 향후 구체적인 연구가 필요할 것 으로 보인다. 이른바 법정모독죄를 포함한 다양한 민사적, 형사적 제재방 식을 두고 있는 영미법의 체계를 도입하는 것도 입법론적으로는 참조할만 하다. 미국의 제재수단에 관한 상세는 하태헌, "미국법상 법원 명령 위반에

Ⅲ. 검토

그런데 앞서 본 사유들 외에 이하에서 살펴볼 대법원 2010. 3. 25. 자 2009마1600 결정도 이처럼 제한적인 유형의 지원결정만이 발령되게 된 실무에 많은 영향을 미쳤을 것으로 생각된다. 채무의 존부나 범위 혹은 그 책임 여부를 변경하거나 소멸시키는 재판, 즉, 실체법 상의 청구권 내지 집행력의 존부에 관한 재판은 외국도산절차의 진행과정에서 내려진 것이라고 하더라도, 외국재판을 승인·집행하는 절차를 거쳐 처리해야 하고 외국도산절차의 승인 및 이에 대한 지원절차를 통할 수는 없다는 입장을 취하였기 때문이다.

국제도산의 체제하에서 채무자가 궁극적으로 원하는 것은 도산절차가 개시된 국가(=도산법정지국) 이외의 국가에서도 채무나 책임을 감면받아 자유로운 경제활동을 재개하는 것이다. 그런데 위 대법원 결정은 기껏 CBI 모델법을 따라 외국도산절차로서 승인을 받은 당사자에게 지원결정을 통해서는 채무감면의 효과를 누릴 수 없도록 하고, CBI 모델법이 이외의 절차를 통해 처음부터 다시 인가결정 내지 면책결정의 승인·집행절차를 준수하라는 것에 다름 아니다.

따라서 이에 따르면 외국도산절차의 대표자가 우리나라 법원에 채무자회생법 제5편(국제도산)에 따른 승인신청을 할 실익 자체가 크지 않다. 굳이 비유하자면 레스토랑에 들어가려고 오랫동안 줄을 서서 겨우 입장한 손님이 이제야 음식을 주문하려고 하였더니, 정작 레스토랑에서 "레스토랑에 들어온 것은 환영하지만 여기서는 음식을 팔지 않으니 밖에 나가서 다른 레스토랑을 다시 찾아가라"고 답변하는 것과 유사한 상황이라고 생각된다. 위 대법원 결정의 내용

따른 제재 수단에 관한 연구: 간접강제의 실효성 확보를 위한 제재수단을 중심으로", 민사집행법연구 제9권, 한국민사집행법학회, 2013, 301면 이하를 참조.

및 그 파급효과에 관하여는 아래 별도의 절에서 살펴본다.

제2절 대법원 2009마1600 결정 및 그 파급효과

위 대법원 결정은 '토드 오(Todd OH) 사건' 혹은 '㈜고합 사건'이라는 이름으로 이미 많은 국내문헌에서 널리 소개되고 있는 사건으로서,[19] 〈미연방파산법 제11장 절차에서 수립된 면책결정의 효력이 대한민국에 미치는지 여부〉가 쟁점이 된 사안이다. "집단적 절차 재판"의 승인 여부가 직접 다루어졌다는 점에서, 도산절차와 관련한 것이기는 하지만 "대립당사자간 재판"의 성질을 가지는 부인재판의 승인·집행이 다루어졌을 뿐인 Rubin 판결보다 더 의미가 크고 파급력이 있었던 사건으로 생각된다.

I. 사실관계

1. 소송 진행경과

토드 오(Todd OH) 사건은 크게 4단계로 구분할 수 있다. ① 개인채무자 토드 오(Todd OH)가 캘리포니아중부파산법원(U.S. Bankruptcy

---

[19] 대법원 2009마1600 결정에 관한 가장 최근 평석으로는 석광현, "미국 연방파산법에 따른 회생계획인가결정의 한국에서의 승인", 양창수 교수 고희기념논문집 간행위원회, 自律과 正義의 民法學: 梁彰洙 교수 古稀기념논문집, 박영사, 2021, 555면 이하 및 김영석, "IRJ 모델법과 외국도산절차에서 내려진 면책재판의 승인-대법원 2009마1600 결정 및 그에 따른 하급심 실무동향을 중심으로", 국제거래법학회(2022), 353면 이하를 참조.

Court for the Central District of California)에 제11장 절차(Chapter 11)
를 신청하여, 인가결정, 면책결정, 종결결정을 받기까지의 【1단계】,
② 그 상태에서 토드 오(Todd OH)가 서울회생법원에 외국도산절차의
승인신청을 하였다가 미국도산절차가 이미 종결하여 계속 중이지
않다는 이유로 각하결정(2006국승1)을 받기까지의 【2단계】, ③ 이후
토드 오(Todd OH)가 캘리포니아중부파산법원에 제11장 절차의 재개
(reopen)를 신청하여 그 결정을 받은 다음 다시 서울회생법원에 외국
도산절차의 승인을 신청하여 그 승인결정(2007국승2)을 받기까지의
【3단계】, ④ 이에 따라 우리나라에서도 위 제11장 절차의 개시효력이
발생한 상황에서, 채권자인 ㈜고합의 신청으로 위 절차와 독립된 토
드 오(Todd OH)에 대한 별도의 국내파산절차(2008하합20)가 병행절차
로 진행된 【4단계】가 그것인데, 이를 정리하면 아래 [표 14]와 같다.

[표 14] 대법원 2009마1600 사건 관련 진행경과

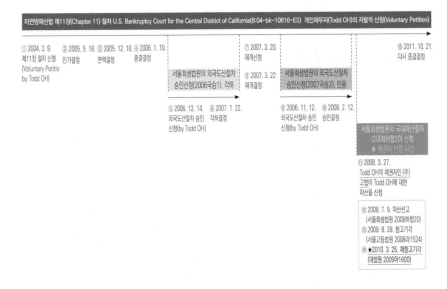

대법원 2009마1600 결정은 위 표에서 보는 것처럼【4단계】에서 내려진 결정이다. 미국에서 진행된 제11장 절차에 참여하지 못한 ㈜고합이 위 미국도산절차에서 내려진 면책결정에 따라 토드 오(Todd OH)에 대하여 그 채권을 더 이상 행사할 수 없게 되자, 이를 우회하기 위해 대한민국에서 토드 오(Todd OH)에 대한 별도의 국내파산절차를 신청한 것이다.20) 이때 위와 같은 미국법원의 면책결정에도 불구하고 우리나라에서 ㈜고합을 토드 오(Todd OH)의 채권자로 볼 수 있을지가 문제되었다. 만약 미국법원에서 내려진 위 면책결정이 승인된 것으로 보아 우리나라에도 그 효력이 미친다고 본다면 위 파산신청은 적법한 권한이 없는 채권자가 신청한 것으로서 "각하"되어야 할 것이기 때문이다.21)

2. 승인의 대상(회생계획인가결정이 아닌 '면책결정')

그런데 캘리포니아중부파산법원에서 진행된 위 제11장 절차는 통

---

20) 채무자회생법은 제294조 제1항에서 "채권자 또는 채무자는 파산신청을 할 수 있다"고 규정하여 채권자에게도 적법한 신청권자로서의 자격을 부여하고 있다. 이는 파산신청을 채무자에게만 맡겨 두면 파산원인이 있음에도 채무자가 스스로 파산신청을 하지 않아 채권자의 잠재적 이익이 상실될 수 있으므로, 채권자 스스로 적당한 시점에서 파산절차를 개시할 수 있도록 하기 위한 것이다(대법원 2017. 12. 5.자 2017마5687 결정). 미국, 영국, 프랑스 등 대부분의 주요국가에서도 "채권자"에게 위와 같은 신청권을 부여하고 있는데, 상세는 권순일(편집대표), 『주석채무자회생법(제1판)(Ⅲ)』, 한국사법행정학회, 2021, 783면 이하[집필담당: 이건희]를 참조.

21) 신청권이 없는 자(가령, 사안과 같은 허위의 채권자)가 한 파산신청에 대해서는, 채무자에게 실제로 파산원인이 있는지에 관한 검토까지 나아갈 필요도 없이 "각하" 결정을 해야 한다. 법인채무자의 파산사건이든지 개인채무자의 파산사건이든지 모두 동일한데, 전자에 관하여는 서울회생법원 재판실무연구회, 『법인파산실무(제5판)』, 박영사, 2019, 43면을, 후자에 관하여는 서울회생법원 재판실무연구회, 『개인파산·회생실무(제5판)』, 박영사, 2019, 79면 이하를 각 참조.

상적인 법인채무자에 대한 절차가 아니라 "자연인 토드 오(Todd OH)"에 대한 절차였다. 따라서 위 채무자로서는 미연방파산법 제 1141(d)(5)에 따라 회생계획인가결정 이외에 별도의 〈면책결정〉까지 받아야만 비로소 채무로부터 해방될 수 있었다.22)

---

22) 미연방파산법은 제1141(d)(1)에서 인가결정이 내려지면 즉시 채무조정의 효력이 발생하는 것으로 규정하고 있지만, 제1141(d)(5)에서 채무자가 개인 (individual)인 경우에는 위와 같은 효력을 발생하지 않는다고 예외규정을 두고 있다. 즉, 이에 따르면 개인(individual)인 채무자는 도산법원으로부터 별도의 면책결정(discharge)을 받아야만 비로소 채무로부터 해방되는데, 위 제1141(d)(5)은 ① 채무자가 인가된 채무조정안에 따른 변제를 모두 이행하거나[§1141(d)(5)(A)], ② 반드시 그 이행을 다하지 못하더라도, i) 그 변제액이 회생계획안 효력발생일 기준으로 청산가치보장의 원칙을 준수하고 있고, ii) 회생계획안의 변경이 불가능하며, iii) 채무자가 중범죄(felony)를 저질렀거나 그 밖에 법에서 정한 사유에 해당하지 않는 것으로 판단된 경우에는 면책결정을 받을 수 있도록 하고 있다[§1141(d)(5)(B)]. 물론, 이와 같은 절차를 거쳐 면책결정을 받더라도 §523에서 규정된 비면책채권(non-dischargeable debts)에 대해서는 면책의 효력이 미치지 않는다는 점에 유의하여야 한다. 채무자회생법 제566조(개인파산절차), 제625조(개인회생절차)에서 두고 있는 비(非)면책채권 조항을 자연인 채무자에 대한 일반회생절차에는 적용시키지 않는 우리나라의 실무와 가장 큰 차이점으로 생각된다. 참고로 미연방파산법 제1141(d)(5)의 원문은 아래와 같다(밑줄과 강조는 필자가 임의로 표시).

> **§ 1141. Effects of confirmation**
>
> (d)(5) In a case in which the debtor is an individual—
>
> (A) unless after notice and a hearing the court orders otherwise for cause, confirmation of the plan does **not** discharge any debt provided for in the plan until the court grants a **discharge** on completion of all payments under the plan;
>
> (B) at any time after the confirmation of the plan, and after notice and a hearing, the court may grant a **discharge** to the debtor who has not completed payments under the plan if—
>
> (i) the value, as of the effective date of the plan, of property actually distributed under the plan on account of each allowed unsecured claim is **not** less than the amount that would have been paid on such claim if the estate

이는 우리나라에서 이른바 "일반회생절차"라고 불리며 "회단"사건 번호로 처리되는 "자연인 고액채무자"에 대한 회생절차(≠개인회생절차)의 운영방법과 유사한 것이다. 우리나라는 실무상 이에 관한 별도의 명문이 없어 회생계획안에 면제효력의 발생 시기를 '인가 후 즉시'가 아닌 '변제 완료 후'로 정함으로써 이를 해결하는 반면에, 미연방파산법은 아예 입법적으로 이를 해결한 셈이다. 즉, 인가결정(confirmation of the plan)만으로는 개인채무자 토드 오(Todd OH)의 채무를 면책할 수 없었기에, 위 제11장 절차에서도 2005. 5. 18.자 인가결정 이후 별도로 [별지 7]과 같은 2005. 12. 16.자 면책결정23)이 내려졌다.

따라서 미국에서 ㈜고합의 토드 오(Todd OH)에 대한 채권을 실권시킨 재판은 회생계획인가결정이 아니라 〈면책결정〉이다. 그럼에도 2009마1600 결정은 이하에서 보는 것처럼 마치 회생계획인가결정을 통해 토드 오(Todd OH)에 대한 면책효력이 직접 발생하는 것으로 오해하고 "회생계획인가결정"에 대한 승인에 초점을 맞추고 논의를 진행한 아쉬움이 있다.24) 다만, ❶ 통상적으로 다루어지는 법인채무자

---

    of the debtor had been liquidated under chapter 7 on such date;
    (ii) modification of the plan under section 1127 is **not** practicable; and
    (iii) subparagraph (C) permits the court to grant a discharge; and
(C) the court may grant a discharge if, after notice and a hearing held not more than 10 days before the date of the entry of the order granting the discharge, the court finds that there is **no reasonable cause** to believe that—
    (i) section 522(q)(1) may be applicable to the debtor; and
    (ii) there is pending any proceeding in which the debtor may be found guilty of a felony of the kind described in section 522(q)(1)(A) or liable for a debt of the kind described in section 522(q)(1)(B);
    and if the requirements of subparagraph (A) or (B) are met.

23) *In re Todd OH, aka WON KYUNG OH*, Case No. SA 04-10816 (RA), ECF Doc. #181.

24) 대법원 2009마1600 결정에서 오해한 것으로 보이는 판시 부분은 다음과 같다.

에 대한 제11장 절차에서는 회생계획인가결정만으로 즉시 면책의 효력이 발생하는 점[§제1141(d)(1)], ❷ 오히려 위와 같이 자연인 채무자에 대해 면책효력의 발생시점을 달리 보는 것이 예외적인 점,25) ❸ 회생계획인가결정이나 면책결정은 모두 IRJ 모델법에서 정한 "집단적 절차 재판"의 개념에 포함되는 것이어서 이를 구별하여 논의할 실익이 없을 것으로 보이는 점 등을 고려하여, 이하에서는 이를 별도로 구분하지 않고 검토하기로 한다.

II. 대법원의 주요 판시사항

위 표에서 보는 것처럼 1심(서울회생법원 2008하합20)은 ㈜고합을 토드 오(Todd OH)에 대한 적법한 채권자로 보았다. 이에 ㈜고합의 병행파산신청을 받아들여 토드 오(Todd OH)에 대한 파산을 선고하였고, 항소심(서울고등법원 2008라1524)도 같은 취지에서 토드 오(Todd OH)의 항고를 기각하였으며, 대법원(대법원 2009마1600)도 토드 오

"미국 연방파산법 제1141조는 회생계획안이 인가되면 채무자는 회생계획이나 인가결정 등에서 달리 정한 경우를 제외하고는 인가와 동시에 인가일 전에 발생한 모든 채권에 대하여 채권신고 여부와 관계없이 면책된다는 취지를 규정하고 있으므로, 미국 파산법원이 인가한 회생계획 등에서 달리 정함이 없던 고합의 재항고인에 대한 손해배상채권은 미국 파산법원의 이 사건 회생계획 인가결정에 의하여 전부 면책되는 효력이 발생하였다"

25) 물론, 채무자회생법상 "개인회생절차(제4편)"에서는 인가결정만으로 권리변경이 이루어지지 않고 면책결정(채무자회생법 제624조)을 통해 비로소 책임이 면제되지만, "회생절차(제2편)"에서는 회생계획인가결정이 있은 때에 일괄적으로 권리변경이나 면책의 효력이 발생한다는 규정(채무자회생법 제251조, 제252조)만을 두고 있을 뿐이다. 즉, 미연방파산법 제11장 절차에 상응하는 우리나라 채무자회생법상 회생절차(제2편)에서 인가결정 시점과 면책시점을 분리한 것은 예외적인 모습에 해당한다.

(Todd OH)에 대한 재항고를 기각함으로써 1심과 원심의 결론을 유지하였다.

대법원은 미연방파산법 제11장 절차에서 내려진 면책결정을 통해 ㈜고합의 채권이 미국에서는 소멸된 것으로 취급되더라도, 대한민국에는 그 효력이 미치지 못하여 여전히 ㈜고합이 적법한 채권자로서의 지위를 가진다는 결론을 내렸는데, 해당 부분에 관한 결정 원문은 다음과 같다.

▣ 대법원 2010. 3. 25. 자 2009마1600 결정

[3] 채무자 회생 및 파산에 관한 법률상의 '지원결정'은 국내에서 진행되고 있는 채무자의 업무 및 재산에 대한 소송 등의 중지와 강제집행, 담보권실행을 위한 경매, 보전절차 등의 금지 또는 중지, 채무자의 변제금지 또는 채무자 재산의 처분금지 등 외국도산절차의 대표자가 외국도산절차에 필요한 배당·변제재원을 국내에서 보전·확보하고 이를 기초로 배당·변제계획을 수립하거나 그 계획을 수행할 수 있도록 절차적인 지원을 하는 것일 뿐, 외국법원이 외국도산절차에서 한 면책결정이나 회생계획의 인가결정 등과 같이 채무나 책임을 변경·소멸시키는 재판(이하 '외국법원의 면책재판 등'이라고 한다)을 직접 한다거나 외국법원의 면책재판 등에 대하여 국내에서 동일한 효력을 부여하는 재판을 함으로써 채권자의 권리를 실체적으로 변경·소멸시키기 위한 절차는 아니다.

[4] 외국법원의 **면책재판** 등은 실체법상의 청구권 내지 집행력의 존부에 관한 것으로서 그에 의하여 발생하는 효과는, **채무자와 개별 채권자 사이의** 채무 혹은 책임의 감면이라고 하는 단순하고 일의적인 것이고, 그 면책재판 등의 승인 여부를 둘러싼 분쟁은 면책 등의 대상이 된 채권에 기하여 제기된 이행소송이나 강제집행절차 혹은 파산절차 등에서 당해 **채무자와 채권자 상호간의 공격방어를 통하여 개별적으로 해결함이 타당**하므로, 이 점에서 외국법원의 면책재판 등의 승인은 그 면책재판 등이 비록 외국도산절차의 일환으로 이루어진 것이라 하더라도 민사소송법 제217조가 규정하는 일반적인 외국판결의 승인과 다를 바 없다. 따라서 속지주의 원칙을 폐지한 채무자 회생 및 파산에 관한 법률 하에서 외국도산절차에서 이루어진 외국법원의 면책재판 등의 승인 여부는 **그 면책재판 등이 민사소송법 제217조의 승인요건을 충족하고 있는지를 심리하여 개별적으로 판단함이 상당**하고, 그 승인 여부를 채무자 회생 및 파산에 관한 법률의 승인절차나 지원절차에 의하여 결정할 것은 아니다.

[5] 외국법원의 면책재판 등을 승인하기 위해서는 그 면책재판 등의 효력을 인정

하는 것이 대한민국의 선량한 풍속이나 그 밖의 사회질서에 어긋나지 아니할 것이라는 요건을 충족하여야 하는바(민사소송법 제217조 제3호)26), 여기서 대한민국의 선량한 풍속이나 그 밖의 사회질서에 어긋나는 경우라 함은, 국내 채권자의 외국도산절차에 대한 **적법한 절차 참가권이 침해**되는 등 외국법원의 면책재판 등의 성립절차가 선량한 풍속이나 그 밖의 사회질서에 어긋나는 경우나 외국법원의 면책재판 등의 **내용**이 선량한 풍속이나 그 밖의 사회질서에 어긋나는 경우뿐만 아니라, 외국법원의 면책재판 등에 따른 면책적 효력을 국내에서 인정하게 되면 국내 채권자의 권리나 이익을 부당하게 침해하는 등 **그 구체적 결과**가 선량한 풍속이나 그 밖의 사회질서에 어긋나는 경우 등도 포함된다.

[6] 미국 파산법원의 **회생계획인가결정에 따른 면책적 효력**27)을 국내에서 인정하는 것이 구 회사정리법(2005. 3. 31. 법률 제7428호 채무자 회생 및 파산에 관한 법률 부칙 제2조로 폐지)의 **속지주의 원칙을 신뢰**하여 미국 파산법원의 회생절차에 참가하지 않고 채무자 소유의 **국내 소재 재산에 대한 가압류를 마치고 강제집행이나 파산절차 등을 통하여 채권을 회수하려던 국내 채권자**의 권리를 현저히 부당하게 침해하게 되어 그 구체적 결과가 우리나라의 선량한 풍속이나 그 밖의 사회질서에 어긋나는 경우에 해당하므로, 위 미국 파산법원의 회생계획인가결정은 민사소송법 제217조 제3호의 요건을 충족하지 못하여 승인될 수 없다.

즉, 대법원은 ① 채무자회생법 제5편에서의 '지원결정'은 절차적인 것에 불과하여 채무/책임의 변경·소멸에 관한 면책결정의 승인 및 집행을 이로써 처리할 수는 없고, ② 면책재판에 의하여 발생하는 효과는 채무자와 개별채권자 사이의 채무 혹은 책임의 감면이라고 하는 단순하고 일의적인 것이어서 그 면책재판 등의 승인 여부를 둘러싼 분쟁은 당해 채무자와 채권자 상호 간의 공격방어를 통하여 개별적으로 해결함이 타당하다고 보았다. 따라서 외국도산절차에서 이루어진 외국법원의 면책재판 등의 승인 여부는 그 면책재판 등이 민

---

26) 구 민사소송법(2014. 5. 20. 법률 제12587호로 개정되기 전의 것)에 따른 조문이다.

27) 앞서 언급한 것처럼 이 사건에서는 회생계획인가결정에 따른 효과로서가 아니라 별도의 독립된 '면책결정'을 통해 채무감면의 효과가 발생하였으므로, 위 판시 부분은 미연방파산법 제1141(d)(5)를 다소 잘못 이해하고 설시한 부분이라고 생각된다.

사소송법 제217조의 승인요건을 충족하고 있는지를 심리하여 개별적으로 판단함이 상당한데, 사안의 경우는 구 회사정리법상의 속지주의 원칙을 신뢰하고 있던 ㈜고합의 기대이익을 보호해줄 필요가 있다고 보았다. 즉, 면책재판 승인의 "구체적 결과"가 공서위반(민사소송법 제217조 제1항 제3호)에 반하므로 면책재판의 승인을 불허한다는 것이다.

이와 같은 논리는 앞서 본 Rubin 판결에서 전개한 영국대법원의 논리와 굉장히 유사하다. 그런데 위 2009마1600 결정은 Rubin 판결에 앞서 선고된 것으로 CBI 모델법의 해석·적용에 관한 따른 주요 쟁점을 가장 먼저 정면으로 다루었기 때문에 굉장히 의미 있는 판결이라고 생각된다. 다만, 그럼에도 불구하고 일부 쟁점에 관한 판단에 대해서는 완전히 동의할 수 없는 측면이 있고, 결과적으로 그로부터 약 8년이 경과한 이후 성안된 IRJ 모델법의 태도에 따르면 앞서 본 대법원의 입장을 그대로 유지할 수 없게 되었다. 이에 이하에서는 개별 쟁점에 대해 순차적으로 검토해본다.

III. 검토

1. 지원결정이 절차적 성질을 가지는 처분으로 제한되는지

대법원 2009마1600 결정은 Rubin 판결에서 영국대법원의 다수의견이 취했던 것처럼 CBI 모델법을 따라 제정된 채무자회생법상의 지원처분은 '절차적'인 성질을 다루는 내용으로만 제한되어야 한다는 취지로 판시하였다. 그러나 IRJ 모델법이 Article X를 통해 "CBI 모델법상의 지원처분(relief)에는 재판의 승인 및 집행도 포함되는 것이다"는 입장을 취한 이상 위와 같은 대법원의 입장은 더 이상 유지될 수 없게 되었다.

물론 이는 〈CBI 모델법〉에 관한 UNCITRAL의 해석일 뿐 〈채무자회생법〉에 대한 대한민국 입법부의 입장은 아니므로, 우리나라의 국제도산 실무를 종전과 같이 운영하는 데에는 직접적인 영향이 없다는 입장을 취할 수도 있을 것이다. 그러나 ❶ 우리나라가 CBI 모델법을 받아들여 채무자회생법 제5편을 제정하였던 목적과 취지 자체가 여러 국가 간에 표준적이고 통일된 시스템을 구축하여 원활한 국제도산 실무를 운영하기 위한 것이었던 점, ❷ 특히, IRJ 모델법은 위 대법원 2009마1600 결정을 계기로 성안된 것이므로, IRJ 모델법을 통해 확인된 CBI 모델법의 해석이 우리나라의 기존 입장과 다르다는 이유만으로 이제 와서 이를 받아들이지 않는다면, 2006년부터 지금까지 안정적인 국제도산 실무의 운영을 통해 형성하였던 외국채권자 내지 이해관계인 등과의 신뢰관계가 한순간에 무너질 수도 있어 보이는 점, ❸ 무엇보다도 앞서 본 미연방파산법의 무수한 사례들에서 보는 것처럼, CBI 모델법상의 지원처분의 범위를 넓게 해석하는 것이 궁극적으로 채무자뿐만 아니라 다수 이해관계인들의 권리·의무 관계를 신속히 효율적으로 확정하고, 채무자가 재건활동에 전념할 수 있는 환경을 만들어주게 되는 점 등을 고려한다면, 채무자의 채무/책임을 변경·소멸시키거나 채권자의 권리를 변경/소멸시키는 내용의 재판에 대한 승인도 채무자회생법상의 지원처분으로 처리할 수 있다는 입장을 취함이 바람직하다.

이와 같은 입장을 따른다면 모든 외국재판은 아니더라도 적어도 "외국도산절차에서 내려진 재판"의 승인·집행에 대해서는 채무자회생법 제636조 제1항 제5호[28])를 통해 처리할 수 있게 된다. 그런데 이

---

28) 앞서 본 것처럼 채무자회생법 제636조 제1항 제5호에 명시된 "그 밖에 채무자의 업무 및 재산을 보전하거나 채권자의 이익을 보호하기 위하여 필요한 처분"은 CBI 모델법 제21[(1)(g)] "Granting any additional relief that may be

를 위해서는 우리 대법원이 2009마1600 결정을 통해서 기존에 판시한 법률의 해석 적용에 관한 의견을 변경해야 하므로, 법원조직법 제7조 제1항 제3호29)에 따라 반드시 대법원의 전원합의체 결정을 거쳐야 할 것으로 보인다. 따라서 절차가 다소 번거로울 뿐만 아니라 당장 해당 법리를 적용하여 기존 판례를 변경하기에 적합한 대상사건이 상고심에 계속 중이지 않다면 그와 같은 사건이 상고되기를 기다려야 하는 등의 절차지연 문제가 있다.30)

2. 면책재판이 대립당사자간 재판에 해당하는지

대법원 2009마1600 결정은 면책재판을 채무자와 개별채권자 사이의 채무·책임을 판단하는 대립당사자간 재판으로 취급하고 따라서

---

available to [insert the title of a person or body administering a reorganization or liquidation under the law of the enacting State] under the laws of this State"에 상응하는 조문이다.

29) 법원조직법 제7조(심판권의 행사) 제1항은 반드시 대법관 전원의 3분의2 이상의 합의체에서 심판권을 행사하여야 하는 항목에 관하여 규정하고 있는데, 그중 제3호의 원문은 아래와 같다(밑줄과 강조는 필자가 임의로 표시).

> 제7조(심판권의 행사)
> ① 대법원의 심판권은 대법관 전원의 3분의 2 이상의 합의체에서 행사하며, 대법원장이 재판장이 된다. 다만, 대법관 3명 이상으로 구성된 부(부)에서 먼저 사건을 심리(심리)하여 의견이 일치한 경우에 한정하여 다음 각 호의 경우를 제외하고 그 부에서 재판할 수 있다.
> 1. 명령 또는 규칙이 헌법에 위반된다고 인정하는 경우
> 2. 명령 또는 규칙이 법률에 위반된다고 인정하는 경우
> 3. 종전에 대법원에서 판시(판시)한 헌법·법률·명령 또는 규칙의 해석 적용에 관한 의견을 변경할 필요가 있다고 인정하는 경우

30) 해당 쟁점을 상고인이 "상고이유"로 직접 다투어 주어야 한다는 문제도 발생한다. 물론, 법률을 개정한다면 직접적으로는 판례변경이 필요하지 않을 여지도 있지만, 경과규정을 두지 않는 이상 법 개정 전에 이루어진 법률관계에 대해서는 여전히 기존 대법원 판례가 유효하므로 명확한 정리가 필요하다고 생각된다.

채무자와 채권자 상호 간의 개별적인 공방을 통해 이를 해결함이 타당하다고 판시하였다. 그러나 이와 같은 입장은 ❶ 승인·집행의 대상이 되는 민사집행법 제26조 제1항의 '외국법원의 판결'을 '당사자 상호간의 심문이 보장된 사법절차에서 종국적으로 한 재판'으로 제한 해석해야 한다고 판시한 대법원 2010. 4. 29. 선고 2009다68910 판결과 정합하지 않는 측면이 있다.[31] 또한, ❷ IRJ 모델법이 Article 14 (f)(i) 및 Guide to Enactment를 통해 확인한 "회생계획인가재판이나 면책재판은 대립당사자간 분쟁(bilateral disputes between two parties)을 해결하는 유형의 재판이 아니라 채권자 일반의 이해관계에 직접적으로 영향을 미치는 집단적 절차 재판의 성질을 가진다"는 입장에도 반한다.[32]

이처럼 IRJ 모델법이 취한 새로운 입장을 따른다면, 외국도산절차

---

[31] 대법원 2010. 4. 29. 선고 2009다68910 판결은 미국 캘리포니아 주법원에서 내려진 승인판결(confession judgment 또는 judgment by confession)은 당사자 상호간의 심문이 보장된 사법절차에서 종국적으로 한 재판이라고 할 수 없으므로, 그 승인·집행을 거부해야 한다는 취지에서 파기환송 판결을 선고하였다. 원고의 신청이 있으면 사법기관이 관여하지 아니한 상태에서 작성된 피고의 채무승인진술서 등만을 검토하여 그대로 판결로 등록하는 것이어서 당사자에 대한 상호간 심문의 기회 등이 보장되어 있지 않은 것이라고 판단한 것인데, 상세는 구자헌, "집행판결의 대상이 되는 외국법원의 판결의 의미", 대법원판례해설 제83호, 법원도서관, 2010, 318면 이하를 참조. 석광현, "승인대상인 외국판결의 개념에 관한 대법원재판의 상충", 법률신문 제3976호, 2011, 11면은 대법원 2009다68910 판결은 외국판결의 개념을 너무 좁게 정의하면서 유추적용 가능성을 언급하지 않았고, 대법원 2009마1600 결정은 외국판결의 개념을 너무 넓게 인정했다면서, 따로 보면 나름대로 설득력은 있지만 서로 상충되는 점이 문제라고 지적한다.

[32] 석광현(주 19), 569면도 같은 취지에서 "물론 영향을 받는 권리내용은 채권자별로 다르고, 채권자집단은 개별채권자들로 구성되므로 이를 분해하여 채무자와 개별채권자 사이의 문제라고 강변할 수 있으나 이는 회생계획인가결정이 집단적 절차 재판임을 왜곡하는 것이다"라면서, 이 부분을 비판한다.

에서 면책결정을 받은 채무자는 개별 소송에서마다 위 면책재판이 민사소송법 제217조 제1항 각호에서 정한 요건을 갖추었다고 반복적으로 주장·증명할 필요가 없다. 단지 우리나라의 도산법원에 외국도산절차의 승인신청을 하여 그 결정을 받은 다음 그에 따른 지원결정으로서 면책결정에 대한 승인을 받는 것으로 족하다.[33) 이후 개별 민사소송에서 위 지원결정을 증거로 제출한다면 해당 재판부에서 면책결정의 효력이 우리나라에 미치는 것으로 인정해줄 것이기 때문이다.

이처럼 실무가 정착한다면 여러 장점이 있을 것으로 생각된다. 첫째, 개별소송에서 당사자의 주장·증명 여하에 따라 동일한 외국도산절차에서 내려진 면책재판의 승인 여부에 대해서 상이한 판단이 내려짐으로써 재판 간에 모순·저촉이 발생될 수 있는 상황을 방지할 수 있다. 둘째, 개별소송의 재판부로서도 '면책결정의 승인' 이외에 실질적인 쟁점, 가령, 해당 소송에서 문제되는 채권이 위 면책결정의 효력을 받는 범위에 포함되는지, 설령 포함되더라도 성질상 비(非)면책채권에 해당할 여지는 없는지 등에 더 집중할 수 있게 된다. 즉, 지금까지 다소 형식적인 쟁점들만 다루어졌던 상황을 실질적 쟁점에 관한 공방이 다루어지는 형태로 변모시킬 수 있으므로, 재판부는 물론이고 이해관계인들에게도 훨씬 효율적이고 바람직할 것으로 생각된다.

---

33) 이미 외국도산절차가 종료된 경우라면 '계속 중인 외국도산절차' 자체가 없다는 이유로 외국도산절차의 승인신청이 각하될 가능성이 있으므로, 승인결정이 있음을 전제로 한 지원결정의 신청 자체가 불가능한 것은 아닌지 우려되는 측면도 있다. 그러나 외국도산절차에서 내려진 면책결정의 효력이 위 도산절차가 종료되었다는 사정만으로 소멸하는 것은 아니므로 이러한 경우 '면책결정에 대한 승인을 구하는 지원신청' 자체를 할 수 없도록 하는 것은 부당하다. 따라서 이는 당연히 허용되어야 할 것인데, 다만 기존 채무자회생법의 체계 하에서 이를 허용하기 위해서는 기존실무의 변경 내지 입법적 해결이 뒷받침되어야 할 여지도 있다.

3. 성립절차가 적법한 면책재판에 대해서도 구체적 사정을 들어 승인을 거부할 수 있는지

대법원 2009마1600 결정은 미국도산절차에서 내려진 면책재판이 "적법하게 성립하였다"는 점은 인정하면서도 그 효력을 국내에서 인정하게 되면 "구체적 결과"가 우리나라의 선량한 풍속이나 그 밖의 사회질서에 어긋난다는 이유로 위 면책재판의 승인을 거부하였다. 즉, ⅰ) 미국도산절차가 진행될 당시 우리나라의 구 회사정리법은 속지주의(屬地主義)를 취하고 있었고, ⅱ) 국내채권자인 ㈜고합으로서는 미국도산절차의 효력이 우리나라에 영향을 미치지 않을 것으로 생각하여 이에 참가하지 않은 것이므로,[34] ⅲ) 이후 채무자회생법의 신설로 속지주의가 폐지되었다고 하더라도,[35] 이와 같은 ㈜고합의

---

34) 오영준, "채무자 회생 및 파산에 관한 법률 하에서 외국도산절차에서 이루어진 외국법원의 면책재판 등의 승인", 대법원판례해설 제83호, 법원도서관, 2010, 650면.
35) 구 회사정리법, 구 파산법, 구 화의법에는 아래와 같은 속지주의 규정들이 있었는데, 채무자회생법은 새로이 조항들을 정비하면서 이와 같은 기존 조항들을 받아들이지 않는 방법으로 속지주의를 탈피하였다. 다만, 채무자회생법의 부칙에 별도로 '속지주의 폐지'에 관한 '경과규정'을 두고 있지 않아, 사안과 같은 경우에도 기존의 속지주의를 신뢰하였던 당사자들에게도 보편주의가 적용되는 경우가 발생하게 되었다. 참고로 속지주의를 표방한 관련조문은 아래와 같다(밑줄과 강조는 필자가 임의로 표시).
■ **구 회사정리법(2005. 3. 31. 법률 제7428호로 폐지되기 전의 것)**
제4조 (속지주의)
① 대한민국 내에서 개시한 정리절차는 대한민국 내에 있는 회사의 재산에 대하여서만 그 효력이 있다.
② 외국에서 개시한 정리절차는 대한민국 내에 있는 재산에 대하여는 그 효력이 없다.
③ 민사소송법에 의하여 재판상 청구할 수 있는 채권은 대한민국 내에 있는 것으로 본다.
■ **구 파산법(2005. 3. 31. 법률 제7428호로 폐지되기 전의 것)**
제3조9 (속지주의)

신뢰를 보호할 필요가 있다는 것이다.

따라서 구체적 타당성의 측면에서는 위와 같은 대법원의 결론을 수긍할 수 있다. 그러나 ❶ 미연방파산법원은 제11장 절차를 진행하면서 적법한 통지절차 등을 거쳐 국내채권자인 ㈜고합에게 충분히 절차참여의 기회를 부여한 것으로 보이고,36) ❷ 그럼에도 ㈜고합은 미국에서 도산절차가 진행 중인 사정을 알면서도 '채무자의 국내재산에 대해서 본인만이 개별적으로 강제집행을 할 의도'에서 그 절차에 참가하지 않았다. ❸ 결과적으로 ㈜고합의 입장에서는 속지주의에 대한 기존 신뢰를 그대로 보호받게 되었지만, 이로써 다른 외국채권자들은 그만큼 공정한 취급을 받지 못하게 되었으므로 공평하

---

① 파산은 파산자의 재산으로서 한국 내에 있는 것에 대하여서만 그 효력이 있다.
② 외국에서 선고한 파산은 한국 내에 있는 재산에 대하여는 그 효력이 없다.
③ 민사소송법에 의하여 재판상 청구할 수 있는 채권은 한국 내에 있는 것으로 본다.
▣ **구 화의법(2005. 3. 31. 법률 제7428호로 폐지되기 전의 것)**
제11조 (준용규정)
① 파산법 제2조, 제3조, 제100조, 제101조, 제102조, 제104조 내지 제 108조 및 제115조의 규정은 화의절차에 관하여 이를 준용한다.

36) *In re Todd OH, aka WON KYUNG OH*, Case No. SA 04-10816 (RA), ECF Doc. #162-1(인가결정)의 제8면인 송달목록(Service List)에 의하면 ㈜고합(Kohap Inc.)이 그 국내주소와 함께 송달대상으로 포함되어 있고 절차진행과정에서 관련 정보를 송달/통지받아왔던 것으로 보인다. 위 송달리스트에는 ㈜고합 이외에도 다른 국내채권자들이 포함되어 있는데, 해당 부분 중 일부를 캡처한 부분은 아래와 같다.

Chun-Yong, Choi Byoung Green Town 511-1605 Do-Nong-Dong 2-1, Nam-Yang-Ju-Si Gyung-Gi-Do, Korea, 00 00000	Kohap Inc. Han-Wha Bldg., 11th Floor #1 Jang-Gyo-Dang, Jung-Gu Seoul, Korea	Korean Government Nam-Dae-Mun Se- Mu-So (Se-Won-Guan-Ri) Jeo-Dong 1 GA, Jung-Gu Seoul, Korea,
Lee & Ko (Kwang-Jang) Posco Center West Bldg. 16th Floor 892, Dae-Chi-4-Dong, Gang-Nam-Gu Seoul, Korea, 00 00000	My Oy Kwon Esq TAE JI BLDG 2ND FL 1706 9 Seo Cho Dong Seo Cho Gu SEOUL KOREA, 00 00000	Yong Bin Yim ECS & Partners Attn: Eun Change Yong 15F Union Steel Building 890, Daechi-dong, Kangnm-Icu Seoul, Korea

고 신속한 환가/배분이라는 도산절차의 이념에 부합하지 않고, ❹ 위 미국도산절차에는 ㈜고합 이외에 다른 국내채권자(대한민국의 채권자)들도 참여하였으므로 위 대법원 결정은 ⓐ 동등한 입장에 있는 여러 국내채권자들 중 ㈜고합만을 차별적으로 취급한 것이거나, ⓑ 이미 미국도산절차에서 내려진 면책결정의 효력을 받아들이고 그에 구속되는 것에 아무런 이의가 없었던 다른 국내채권자들의 법률관계가 다시 복잡하게 변경될 가능성을 열어둔 것이다. 즉, 안정적이고 신속한 채권·채무의 확정을 요하는 도산절차의 성질에 비추어 바람직한 결론이라고 생각되지 않는다.

요컨대, 미연방파산법에서 정한 바에 따라 이해관계인들에게 충분한 참여기회를 제공하고 적법하게 진행된 도산절차에서 내려진 〈성립절차가 적법한 면책결정〉의 승인을 〈개별채권자의 구체적 사정〉을 이유로 거부하기 위해서는 특별한 사정이 있어야 할 것으로 생각된다. 거부를 해야만 채권자일반의 이익을 보호하고 다른 외국채권자, 국내채권자들을 공평하게 취급할 수 있으며, 도산제도의 목적과 취지에 부합하는 방향으로 도산절차를 진행할 수 있다는 정도의 특별한 사정말이다. 그런데 이 사안이 그와 같은 정도에 이르렀는지는 의문이다.[37] 외국도산절차의 진행상황을 충분히 인지하고 그에 참여할 기회도 부여받았지만, 향후 채무자의 국내재산에 대한 개별집행을 통해 우선변제를 받아가려는 당시로서는 적법했지만 결코 정당하다고 볼 수는 없는 목적을 달성하기 위해 임의로 미국도산절차에 참여하지 않은 개별채권자의 기대이익이나 신뢰가, 다른 국

---

[37] 그동안 우리나라가 민사소송법 제217조 제3호(공서에 반하지 않을 것)를 이유로 그 승인·집행을 거부한 사례들을 보면 지나치게 과도한 손해배상을 명하였거나, 징벌배상 또는 삼배배상 등의 비(非)전보적 배상을 명하였거나, 강행법규에 위반되는 등 나름 합당한 사유가 있었다. 상세는 석광현, 『국제민사소송법, 국제사법(절차편)』, 박영사, 2012, 373면 이하를 참조.

외/국내채권자들에 대한 공평한 취급이나 도산절차 진행의 목적 등과 대비하여 더욱 보호가치 있는 신뢰라고 보이지는 않기 때문이다.

IRJ 모델법이 제14조 제(f)호에서 '회생계획인가결정이나 면책결정이 내려지는 절차에서 채권자와 이해관계인들이 충분히 참여하지 못하고 보호받지 못하였던 경우'만을 개별적 승인·집행의 거부사유로 언급하고 있는 것도 같은 취지라고 생각된다. 즉, 외국도산절차에 참여할 기회를 공정하게 부여받지 못한 채권자가 위 조항을 근거로 면책결정의 승인 거부를 주장할 수 있는 것은 당연하겠으나, 일단 그 채권자가 해당 외국도산절차에 참여할 기회를 공정하게 부여받았다면 도산절차에서 내려진 집단적 절차 재판의 승인·집행을 거부할 수 없다고 보는 것이 원칙적이다. 따라서 이러한 경우에도 IRJ 모델법 제7조상의 공서위반을 근거로 승인·집행을 거부하는 것은 굉장히 제한적으로 해석되어야 할 것으로 생각된다.

제3절 하급심 실무례

I. 대법원 2009마1600 결정에 대한 오해

이처럼 대법원 2009마1600 사건에서, 미국도산절차에서 적법한 절차를 거쳐 수립된 면책결정이라고 하더라도 그 구체적 영향이 국내채권자에게 불리하게 영향을 미치면 공서위반을 근거로 하여 승인을 거부할 수 있다는 메시지를 준 이후, 하급심들은 외국도산절차에서 수립된 면책결정의 효력을 인정하지 않는 방향으로 실무례를 형성하고 있다.

구체적으로는 원고가 피고를 상대로 대여금채권 등의 이행을 구

하는 소송을 제기하면 피고가 외국도산절차에서 회생계획인가결정
이나 면책결정이 내려졌음을 주장하며 항변하는 구조를 띠고 있다.
이때 집단적 절차 재판의 성질을 가지는 면책재판을 승인한다면, 원
고가 국내소송에서 구하는 채권은 통상의 채권이 가지는 소제기권
능과 집행력을 상실한 것이어서 소 자체가 부적법 각하되어야 한
다.38) 그러나 이하에서 보는 것처럼 하급심들은 대부분 거부가 정당

---

38) 대법원은 '개인회생절차가 개시된 이후에 그 채권자목록에 기재된 개인회
생채권에 기하여는 새로운 이행의 소를 제기하는 것은 부적법하여 허용되
지 않는다'고 판단하였고(=즉, 소를 각하해야 한다는 취지)(대법원 2013. 9.
12. 선고 2013다42878 판결), 소가 제기된 채권이, 면책결정의 효력을 받은
면책채권에 해당하는 경우에도 '그 강제집행의 불능이 객관적으로 명백한
것이어서 소의 이익이 없다'고 판단한 원심들을 상고기각 내지 심리불속행
기각하고 있다(대법원 2021. 11. 25. 선고 2021다253451 판결 등 다수). 따라
서 소 각하 판결로 처리하는 것에 특별한 문제가 없고 그 결론 또한 수긍할
수 있다고 생각된다. 다만, 대법원은 채무자회생법 제251조에 따른 면책에
대해서는 책임소멸설(자연채무설)을 취하고 있는 반면에, 같은 법 제252조
에 따른 권리변경에 대하여는 채무소멸설을 취하고 있다(대법원 2017. 10.
26. 선고 2015다224469 판결, 대법원 2003. 3. 14. 선고 2002다20964 판결). 따
라서 이와 같은 기준을 엄밀하게 적용하면 '외국도산절차에 채권을 신고하
였으나 그 신고채권액의 일부만을 변제받는 것으로 권리가 변경된 경우'와
'외국도산절차에 채권 자체를 신고하지 못하여 아예 면책된 경우'를 구분
하여 전자(=채무소멸설이 적용되는 경우)에 대해서는 다른 취급을 할 여지
도 있다고 생각된다. 이때는 사실은 외국도산법원에서 채권이 소멸한 것으
로 확정 받은 자가 우리나라에서 존재하지도 않는 권리가 실재(實在)한다
고 주장하면서 그 지급을 구하고 있는 셈이므로 '소 각하'가 아니라 '기각'
결정을 내릴 여지도 있다고 생각되기 때문이다. 물론, 이와 같이 보려면
'외국도산절차'에서 내려진 권리변경/면책의 효력을 우리나라 법리(책임소
멸설/채무소멸설)에 따라 판단할 수 있다는 점이 전제되어야 하므로 "동화
모델"의 입장을 따라야 함은 물론이다. 향후 많은 연구가 필요한 대목으로
보인다. 채무자회생법 제251조와 제252조의 효력차이에 관한 상세는 박재
완, "회생계획인가로 인한 회생채권 등의 권리변경과 실권 — 대법원 2003.
3. 14. 선고 2002다20964 판결", 『도산판례백선(사단법인 도산법연구회)』,
2021, 191~195면을 참조.

화될 수 있는 특별한 사정도 없이 승인을 거부하고 있다.

아마도 이는 하급심들이 위 대법원 2009마1600 결정의 취지를 마치 '공서위반을 폭넓게 원용하여 가능한 외국도산절차에서 수립된 도산관련재판의 승인·집행을 허용하지 말라'는 취지로 오해하고 있기 때문이 아닌가 생각된다. 그러나 앞서 본 것처럼 위 대법원 사안은 구 회사정리법과 채무자회생법의 시행 사이에서 속지주의에 대한 신뢰를 가지고 있었던 국내채권자가 문제된 "극히 예외적인 사안"에 관한 것이다. 즉, 위 대법원 결정의 당부는 차치하더라도, 대법원이 위 결정을 통해 도산관련재판의 승인·집행에 소극적이어야 한다는 입장을 취한 것으로 해석되어서는 안 된다.

II. 면책재판의 승인에 소극적인 태도를 보이는 하급심들

1. 서울중앙지법 2018나11861[미 상고 확정]

이 사건은 원고가 피고(개인채무자)를 상대로 물품대금을 구한 사안이다. 피고는 미국의 캘리포니아중부파산법원(U.S. Bankruptcy Court for the Central District of California)에서 면책결정을 받았다고 항변하였으나,[39] 1심법원(서울중앙지법 2017가단19119)은 ① 피고가 원고에 대한 채무를 채권자목록에 기재하지 않아 원고가 미국법원으로부터 도산절차의 진행에 관한 통지를 제대로 받지 못했으므로, 원고의 적법한 절차 참가권이 침해된 상태에서 내려진 면책결정을 승인하는 것은 공서에 반하는 것이어서 허용될 수 없고, ② 설령 그렇지 않더라

---

[39] 판결문에 피고(자연인)가 받은 면책결정이 미연방파산법 제7장에 따른 것인지, 아니면 제11장이나 제13장에 따른 것인지가 명확히 기재되어 있지는 않다.

도 피고가 미국법원으로부터 받은 면책결정문에는 '채권자목록에 기재되지 않는 채무에 대해서는 면책되지 않는다(some debts which the debtors did not properly list)'는 취지로 기재되어 있으므로,[40] 이 사건에서 원고가 구하는 채무가 위 목록에 포함되어 있지 않은 이상 면책된 것으로 볼 수도 없다는 이유로 피고의 항변을 배척하고 원고의 청구를 인용하였다. 항소심 법원도 이와 같은 판단을 그대로 유지하였다(항소기각 판결).

　생각건대, 위 사안에서 승인대상이 된 면책재판은 원고가 미국도산절차에 참여할 기회를 충분히 제공받지 못한 상태에서 내려진 것으로서 그 "성립절차" 자체에 문제가 있는 것이므로 이를 승인하지 않은 위 법원의 판단은 충분히 타당하고 그 결론도 수긍할 수 있다. 다만, 미연방파산법 제523(a)(3)(A)는 목록에서 제외된 채권(debts neither listed nor scheduled)이라고 하더라도, 해당채권을 보유한 개별채권자가 ⅰ) 도산절차의 진행을 통지받았거나(such creditor had notice), ⅱ) 도산절차가 신청되었다는 점을 적절한 시점에 사실상 인지하고 있었던 경우(actual knowledge of the case in time for such timely filing)에는 그 채권도 면책되는 것으로 취급하고 있다.[41] 따라서 원심이 이와 같은 채권자(사안에서의 원고)의 인식 여부에 관한 부분을 추가로 심리·검토하지 않은 점은 다소 아쉽다.

---

40) 판결문에서 구체적으로 설시하고 있지 않아 불분명하지만, 아마도 미국도산법원이 '미연방파산법 제523(a)(3)'에 따라 면책결정문에 표시한 부분이 아닐까 생각된다. 해당 조문에 의하면 채무자가 그 존재를 알면서도 채권자목록 내지 변제계획안 등에 기재하지 않은 채무에 대해서는 면책되지 않는다고 규정하고 있기 때문이다.

41) 그 밖에 채무자가 자산을 전혀 가지고 있지 않은 이른바 No Asset 상태에서 진행되는 제7장 절차에서는 또 다른 쟁점들이 있는데, 상세는 Craig Schuenemann, "No Notice: How Unnotified Creditors Can Violate a Discharge Injunction", Bryan Cave Leighton Paisner, 2017을 참조.

만약, 심리한 결과, 원고가 거래상대방인 피고의 도산절차의 진행 상황에 대하여 인지하고 있었던 것으로 드러났다면, 원고는 앞서 본 ㈜고합과 마찬가지로 절차참여의 기회가 충분히 있었음에도 임의로 이에 참가하지 않은 채권자일 뿐이다. 즉, 면책결정을 승인하더라도 선량한 풍속 기타 사회질서에 반하지 않고, 위 제523⒜⑶(A)의 해석에 따르더라도 해당채권은 면책되는 것으로 해석될 수 있다. 물론, 이처럼 보려면 면책여부를 판단하는 준거법은 '도산법정지법인 미연방 파산법'이라는 것이 전제되어야 한다. 그런데 〈면책의 효력 및 그 범위〉는 도산전형적인 법률효과에 해당하므로 앞서 본 대법원 2012다104526, 104533 판결에서 확립된 법리(=도산전형적인 법률효과에 해당하는 사항에 대해서는 도산법정지법을 준거법으로 삼아야 한다는 법리)에 따르더라도, 이와 같이 취급하는 데는 크게 무리가 없어 보인다.

2. 수원고등 2021나18913[상고이유서부제출기각 확정]

이 사건은 원고가 피고(개인채무자)를 상대로 대여금의 지급을 구하는 사안으로, 피고는 미국의 코네티컷파산법원(U.S. Bankruptcy Court for the District of Connecticut)에서 제7장 절차를 진행하고 그 절차에서 면책결정을 받았다고 항변하였다. 1심법원은 피고가 원고에 대한 채무를 채권자목록에 기재하였고 이에 미국법원이 원고의 주소지로 면책사실을 통지한 사정을 인정하면서도, 결국 민사소송법 제217조 제1항 제2호[42]의 요건이 불비되었다고 판단하여 면책결정의 승인을

---

[42] 민사소송법 제217조 제1항은 외국재판의 승인요건을 규정하고 있는데 그 중에서 제2호는 "패소한 피고가 소장 또는 이에 준하는 서면 및 기일통지서나 명령을 적법한 방식에 따라 방어에 필요한 시간 여유를 두고 송달받았거나(공시송달이나 이와 비슷한 송달에 의한 경우를 제외한다) 송달받지

거부하고 원고의 청구를 인용하였다.

위 1심법원은 ① 위와 같이 원고에게 송달된 통지서는 미연방파산법 제7장 절차 마무리 단계에서의 통지일 뿐이고, ② 그 밖에 절차 초기 단계에서 원고에게 도산절차의 개시를 알리는 통지서가 송달되었다고 볼만한 자료는 없으며, ③ 원고와 함께 위 통지서에 공동수신자로 기재된 원고의 자녀는 도산절차가 진행되는 동안 다른 주소지에서 거주하였던 것으로 보이므로, 피고가 제출한 증거들만으로는 원고가 제7장 절차에 관한 서면/기일통지서/명령 등을 적법한 방식에 따라 방어에 필요한 시간 여유를 두고 송달받은 것으로 인정하기에 부족하다고 판단한 것이다. 항소심도 이와 같은 판단을 유지하였다.

그러나 ❶ 피고가 원고에 대한 채무를 채권자목록에 기재함으로써 이미 송달목록(Service List)에 원고가 대상자로 포함되어 있었던 이상, 제7장 절차의 초기 단계에서부터 원고가 관련 서류를 송달받고 절차에의 참여기회를 부여받았을 것으로 추단된다. ❷ 설령 그렇지 않더라도 원고로서는 면책결정에 대한 통지서를 송달받았을 때 절차에 충분히 참여하지 못했다는 주장을 하면서 해당 면책결정에 불복할 수 있었을 것임에도,[43] 미국도산법원에 그와 같은 의견을 제출하거나 불복조치를 취하지 않은 것으로 보인다. ❸ 무엇보다도 위와 같은 통지서를 수령하였을 시 원고는 (대한민국이 아니라) 미국에서 거주하고 있었으므로, 미국도산절차에 참여하는 것이 물리적으로 불가능하거나 그 참여를 강제하는 것이 현저히 불합리하거나 부

아니하였더라도 소송에 응하였을 것"을 명시하고 있다.

[43] 위와 같은 통지에는 채권자들이 면책결정에 불복할 수 있는 기간(the deadline for objecting to the discharge)이 함께 기재되어 있는데, 위 기간 내에 채권자는 채무자를 상대로 "adversary proceeding"을 제기하는 방법으로 면책결정에 이의를 제기할 수 있다.

당하다고 보이지 않는다. ❹ 또한, 송달의 적법성을 판단하는 기준은 "재판국법"이라는 국제민사소송법의 대원칙에 비추어 보더라도,[44] 미국법원이 당시 미국에 거주하고 있던 원고에게 미연방파산법이 정한 방식에 따라 송달/통지를 한 것이라면,[45] 이로써 원고는 방어를 위해서 필요한 시간적인 여유를 가지고 충분히 관련 서류를 송달받은 것으로 볼 여지도 있다고 생각된다.

III. 전향적인 입장을 취한 하급심들

1. 인천지법 2016나13185(면책재판 승인사례, 미 상고 확정)

이 사건은 원고(양수인)가 피고(개인채무자)의 채권자인 A(양도인, 채권자)로부터 피고에 대한 대여금채권을 양수한 다음 피고를 상대로 그 지급을 구하는 양수금 소송이었는데, 피고는 동경지방재판소에서 진행된 파산절차에서 면책결정을 받았다는 점을 항변사유로 주장하였다. 주목할 만하게도 이러한 상황에서 담당재판부는 일본 도산법원에서 내려진 면책결정이 민사소송법 제217조 제1항에서 요구하는 요건을 모두 충족하여 우리나라에서 승인되어야 한다고 보고, 원고가 이 사건에서 구하는 채권이 통상의 채권이 가지는 소제기권능과 집행력을 상실한 이상 원고의 소는 각하되어야 한다고 판단하였다. 현재까지 확인되는 하급심 중 외국도산법원에서 내려진

---

44) 석광현(주 37), 353면.
45) 적어도 원고가 면책결정에 대한 통지를 받음을 자인하였던 이상 해당 주소가 잘못 기재된 것으로 보이지 않고 설령 그 이후에 이사를 갔다고 하더라도 주소변경신고에 대한 의무는 원고에게 있었다고 볼 수 있으므로 페널티를 원고에게 부여하는 것이 타당해 보인다.

면책결정의 승인을 허용한 거의 유일한 사례로서 굉장히 유의미하다고 생각된다.[46]

구체적으로, 해당 재판부는 ① 채권이 양도되기 전 동경지방재판소에서 진행된 피고에 관한 파산절차의 채권자목록에, 이 사건 채권이 A를 채권자로 하여 기재되어 있었고, ② 채권자목록에 기재되어 있었던 A는 동경지방재판소로부터 위 파산절차에 관한 서류 등을 적법하게 송달받아 절차에 참여하였으며, ③ 그 밖에 달리 일본의 면책재판이 우리나라의 선량한 풍속이나 그 밖의 사회질서에 위반되는 것으로 볼만한 사정이 없다는 등의 이유를 들었다. 이러한 점을 논거로, 원고의 소를 각하한 1심법원(인천지방법원 2015가소105752)의 판결을 그대로 유지한 것인데(항소기각 판결), 이는 국제도산제도의 목적과 취지에 부합할 뿐만 아니라, 대법원 2009마1600 결정에 따라 다소 소극적인 분위기가 형성되고 별다른 하급심 선례도 존재하지 않는 상황에서 나온 판결이어서 더욱 의미가 있다고 생각된다.

2. 서울중앙지법 2016가합2074(Article X와 유사한 입장을 취한 사례, 미 항소 확정)

이 사건은 원고(양수인)가 피고(개인채무자)에 대해 손해배상채권을 가지고 있는 채권자 A(양도인, 채권자)로부터 피고에 대한 손해배상채권을 양수한 다음 피고를 상대로 그 지급을 구하는 양수금 소송이었는데, 이에 대해 피고는 캘리포니아중부파산법원에서 진행된

---

46) 이는 대법원 2009마1600 결정에서 판시한 법리를 따라 CBI 모델법을 적용하지 않고 민사소송법상 외국재판의 승인에 관한 규정을 적용한 사례이지만, 외국도산절차(일본파산절차)에서 내려진 도산관련재판(면책재판)을 원활하게 승인한 것이라는 점에서, 결과적으로 IRJ 모델법과 같은 결과를 도출한 것으로 평가할 수 있다.

파산절차에서 면책결정을 받았다는 점을 항변사유로 주장하였다.[47)]

결과적으로 이 사건에서도 면책결정의 승인이 이루어지지 않아 피고의 항변이 배척되고 원고의 청구가 인용되었다. 그러나 담당재판부가 그와 같은 결론을 내린 논거가 굉장히 흥미롭다. 일반적인 외국재판의 승인의 절차를 따라 처리하도록 한 대법원 2009마1600 결정과 달리, CBI 모델법상의 구제조치(relief)를 기초로 논증하였기 때문이다. 채무자회생법상의 지원결정을 통해 면책결정의 대내적 효력을 부여하여야 하므로 그와 같은 외국도산절차의 승인/지원결정이 존재하지 않는 이상 피고의 면책항변은 그 자체로 이유가 없다는 것인데, 그 원문은 아래와 같다.

설령 채무자가 외국법원에서 외국도산절차에 따른 면책결정을 받았다 하여도 채무자회생법 제631조, 제632조, 제636조 등에 따른 승인결정 및 법원의 지원결정이 없는 한 당연히 국내에까지 외국 면책결정의 효력이 미치는 것은 아니고 외국법원에서 파산·면책을 선고받은 채무자는 여전히 대한민국 내 재산에 대하여는 관리처분권한을 가지고 또한 채권자는 이에 대하여 개별적인 강제집행도 할 수 있다 할 것이다.

그렇다면, 위 피고가 주장하는 미국 캘리포니아 중앙지방 파산법원의 면책결정이 국내에도 효력이 있기 위해서는 채무자회생법에 따른 승인결정 및 법원의 지원결정이 있어야 하는바, 위와 같은 승인결정 및 지원결정이 있었음을 인정할 아무런 근거나 자료가 없다. 따라서 피고의 주장은 받아들일 수 없다.

즉, 이는 CBI 모델법이 외국도산절차의 승인과 그에 대한 지원이라는 체계를 구축한 이상, 도산절차에서 내려진 면책재판 등의 승

[47)] 판결문에 피고(자연인)가 받은 면책결정이 미연방파산법 제7장에 따른 것인지, 아니면 제11장이나 제13장에 따른 것인지가 명확히 기재되어 있지는 않다.

인·집행도 이를 통해 해결하는 것이 타당하다는 미연방파산법원의 입장 및 이를 반영하여 입법된 IRJ 모델법의 Article X와 궤를 같이하는 것이다.[48] 해당 재판부의 의도를 명확히 알 수는 없지만, 기존 대법원 2009마1600 결정이 구축한 체계가 기존 국제도산의 목적에 부합하지 않다고 판단하여 판례의 변경을 위해 전향적으로 위와 같은 입장을 취했을 가능성도 있어 보인다(다만, 항소되지 않아 상고심까지 진행되지 못하였다).[49]

3. 서울중앙지법 2018가단5167140 (CBI 모델법의 체계를 존중한 사례, 미 항소 확정)

이 사건은 직접 면책재판의 승인이 다루어진 사안은 아니지만 흥미로운 사안이므로 간단히 소개한다. 이 사건은 피고(보험계약자, 독일법인)와 이행보증보험계약을 체결한 원고(보험자)가, 보험사고가 발생하자 피보험자(한국철도공사)에게 그 보험금을 지급한 이후 피고를 상대로 구상금을 청구한 사안이다. 통상의 경우라면 보험자가

---

[48] 물론, (Article X만을 받아들이는 입장이 아니라) Article 1~16을 전면적으로 받아들이는 입장에서는 도산관련재판의 승인·집행은 방어방법(defence) 또는 선결문제(incidental question)로서도 주장할 수 있으므로, 반드시 결정승인제의 관점에서만 IRJ 모델법을 바라볼 수 없는 측면도 있다.

[49] 판결문에서 직접 언급하고 있지는 않지만 또 하나 흥미로운 쟁점은 위 사건에서 CBI 모델법이 '결정승인제'를 취하고 있다는 기존 입장이 다시 한 번 확인되었다는 점이다. 즉, CBI 모델법에 따른 '지원결정'을 통해 외국법원의 면책재판을 승인하는 경우에는 사실은 지원결정을 받을 수 있는 모든 요건을 충족하였다고 하더라도 그와 같은 사정만으로 바로 승인·집행의 효력이 발생하는 것은 아니고, 별도의 지원결정이 있어야만 한다는 점을 명백히 한 것이다. 이는 일반적인 외국재판의 승인·집행의 방법으로 면책재판의 승인 여부를 검토하는 경우에는 민사소송법 제217조의 요건의 충족만 확인된다면 별도의 결정 없이도 자동적으로 승인이 이루어지는 것으로 취급하는 것과는 상이한 부분이다.

보험계약자를 상대로 구상권을 행사하지 않겠지만, 이 사건 보험계약의 경우는 보험자가 피보험자에게 보험금을 지급할 시, 보험계약자가 보험가입금액의 범위 내에서 보험자에게 변제책임을 부담하기로 하는 추가약정을 두고 있었다. 그런데 피고는 "뮌헨지방법원 파산법원으로부터 예비적 도산절차의 개시와 임시 재산관리인 지정, 그리고 강제집행중지명령을 받았으므로 이 사건 소송도 중지되어야 한다"고 주장하였다.

판결문에서 독일에서 진행된 도산절차의 진행과정 및 그 경과에 관하여 상세히 기재하고 있지 않아, 독일도산법(Insolvenzordnung)의 어떤 조문에 의하여 어떠한 내용의 결정이 내려진 것인지는 불분명하다. 하지만 아마도 피고(독일법인)에 대하여 위 독일도산법 제21조(Anordnung vorläufiger Maßnahmen, 보전처분의 명령) 제2항 제1호에 따른 임시도산관리인 선임결정(vorläufigen Insolvenzverwalter bestellen) 등이 내려진 다음 피고가 위와 같은 항변을 한 것이 아닌가 생각된다.[50]

이러한 상황에서 위 법원은 "외국도산절차가 개시되었다고 하더라도 우리나라의 법원이 그에 대한 승인 전 명령이나 지원결정을 하지 않은 이상 이 사건 소송절차가 당연히 중지되는 것은 아니다"라는 이유로 피고의 주장을 배척하고 원고의 구상금청구를 인용하였는데, CBI 모델법이 구축한 외국도산절차의 승인/지원체계를 정확히 이해하고 내린 지극히 타당한 판결로 생각된다.

특히, IRJ 모델법은 앞에서 본 것처럼 임시적이고 잠정적인 효력을 가지는 처분을 도산관련재판의 개념에서 배제하고, 그에 대해서는 여전히 기존 CBI 모델법이 구축한 체계 하에서 처리하도록 하고 있으므로, 당시 우리나라가 IRJ 모델법을 이미 받아들인 상황이었다고 가정하더라도 위와 같은 결론은 타당하다. 즉, 독일법원에서 내려

---

50) 독일도산법의 해당 원문과 그 번역에 관한 자세한 내용은 김경욱, 『독일도산법(Insolvenzordnung)』, 법무부, 2019, 32면 이하를 참조.

진 보전처분은 IRJ 모델법에 따르더라도 독립된 개별재판으로서 승
인·집행의 대상이 되지 못하므로, 위 소송에서의 피고(독일도산절차
에서의 채무자)로서는 먼저 우리나라의 법원에 외국도산절차의 승
인신청을 한 다음 채무자회생법 제635조 제1항이나 제636조 제1항
제1호에 따른 승인 전 명령 내지 지원결정으로서 '소송중지'를 구했
어야만 하는 것이다. 향후에도 CBI 모델법이 구축한 국제도산체계가
그대로 적용될 수 있음을 보여주는 좋은 사례라고 생각된다.

IV. 검토-속지주의(屬地主義)로의 회귀를 벗어날 필요성

대법원 2009마1600 결정의 진의(眞意)와는 별도로, 우리 하급심들
은 위 대법원 결정이 외국도산절차에서 내려진 회생계획인가재판,
면책재판 등을 승인·집행하는 데에는 신중하고 제한적으로 해석해
야 한다는 메시지를 던진 것으로 이해하고 있는 것으로 보인다. 사
안마다 다양한 논거를 들고는 있지만, 결과적으로 외국도산절차에
서 내려진 면책재판을 승인한 사례가 단 한 건에 그치고 있다는 점
이 이를 여실히 보여준다.

그런데 이는 속지주의(屬地主義)를 벗어나 보편주의를 표방하는
전 세계적인 흐름에 부합하지 않는 다소 폐쇄적인 실무의 운영방식
으로 생각된다. 물론 면책재판이 내려지기까지 해당 외국도산절차
가 진행된다는 점을 충분히 전달받지 못하여 그에 참여할 기회를 제
공받지 못한 경우라면 해당 면책재판의 〈성립절차〉가 선량한 풍속
그 밖의 사회질서에 어긋나는 것이므로 당연히 그 면책재판의 승인·
집행을 허용해서는 안 될 것이다. 이는 새롭게 성안된 IRJ 모델법 제
14조 제(f)호에 따르더라도 지극히 타당한 해석이다. 그러나 면책재
판이 내려진 성립절차가 적법한 경우라면, 설령 그로 인하여 발생할

수 있는 〈구체적 결과〉가 선량한 풍속 그 밖의 사회질서에 반할 여지가 있다고 하더라도 공서위반을 근거로 승인·집행을 거부하는 데에는 신중해야 할 것으로 생각된다. 이는 해당 외국도산절차에 참여하여 온 많은 이해관계인의 법적 지위를 불안하거나 불리하게 만들고, 결과적으로 외국채권자나 국내채권자를 공정하지 않게 취급하게 될 수도 있기 때문이다.

나아가 면책재판의 성립과정에서 국내채권자에게 외국도산절차의 진행 상황이 충분히 전달되지 못하였다고 하더라도, 해당 외국도산절차의 진행이 도산법정지법에 따라 적법하게 진행된 것이라면, 그 성립절차가 공서위반에 해당하는 것이라고 선뜻 단정할 수는 없다고 생각된다. 가령, 우리나라에서 진행된 한진해운의 도산절차에서도 수많은 외국채권자들이 존재하였지만, 그 외국채권자들의 주소, 사무소를 일일이 정확히 알지 못하여 개별적으로 소송관련 서류를 직접 송달하지 못하였다. 대신에 채무자회생법 제10조에서 허용하는 "송달에 갈음하는 공고"를 거쳐서 절차를 진행하였다.51) 이러한 상황에서 특정 외국채권자가 "공고"의 방식으로 진행된 우리나라의 회생절차 진행을 제대로 인지하지 못하여 한진해운에 대한 국내도산절차에 참여할 기회를 상실했다고 주장하면서 해당 외국에서 우리나라에서 내려진 회생계획인가결정이나 면책결정 등의 효력이 부인되어야 한다고 주장하는 경우를 상정해보자. 이때 이와 같은 주

---

51) 물론, 채무자회생법에서 송달/공고를 같이 하도록 하고 있는 경우에는 '제10조 제2항에서 말하는 특별한 정함이 있는 때'에 해당하여 송달에 갈음하는 공고를 할 수 없을 것이나(이렇게 하지 않으면 공고만으로 송달을 생략할 수 있게 되기 때문임), 실제로 다수의 외국채권자가 존재하는 사안에서는 신속한 절차의 진행을 위해 '송달에 갈음하는 공고'를 보다 폭넓게 활용할 수 있도록 배려할 필요가 있다고 생각된다. 상세는 권순일(편집대표), 『주석채무자회생법(제1판)(Ⅰ)』, 한국사법행정학회, 2021, 208면[집필담당: 심태규]을 참조.

장을 제한 없이 받아들인다면, 결국 한진해운은 해당국가에서는 여전히 특정 외국채권자에 대한 채무를 부담하게 되고, 그 국가에 소재하는 채무자의 자산에 대한 개별적 강제집행이 발생할 여지를 남겨두게 된다. 즉, 건전한 재무구조를 형성하여 해당 국가에서 다시 영업활동을 재개하려는 채무자의 재건계획에 막대한 타격을 주는 것이다. 따라서 도산절차가 개시된 국가(=도산법정지국) 밖에 있는 국외채권자의 관점에 지나치게 집중하는 것은 도산절차의 목적과 취지를 저해할 가능성이 크다. 따라서 절차는 법정지법에 따른다는 국제사법의 대원칙에 따라 외국도산절차가 도산법정지법에 따른 절차를 충분히 준수하였다면 공서를 위반하였다고 판단하는 데에는 신중해야 한다.

그러나 이와 같은 실무상의 운영을 통해서만 문제를 해결하는 데에는 한계가 있으므로, 종국적으로는 IRJ 모델법의 채택을 통해 채무자회생법상의 국제도산체계를 재정비할 필요성이 크다고 생각된다. 이에 관하여는 절을 바꾸어 살펴보기로 한다.

제4절 IRJ 모델법의 채택을 통한 해결 모색

I. IRJ 모델법 채택의 필요성

당장은 우리나라가 외국도산절차에서 수립된 면책재판을 승인·집행해야 하는 다소 방어적인 입장에 처한 경우가 더 많다. 하지만 앞서 한진해운 사안에서 본 것처럼 오히려 우리나라 법원이 외국채권자들에게 절차참여를 충분히 안내하고 통지/송달하여야 하는 경우도 있고, 이러한 상황은 국가경제가 성장함에 따라 더 빈번하게 발

생할 것으로 보인다. 그런데 이러한 경우에까지 일일이 개별 외국채
권자의 절차진행 인지(認知) 여부를 확인하도록 하는 것은 사실상 불
가능하다. 따라서 1(원고):1(피고)의 법률관계를 전제로 하는 일반적
인 외국재판의 승인·집행에서의 논의를 1(채무자):다수(채권자)의 법
률관계를 기초로 하는 도산관련재판의 승인·집행에 그대로 적용하
는 것은 적절하지 않다.

따라서 다른 국가들의 국제도산 실무와 충돌할 수 있는 여지를 근
본적으로 해결하고, 국제적으로 확립된 국제도산의 기준에 부합하
는 체계를 구축하고 그에 따라 실무를 운용하기 위해서는 IRJ 모델
법의 채택을 고려해볼 만하다. IRJ 모델법은 대법원 2009마1600 결정
과 Rubin 판결에서 다루어진 쟁점을 해결할 목적으로 성안된 만큼
우리나라의 국제도산 실무가 그동안 가지고 있었던 문제점들을 쉽
게 해결해줄 가능성이 크기 때문이다. 그런데 IRJ 모델법은 입법론적
인 측면에서도 Article X만을 받아들이는 방법과 기본조문들을 일체
로 받아들이는 두 가지 방법을 제안하고 있다. 미국처럼 이미 사실
상 Article X에서 규정한 바와 같은 방식의 실무를 운영해 온 국가는
미연방파산법 제1521조의 개정을 통해 Article X만을 추가하는 방법
을 선택할 수 있다. 그와 같은 소규모 개정만으로도 CBI 모델법의 기
존운영을 더 공고히 할 수 있어 보이기 때문이다. 다만, 우리나라는
그와 같은 방식의 실무를 운영해오지 않았으므로, IRJ 모델법을 채택
함에 있어 다양한 방식을 고려할 수 있을 것으로 생각된다.

물론, 회생계획인가재판이나 면책재판 등에 관한 승인·집행에 소
극적으로 대처하고 있는 우리나라 하급심들이 향후 ⅰ) 대법원 2009
마1600 결정이 반드시 외국에서 내려진 면책재판의 승인·집행을 제
한하려는 데에 그 목적이 있었던 것이 아님을 인지하고, ⅱ) 외국도
산절차에서 수립된 집단적 절차 재판의 효력을 널리 인정하는 것이
국제도산의 목적과 취지에 부합한다고 판단하여, 그 스스로 기존 실

무흐름을 변경하는 방법으로 상황을 개선할 여지도 있다. 그러나 이는 IRJ 모델법을 통해 드러난 위 대법원 2009마1600 결정의 오해(집단적 절차 재판에 대한 인식)를 그대로 유지하면서, 단지 그 안에서 실무의 운용만을 통해 문제점을 해결하려는 것에 그치는 것이어서 근본적인 해결책으로 보이지 않는다.

II. 해석론적 해결방안

1. 예상되는 실무의 모습

먼저, IRJ 모델법을 받아들이지 않고 현행 미연방파산법과 마찬가지로 CBI의 모델법의 폭넓은 적용을 통해 외국도산관련재판의 승인·집행을 구제조치(relief)로 처리하는 방법이 있다. 즉, 해석론을 통해 현행 우리나라 실무의 문제점을 해결하는 방안인데, 이에 따르면 일반적인 외국재판의 승인·집행절차에 따라 대내적 효력부여를 결정하였던 실무와 달리, 채무자회생법 제636조 제1항 제5호(그 밖에 채무자의 업무 및 재산을 보전하거나 채권자의 이익을 보호하기 위하여 필요한 처분)를 통해 외국도산절차에서 내려진 재판의 승인·집행을 처리할 수 있게 된다.

그런데 아직 충분한 선례가 집적되어 있지 않으므로 실무를 처리하는 과정에서는 IRJ 모델법과 그 Guide to Enactment를 참조할 수밖에 없을 것으로 보인다. 즉, 비록 외관상으로는 채무자회생법 제5편(국제도산)상의 '지원결정'의 범위가 확대되는 것으로 비추어질 수 있지만, 실질적으로는 ① 지원결정을 통해 처리할 수 있는 승인·집행의 대상이 되는 재판의 범위를 어느 정도까지 인정할 것인지, ② 어떠한 경우에 승인·집행을 거부할 것인지, ③ 승인·집행을 허용하

는 경우 그 대내적 효력을 어느 정도로 부여할 것인지 등에 관하여
는 여전히 불확실하기 때문이다. 즉, IRJ 모델법의 내용을 사실상 그
대로 받아들여 실무를 운영할 수밖에 없을 것으로 보인다.

2. 불안정한 법률관계의 지속 우려

IRJ의 모델법을 사실상 그대로 받아들여 실무를 운영하는 경우에
도, 그와 같은 내용의 법령이 명시적인 규범의 형태로 존재하는 것
은 아니다. 따라서 결국 구체적인 개별쟁점(승인·집행의 대상, 거부
사유의 구체화, 승인·집행의 효력 등)은 여전히 해결되지 않은 상태
로 상당 기간 진행될 수밖에 없다. 즉, 판례의 집적을 통해 이와 같
은 쟁점들에 대한 실무가 안정적으로 정착될 때까지 이해관계인들
은 다소 불안정한 상태에서 도산절차에 참여할 수밖에 없게 된다는
단점이 있다.

나아가 앞에서 언급한 바와 같이, 이와 같은 실무의 변화를 위해
서는 먼저 대법원이 2009마1600 결정을 통해 확립한 기존 입장을 변
경해야 하므로, 유사한 쟁점을 다룬 사례가 상고되고 그 사건이 전
원합의체 결정을 통하여 2009마1600 결정의 입장을 변경하거나 폐기
되기를 기다려야 한다는 번거로움도 있다. 물론 그 전이라도 하급심
들이 IRJ 모델법의 문언 등을 기초로 호기롭게 먼저 전향적으로 실
무의 흐름을 변경할 수도 있겠으나 상급심에 기속되는 체계를 가진
법원의 구조상 그와 같은 기대를 하기는 사실상 쉽지 않아 보인다.

III. 입법론적 해결방안

이러한 이유로 기본적으로는 IRJ 모델법을 받아들여 채무자회생법

을 정비하는 입법론적인 해결방안이 도산실무를 효율적으로 변화시킬
수 있는 직접적인 방법이라고 생각된다. 이에는 다시 ① Article X를 받
아들이는 방법과 ②Article X를 제외한 나머지 조문(Article 1~16)을 전면
적으로 받아들이는 방법이 있다. Article X와 Article 1~16을 함께 받아
들이는 방법도 문언상 불가능한 것은 아니겠으나,[52] 이는 CBI 모델법
과 IRJ 모델법이 중첩적으로 적용되는 영역을 만들어 일관되지 못한
실무를 용인하는 결과를 낳을 수 있으므로 고려하지 않기로 한다.[53]

1. Article X를 받아들이는 방법

사실은 Article X를 받아들이는 방법이 기존 CBI 모델법의 문언 및
체계에 가장 부합하고 CBI 모델법을 기초한 자들의 의사에 부합하는
가장 간명하고도 논리적인 해결방안이라고 생각된다. 유력한 견해
도, 도산관련재판의 승인은 통상의 민사재판 승인경로에 의할 것이

---

[52] IRJ 모델법과 Guide to Enactment가 "Article X는 반드시 단독으로만 채택되
어야 한다"는 취지의 조문을 두고 있지는 않다.

[53] 가령, 세 번째 안을 채택하는 경우에 도산관련재판을 집행하고자 하는 자
로서는 i) 집행국법원에 먼저 외국도산절차로서의 승인을 신청하고 이어
서 구제조치(relief)로서 그 집행을 신청하는 방법, ii) 집행국법원에 (별도의
외국도산절차의 승인 신청을 할 필요 없이) 곧바로 도산관련재판의 집행을
신청하는 방법 중 하나를 선택할 수 있게 된다. 이때 CBI 모델법상의 구제
조치(relief)로 신청하는 경우에는 (IRJ 모델법 제14조에 따른 개별적 승인·
집행 거부사유의 존부를 판단 받지 않고) CBI 모델법 제6조에 따른 공서위
반 해당 여부만 검토받을 것이기 때문에, 보다 수월하게 집행 받을 수 있
다. 따라서 만약 이와 같은 형식의 입법례를 취한다면 사실상 CBI 모델법
상의 구제조치를 신청하는 방향으로 실무가 편중될 것으로 보인다. 석광
현, "도산 관련 재판의 승인 및 집행에 관한 2018년 UNCITRAL 모델법의 소
개와 우리의 입법 방향", 국제거래와 법(통권 제33호), 동아대학교 법학연
구소, 2021, 43면도 제1~16조를 받아들이는 방법을 취하는 경우 논리적으
로 Article X를 두지 않는 것이 바람직하다는 견해를 피력하였다.

아니라 승인국 법원에 의한 도산절차의 승인과 그에 수반한 지원처분의 경로에 의하여야 한다는 입장을 대법원 2009마1600 결정 전부터 밝혀 왔다.[54] 이와 같은 해석이 CBI 모델법을 기초한 자들의 입법취지에 부합하는 것이었다는 점도 앞서 본 바와 같다.

가. 예상되는 실무의 모습

Article X를 받아들이는 방법으로 IRJ 모델법을 채택한다면 제1~16조의 조문을 전체적으로 받아들이는 것보다 간명하고, 이해하기 쉬우며, 무엇보다도 기존 CBI 모델법이 구축한 체계를 가장 흐트러뜨리지 않는 방법이므로 많은 장점을 가지고 있다고 생각된다. 현재 용역보고를 통해 법무부에 제안되어 있는 채무자회생법 개정안은 i) 채무자회생법 제628조(정의)에 Article X의 내용을 추가하는 1안과 ii) 채무자회생법 제636조(외국도산절차에 대한 지원) 제1항 제5호에 Article X의 취지를 추가하는 2안으로 구분되는데,[55] 그 구체적인 내용은 다음과 같다(밑줄 및 강조된 부분이 추가될 부분이다).

제1안. 제628조(정의)
3. "외국도산절차의 승인"이라 함은 외국도산절차에 대하여 대한민국 내에 이 편의 지원처분을 할 수 있는 기초로서 승인하는 것을 말한다. **[여기의 지원처분은 도산관련재판의 승인 및 집행을 포함한다.]**

---

54) 석광현, "외국도산절차에 따른 면책 효력의 승인", 법률신문 제3763호, 2009, 15면. 대법원 2009마1600 결정이 내려진 이후에도 석광현, "외국도산절차에 따른 면책 효력의 승인", 『국제사법과 국제소송 제5권』, 박영사, 2012, 587면과 석광현, "국제재판관할과 외국판결의 승인 및 집행", 국제사법연구 제20권 제1호, 한국국제사법학회, 2014, 35면은 같은 취지에서 위 대법원 결정의 문제점을 지적하였다.
55) 석광현(집필부분)(주 12), 139면에서 제안한 개정안이다.

> **제2안. 제636조(외국도산절차에 대한 지원)**
> ① 법원은 외국도산절차를 승인함과 동시에 또는 승인한 후 이해관계인의 신청에 의하거나 직권으로 채무자의 업무 및 재산이나 채권자의 이익을 보호하기 위하여 다음 각호의 결정을 할 수 있다.
>   1. 채무자의 업무 및 재산에 대한 소송 또는 행정청에 계속하는 절차의 중지
>   2. 채무자의 업무 및 재산에 대한 강제집행, 담보권실행을 위한 경매, 가압류·가처분 등 보전절차의 금지 또는 중지
>   3. 채무자의 변제금지 또는 채무자 재산의 처분금지
>   4. 국제도산관리인의 선임
>   5. 그 밖에 채무자의 업무 및 재산을 보전하거나 채권자의 이익을 보호하기 위하여 필요한 처분**[이에는 도산 관련 재판의 승인 및 집행을 포함한다]**

이처럼 채무자회생법이 개정된다면 ❶ 하급심들이 대법원 2009마1600 결정의 변경을 굳이 기다릴 필요 없이, 즉시 위 조문을 원용하여 지원처분으로서 면책재판의 승인·집행 등을 처리할 수 있게 되므로, 이해관계인들로서는 불안하지 않고 보다 안정적인 지위에서 법률관계를 조속히 정리할 수 있게 된다. ❷ 또한, 채무자는 해당 외국도산절차를 승인한 법원으로부터 면책결정을 승인하는 내용의 지원결정을 한번 받기만 한다면, 개별 민사소송에서 일일이 면책재판이 민사소송법 제217조상의 승인요건을 갖추었다고 주장·증명하면서 재판부를 설득할 필요가 없어지는 것이어서, 개별 민사재판부 간의 모순·저촉되는 판단을 막을 수 있다. ❸ 개별소송을 담당하는 해당 재판부들도 소송물로 다루어지는 채권이 면책결정의 효력이 미치는 채권의 범위에 포함되는지, 설령 포함된다고 하더라도 그 성질상 비(非)면책채권에 해당할 여지는 없는지 등과 같은 보다 실질적인 쟁점을 심리·검토하는 데에 재판부의 역량을 집중할 수 있게 되므로, 해석론적 해결을 도모하였을 때 보다 훨씬 많은 장점이 있다고 생각된다.

나. 해결해야 하는 쟁점들

Article X를 도입하는 방안을 취하는 때에도, 앞서 해석론적 방법을 취했을 시 발생할 수 있는 문제점이 일부 그대로 발생할 것으로 보인다. 위와 같은 단순한 형태의 조문만을 받아들이는 경우, 실무에서 발생할 수 있는 여러 가지 쟁점들(승인·집행의 대상으로 허용할 재판의 범위, 승인·집행 거부사유의 구체화, 승인·집행의 효과 등)이 여전히 입법적으로 해결되지 않아 이에 대한 안정적인 법리가 확립될 때까지 다소 법률관계가 불안해질 수밖에 없기 때문인데, 특히 아래와 같은 상황에서의 문제가 실무에서 불거질 수 있을 것으로 보인다.

1) (외국도산절차에 대한 승인을 받지 않은 상태에서) 외국도산절차 종료 후 뒤늦게 그 면책재판의 승인·집행을 신청하는 경우

먼저, 외국도산절차가 진행될 당시에는 우리나라 법원에 그 '외국도산절차'의 승인신청을 하지 않았다가 위 외국도산절차가 종료된 이후 비로소 그 절차에서 내려진 회생계획인가재판이나 면책재판을 승인하여 달라는 지원신청이 이루어진 경우, 그 처리방법이 문제될 수 있다.

대법원 2009마1600 결정에서 확립한 기존 법리에 따르면 "외국도산절차의 승인은 외국도산절차가 지원결정을 하기 위한 적격을 갖추고 있음을 확인하는 것"이다. 따라서 외국도산절차의 채무자가 지원결정의 방식으로 면책재판 등에 대한 승인을 받기 위해서는 먼저 '외국도산절차에 대한 승인"을 받아야 하는데, 이미 종결되어 계속 중이지 않은 외국도산절차에 대해서는 승인을 해줄 대상 절차가 없다는 이유로 그 승인신청을 각하한다는 법리(서울회생법원 2006국승1)가 계속 유지되어 오고 있기 때문이다. 이에 따르면 이와 같은 채무자는 외국도산절차에서 내려진 회생계획인가재판이나 면책재판을 승인받을 수 없다는 결과가 발생하는데, 이는 외국도산절차의 효력

을 가능한 존중하자는 국제도산의 이념 및 IRJ 모델법의 취지에도
전혀 맞지 않으므로 불합리하다고 생각된다.

따라서 이러한 경우에도 '외국도산절차'의 승인 결정을 먼저 받아
야 한다거나 '외국도산절차가 계속 중이어야 한다'는 기존 법리를 그
대로 유지하는 것은 옳지 않다. 그보다는 ❶ 승인신청이 적시에 이루
어졌더라면 외국도산절차에 대한 승인 결정이 내려졌을 것으로 판
단되는 경우에는 지원신청의 적격을 인정해주거나,56) ❷ 지원처분
대상이 (외국도산절차가 아니라) 외국도산절차에서 내려진 독립된
재판임을 고려하여, 도산절차의 종결 여부 자체를 아예 고려하지 않
는 태도57)를 취할 필요가 있다. 추가 입법을 하거나 입법이 이루어
지지 않더라도 그와 같은 취지로 해석해야 함이 상당해 보인다.

2) 외국도산절차에 대한 승인은 받았으나, 외국도산절차 종료 이후 뒤늦게 그 면책재판의 승인·집행을 신청하는 경우

다음으로 외국도산절차의 채무자가 '외국도산절차'의 승인 결정
은 받았으나, 해당 외국도산절차가 종료된 후 비로소 그 절차에서
내려진 회생계획인가재판이나 면책재판을 승인하여 달라는 지원신
청을 하는 경우의 처리방법도 문제될 수 있다.

그런데 ① 법원이 이해관계인의 신청에 의하거나 직권으로 이미
발령된〈지원결정〉을 변경/취소할 수 있는 것(채무자회생법 제636조
제6항)과 달리, 법원이 〈승인결정〉에 대해서는 이를 사후에 변경/취
소할 수 있는 근거 조문이 없다. ② 서울회생법원도 실무상 승인결정
문에서 '외국도산절차에 대한 승인의 효력이 종료되는 시점'을 별도

---

56) IRJ 모델법 제14조 제(h)호에서 규정하는 내용도 같은 취지로 이해된다.
57) IRJ 모델법 제2조 제(d)호 제(i)목의 a.에서 도산관련재판에 해당하는지는 외국
   도산절차의 종결 여부와 관계없다(whether or not that insolvency proceeding)
   고 규정한 부분도 같은 취지로 이해된다.

로 명시하고 있지 않기 때문에,[58] 결과적으로 외국도산절차가 종결되더라도 일단 내려진 승인결정의 효력은 그대로 유지되는 것으로 해석할 여지가 있다.

그렇다면 비록 외국도산절차가 실질적으로 종료된 상태이기는 하지만, 그 절차는 우리나라에서 승인을 받을 적격이 있음이 객관적으로 확인되었고, 적어도 형식적으로는 그 승인결정이 여전히 남아 있는 셈이다. 따라서 승인결정 자체가 처음부터 없었던 앞의 경우에 비해, 지원신청(면책재판 등의 승인)의 적격을 더 넓게 보아야 할 것으로 생각된다.

다. 검토

Article X만을 받아들인다면 위에서 본 것처럼 실제 실무를 처리하는 과정에서 당초 예상하지 못했던 많은 쟁점이 불거질 것인데 그때마다 매번 법원의 판례에 기대어 해당 쟁점이 순차적으로 정리되기를 기다리는 것은 조속한 법률관계의 정리를 요하는 도산절차의 실질에 맞지 않는 측면이 있다. 또한, 이미 Article X와 같은 조문이 사실상 존재하는 것처럼 실무를 운영하여 오면서, 미연방파산법 제1521(a)(7) 내지 제1507조의 해석 및 적용범위 등에 관한 무수히 많은 판례 법리를 형성한 미국과 달리, 우리나라는 대법원 2009마1600 결

---

58) 가령, 비교적 최근인 2021. 7. 28. 내려진 외국도산절차의 승인사건(2021국승100000)에서의 승인결정 주문도 아래와 같이 '승인결정의 기한'을 두고 있지 않은데, 이는 우리나라에서는 그동안 승인결정 자체에 커다란 의미를 두지 않았기 때문에(지원결정을 내릴 수 있는 적격을 확인하는 의미에 불과한 것으로 보았기 때문임), 관행적으로 이에 대해 특별한 문제의식이 없었던 것으로 보인다.

> **주문**
> 이 사건 외국도산절차[2018. 3. 21.자로 채무자에 대하여 호주연방법원(Federal Court of Australia)에 신청되어 계속 중인 파산절차(NSD522/2018)]를 승인한다.

정 등의 영향으로 채무자회생법 제636조 제1항 제5호를 적극적으로 활용하지 못하였으므로 이에 관한 선례가 전혀 없다. 따라서 반사적으로 IRJ 모델법에서 새로 구축한 도산관련재판의 승인·집행의 체계를 전면적으로 받아들이더라도, 기존의 법리와 모순·저촉되거나 충돌이 발생할 여지는 적다.

이러한 점들을 고려하면 비록 Article X를 받아들이는 방법이 기존 CBI 모델법의 체계와 그 해석에 따른 가장 부합하는 논리적인 해결책이지만, 아래에서 보는 바와 같이 Article 제1~16조를 전면적으로 받아들이는 방법이 실무상으로는 가장 무난할 것으로 생각된다.

2. Article 제1~16조를 전면적으로 받아들이는 방법

가. 채무자회생법 제5편의 재구성(再構成)

IRJ 모델법 Article 제1~16조 전부를 받아들이는 방법을 취한다면 기존 CBI 모델법을 따라 구축된 채무자회생법 제5편의 기본 체계를 흐트러뜨리지 않는 방법으로 위 16개 조문이 녹아 들어가야 한다. 현재 용역보고를 통해 법무부에 제안되어 있는 개정안도 ① IRJ 모델법 제1~8조까지는 채무자회생법의 기존 규정에 문구를 추가하는 방법으로, ② IRJ 모델법 제9~16조까지는 채무자회생법 제643조부터 제650조를 신설하는 방법을 취하면서, ③ 기존에 별도의 '장'으로 구분되어 있지 않던 채무자회생법 제5편(국제도산)을 아래와 같이 6개의 세부적인 장으로 구분하는 내용을 기초로 삼고 있다.[59]

---

59) 이에 관한 상세는 석광현(집필부분)(주 12), 99면 이하를 참조.

제5편 국제도산
  제1장 총칙
  제2장 외국도산절차의 대표자 및 채권자의 법원에 대한 접근
  제3장 외국도산절차의 승인 및 지원
  제4장 외국법원 및 외국도산절차의 대표자와의 공조
  제5장 병행도산절차
  제6장 도산관련재판의 승인 및 집행(제643~650조, 신설)

물론 IRJ 모델법은 기본적으로 외국법원에서 내려진 '재판'의 승인 및 집행을 다루고 있으므로 민사소송법 제217조, 민사집행법 제27조 등과의 관계를 고려하여 민사소송법 내지 민사집행법에 새로운 조문을 추가하는 방법의 입법을 고려할 수도 있다. 그러나 ❶ 채무자회생법 제5편의 기존 조문들과 중첩되거나 기본원칙을 함께하는 내용의 조문들이 많은 점, ❷ 특히 도산관련재판의 개념이나 개별적 승인·집행거부 사유의 주요 부분은 도산절차 특유의 실질을 고려한 부분이 많아 민사소송법/민사집행법의 다른 조문들의 내용과는 다소 이질적으로 보이는 점 등에 비추어 보면, 채무자회생법에 이를 배치하는 것이 바람직할 것으로 생각된다. 같은 취지에서 채무자회생법 제5편에서 IRJ 모델법 조문들을 추가하는 내용으로 입법안을 제시한 법무부 용역보고서의 입장에 찬성한다.

나. 예상되는 실무의 모습

채무자회생법 개정안(법무부 용역보고에서 제안된 안)의 구체적 내용은[60] 앞에서 설명한 IRJ 모델법의 내용이 충실히 반영되어 있다고 생각된다. 위와 같은 입법이 이루어지면 실무상 아래와 같은 양상이 나타나지 않을까 예상해본다.

---

[60] 석광현(집필부분)(주 12), 148~162면 이하를 참조.

1) CBI 모델법에 따른 '외국도산절차' 승인의 활성화 기대

도산관련재판의 승인·집행이 반드시 CBI 모델법에 따른 '외국도산절차'의 승인을 전제로 하는 것은 아니다. 따라서 채무자회생법상의 외국도산절차 승인을 받지 않은 채무자라고 하더라도 개별 소송과정에서 회생계획인가재판이나 면책재판과 같은 도산관련재판의 승인을 주장할 수 있음은 당연하다.

그러나 만약 CBI 모델법에 따른 '외국도산절차'의 승인이 신청되었더라도 그 승인결정을 받을 수 없었던 것으로 확인되는 경우에는 도산관련재판의 승인·집행 자체가 거부 될 수 있다(IRJ 모델법 제14조 제(h)호). 따라서 이러한 불확실성을 제거하고 싶은 외국도산절차의 채무자로서는 외국도산절차가 진행될 당시 '외국도산절차'의 승인을 먼저 신청하여 그 결정을 받아두려고 할 것이다. 그렇다면 그 과정에서 우리나라에서 CBI 모델법에 따른 외국도산절차의 승인 사건(=이른바 사건번호가 '국승'으로 부여되는 사건)의 접수가 늘어날 가능성이 있다.

외국도산절차의 채무자가 국내자산에 내려졌던 가압류, 가처분, 강제집행 등을 중지·취소하는 내용의 지원결정을 받을 목적으로 '외국도산절차'의 승인을 신청했던 종전과는 양상이 달라지는 것이다. 외국도산절차에서 내려진 회생계획인가재판 내지 면책재판의 승인을 받을 목적으로 '외국도산절차'의 승인을 신청할 것이기 때문인데, 이유야 어찌 됐든지 간에 결과적으로 '외국도산절차'의 승인사건이 늘어난다는 것은 국제도산의 법리 발전을 위해 매우 환영할 만한 일이라고 생각된다. 이를 통해 CBI 모델법과 IRJ 모델법이 전혀 독립된 별개의 규범이 아니라 함께 유기적으로 기능하는 역할을 한다는 것을 보여주는 모범적인 업무프로세스가 형성될 수 있을 것으로 보인다.

2) 도산법원으로의 관할 집중을 통한 승인재판 간의 모순·저촉 방지

도산관련재판의 승인·집행은 방어방법(defense)이나 선결문제(incidental question)로도 처리될 수 있다(IRJ 모델법 제11조 제1항). 따라서 도산법원 외에 개별 민사재판부에서도 해당 업무가 처리될 수 있음은 당연하다. IRJ 모델법이 채택되더라도 (앞서 본 하급심에서처럼) 개별적인 대여금, 양수금 소송이 제기되면 채무자로서는 그때 비로소 외국도산절차에서 면책재판 등을 받았음을 방어방법으로 주장할 수 있는 것이다.

그러나 IRJ 모델법이 채택된다면 채무자는 위와 같은 소극적인 방어방법이 아니라 제11조 제1항에서 정한 적극적인 방법으로 우리나라의 '도산법원'에 외국도산절차에서 내려진 회생계획인가재판이나 면책재판의 승인·집행을 먼저 신청할 가능성이 높다고 생각된다. 외국도산절차의 채무자로서는 대법원 2009마1600 결정에 뒤이은 하급심들의 실무례가 외국도산절차에서 내려진 면책재판 등에 우호적이지 않다는 분위기에 적지 않은 부담감을 가지고 있을 것이다. 그런데 채무자를 상대로 한 개별 민사소송이 아직 제기되지 않은 상태에서는, 외국도산절차에서 내려진 도산관련재판의 승인·집행에 관한 관할권은 당연히 '외국도산절차의 승인'에 관한 관할권을 가지고 있는 〈도산법원〉에 있다고 볼 것이다.[61] 여기에 IRJ 모델법이 도산관련재판의 승인·집행을 적극적인 방법으로 신청할 수 있다는 점을 명시적으로 확인해준 이상, 채무자로서는 도산절차의 목적·취지와 외국법원과의 공조체계 등을 더욱 잘 이해해줄 것으로 생각되는 〈도산법

---

[61] 채무자회생법 제630조는 외국도산절차의 승인/지원에 관한 사건을 기본적으로는 서울회생법원에 전속관할로 두되(본문), 효율적인 진행이나 이해당사자의 권리보호를 위해 이송이 가능하도록 규정하고 있다(단서). 다만 실무상 아직까지 이송신청이 되었거나 직권으로 이송결정을 한 사례는 없다. 상세는 권순일(편집대표)(주 1), 611면 이하[집필담당: 김영석]를 참조.

원)에 회생계획인가재판이나 면책재판의 승인·집행을 선제적으로
신청할 가능성이 커 보인다.

실제로 이러한 방식으로 실무가 운영된다면 채무자로서는 조속히
채권·채무를 정리하여 대한민국에서의 영업활동 재개에 집중할 수
있는 보다 나은 환경을 마련할 수 있다. 또한, 법원 전체적으로도 개
별 민사재판부에서 동일한 외국도산절차에서 내려진 면책재판의 승
인에 대해 모순·저촉되는 판결이 내려질 가능성을 줄일 수 있어 바
람직할 것이다.

3) 개별 민사사건 재판부들의 실질적인 쟁점에의 집중
가) 실체적인 쟁점에의 집중

우리나라는 소송관계인에 대한 서류의 송달을 국가의 주권행위
내지 공적인 행위(a sovereign or official act)로 취급함으로써, 비교적
자유로운 방식의 송달/통지를 허용하고 있는 영미법계 국가들에서
진행된 외국도산절차를 그동안 다소 엄격한 기준으로 바라보았다.
이에 따라 외국도산절차에서 수립된 면책재판의 승인에 소극적인
입장을 취했던 것으로 보인다. 그러나 도산법원에서 면책재판 등에
대한 승인재판을 먼저 발령하면 개별민사소송을 담당하는 재판부로
서도 면책재판 등의 성립절차 자체에 대해서는 일단 특별한 문제가
없었던 것으로 사실상 추정할 수 있다. 실체적인 판단에 나아갈 수
있으므로 실질적인 변론을 진행할 수 있게 되는 것이다.

구체적으로 ❶ 면책결정이 해당 채권자에게 미치게 되는 '구체적
영향'이 공서에 반하는 것은 아닌지, ❷ 해당 원고가 주장하는 채권
이 도산법정지법(=외국도산절차가 개시된 국가의 법)에 따라 면책결
정의 효력을 적용받는 도산채권(=회생절차개시결정 내지 파산선고
전의 원인으로 생긴 채권)에 해당하는지, ❸ 원고가 주장하는 채권이
'도산채권'에 해당한다고 하더라도 도산법정지법에 따른 비(非)면책

채권에 해당할 여지는 없는지 등에 집중할 수 있다. 그동안 '절차'의 문턱을 넘지 못하여 '실체'에 대한 판단을 받지 못했던 소송당사자들도 불분명했던 법률관계를 확실하게 정리 받을 수 있다는 점에서 환영할 것으로 생각된다.

나) 도산국제사법 발전가능성의 기대

이처럼 실무의 양상이 흘러간다면 도산국제사법에 관한 법리 발전에도 도움이 될 것으로 보인다. 가령, 도산채권의 내용과 비(非)면책채권의 범위에 관하여 도산법정지법과 채무자회생법의 내용이 상이한 경우, 어느 국가의 법을 기준(준거법)으로 위 쟁점들을 판단해야 하는지, 만약 도산법정지법이 준거법이 된다면 외국도산절차가 진행된 해당 국가에서는 문제된 쟁점을 어떻게 다루고 있는지 등에 대한 연구들이 점진적으로 집적될 수밖에 없기 때문이다.

아직 이와 같은 쟁점에 관하여 명시적으로 연구하고 언급한 논문은 발견되지 않지만, 사견으로는 ❶ 〈회생채권이나 파산채권과 같은 도산채권의 범위〉, 〈면책의 효력 및 그 범위〉와 같은 쟁점은 도산전형적인 법률효과에 해당하므로 그에 대해서는 도산법정지법을 준거법으로 삼아 판단해야 한다고 본다(대법원 2015. 5. 28. 선고 2012다104526, 104533 판결). ❷ 다만, 도산법정지법을 적용함으로써 발생하는 결과가, 채무자회생법을 적용했을 때와 비교하여 우리나라 이해관계인의 권리를 지나칠 정도로 침해한다면 이때는 공서위반을 이유로 그와 같은 적용을 배제하거나 제한할 수 있을 것이다.

가령, 미연방파산법은 제523(a)(5)에서 〈자녀나 별거·이혼한 배우자에게 부담하는 부양료채무(domestic support obligation)〉62)를 비(非)면책채권으로 규정하면서, 미연방파산법 제7장, 제11장, 제13장 절차를

---

62) 미연방파산법 제101(14A)에서는 "domestic support obligation"에 관한 더욱 자세한 정의규정을 두고 있다.

통해 면책결정을 받은 채무자(개인)라고 하더라도 위와 같은 부양료 채무를 감면받을 수는 없도록 하고 있다. 반면에 우리나라 채무자회 생법 제566조(개인파산절차), 제625조 제2항(개인회생절차)에서는 이 와 같은 규정을 전혀 두고 있지 않다. 이러한 상황에서 우리나라 법 원이 '미국도산절차에서 내려진 면책재판'을 승인한 경우, 그 부양료 채권자가 대한민국에서 가지는 지위를 어떻게 취급할지가 문제된다. 생각건대 도산법정지법인 미연방파산법에 따라 일단 비(非)면책채권 에 해당하고, 피부양자들이 통상적인 생활을 유지할 수 있도록 배려 한 미연방파산법의 목적과 취지가 우리나라의 사회통념에 반하는 것으로 보이지 않는 이상 공서위반에 반하지 않는다고 보아야 할 것 이다. 따라서 이러한 경우에 외국도산절차 채무자의 부양료채권자 는 미국에서와 마찬가지로 대한민국에서도 채무자에 대한 채권을 행사할 수 있다고 봄이 상당하다.

　참고로 이는 IRJ 모델법 제15조에서 명시하는 확장모델(extension model)과 동화모델(assimilation model) 이슈와 중첩되어 보이기도 한 다. 다만, 위 쟁점은 승인·집행의 "효과"에 관한 쟁점에 불과하므로, 효과를 다루기 이전에 어떠한 "요건"을 기준으로 법률관계를 판단할 것인지를 다루는 도산국제사법 쟁점과는 국면을 달리함에 유의해야 한다. 가령 앞서 본 사안에서 외국도산절차의 채무자가 부담하는 부 양료채무를 우리나라에서도 비(非)면책채권으로 취급하기로 했다면, 이후 채무자나 부양료채권자가 가지는 법률상 지위를 면책재판의 재판국인 미국과 동일하게 취급할지 아니면 승인국인 우리나라의 독자적인 법리에 따라 취급할 것인지를 정하는 단계가 바로 확장모 델 내지 동화모델이 적용되는 영역이 된다.

　다) 개정안(법무부 제출안)에 대한 검토
　위에서 본 바와 같이 IRJ 모델법 Article 제1~16조를 전면적으로 받아들이면, CBI 모델법에 따른 외국도산절차 승인이 더욱 활성화되고, 도산관련재판의 승인·집행 재판 간의 모순·저촉을 방지할 수 있으며, 개별 민사법원들은 실질적인 쟁점에 더 집중할 수 있도록 하는 장점이 생길 수 있을 것으로 보인다. 따라서 Article X 대신에 Article 제1~16조를 모두 받아들이는 입법방식을 취하는 것이 바람직할 것으로 보인다.

참고로 현재 법무부에 제출된 개정안의 내용은 향후 입법 과정에서 구체적으로 가다듬어지고 수정될 수 있는 것이므로, 본 논문에서 그 내용에 관하여 구체적으로 다루지는 아니하나, 다음과 같은 몇 가지 사항에 대해서만 살펴보기로 한다.

첫째, 개정안에서는 〈사회질서에 반하는 조치〉라는 제목으로 "이 법에 따른 조치가 대한민국의 선량한 풍속 그 밖의 사회질서에 명백히 반하는 경우 법원은 그 조치를 거부할 수 있다"는 규정을 신설하는 안(아직 조문번호는 미정)을 제안하고 있다.[63] 이는 IRJ 모델법 제7조에 따른 것으로 당연히 환영할만한 조문이다. 그러나 기존 채무자회생법 제636조 제2항 제3호, 제636조 제3항에서 이미 공서위반을 이유로 승인신청/지원신청을 기각할 수 있다는 조문을 두고 있으므로, 새로 도입되는 조문상의 '이 법에 따른 조치'와 기존 조문이 불필요하게 중복되지 않도록 조정할 필요가 있다.

둘째, 개정안에서는 〈제630조(관할) 제2항〉을 신설하여 도산관련재판의 관할권을 '서울회생법원'이나 '민사법원(해당쟁점이 방어방법/항변이나 선결문제로 제기된 사건담당법원)'에 부여하고 있다. 이 부분 또한 IRJ 모델법의 내용을 따른 것으로서 지극히 당연한 조문이다. 다만, 위 제2항의 단서에서는 "다만, 절차의 효율적인 진행이나 이해당사자의 권리보호를 위하여 필요한 때에는 서울회생법원은

---

63) 석광현(집필부분)(주 12), 150면.

당사자의 신청에 의하거나 직권으로 제3자가 규정하는 관할법원으로 사건을 이송할 수 있다"라고만 규정함으로써,[64] 그 역으로 민사법원이 서울회생법원에 이송하는 근거 규정에 대해서는 언급하고 있지 않아 아쉽다. 앞서 본 것처럼 향후 많은 이해관계인들이 자발적으로 '도산법원'으로 도산관련재판 승인·집행 사건을 집중시킬 것으로 예상되기 때문이다. 물론, 민사소송법 제34, 35조 등에 따른 재량이송 규정을 통해 처리할 수도 있지만 '절차의 효율적인 진행'이나 '이해당사자의 권리보호'를 이유로 이송하는 것을 추가로 허용해주게 되므로 그 실익이 있다고 생각된다. 즉, 도산이해관계인들에게 선택권을 부여하기 위해, 일반 민사법원도 서울회생법원으로 사건을 이송할 수 있도록 하는 규정을 함께 둘 필요가 있다.

참고로 IRJ 모델법이 관할집중력원칙을 선언하지 않은 상황에서 채무자회생법이 위 원칙을 선제적으로 도입하는 것도 고려해볼 수는 있을 것이다. 다만, 미국과 영국도 관할집중력원칙을 취하고 있지는 않고,[65] 다른 입법국들도 위와 같은 입장을 취할지가 불투명한 상황에서, 자칫 우리나라만 재판국 법원의 간접관할권 유무를 판단

---

64) 석광현(집필부분)(주 12), 150면.
65) 미국과 영국이 관할집중력원칙을 채택하지 않은 배경과 그 이유에 관하여 구체적으로 설명하고 있는 문헌을 찾을 수는 없었다. 그러나 관할집중력원칙은 주권국가들이 외국재판의 승인·집행을 거부할 수 있는 주요요건인 '간접관할권 유무에 관한 판단권한'을 스스로 포기하는 셈이므로, 관할집중력원칙을 두지 않는 것이 원칙적인 모습이고, 오히려 이를 채택하는 것이 예외적인 것으로 생각된다. 참고로 ❶ 미국은 28 U.S.C. § 1334, § 157(b)(2)을 통해 도산절차와 밀접한 관련이 있는 소송물에 관한 사건을 이른바 "core proceeding"로 분류하여 미연방파산법원에 폭넓게 관할권을 부여하고 있으므로 외국도산절차에 대해서도 같은 기준을 적용할 가능성이 커 보인다. ❷ 반면에 영국은 Dicey Rule, Gibbs Rule를 통해 도산절차나 도산관련절차가 영국으로 집중되기를 원하고 있는 입장이므로, EU도산규정에서 관할집중력원칙을 두고 있음을 알면서도, 일부러 이를 받아들이지 않은 것으로 생각된다.

할 수 있는 주권국가로서의 권한을 홀로 내려놓게 될 여지도 있다. 따라서 이 부분에 대해서는 다소 신중한 접근이 필요하다고 생각되고, 개정안이 해당 조항을 제안하지 않은 것이 이러한 점을 고려한 것인지는 알 수 없으나 결과적으로 그와 같은 태도를 취한 것에 찬동한다.

셋째, 개정안에서는 〈제647조(도산관련재판의 승인·집행결정) 제2항〉을 신설하면서 "외국도산대표자 선임재판을 승인하는 것은, 외국도산절차가 대한민국에서 승인되고 또한 외국 도산대표자가 국제도산관리인으로 선임된 경우에만 가능하다"고 명시하고 있다.[66] 도산대표자 선임재판에 대해서는 IRJ 모델법에서 두고 있지 않던 요건을 임의로 추가함으로써 그 승인요건을 더 엄격하게 두고 있는 셈이다. 이는 '도산관재인 선임재판은 CBI 모델법하에서 외국도산절차의 승인이나 외국도산절차 개시재판의 승인 문제로 인식되어 왔으므로 일반적인 다른 도산관련재판과 동일하게 취급해서는 안 되고, 더욱이 외국도산대표자 선임재판의 승인만으로 그 대표자에게 국내재산의 처분권한을 부여한다면 채무자회생법상의 국제도산관리인 제도(제637조 등)와 배치될 우려가 있다'는 지적에 따른 것이다.[67]

그러나 ❶ 개정안이 '동화모델'을 취하기로 한 이상, 외국도산대표자 선임재판이 승인되더라도 위 대표자는 여전히 채무자회생법상의 국제도산관리인 제도와 모순·저촉되지 않는 범위 내에서의 권한만을 획득하게 되므로 특별한 문제는 없을 것으로 보이는 점, ❷ 채무자회생법 제637조 제1항의 문언에 따르더라도,[68] 외국도산절차의 대

---

[66] 석광현(집필부분)(주 12), 158면.
[67] 이와 같은 지적에 관한 상세는 석광현(집필부분)(주 12), 37~42면을 참조.
[68] 위 조문은 "국제도산관리인이 선임된 경우"에 채무자의 업무의 수행 및 재산에 대한 관리·처분권한은 국제도산관리인에게 전속한다고 규정하고 있다. 따라서 그 반대해석상 국제도산관리인이 선임되지 않은 경우에는 여전히 외국도산절차의 대표자가 업무수행권한 등을 가지는 것으로 해석될 여

표자로서는 국내재산의 반출, 환가·배당 등 일부 권한만 행사할 수
없을 뿐이지, 국제도산관리인인 선임되기 전까지는 국내에서 채무
자의 업무수행권 등을 행사할 수 있으므로, 외국도산대표자 선임재
판의 승인을 받아둘 실익이 있는 점, ❸ 무엇보다도 외국도산대표자
선임재판의 승인을 위해 CBI 모델법에 따른 승인 및 국제도산관리인
선임결정을 사전에 발령받도록 강제한다면, 원활한 도산관련재판의
승인·집행을 위해 (굳이 CBI 모델법 개정이 아닌) 별도의 독립된 형
태로 성안된 IRJ 모델법의 목적과 취지에 반할 여지가 있는 점 등에
비추어 보면, 위와 같은 개정안의 입장은 다소 엄격한 측면이 있다
고 생각된다.

　설령 기존 CBI 모델법과의 조화를 위해 위와 같은 요건을 두어야
한다고 보더라도, IRJ 모델법 제14조 제(h)호에서처럼 "외국도산절차
로 승인되거나 국제도산관리인 선임재판을 받지는 않았지만, 만약
승인신청이나 국제도산관리인 선임재판이 신청되었다면 승인결정/
선임결정을 받을 수 있었던 경우에도 그 승인이 가능하다"는 재량규
정을 추가로 둔다면, 이해관계인들이 IRJ 모델법을 폭넓게 활용하는
데 도움이 될 것이다. 재판부로서도 구체적 사안마다 형평의 원칙에
부합하게 실무를 운용할 수 있게 될 것은 물론이다.

IV. CBI 모델법과 IRJ 모델법의 공존 및 상호관계

1. 모델법 사이의 공존 및 상호관계

　앞서 본 것처럼 CBI 모델법과 IRJ 모델법은 상호보완의 관계에 있
고, IRJ 모델법에 따라 추가될 조문들도 채무자회생법 제5편(국제도

지가 있고, 그와 같은 해석이 CBI 모델법의 취지에 부합해 보인다.

산)이 이미 확립한 기존체계와 모순·저촉되지 않는 내용으로 반영될 것임은 명백하다. 따라서 우리나라가 IRJ 모델법을 채택하더라도, ❶ 외국도산절차의 개시재판에 대해서는 여전히 CBI 모델법에 따라 '외국도산절차'에 대한 승인으로 처리될 것으로 보이고, ❷ 그 이후 도산절차의 진행과정에서 내려지는 주요 재판(가령, 회생계획인가재판, 면책재판 등과 같은 채무의 범위조정에 관한 재판)이나 도산절차로부터 파생되었거나 밀접한 관련이 있는 재판(가령, 부인재판)에 대해서는 IRJ 모델법에 따른 승인·집행으로 처리될 것으로 보인다. 이에 따라 기존 CBI 모델법에 따른 구제조치(relief)로써 해결하여 오던 영역이 그만큼 축소되는 것으로 보일 수 있겠으나, 아래에서 보는 바와 같이 CBI 모델법의 기능과 역할은 여전히 작지 않을 것으로 생각된다.

2. CBI 모델법으로 해결해야 하는 영역

가. 채무자 보유의 국외재산에 대한 집행중지(Stay Order)

집행중지는 도산절차 초기 단계에서 채무자 자산에 대한 개별적 집행을 막고, 그 자산의 산일을 방지하여 도산재단의 유지를 목적으로 하는 결정으로서 한진해운 사건에서 보는 것처럼 도산절차에서 가장 중요한 재판 중 하나이다. 국제적인 영업활동을 통해 자산이 여러 국가에 흩어져있는 채무자의 입장에서는, 도산절차가 개시된 국가 이외에 소재한 채무자의 국외재산에 관하여 얼마나 신속하게 많은 집행중지명령을 받는지에 따라 도산절차 진행의 성패가 달려 있기 때문이다.

그런데 집행중지는 그 신속성과 효율성을 고려하여 미연방파산법이나 우리나라의 채무자회생법처럼 채무자 일방의 신청(ex parte basis)으로 이루어지는 구조를 취하고 있는 국가가 많을 것으로 생각되고,69) 이와 같이 내려진 집행중지결정의 성질 또한 한시적으로 내려지는 '임시처분(interim measures of protection)'의 성질을 가지고 있다. 따라서 이에 대한 불복절차를 통해 추가적인 대심구조 하에서의 심리가 진행되지 않는 이상 IRJ 모델법상의 "재판"의 개념에 포함되지 않을 것으로 보인다. 집행중지는 여전히 CBI 모델법상의 구제조치로서 해결되어야 할 영역이 되는 것이다.70)

가령, 선박이나 항공기와 같이 법률상 부동산(不動産, real estate)과 비슷하게 취급되면서도 쉽게 이동할 수 있는 동산(動産, moveables)과 같은 자산을 보유한 해운회사나 항공회사는,71) 도산법정지국 법원에서 받은 집행중지결정을 선박, 항공기가 위치한 각 개별국가에 승인·집행 받아야 하는 것이 아니다. 대신에 그 국가에 CBI 모델법에 따른 외국도산절차를 신청하고 그에 대한 지원처분(relief)으로서 집행중지를 신청해야 한다. 즉, 국외에 자산을 가지고 있는 우리나라 채무자는 물론, 대한민국에 자산을 보유하고 있는 외국도산절차의 채무자로서도 여전히 CBI 모델법에 따른 '외국도산절차'의 승인을 구하고 그에 따른 지원결정으로서의 집행중지를 신청할 유인이 있다. 따라서

---

69) 미연방파산법 제362조는 "Automatic Stay"라는 제목 하에 굉장히 방대한 양의 자동중지 규정을 두고 있는데, 물론 예외도 있지만 기본적으로는 채무자의 자발적 신청(Voluntary cases, 제301조), 비자발적 신청(Involuntary Cases, 제303조)에 관계없이, 도산절차의 신청 그 자체만으로 바로 자동중지의 효력이 발생하는 것으로 규정하고 있다. 한편, 우리나라의 채무자회생법 제43조(보전처분), 제45조(포괄적금지명령)도 일방의 신청에 의해 즉시 발령되는 구조를 가지고 있다는 점은 앞서 본 바와 같다.

70) 회생절차개시결정과 동시에 채무자회생법 제58조에 의해 자동적으로 부여되는 집행중지 효과도 법원의 결정이 아니라 법률상 규정(operation of law)에 따른 당연효과이므로, IRJ 모델법상의 "재판(judgments)"에 포함되지 못할 것임은 앞에서 본 바와 같다(Guide to Enactment, para. 56).

71) 위와 같은 국외재산의 발생가능성이 많은 경우에 발생하는 법률적 쟁점에 관한 상세는 김영석(주 2), 407면 이하를 참조.

향후에도 CBI 모델법이 역할은 작지 않을 것으로 생각된다.

나. 승인·집행 받은 부인대상재산의 환가·송금

부인재판과 관련하여서도 CBI 모델법은 여전히 중요한 역할과 기능을 담당할 것으로 보인다. 부인재판은 채무자가 채권자 일반에게 해를 가하는 사해행위나 특정채권자에 대한 편파변제·우선변제 등 법률행위를 도산관리인이 취소하고 이전된 급부를 회복하여 오는 내용의 재판이다. 따라서 부인재판에 대한 승인·집행이 우리나라에 신청되었다는 것은 그 회복대상 자산이 우리나라에 있다는 것을 의미한다.

그런데 부인재판의 승인·집행을 통해 문제된 자산을 채무자 명의로 회복하는 단계까지는 CBI 모델법이 관여할 여지가 없지만, 이후 도산관리인이 해당 자산을 환가하여 그 매각대금을 도산절차가 진행 중인 본국으로 송금하는 단계에서는 "국내자산"의 환가·송금에 관한 권한이 문제된다. 따라서 CBI 모델법이 적용될 수밖에 없다. 우리나라처럼 채무자 소유 국내자산의 처분 및 반출·환가권한을 (외국도산절차의 대표자가 아니라) '국제도산관리인'에게 부여하는 국가에서는,[72] 환가·송금작업을 위해 사전에 CBI 모델법에 따른 국제도산관리인을 선임 결정을 받아두어야 하기 때문이다.

물론 이러한 경우에까지 CBI 모델법의 절차를 따르도록 하는 것은 신속한 부인재판의 승인·집행을 요하는 IRJ 모델법의 취지에 반

---

[72] 채무자회생법 제637조, 제636조 제1항 제4호에서 규정하고 있는 '국제도산관리인'은 CBI 모델법 제21(1)(e)에 근거하고 있기는 하지만, 앞서 본 바와 같이 사실상 일본의 승인원조법 제32조를 고려하여 도입한 것으로 개념으로 보인다. 그런데 우리나라나 일본처럼 '국제도산관리인', '승인관재인'과 같은 별도의 개념을 두지 않고, 국내재산에 관한 처분권한을 "외국도산절차의 대표자"에게 그대로 부여하는 체계를 취하고 있는 국가가 더 일반적이다. 즉, 이러한 경우에는 본문과 같은 이슈가 제기되지 않을 것이다.

한다고 볼 여지도 있다. 이러한 점에서 환가 단계에서 반드시 CBI 모델법에 따른 절차를 진행할 필요가 없다는 견해가 제기될 수 있고, 그와 같은 방향으로 실무가 정착될 수도 있다. 다만, 외국도산절차의 대표자로서는 안정적으로 환가대금을 본국으로 송금하기 위해 ❶ CBI 모델법에 따른 외국도산절차의 승인/지원(국제도산관리인 선임)을 먼저 신청하여 그 결정을 받고, ❷ 국제도산관리인의 지위에서 부인재판의 승인·집행을 신청하여 그 재판을 받은 다음, ❸ 이후 도산법원의 허가를 얻어 환가·송금 등 업무를 수행하는 종래의 트랙을 그대로 따를 여지가 커 보인다. 불확실한 점을 감수하고서도 새로운 절차를 신청하는 모험을 선뜻 감행할 것으로 보이지는 않기 때문이다.

다. 방어권 남용에 이르지 않는 조화로운 구제조치의 모색

한편, IRJ 모델법에 따라 승인·집행된 도산관련재판을 기초로 실제 채무자의 국내재산에 집행(execution)을 하려는 채권자(원고)의 채권만족을 방해하는 목적으로, CBI 모델법에 따른 구제조치(relief)가 사용될 가능성도 있다. 이에 모델법 간의 충돌을 막는 조화로운 실무의 운영이 필요해 보인다.

가령, 앞서 본 하급심에서처럼 채권자(원고)가 우리나라에서 채무자(피고)를 상대로 대여금, 양수금 등을 구하는 개별적인 민사소송을 먼저 제기하였는데 그 과정에서 피고의 지위에 있는 채무자가 '외국도산절차에서 면책재판을 받았다'고 항변하였으나 IRJ 모델법상의 승인·집행 거부사유에 해당한다는 이유로 면책재판을 승인받지 못했고, 결국 원고의 청구가 인용하는 판결이 선고된 경우를 상정해보자. 이때 위 소송에서 패소한 채무자(피고)가 대한민국에 소재하는 자산에 관하여 강제집행[73]을 당할 위기에 처한 상황을 모면하기 위하여, 뒤늦게 우리나라에 CBI 모델법에 따른 외국도산절차의 승인을 신청하고,74) 그에 따라 집행중지의 지원처분을 구한다면, 그 신청을 받은 도산법원으로서는 어떻게 처리해야 할까.

물론 국내재산을 환가하여 이로써 외국도산절차에 참여한 채권자들에게 안분 배당을 해야 하는 전형적인 경우라면 당연히 승인 내지 지원결정을 발령해야 한다. 다만, ❶ 채무자가 패소판결을 무력화시킬 목적만을 가지고 CBI 모델법상의 승인/지원신청을 하였다고 볼 여지는 없는지, ❷ 처음부터 국내재산을 은닉하고자 했던 정황은 없는지, ❸ 이미 외국도산절차가 종결된 상황에서 위와 같은 뒤늦은 승인/지원 신청만을 위해 억지로 외국도산절차를 재개한 것은 아닌지, ❹ 승소판결을 받은 국내채권자가 외국도산절차에 참여했었는지(참여하지 못했더라도 재개된 외국도산절차에 참여할 수 있는지) 등을 종합적으로 고려하여, CBI 모델법에 따른 승인/지원여부를 결정해야 할 것으로 보인다.

만약 위와 같은 사정을 고려하여 뒤늦은 외국도산절차 승인신청에 따른 CBI 모델법상의 집행중지 결정을 내리는 것이 선량한 풍속 기타 사회질서에 반할 여지가 있다고 생각된다면, ⅰ) 도산법원으로서는 채무자회생법 제632조 제2항 제3호를 근거로 승인신청 자체를 기각하거나, ⅱ) 일단 승인결정은 발령하더라도 제636조 제3항에 따라 집행중지를 구하는 지원신청은 기각하여야 할 것이다. 종국적으

---

73) 이때의 강제집행이란 이미 대상재판의 집행가능선언을 의미하는 집행(enforcement)이 내려진 이후에 실제 채무자 보유의 자산에 관하여 개시되는 절차를 의미하므로 "집행(execution)"의 개념에 더 가깝다고 생각된다. 물론, 입법례에 따라서는 우리나라와 같이 양자를 엄밀하게 준별하지 않는 국가들도 있을 것이다.

74) 외국도산절차가 이미 종결된 상태라면 '승인신청' 자체가 각하될 것이나, 토드 오(Todd OH) 사건에서처럼 종결되었던 외국도산절차에 대한 재개결정을 다시 받은 이후 승인신청을 해올 가능성도 언제든지 존재한다.

로는 실무운영을 통해 해결해야 할 영역이겠지만, 도산법원으로서
는 CBI 모델법에 따른 승인이나 구제조치가 IRJ 모델법에 따른 선행
판단을 회피하는 방어권남용의 수단으로 사용되지 않도록 조화로운
방법을 모색해야 할 것이다.

3. 자동승인과 결정승인의 문제

가. CBI 모델법과 EU도산규정의 차이

　CBI 모델법과 EU도산규정은 외국도산절차를 승인하고 그 효과를
대내적으로 부여하는 경우 언제부터 그 효력을 인정할 것인지에 관
하여 서로 다른 입장을 취하고 있다. 주지하다시피 CBI 모델법은 결
정승인제를, EU도산규정은 자동승인제를 취하고 있다. 즉, CBI 모델
법에서는 외국도산절차에서 그 도산절차개시재판, 인가결정/면책재
판, 부인재판이 내려지는 시점이 아니라, 입법국이 위 외국도산절차
를 승인하고 그에 대한 지원결정을 내리는 시점을 기준으로 삼는 반
면에, EU도산규정에서는 외국도산절차에서 도산절차를 구성하는 개
별적인 재판 자체가 발령된 시점에 곧 나머지 EU회원국에도 동일한
효력이 발생하는 체계를 취하고 있다.

　이는 단지 규범의 목적과 실질에 따른 차이일 뿐 어떠한 입장이
더 낫다고 일괄적으로 평가할 수는 없다. 왜냐하면 ⅰ) CBI 모델법은
별개의 독립된 주권(sovereignty)을 가진 입법국들 사이에 국제예양
등을 기초로 상호 간에 내려진 재판을 존중하려는 차원에서 구축된
규범이므로, 입법국의 승인과 같은 명시적인 선언이 그 개념상 당연
히 필요할 수밖에 없다. 그러나 ⅱ) EU도산규정은 단일한 권역 내에
있는 여러 회원국에 동일하고 균질한 효력을 신속하게 미치게 하려
는 목적에서 제정된 규범으로서 그 자체가 권역 내에서 법규적 효력
을 가지므로, 다른 회원국의 선언이 없이도 자동승인·집행을 인정하

는 것이 자연스럽고 규범의 취지에도 부합하기 때문이다. 브렉시트
(Brexit) 이전의 상황을 고려하여 이와 같은 내용을 간단하게 도식화
하면 아래 [표 15]와 같다.

[표 15] CBI 모델법(결정승인제)과 EU도산규정(자동승인제)의 차이

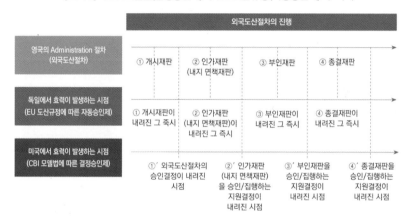

나. IRJ 모델법의 입장

그렇다면 과연 IRJ 모델법은 자동승인제와 결정승인제 중 어느 입
장을 취한 것으로 보아야 할까. IRJ 모델법은 그 문언에 비추어 기본
적으로는 CBI 모델법과 마찬가지로 결정승인제를 취하고 있는 것으
로 보이지만, 도산관련재판의 승인·집행을 (별도의 독립된 신청뿐만
아니라) 방어방법(defense) 또는 선결문제(incidental question)로서도
처리될 수 있도록 허용하고 있는 점에 비추어,[75] 자동승인제를 취한
것으로 볼 여지도 있어 견해가 대립된다.[76]

---

75) IRJ 모델법 제13조 제(d)호.

76) 결정승인제 하에서는 도산관련재판에 대한 승인결정이 선결문제 등으로
  문제되는 경우 해당 법원으로서는 관할법원에서 해당 결정이 내려지기를
  기다려야할 뿐이고, 실질적으로 승인요건이 모두 충족된 상태라고 하더라
  도 달리 볼 것은 아니기 때문이다. 상세는 석광현(주 53), 33면 이하를 참조.

만약, IRJ 모델법이 CBI 모델법과 마찬가지로 결정승인제를 취한 것으로 본다면 위 [표 15]에서 보는 ②´,③´,④´처럼 도산관련재판의 승인·집행을 신청받은 법원이 해당 결정을 개별적으로 내리는 경우에 비로소 그 효력이 입법국에서 발생하게 된다.77) 이와 달리 자동승인제를 취한 것으로 본다면 EU도산규정과 마찬가지로 ②, ③, ④의 시점에 바로 그 대내적 효력이 발생하게 된다. 만약 후자와 같이 본다면 그 이후 입법국 법원에서 이루어지는 판단(개별적 신청에 따른 승인·집행을 허용하거나 방어방법이나 선결문제로서 승인·집행을 허용하는 취지의 판단을 하는 것)은 모두 이미 ②, ③, ④ 시점에 내려진 대내적 효력을 사후적으로 확인해주는 의미에 불과하게 되는 셈이다.

아직 이에 대한 논의가 활발하게 이루어지고 있지는 않지만 '자동승인제를 전제로 결정승인과 자동승인을 결합한 것이라는 견해'가 있다.78) 이 견해는 일반 민사재판에 관하여 확립된 법리에 따라 기본적으로는 자동승인제를 취하여야 한다고 보면서도, 도산관련재판의 경우에는 다수의 이해관계인에게 회생계획인가재판 또는 면책재

---

77) 도산절차개시재판(①)은 IRJ 모델법상의 '도산관련재판' 개념에 포함되지 않으므로, 여전히 CBI 모델법에 따른 '외국도산절차'의 승인으로 처리되어야 한다는 점은 앞에서 본 바와 같다.

78) 석광현(주 53), 33면 이하를 참조. 참고로 위 문헌에 따르면 논리적으로 '자동승인제'는 효력확장설과, '결정승인제'는 동화설과 연결되는 것이 자연스럽다고 설명한다. 대상재판이 발령된 시점에 즉시 입법국에서도 그 효력이 발생한다고 보는 이상 그 효력의 내용/범위도 재판국과 동일하게 취급하는 것이 직관적이고 간명한 반면에, 별도의 결정을 통해 비로소 대상재판의 효력이 입법국에 미친다고 보는 입장에서는 그 효력의 내용/범위도 상이하게 취급하는 것이 충분히 예상 가능하다는 것인데, 지극히 타당한 해석이라고 생각된다. 다만, 이는 논리적으로 그렇다는 것이고 입법국의 정책에 따라서는 달리 정할 수 있기 때문에 〈자동승인제/결정승인제〉와〈효력확장설/동화설〉의 관계가 언제나 필연적인 것은 아니다.

판의 효력을 승인하는 재판을 선언해줄 실제적인 필요성이 있으므로 양자를 모두 허용하고 조화롭게 운영해야 한다는 입장을 취하고 있다. 그리고 그 해결책으로 방어방법 내지 선결문제로서 해당 쟁점을 다루는 일반 법원도 '구속력 있는 승인결정'을 할 수 있도록 관할을 조정하고 실무를 운영하도록 하는 방안을 제시하고 있는데, 상당히 설득력이 있다고 생각된다.

절충설은 기본적으로는 '자동승인제'를 기초로 하고 있으므로 결국 외국도산절차에서 "도산관련재판 자체가 성립한 시점"에 바로 대내적 효력이 발생하는 입장을 취할 것으로 생각된다.[79] 물론, 모델법은 주권(sovereignty)을 가진 입법국 사이에 국제예양 등을 통한 상호존중을 기반으로 하여 만들어진 체계이다. 따라서 입법국의 명시적 결정 없이도 외국법원에서 내려진 재판의 효력을 그 발령 시점부터 대내적으로도 인정해주는 것이 다소 어색하기는 하다. 다만 '일반적인 외국재판'의 승인·집행에서는 이미 자동승인이 오랫동안 확립된 법리로 자리를 잡아 왔으므로 '도산관련재판'의 승인·집행에서도 이러한 입장을 취하는 것이 이해관계인들에게 혼란을 주지 않고 법적안정성을 제고할 수 있을 것으로 보인다. 종국적으로는 각 주권국가가 정책적으로 결단할 문제인데, 향후 각 입법국의 태도를 주목할 필요가 있다고 생각된다.

---

[79] 위 절충설을 소개하는 문헌에서 이점이 명확하게 설명되어 있지는 않다.

제 7 장

결 론

제1절 CBI 모델법이 구축한 기존체계를 둘러싼 갈등

CBI 모델법은 외국도산절차를 구성하는 개별재판이 아니라 '외국도산절차' 자체를 승인대상으로 삼고 있고, 위와 같이 승인된 외국도산절차를 별도의 재판을 통해 '지원'하는 구조를 갖추고 있다. 이에 기존에 '외국재판'의 승인·집행에 익숙해 있었던 법률가들에게 다소 생소하게 다가왔다. CBI 모델법을 받아들인 국가들 사이에 CBI 모델법의 적용범위, 특히 '지원'결정을 통해 대내적 효력을 부여할 수 있는 범위를 어느 정도까지 허용할 것인지에 관하여 많은 실무상 충돌이 있었던 이유이다.

미국은 CBI 모델법상의 구제조치(relief)의 범위를 전향적으로 폭넓게 해석하여 외국도산절차에서 내려진 채무자의 실체적인 권리·의무관계의 조정에 관한 재판(회생계획인가재판, 면책재판 등)도 미연방파산법 제1521(a)(7) 내지 제1507조를 통한 구제조치를 발령하는 방법으로 승인·집행하였다. 캐나다의 CCAA 절차, 영국의 SOA절차, 프랑스 보호절차, 브라질 구조조정절차, 크로아티아의 특별관리절차 등에서 수립된 많은 채무조정안 및 그에 따른 채무감면의 효력이 미국에서 그 대내적 효력을 가지게 되었다. 미연방파산법의 이와 같은 외국도산절차에 대한 전폭적인 지원이 외국도산절차의 채무자들이 재건하여 다시 정상적인 경제활동을 하는 데 많은 도움이 되었을 것은 분명하다.

반면에 영국은 CBI 모델법상의 구제조치(relief)를 통해서는 단순히 절차적인 사항만을 지원할 수 있다면서 소극적인 입장을 취하였다. 당사자들 간의 실체적 권리·의무의 존부 및 그 범위를 결정하는 내용의 재판(Rubin 판결에서와 같은 부인재판 포함)은 오로지 일반적인 민사재판의 승인·집행절차를 통해서만 대내적 효력을 부여받을 수 있고(즉, CBI 모델법상의 구제조치로 처리 불가), 그 경우 Dicey Rule이 동일하게 적용되어야 하며, 영국법이 준거법으로 지정된 채무의 감면은 Gibbs Rule에 따라 영국법원만이 처리할 수 있다고 보았다. 이에 따라 영국에 주소를 두고 있는 상대방과의 분쟁을 해결해야 하거나 준거법이 영국법으로 지정된 법률관계를 조정해야 하는 외국도산절차의 채무자로서는 사실상 반드시 영국법원에 와서 도산절차를 진행할 수밖에 없는 상황에 처하게 되었다.

한편, 우리나라도 대법원 2009마1600 결정을 통해 이와 같은 논란에 가세하였다. 면책재판 등에 관한 승인·집행은 실체법상의 청구권이나 집행력의 존부에 관한 것이므로 외국도산절차에서 내려졌다고 하더라도 CBI 모델법상의 지원절차에 의하여 결정할 것은 아니고, 민사소송법 제217조에 규정된 일반적인 외국재판의 승인·집행요건을 충족하고 있는지를 심리하여 개별적으로 판단하여야 한다는 입장을 취한 것이다. 영국법원처럼 CBI 모델법상의 구제조치(relief)를 제한적으로 해석한 셈이다.[1]

제2절 조화로운 실무 모색을 위한 IRJ 모델법의 성안

이와 같은 실무의 충돌은 "모델법(Model Law)"이 가진 숙명이기도 하다. 조약(Treaty)이나 협약(Convention)은 그 규범의 내용이 그대로 가입국에 모두 동일한 법규적 효력이 미치지만, 이와 달리 모델법

---

[1] 앞에서 본 것처럼, 사실은 대법원 2009마1600 결정이 유사한 쟁점을 다룬 영국대법원의 Rubin 판결보다 2년 7개월가량 먼저 판시된 것인데 상대적으로 덜 알려져 아쉬운 측면이 있다.

(Model Law)은 각 입법국이 국내법을 제정할 때 기초자료로 삼고 참
조하는 모델 규범에 불과하기 때문이다. 다만, 이러한 점을 고려하더
라도 동일한 개념에 대한 상반된 해석은 많은 국제도산 이해관계인
들의 법적지위를 불안하게 만들었고, 특히 이와 같은 실무의 충돌이
세계 경제에서 중심을 차지하는 미국과 영국 사이에서 불거졌다는
점에서 그 우려는 더욱 증폭되었다.

CBI 모델법이 구축해온 '보편주의(Universalism)를 표방하는 국제도
산'은 외국도산절차에서 수립된 채무의 감면을 폭넓게 승인·집행하
여, 외국도산절차의 채무자가 도산법정지국 외의 모든 국가에서도
강제집행의 우려에서 벗어나 자유롭게 경제활동을 하도록 하는 데
에 그 궁극적인 목적이 있다. 그런데 이와 같은 실무의 충돌이 해결
되지 않는다면 결국 외국도산절차의 채무자로서는 해당 국가에서
각 별도의 독립된 도산절차를 병행하여 진행할 수밖에 없게 된다.
그동안 확립된 외국도산절차의 승인 및 그에 대한 지원체계가 무너
질 수밖에 없는 것이다.

이러한 문제를 해결하고자 UNCITRAL은 외국도산절차를 승인하고
그에 대해 지원하는 것이 아니라 '외국도산절차를 구성하는 개별재
판'에 대한 승인·집행을 하는 체계를 구축한 EU도산규정을 참조하여
IRJ 모델법을 새로 성안하였다. IRJ 모델법은 도산관련재판이라는 개
념을 새로이 정립하고, IRJ 모델법에서 정한 예외적인 몇 가지 사유
에 해당하지 않는 한 도산관련재판이 원활하게 승인·집행될 수 있도
록 이를 보장하고 있다. 특히 Rubin 판결을 극복하기 위해 제14조 제
(g)호 제(iv)목에서 재판국의 간접관할권을 폭넓게 인정하고 있다. 나
아가 제14조 제(f)호에서 집단적 절차 재판에 대한 특별한 취급을 통
해 회생계획인가재판/면책재판이 쉽게 승인·집행될 수 있는 기초 환
경을 마련한 부분은 향후 실무운용에 있어서 핵심적인 역할과 기능
을 수행할 것으로 생각된다.

제3절 우리나라의 적극적인 대응 필요

I. 채무자회생법의 개정(IRJ 모델법의 채택 등)

앞서 본 것처럼 전 세계의 많은 국가에서 오랫동안 Gibbs Rule, Dicey Rule의 엄격한 적용에 대한 의문을 제기하여 왔고, 위 법리들은 영연방(Commonwealth) 국가 내에서도 이제는 많은 지지를 받지 못하고 있다. 즉, IRJ 모델법은 Rubin 판결만을 계기로 하여 갑자기 성안된 규범이 아니라 이미 많은 도산법률가 사이에서 지적되어 오던 문제들을 해결하기 위해 성안된 규범이다. 따라서 향후 많은 국가로부터 채택될 것으로 기대된다.

우리나라도 이와 같은 분위기 속에서 IRJ 모델법을 조속히 받아들일 필요가 있다. Rubin 판결과 함께 개선되어야 할 실무로 평가받은 대법원 2009마1600 결정에 대한 부채의식을 해결하기 위한 목적에서만이 아니다. 어차피 수년 내에 국제도산의 주요 규범으로 자리매김할 것이 확실히 예상되는 규범이라면 IRJ 모델법을 조속히 받아들일 필요가 있다. 사례 집적을 통해 많은 예상치 못한 쟁점에 대하여 선도적으로 연구함으로써 향후 국제도산 실무의 개선논의를 주도할 수 있을 것이기 때문이다.

이와 관련하여 집단적 절차 재판에 관한 특별취급을 위해 도입된 IRJ 모델법 제14조 제(f)호, Rubin 판결에서 불거진 간접관할권을 해결할 목적으로 도입된 제14조 제(g)호 관련 실무가 많은 관심을 받을 것으로 예상된다. 나아가 〈도산관련재판〉의 범위설정도 중요한 이슈가 될 것으로 보인다. IRJ 모델법에 따른 원활한 승인·집행 체계가 안정적으로 구축되면 상호보증(reciprocity) 등 일반 민·상사재판의 승인·집행에서 요구하는 엄격한 요건을 탈피하려는 이해관계인들이 관련 주장을 할 것이기 때문이다. 도산절차와 조금만 연결점이 있더라도, 저마다 완화된 요건의 적용을 위해 〈도산관련재판〉에 해당함을 주장하며 IRJ 모델법에 따른 승인·집행을 요청할 것이다. 향후 실무운영 및 관련 법리의 발전이 기대되는 대목이다.

한편, 이 논문에서 본격적으로 다루고 있지는 않지만, 채무자회생법 개정 과정에서 CBI 모델법의 주요 문제로 지적되어 온 COMI의 도입도 적극적으로 고려할 필요가 있다. 현행 채무자회생법 체제하에서도 지원결정의 내용을 정하거나(제636조 제2항), 복수의 외국도산절차가 경합하는 경우 주된 외국도산절차를 결정하는 과정에서(제639조 제2항), 외국도산절차의 성질(주절차인지 종절차인지)을 판단할 필요가 있기 때문이다.[2] 앞에서 본 바와 같이, 승인 신청된 외국도산절차가 주절차로 판단되는 경우에는 직권으로 승인 전 명령을 발령하여 사실상 자동중지의 효력을 부여하는 등 실무상으로도 COMI가 이미 적용되고 있기도 하다. 따라서 15년이 넘는 기간 동안 CBI 모델법을 안정적으로 운영해온 경험을 바탕으로 이제는 COMI를 도입할 시점이 되었다고 생각된다.[3]

II. 국제도산 사건의 질적 성장 모색

앞서 본 Lehman Brothers International Europe 사건에서 극명하게

---

[2] COMI 도입의 필요성에 관한 상세는 김영석, "국제도산에서 주된 이익의 중심지(COMI)를 둘러싼 제문제", 서울대학교 법학석사 학위논문, 2012, 14면 이하를 참조.

[3] 우리나라가 채무자회생법 제5편을 제정함에 있어 참고한 것으로 알려진 일본의 승인원조법도, 이미 제2조 제1항 제2호, 제3호에서 '외국주절차(外國主手續)', '외국종절차(外國從手續)'의 개념을 각각 정의함으로써 COMI의 개념을 도입하였다.

드러나는 것처럼, 같은 국제도산 사건이라고 하더라도, ① 어떤 사건은 채무자에 대하여 권리를 가진 주요 채권자들이 모여 채무조정, 자산처분의 우선순위 및 변제방법을 결정하는 합의를 승인·집행하는 내용을 다루는 반면에[뉴욕남부파산법원의 Case No. 18-11470 (SCC)], ② 어떤 사건은 채무자가 해당 국가에 보유하고 있는 자산을 처분·매각하여 본국으로 그 대금을 송환하는 환가작업을 지원하는 것에 그치기도 한다(서울회생법원 2016국지100001호).

아직은 우리나라의 경제규모 내지 개별 경제주체의 활동이 전 세계의 경제시장을 주도할 정도로 활발하게 진행되고 있지는 못하기 때문일 것이다. 2006년 채무자회생법 제5편의 제정을 통해 CBI 모델법이 도입된 후 처리된 모든 사건이 국내재산에 대한 강제집행중지나 환가에 불과했고, 단 한 차례도 권리·의무 주체들 간의 권리변경 효력을 대한민국에서도 인정하여 달라는 취지의 지원신청이 이루어진 적이 없음이 이를 보여준다.

반면에 미연방파산법원에 승인·집행이 신청된 영국, 캐나다, 브라질, 크로아티아, 프랑스 등 주요국가의 채무조정안은 i) 미국에 별도의 법인을 설립하여, ii) 해당 법인이 발행하는 사채나 주식으로 기존 채권자들의 채무변제에 갈음하기로 하고, iii) 이로써 기존 채무자 및 계열사들이 부담하는 채무는 면제해주기로 하는 내용으로 구성된 경우가 많다. 위와 같은 채무조정안이 원활하게 진행되기 위해서는 미국에서의 법인설립, 미국 주식시장에의 상장, 주식배정 및 사채발행 등이 담보되어야 한다. 즉, 미연방파산법원에 CBI 모델법에 따른 외국도산절차의 승인신청을 하는 것 외에 구제조치(relief)로 〈채무조정안의 승인·집행을 신청하는 것〉이 안정적인 회생계획의 수행을 위해 반드시 거쳐야 하는 필수적 절차가 되는 것이다.

우리나라도 당장은 아니지만 향후 전 세계적인 경제중심지가 되어 외국도산절차에서 수립된 채무조정안이 우리나라에서 발행된 주

식, 사채 등을 주요한 내용으로 삼고 있게 되는 경우를 대비할 필요
가 있다. 이를 위하여 외국채무자 내지 국외 채권자들에게 균질하고
안정적인 국제도산 실무를 운영하고 있다는 점을 충분히 각인시킬
필요가 있는 것이다.

III. 국제도산 실무의 발전을 위한 몇 가지 제안

이를 위해 우리나라는 이미 CBI 모델법을 채택한 국가로서 혹은
향후 IRJ 모델법을 채택할 수 있는 국가로서, CBI 모델법상 지원처분
(relief)을 보다 탄력적으로 활용하고, CBI 모델법과 IRJ 모델법 간의 유
기적인 협조를 통한 안정적인 국제도산 실무를 확립할 필요가 있다.

1. CBI 모델법상 지원처분의 탄력적 활용

우리나라의 기존실무는 가압류중지/취소, 강제집행의 중지, 국제
도산관리인의 선임처럼 다소 전형적인 내용의 지원결정(채무자회생
법 제636조 제1항 제2,4호)에만 집중되어 있다. 그런데 주요국가의
CBI 모델법상의 구제조치(relief)는 굉장히 탄력적으로 활용되고 있으
므로, 우리나라에서도 채무자회생법 제636조 제1항 제1,3,5호를 근거
로 더욱 다양한 내용의 지원처분을 고려할 필요가 있다. 특히 채무
자회생법 제636조 제1항 제5호 "그 밖의 채무자의 업무 및 재산을 보
전하거나 채권자의 이익을 보호하기 위하여 필요한 처분"을 더 적극
적으로 해석하여 널리 활용해야 할 것으로 생각된다.

가령 "외국도산절차에서 수립되고 내려진 재판에 반하는 권리행사
를 국내에서 주장하는 것을 금지한다"는 내용의 금지명령(injunction)
이 미국에서 주요한 구제조치로 활용되고 있다는 점은 앞서 본 바와

같다. 그런데 이제 우리나라에서도 상대방에게 부작위의무의 이행 자체를 소구할 수 있고(대법원 2012. 3. 29. 2009다92883 판결), 부작위의무의 이행을 명하면서 '동시에' 간접강제를 명할 수 있는 환경이 마련되었다(대법원 2021. 7. 22. 선고 2020다248124 판결). 따라서 도산재단의 산일방지와 효율적 관리, 다수 이해관계인의 보호 등을 위해 이와 같은 새로운 유형의 구제조치를 탄력적으로 발령하는 것을 고려해야 한다.

2. 모델법 간의 상호보완 및 모순·저촉 방지

IRJ 모델법을 조속히 받아들이는 것에 더하여, CBI 모델법과 IRJ 모델법 사이의 유기적인 협조를 통해 안정적인 국제도산 실무가 확립될 수 있도록 노력을 기울여야 한다. IRJ 모델법은 CBI 모델법을 보완하는 것일 뿐 대체하는 것이 아니다. 따라서 ❶ (도산관련재판이 아닌) 외국도산절차 자체의 승인, ❷ 채무자 보유의 국외재산에 대한 집행중지(Stay Order), ❸ 부인재판을 통해 채무자 명의로 회복된 자산의 환가 및 그 매각대금의 국외반출에 대해서는 여전히 CBI 모델법이 적용된다. 실제 실무를 처리하는 과정에서 위 각 모델법이 상호·모순되지 않게 적용되도록, 안정적인 프로세스를 구축할 필요가 있다.

모델법 간의 관계에 관하여 익숙하지 않은 소송당사자들의 주장에 모순된 점이 있거나 불완전, 불명확한 점이 있을 때, 법원이 이를 지적하여 적절한 법령에 근거하여 정확한 신청을 할 수 있도록 석명권을 행사해야 할 것은 물론이다. 가령 외국도산절차에서 내려진 '집행중지명령'을 IRJ 모델법에 따라 승인·집행하여 달라는 취지의 신청이 도산법원에 접수된 경우 무조건 부적법한 신청으로 보아 이를 각하하거나 기각할 것은 아니다. 오히려 집행중지명령은 CBI 모델법에 따른 구제조치(relief)로서만 발령받을 수 있는 것임을 안내한 후 신청취지/신청원인의 변경을 권고할 수 있을 것이다.

3. IRJ 모델법의 조기채택을 통한 선도적 역할의 수행

대법원 2009마1600 결정에서 확인할 수 있었던 것처럼 우리나라의 국제도산 실무는 대외적으로 충분히 주목받을 수 있는 저변을 갖추었다. 비록 결과적으로 도산절차의 목적과 취지에 반하는 것으로 평가받아 IRJ 모델법의 성안을 유발한 사례로 지목받았지만, 위 대법원 결정이 내려진 이후 2년 7개월가량 지나 선고된 영국대법원의 Rubin 판결에서 설시한 법리가 사실은 우리나라 대법원에서 판시한 사항과 실질적으로 큰 차이가 없다는 점이 이를 보여준다. 다만, 경제규모 및 언어의 접근성 등의 측면에서 다른 국가에 상대적으로 덜 알려져 있었을 뿐이다.

이러한 점에서 UNCITRAL이 국제도산 실무 간의 충돌을 소개하면서, 우리나라의 대법원 2009마1600 결정을 직접 언급한 것에는 긍정적인 측면도 있다고 생각된다. 그만큼 많은 국가가 대한민국의 국제도산 실무에 주목하게 되었고, 그동안 우리나라가 CBI 모델법에 따라 안정적으로 실무를 처리하여 왔다는 점을 널리 알릴 수 있는 계기가 되었기 때문이다. 따라서 이러한 상황에서 우리나라가 IRJ 모델법까지 조기에 채택하여 한 박자 더 빠르게 먼저 실무사례를 집적하여 간다면 국제도산 실무나 법리를 선도하는 국가로 자리매김할 좋은 기회가 될 것이다. IRJ 모델법상 각종 개념이 적용되는 사례를 처리하면서 그 해석기준을 정립하고, CBI 모델법과의 사이에서 발생할 수 있는 실무상 문제점 내지 어려움 등을 사전에 파악한다면, 향후 국제도산 실무의 개선논의에 더 적극적으로 참여할 수 있음은 물론이고, 장차 우리나라가 국제적인 경제중심지로서 역할을 요구받는 때에도 그 역할을 감당할 수 있을 것이다.

제4절 결어

IRJ 모델법이 성안된 2018. 7.부터 벌써 5년이 넘는 시간이 흘렀음에도 법무부에 제출된 용역보고를 제외한다면, 우리나라에서 IRJ 모델법의 도입논의에 관한 연구가 본격적으로 이루어지고 있지 않다. 이에 본 논문에서는 현재까지 이루어진 논의에 더하여 아래와 같은 점을 추가로 연구·검토하고자 하였다.

첫째, CBI 모델법을 둘러싼 미국과 영국의 주요 사례들을 구체적으로 소개하여 구체적으로 어떠한 국면에서 실무의 충돌이 발생하고, IRJ 모델법의 성안을 촉발시킨 쟁점이 무엇인지를 부각하려고 하였다. IRJ 모델법의 구체적인 조항들이 입법되게 된 이유 및 그 배경을 알아야 향후 해당 조문이 적용되는 경우에도 구체적으로 타당한 해석·적용을 할 수 있기 때문이다.

둘째, CBI 모델법을 전향적(轉向的)으로 운영하는 미국의 국제도산 실무(미연방파산법 제15장의 적용·해석)를 소개함으로써, 우리나라도 현행 채무자회생법 제5편의 체제하에서 국제도산 실무를 보다 탄력적으로 운용할 수 있음을 보여주고자 하였다. 물론, CBI 모델법의 승인대상인 '외국도산절차'의 의미는 다소 불분명하다. 그러나 '개별재판을 포함한 도산절차 일체'를 의미하는 것으로 볼 여지가 있고 그렇다면 외국도산절차에서 내려진 인가재판, 면책재판 등에 대한 승인·집행을 위 모델법상의 구제조치(relief)로 해결하는 것이 CBI 모델법의 이상적인 모습에 해당하기 때문이다(하지만 그와 같은 해석이 가능함에도 종국적으로는 IRJ 모델법을 받아들이는 것이 더 바람직하다는 점은 앞에서 본 바와 같다).

셋째, IRJ 모델법과 유사한 체계를 가진 EU도산규정의 도산관련재판 승인·집행 논의를 CJEU 사례와 함께 소개하여 향후 IRJ 모델법을 해석·적용하는데 참조할 수 있도록 하였다. 다만, 양 규범이 가지는 성질 및 내용에 차이가 있으므로 EU도산규정의 관련논의(가령, 관할집중력원칙 내지 청구원인의 법적기초를 기준으로 도산관련재판의 개념을 제한하자는 논의)가 IRJ 모델법을 해석·적용하는데 그대로 여과 없이 적용될 수는 없다는 점도 지적하였다. 장기적으로는 관할집중력원칙의 도입을 통해 더욱 원활한 도산관련재판의 승인·집행을 보장할 수도 있을 것이다. 도산관련재판의 개념과 범위를 명확히 하여야만 이미 확립되어 있는 일반적인 외국재판의 승인·집행 시스템과 충돌하지 않는 안정적 체계를 유지할 수 있으므로, 이 부분에 관한 연구가 향후 지속적으로 이루어져야 한다는 것도 당연하다.

넷째, 대법원 2009마1600 결정 및 이를 따라 외국도산절차에서 내려진 면책재판의 승인에 소극적인 우리나라 하급심들의 문제점들을 검토하였다. ❶ 특히, 위 대법원 결정에 대한 종래의 비판(=채무자회생법상 지원처분으로 면책재판 승인을 허용해야 한다는 취지)에서 한 걸음 더 나아가, 설령 외국재판에 관한 승인·집행절차에 따르더라도 승인을 거부한 결론을 선뜻 수긍할 수 없다는 점을 논증하고자 하였다. 미연방파산법에 따라 적법하게 진행된 도산절차에서 성립된 면책재판의 승인을 '공서위반'을 이유로 거부하는 것은 신중해야 하고, 당사자의 개인적 사정까지 이에 포섭시킨다면 집단적 채무처리절차를 목적으로 하는 도산절차의 실질과 이념에 반할 수 있기 때문이다. ❷ 또한, 위 대법원 결정은 결과적으로 '구 회사정리법'의 적용을 받고 있던 채무자가 구법상의 속지주의를 믿고 미국도산절차에 참여하지 않았던 신뢰를 보호해준 극히 예외적인 사안이라는 점을 지적하였다. 하급심들은 2009마1600 결정을 통해 마치 대법원이 외국도산절차에서 내려진 면책재판의 승인에 소극적인 입장을 취하고 있는 것처럼 오해하고 있음을 지적하였다. 현재 하급심 실무는 구 회사정리법 등이 취했던 속지주의로 다시 회귀하고자 하는 것에 다름 아니어서, 그 변화가 절실히 필요하다는 점을 강조하였다.

다섯째, IRJ 모델법이 도입되더라도 여전히 CBI 모델법으로 처리되어야 하는 영역이 있음을 설명하면서 양 모델법이 상호보완하면서 조화롭게 운영될 수 있는 실무의 운영방안을 모색하였다. IRJ 모델법이 시행되더라도 채무자 보유 국외재산에 대한 집행중지, 부인재판의 승인·집행을 통해 도산관리인이 회수한 부인대상 재산의 환가/송금 등 처리는 CBI 모델법에 따라 처리될 수밖에 없음을 논증하고, 채무자회생법 제5편이 확립한 기존체계는 여전히 중요한 역할을 맡게 될 것을 검토하였다.

법인이나 개인이 국외재산을 보유하고 나아가 국제적으로 영업활동을 하면서 외국채권자와 법률관계를 맺는 것이 특별한 것이 아니게 된 현대사회에서, 국제도산은 예외적인 상황에서만 직면하게 되는 특별한 이슈가 아니라 필수적으로 검토되고 연구되어야 하는 쟁점이 되었다. 그리고 채무자들이 도산절차를 통해 궁극적으로 달성하고자 하는 것은 회생계획인가재판이나 면책재판 등을 통한 채무조정이므로, 외국도산절차에서 내려진 위와 같은 재판들이 원활하게 승인·집행되어야만 국제도산이 그 존재의 의의를 가질 수 있고, 이로써 보편주의에 한 걸음 더 다가갈 수 있음은 비교적 명확하다. 국제도산 실무가 지속적으로 변화하는 가운데, 그 어느 때 보다 IRJ 모델법의 채택 및 CBI 모델법과의 조화로운 운영에 관심을 기울여야 할 때이다. 향후 유의미한 후속 논의들이 이어지기를 희망한다.

참 고 문 헌

Ⅰ. 국내문헌

가. 단행본

김경욱, 『독일도산법(Insolvenzordnung)』, 법무부, 2019.

김인호, 『국제사법: 판례와 사례/분석과 해설』, 박영사, 2012.

김효정/장지용, 『외국재판의 승인과 집행에 관한 연구』, 사법정책연구원, 2019.

남효순/김재형, 『통합도산법』, 법문사, 2006.

노영보, 『도산법강의』, 박영사, 2018.

목영준, 『상사중재법』, 박영사, 2018.

서울회생법원 재판실무연구회, 『개인파산·회생실무(제5판)』, 박영사, 2019.

서울회생법원 재판실무연구회, 『법인파산실무(제5판)』, 박영사, 2019.

서울회생법원 재판실무연구회, 『회생사건실무(상)(제5판)』, 박영사, 2019.

서울회생법원 재판실무연구회, 『회생사건실무(하)(제5판)』, 박영사, 2019.

서울회생법원 조직위원회, 『국제컨퍼런스 Questionnaire & Answer』, 서울회생법원, 2017.

석광현, 『국제사법과 국제소송 제2권』, 박영사, 2002.

_____, 『국제사법과 국제소송 제3권』, 박영사, 2004.

_____, 『국제민사소송법, 국제사법(절차편)』, 박영사, 2012.

_____, 『국제사법과 국제소송 제5권』, 박영사, 2012.

_____, 『국제재판관할법』, 박영사, 2022.

석광현(집필부분), 『2018, 2019 도산관련 UNCITRAL 모델법 입법방안 연구』, 이화여자대학교 산학협력단(법무부 용역보고), 2020.

오수근/한민/김성용/정영진, 『도산법』, 한국사법행정학회, 2012.

장원규, 『예방적 기업회생법제 연구』, 한국법제연구원, 2018.

전원열, 『민사소송법 강의』, 박영사, 2020.

전원열(연구책임자), 김영주(연구참여자), 『사해행위취소 및 부인권제도에 관한 개선방안 연구』, 법원행정처 용역보고, 2017.

정동윤(편집대표), 『주석상법(제5판), 회사(Ⅱ)』, 한국사법행정학회, 2014.
권순일(편집대표), 『주석채무자회생법(제1판)(Ⅰ)』, 한국사법행정학회, 2021.
＿＿＿＿＿＿＿, 『주석채무자회생법(제1판)(Ⅱ)』, 한국사법행정학회, 2021.
＿＿＿＿＿＿＿, 『주석채무자회생법(제1판)(Ⅲ)』, 한국사법행정학회, 2021.
＿＿＿＿＿＿＿, 『주석채무자회생법(제1판)(Ⅴ)』, 한국사법행정학회, 2021.
한민(연구책임자), 『향후 기업구조조정제도의 종합적인 운영방향』, 이화여자
　　　대학교 산학협력단(법무부 용역보고), 2019.
한민(집필부분), 『2018, 2019 도산관련 UNCITRAL 모델법 입법방안 연구』, 이
　　　화여자대학교 산학협력단(법무부 용역보고), 2020.

2. 논문

고영미, "글로벌 금융기관의 정리원칙의 국내적 도입: 금산법의 개정을 중심
　　　으로", 상사법연구 제35권 제3호, 한국상사법학회, 2016.
구자광, "2019 도산법분야연구회 국제화연수보고서", 대법원 도산법분야연구
　　　회, 2019.
구자헌, "집행판결의 대상이 되는 외국법원의 판결의 의미", 대법원판례해설
　　　제83호, 법원도서관, 2010.
김범준, "캐나다의 기업회생절차 연구", 외국사법연수논집 제136집, 법원도
　　　서관, 2018.
김성용, "회생절차 관련 도산법 개정 동향-자동중지와 절대우선의 원칙에 관
　　　한 논의를 중심으로-", 비교사법 제16권 4호(통권 제47호), 한국비교
　　　사법학회, 2009.
김영석, "국제도산에서 주된 이익의 중심지(COMI)를 둘러싼 제문제", 서울대
　　　학교 법학석사 학위논문, 2012.
＿＿＿, "유럽의회와 EU이사회의 2015년 5월 20일 도산절차에 관한 2015/
　　　848(EU) 규정(재구성)에 관한 검토 -전문(Recital)에 관한 시역(試譯)을
　　　중심으로", 국제사법연구 제21권 제2호, 한국국제사법학회, 2015.
＿＿＿, "국제도산사건에서의 공조실무현황 -서울회생법원의 최근동향",
　　　2017년 국제규범의 현황과 전망, 법원행정처, 2018.
＿＿＿, "전면개정 EU도산규정과 기업집단 도산절차", 서울대학교 BFL 제81
　　　호, 서울대학교 금융법센터, 2017.
＿＿＿, "해운회사의 국제도산에 관한 연구 -선박 관련 쟁점을 중심으로", 사
　　　법논집 제64집, 법원도서관, 2017.

_____, "ICSID 중재판정의 집행(enforcement)에 관한 연구", 국제사법연구 제 25권 제2호, 한국국제사법학회, 2019.

_____, "국제도산에서의 법원 간 공조에 관한 구체적 방안", 재판자료 제140 집(외국사법연수논집 39), 법원도서관, 2020.

_____, "Worldwide Freezing Order의 국제적 동향 -영국에서의 논의를 중심 으로", 국제사법연구 제26권 제1호, 한국국제사법학회, 2020.

_____, "도산절차에서의 보증신용장(Standby Letter of Credit)을 둘러싼 몇 가 지 법률관계", 한국해법학회지 제43권 제2호, 한국해법학회, 2021.

_____, "COVID-19로 인한 주요 국가의 도산관련 입법현황 및 국내 도입가 능성 검토", 도산법연구 제11권 제2호, 도산법연구회, 2021.

_____, "외국재판의 승인 및 집행요건으로서 민사소송법 제217조 제1항 제2 호에서 정한 '적법한 송달'의 의미", 서울대학교 법학 제63권 제3호, 2022.

_____, "Gibbs Rule에 관한 주요국가의 현황과 전망", 국제사법연구 제28권 제1호, 한국국제사법학회, 2022.

_____, "IRJ 모델법과 외국도산절차에서 내려진 면책재판의 승인 -대법원 2009마1600 결정 및 그에 따른 하급심 실무동향을 중심으로", 국제거 래법학회, 2022.

_____, "2022년 개정 국제사법에 따른 해상사건의 국제재판관할", 인권과 정의 제514호, 대한변호사협회, 2023.

김용진, "도산관련사건의 국제재판관할에 관한 유럽도산법의 발전과 그 교 훈", 법학연구 제30권 제2호(통권 제48호), 충북대학교 법학연구소, 2019.

김윤종, "헤이그 송달협약 및 증거조사협약에 관한 체약국 개요서(Country Profile)상의 실무정보 제공 일람표(Practical Information Chart)", 국제 규범의 현황과 전망: 2014년 국제규범연구반 연구보고 및 국제회의 참가보고, 2016.

김인호, "소비자계약 및 그 분쟁해결조항에 대한 소비자보호의 범위와 한 계", 국제거래법연구 제29권 제2호, 국제거래법학회, 2020.

김주미, "상속재산파산의 실무상 쟁점연구", 법조 통권 제733호, 법조협회, 2019.

노태악, "국제재판관할합의에 관한 2018년 국제사법 전부개정법률안의 검토 -법원의 실무와 헤이그재판관할합의협약을 중심으로-", 국제사법연 구 제25권 제1호, 한국국제사법학회, 2019.

두환방(杜煥芳)/칠숭호(漆崇浩)(김현아 번역), "중국 법원의 외국판결 승인 및

집행에 관한 실무적 고찰", 국제사법연구 제20권 제2호, 한국국제사
법학회, 2014.

박상순, "헤이그 재판관할합의협약에 대한 연구", 서울대학교 법학석사 학위
논문, 2017.

박설아, "외국중재판정에 대한 집행결정: -집행가능성 요건을 중심으로-", 국
제거래법연구 제27집 제1호, 국제거래법학회, 2020.

박재완, "회생계획인가로 인한 회생채권 등의 권리변경과 실권 -대법원
2003. 3. 14. 선고 2002다20964 판결", 『도산판례백선』, 도산법연구회,
2021.

서경환, "금융기관의 파산에 관련한 실무상 문제점", 재판자료 제83집: 파산
법의 제문제(하), 법원도서관, 1999.

석광현, "스위스 국제사법(IPRG)", 국제사법연구 제3호, 한국국제사법학회,
1998.

_____, "민사 및 상사사건의 재판관할과 재판의 집행에 관한 유럽공동체협
약(일명 브뤼셀협약)", 『국제사법과 국제소송 제2권』, 박영사, 2002.

_____, "민사 및 상사사건의 재판 관할과 재판의 집행에 관한 유럽연합규정
브뤼셀규정-브뤼셀협약과의 차이를 중심으로", 법학논총 제20권 제1
호, 한양대학교 법학연구소, 2003.

_____, "헤이그국제사법회의 「민사 및 상사사건의 국제재판관할과 외국재
판에 관한 협약」 2001년 초안", 법학논총 제20권 제1호, 한양대학교
법학연구소, 2003.

_____, "유럽연합의 國際倒産法制", 『국제사법과 국제소송 제3권』, 박영사,
2004.

_____, "2005년 헤이그 재판관할합의협약", 국제사법연구, 제11호, 2005.

_____, "채무자회생 및 파산에 관한 법률(이른바 統合倒産法)에 따른 국제
도산법", 국제거래법연구 제15집 제2호, 국제거래법학회, 2006.

_____, "계약외채무의 준거법에 관한 유럽연합 규정(로마Ⅱ)", 서울대학교
법학 제52권 제2호(통권 제160호), 서울대학교 법학연구소, 2011.

_____, "외국도산절차에 따른 면책 효력의 승인", 『국제사법과 국제소송 제
5권』, 박영사, 2012.

_____, "국제재판관할과 외국판결의 승인 및 집행", 국제사법연구 제20권
제1호, 한국국제사법학회, 2014.

_____, "스위스의 국제사법 재론", 국제사법연구 제26권 제1호, 한국국제사
법학회, 2020.

_____, "외국도산절차의 승인에 관한 모델법과 EU규정의 비교: 한진해운 사건을 계기로", 국제거래법연구 제28집 제2호, 국제거래법학회, 2020.

_____, "2019년 헤이그재판협약의 주요 내용과 간접관할규정", 국제사법연구 제26권 제2호, 한국국제사법학회, 2020.

_____, "도산 관련 재판의 승인 및 집행에 관한 2018년 UNCITRAL 모델법의 소개와 우리의 입법 방향", 국제거래와 법(통권 제33호), 동아대학교 법학연구소, 2021.

_____, "미국 연방파산법에 따른 회생계획인가결정의 한국에서의 승인", 양창수 교수 고희기념논문집 간행위원회, 自律과 正義의 民法學: 梁彰洙 교수 古稀기념논문집, 박영사, 2021.

오영준, "채무자 회생 및 파산에 관한 법률하에서 외국도산절차에서 이루어진 외국법원의 면책재판 등의 승인", 대법원판례해설 제83호, 법원도서관, 2010.

오흥록, "간접강제에 대한 몇 가지 검토 –집행문 부여절차, 청구이의의 소를 중심으로", 민사판례연구 제37권, 박영사, 2015.

이동진, "판례변경의 소급효", 민사판례연구 제36권, 박영사, 2015.

이은재, "Brexit와 영국 국제도산", 도산법연구 제9권 제3호, 도산법연구회, 2019.

이제정, "UNCITRAL 제46차 도산 실무작업반 회의 참가보고서", 국제규범의 현황과 전망, 법원행정처, 2014.

이주헌, "국제도산 분야의 최근 이슈", 2016년 국제규범의 현황과 전망, 법원행정처, 2017.

이철원, "한진해운 사건의 실무상 쟁점에 대한 토론문", 대법원국제거래법연구회/한국해법학회 공동세미나, 2017.

이필복, "한진해운의 도산 관련 민사사건의 판결 동향 Ⅰ-정기용선료 등 청구사건과 슬로트용선계약의 정산금 청구 사건", 한국해법학회지 제41권 제1호, 한국해법학회, 2019.

이헌묵, "법정지법의 적용에 있어서 절차와 실체의 구분", 민사소송 제16권 제2호, 한국민사소송법학회, 2012.

_____, "외국재판의 승인과 집행의 근거의 재정립과 외국재판의 승인과 집행의 대상 및 상호보증과 관련한 몇 가지 문제", 통상법률 제136호, 법무부, 2017.

이호정, "영국에 있어서의 forum non conveniences를 이유로 하는 소송의 정지", 서울대학교 법학 제36권 제34호(통권 제99호), 서울대학교 법학연구소, 1995.

임치용, "도산기업과 경영자 책임", 인권과 정의 제383호, 대한변호사협회, 2008.

_____, "판례를 통하여 본 국제도산법의 쟁점", 서울대학교 BFL 제38호, 서울대학교 금융법센터, 2009.

장원규, "프랑스상법상 기업도산 전 회생절차", 회생법학 제17호, 한국채무자회생법학회, 2018.

장준혁, "2019년 헤이그 외국판결 승인집행협약", 국제사법연구 제25권 제2호, 한국국제사법학회, 2019.

정석종, "회생절차에서의 선박금융에 대한 취급". 도산법연구 제2권 제2호, 도산법연구회, 2011.

정순섭, "국제금융회사 정리제도 -바젤은행감독위원회의 권고안을 중심으로", 서울대학교 BFL 제45호, 서울대학교 금융법센터, 2011.

_____, "국제은행정리제도의 법적 연구", 서울대학교 BFL 제50호, 서울대학교 금융법센터, 2011.

조응경, "프랑스 국제도산법의 소개 및 우리 법과의 비교", 국제사법연구 제24권 제2호, 한국국제사법학회, 2018.

피정현, "영미법상의 Common Law", 법학연구 제16집, 원광대학교 법학연구소, 1999.

한애라, "루가노 협약상 재판의 승인·집행의 요건과 절차", 국제규범의 현황과 전망: 2008년 국제규범연구반 연구보고 및 국제회의 참가보고, 법원행정처, 2008.

한정석, "프랑스 기업도산제도", 외국사법연수논집(33), 법원도서관, 2014.

한 민, "도산 관련 외국재판의 승인과 집행", 서울대학교 BFL 제81호, 서울대학교 금융법센터, 2017.

하태헌, "미국법상 법원 명령 위반에 따른 제재 수단에 관한 연구: 간접강제의 실효성 확보를 위한 제재수단을 중심으로", 민사집행법연구 제9권, 한국민사집행법학회, 2013.

II. 국외문헌[1])

1. 단행본

Bork, Reinhard/van Zweiten, Kristin et al. (eds.), *Commentary on the European Insolvency Regulation*, Oxford University Press, 2016.

Collins, Lawrence (eds.), *Dicey, Morris and Collins, The Conflict of Laws*, Sweet & Maxwell Ltd (15th Ed.), 2012.

Fletcher, Ian F., *Insolvency in Private International Law*, Oxford University Press (2nd Ed.), 2005.

Garcimartín, Francisco/Saumier, Geneviève, *Explanatory Report on the 2019 HccH Judgments Convention*, HccH, 2019.

Hartley, Trevor/Dogauchi, Masato, *Explanatory Report on the 2005 HccH Choice of Court Agreements Convention*, HccH, 2010.

Ho, Look Chan, *Cross-Border Insolvency: Principles and Practice*, Sweet & Maxwell, 2016.

Moss, Gabriel/Fletcher, Ian F./Issacs, Stuart, *The EU Regulation on Insolvency Proceedings (3rd Ed.)*, 2016.

Norton, William L. III, *Norton Bankruptcy Law and Practice 3rd Dictionary of Bankruptcy Terms (3rd Ed.)*, 2020.

Payne, Jennifer, *Scheme of Arrangement: Theory, Structure and Operation*, Cambridge University Press, 2014.

UNCITRAL, *Legislative Guide on Insolvency Law, Parts One and Two*, 2004.

_____, *Guide to Enactment and Interpretation of the UNCITRAL Model Law on Cross-Border Insolvency*, 2013.

_____, *Model Law on Cross-Border Insolvency: The Judicial Perspective*, 2013.

_____, *Guide to Enactment of the UNCITRAL Model Law on Recognition and Enforcement of Insolvency-Related Judgments*, 2018.

---

[1]) 모든 문헌은 약식명칭이 아닌 정식명칭으로 기재하였고 단행본의 명칭은 이탤릭체로 표시하였다. 국내논문인 점을 고려하여 블루북(Blue Book)을 따르는 대신, 국내에서 흔히 사용되는 방식(=저자/편집자, 표제, 발행지/발행처, 발행연도의 순)으로 인용하였다.

_____, *Legislative Guide on Insolvency Law, Part four*, 2019.

Weil, Gotshal & Manges, *Comparative Guide to Restructuring Procedures*, 2012.

2. 논문

Baker McKenzie, "Global Restructuring & Insolvency Guide -Mexico", Baker Mckenzie Publication, 2017.

Churchill Jr., John A., "Please Recognize me: The United Kingdom should enact the UNCITRAL Model Law on Recognition and Enforcement of Insolvency-Related Judgments", Brooklyn Journal of International Law, 2020.

Colombo, Giuliano et al., "Cross-Border Insolvency in Brazil: A Case for the Model Law", UNCITRAL Congress material, 2017.

Crocco, Fabio Weinberg, "When Deference Makes a Difference: The Role of U.S. Courts in Cross-Border Bankruptcies", Norton Bankruptcy Law and Practice, 2019.

Domenget-Morin, Céline/Pousset, Bruno/Gicquel, Marie/Cobigo, Emilie, "Insolvency 2019 Second Edition -France, Global Practice Guides", 2019.

Eidenmüller, Horst, "What is an Insolvency Proceedings?", 92 American Bankruptcy Law Journal, Winter 2018.

Erez, Eitan S., "Insolvency procedures in Israel", Eurofenix Winter, 2012/2013.

Fijačko, Jelena Nushol/Rajkovic, Relja, "Restructuring and Insolvency Law in Croatia", CMS Expert Guide to restructuring and insolvency law, 2020.

Goffman, Jay M./Day, Grenville R., "First Day Motions and Orders in Large Chapter 11 Cases: (Critical Vendor, DIP Financing and Cash Management Issues)", 12 Journal of Bankruptcy Law and Practice, 2003.

Gopalan, Sandeep/Guihot, Michael, "Cross-Border Insolvency Law", LexisNexis Butterworths, 2016.

Gropper, Allan L., "Current Developments in International Insolvency Law: A United States Perspective", 15 Norton Journal Bankruptcy of Law and Practice, Apr. 2006.

Gunn, Nicki/Moussa, Pascal, "Creditor's schemes of arrangement in Australia -A key part of the international scheme landscape", DLA PIPER, 2019.

Guo, Shuai, "Cross-border Resolution of Financial Institutions: Perspective from

International Insolvency Law", International Insolvency Institute, 2018.

Herman, Ira L./Zucker, Evan J./Kaslow, Matthew E., "Fundamental Procedural Fairness –The Sine Qua Non for the Enforcement of Third Party Releases Authorized in a Foreign Proceeding", American Bankruptcy Institute Journal, July 2021.

Horigan, Damien P., "A Legal Oasis", Hawaii Bar Journal, 2012.

INSOL International, "New Cross-border Insolvency and Restructuring Law in Switzerland", Technical Series Issue No. 41, 2018.

Johnson, Susan Power, "2018 Development in Chapter 15 Jurisprudence", Norton Annual Survey of Bankruptcy Law, 2019.

Keaya, Andrew/Murray, Michael, "Making Company Directors Liable: A Comparative Analysis of Wrongful Trading in the United Kingdom and Insolvent Trading in Australia", INSOL International Insolvency Review, 2005.

Kebrdle, Richard/Femino, Laura, "A Solution for Competing Foreign Insolvency Proceedings", Law360, Sept. 2016.

Kornberg, Alan W./Hermann, Brian S./Weiss, Paul, "Organization, Recognition and Implementation of parallel and coordinated proceedings in France and the United States", Symposium Organized by International Insolvency Institute and France Ameriques, 2018.

Kull, Andrew, "Common-Law Restitution and the Madoff Liquidation", 31 No 12. Bankruptcy Law Letter, 2011

Lauzon, Elizabeth D., "Validity of Non-Debtor Releases in Bankruptcy Restructuring Plans", 18 American Law Reports Fed. 3d Art. 2, 2016.

Lee, Paul L., "Ancillary Proceedings under Section 304 and Proposed Chapter 15 of the Bankruptcy Code", 76 American Bankruptcy Law Journal, 2002.

Lotario Benedetto DITTRICH, "Ensuring Efficient Cooperation with the UK in civil law matters: Situation after Brexit and Options for Future Cooperation", Policy Department for Citizens' Rights and Constitutional Affairs, PE 743.340, March 2023.

Mason, Richard J./Smoots, Patricia K., "Pursuing Avoidance Actions under U.S. Law against Foreign Defendants", American Bankruptcy Institute Journal, September 2016.

McCormack, Gerald/Yee, Wan Wai, "The Uncitral Model Law On Cross-Border

Insolvency Comes of age: New Times or New Paradigms?", Texas International Law Journal, Summer 2019.

Novokmet, Pavo/Smrček, Toni, "Insolvency 2019 Second Edition –Croatia", Global Practice Guides, 2019.

Pottow, John A. E., "The Dialogic Aspect of Soft Law in International Insolvency: Discard, Disgression, and Development", Michigan Journal of International Law, Spring 2019.

Ramesh, Kannan, "The Gibbs Principle: A Tether on the Feet of Good Forum Shopping", 29 Singapore Academy of Law Journal 2017.

Rod Cork/Marc Santoni, "France: Restructuring and insolvency procedures", International Financial Law Review(IFLR), 2009.

Romaine, Barbara/Drain, Robert/Heston, Mary Jo/Miller, D.J., "Comparison of U.S. and Canadian Restructuring Proceeding", NCBJ International Program, 2019.

Sachdev, Varoon, "Choice of Law in Insolvency Proceedings: How English Court's continued reliance on the Gibbs Principle threatens Universalism", American Bankruptcy Law Journal, Spring 2019.

Salzberg, Mark A., "Did BAPCPA abolish ABSOLUTE PRIORITY RULE for individual debtors? 9th Circuit gives its view", American Bankruptcy Institute Journal, 2016.

Schuenemann, Craig, "No Notice: How Unnotified Creditors Can Violate a Discharge Injunction", Bryan Cave Leighton Paisner, 2017.

Sears, Allison M., "Beals v. Saldanha: The International Implications of Morguard Made Clear", Saskatchewan Law Review, 68 SASKLREV 223, 2005.

Shuster, Jr., George W./Loveland, Benjamin W., "At theedge of the Universe", American Bankruptcy Institute Journal, August 2019.

Sokol, Eric, "The Fate of Universalism in Global Insolvency: Neoconservatism and New Horizons", Hastings International and Comparative Law Review, Winter 2021.

Sulaiman, Debby, "Indonesia's Bankruptcy Law in Urgent Need of Reform", Hiswara Bunjamin & Tandjung Asia-Pacific Restructuring Review, November 2020.

Walters, Adrian, "Modified Universalisms & the Role of Local Legal Culture in the Making of Cross-Border Insolvency Law", American Bankruptcy Law

Journal, Winter 2019.

Westbrook, Jay Lawrence, "An Empirical Study of the Implementation in the United States of the Model Law on Cross-Border Insolvency", American Bankruptcy Law Journal, Spring 2013.

William and Mary Survey, "Absolute Priority and Continued Vitality of the 'New Value Exception'", Journal of Bankruptcy Law and Practice, 1992.

Wood, John M., "Brexit and the legal implications for cross-border insolvencies: what does the future hold for the UK?", Company Law Newsletter, 2017.

Wright, Gail B./Cullinan, Charles P., "Sino-Forest Corporation: The case of the standing Timber", Global Perspective on Accounting Education(Vol. 14), 2017.

Yeoh, Lian Chuan, "Moratorium Over Singapore Proceedings Against Bermudan Company Granted", Allen & Overy LLP, 2016.

Zubaty, Rebecca R., "Rubin v. Eurofinance: Universal Bankruptcy Jurisdiction or a Comity of errors", Columbia Law Review(Vol. 111), 2011.

Zucker, Evan J./Antonoff, Rick, "UNCITRAL's Model Law on Recognition and Enforcement of Insolvency-Related Judgments- a universalist approach to cross-border insolvency", INSOL International, 2019.

3. 기타 자료

석광현, "외국도산절차에 따른 면책 효력의 승인", 법률신문 제3763호, 2009.

_____, "승인대상인 외국판결의 개념에 관한 대법원재판의 상충", 법률신문 제3976호, 2011.

UNCITRAL, CLOUT A/CN.9/SER.C/ABSTRACTS/101, 2010.

_____, Commission 50th Session Report, A/CN.9/898, 2017.

_____, Commission 51st Session Report, A/73/17, 2018.

_____, Working Group Ⅴ 18th Session Report, A/CN.9/WG.Ⅴ/WP.42, 1995.

_____, Working Group Ⅴ 46th Session Report, A/CN.9/WG.Ⅴ/WP.126, 2014.

_____, Working Group Ⅴ 51st Session Report, A/CN.9/WG.Ⅴ/WP.145, 2017.

_____, Working Group Ⅴ 55th Session Report, A/CN.9/WG.Ⅴ/WP.165, 2019.

[별지 1]

CBI 모델법을 입법화한 것으로 평가받는 국가(2023. 12. 현재)

No	State	Year
1	Albania	2016
2	Angola	2021
3	Australia	2008
4	Bahrain	2018
5	Benin	2015
6	Brazil	2020
7	Burkina Faso	2015
8	Cameroon	2015
9	Canada	2005
10	Central African Republic	2015
11	Chad	2015
12	Chile	2013
13	Colombia	2006
14	Comoros	2015
15	Congo	2015
16	Côte d'Ivoire	2015
17	Democratic Republic of the Congo	2015
18	Dominican Republic	2015
19	Equatorial Guinea	2015
20	Gabon	2015
21	Ghana	2020
22	Greece	2010
23	Guinea	2015
24	Guinea-Bissau	2015
25	Israel	2018
26	Jamaica	2016
27	Japan	2000
28	Jordan	2018
29	Kenya	2015
30	Malawi	2015

No	State	Year
31	Mali	2015
32	Marshall Islands	2018
33	Mauritius	2009
34	Mexico	2000
35	Montenegro	2002
36	Morocco	2018
37	Myanmar	2020
38	New Zealand	2006
39	Niger	2015
40	Panama	2016
41	Philippines	2010
42	Poland	2003
43	Republic of Korea	2006
44	Romania	2002
45	Rwanda	2021
46	Saudi Arabia	2022
47	Senegal	2015
48	Serbia	2004
49	Seychelles	2013
50	Singapore	2017
51	Slovenia	2007
52	South Africa	2000
53	Togo	2015
54	Uganda	2011
55	United Arab Emirates	
55-1	-Abu Dhabi Global Market	2015
55-2	-Dubai International Financial Centre	2019
56	United Kingdom of Great Britain	
56-1	-Great Britain	2006
56-2	-British Virgin Islands	2003
56-3	-Gibraltar	2014
57	United States of America	2005
58	Vanuatu	2013
59	Zimbabwe	2018

[별지 2]

우리나라의 국제도산사건 현황(2023. 12. 현재)

순번	채무자	사건번호	내용	결정	비고
1	토드 오 (Todd Oh)	2006국승1	승인[미합중국 캘리포니아 중부파산법원(Central District of California) 산타아나 지원에서 진행되었던 제11장 절차]	2007. 1. 22. 각하	재신청 (순번4)
2	엘지필립스 디스플레이 즈 홀딩 비브이(LG Philips Display Holding BV)	2007국승1	승인[네덜란드국 헤르토겐 보쉬(Hertogenbosch) 법원에 계속 중인 파산절차]	2007. 10. 18. 인용	병행도산 (2008하합 8)
3		2007국지1	가압류 취소	2007. 10. 18. 인용	
4	토드 오 (Todd Oh)	2007국승2	승인[미합중국 캘리포니아 중부파산법원 (Central District of California) 산타아나 지원에 계속 중인 제11장 절차]	2008. 2. 12. 인용	병행도산 (2008하합 20)
5		2008국지1	국제도산관리인 선임, 가압류 취소 등	2010. 6. 24. 취하	
6	리만 브라더스 커머셜 코포레이션 아시아 리미티드 (Lehman Brothers Commercial Corporation Asia Limited)	2009국승1	승인[중화인민공화국 홍콩특별행정구역의 1심법원(The High Court of the Hong Kong Special Administrative Region Court of First Instance)에 계속 중인 청산절차]	2010. 10. 8. 인용	
7		2010국지1	가압류 중지	2011. 2. 7. 인용	
8		2010국지2	국제도산관리인 선임	2010. 12. 6. 인용	
9		2010국지3	가압류 취소	2012. 5. 23. 취하	

---

2) 일본 이름은 '이시카와 토쿠오(石川得夫)'이다.

3) 참고로 외국도산절차의 대표자 2인 중 1인만을 국제도산관리인으로 선임

순번	채무자	사건번호	내용	결정	비고
10	산코기센 가부시키가 이샤(三光汽船株式會社)	2012국승1	승인[일본국 동경지방재판소(東京地方裁判所)에 신청되어 계속 중인 회사갱생절차]	2012. 8. 30. 인용	
11		2012국지1	승인 전 명령(강제집행 등 금지)	2012. 8. 10. 인용	
12		2012국지2	강제집행 등 금지	2012. 8. 30. 인용	승인과 동시발령
13	강○○ /강○○	2014국승1	승인[미합중국 버지니아 동부파산법원(Eastern District of Virginia)에 계속 중인 미합중국 연방파산법 제11장 절차]	2014. 5. 8. 인용	
14		2014국지1	국제도산관리인 선임	2014. 5. 26. 인용	
			국제공조	2017. 11. 8. 인용	최초 공조 요청
			종결	2018. 4. 25. 인용	
15		2014국지2	체납처분 중지	2016. 11. 14. 취하	
16	다이이찌주오기센 주식회사 (다이이찌주오기센(第一中央汽船株式會社)	2015국승100001	승인[일본국 동경지방재판소(東京地方裁判所)에 계속 중인 민사재생절차]	2015. 12. 28. 인용	
			승인 전 명령(강제집행 등 금지)	2015. 12. 14. 인용	순번17로 인용
17		2015국지100001	강제집행 등 금지	2015. 12. 28. 인용	승인과 동시발령
18	피닉스 헬리파트 (Phoenix Heliparts Inc.)	2016국승100000	승인[미합중국 애리조나파산법원(District of Arizona)에 계속 중인 제11장 절차]	2016. 9. 6. 인용	
19		2016국지100000	국제도산관리인 선임	2016. 10. 17. 인용	
			종결	2018. 9. 21. 인용	
20		2016국지100002	가압류 중지	2017. 4. 20. 인용	가압류 취소는 취하
21		2017국지100001	소송 중지	2017. 3. 29. 취하	

순번	채무자	사건번호	내용	결정	비고
22	리먼브러더스인터내셔날(유럽) [Lehman Brothers International (Europe)]	2016국승100001	승인[영국 잉글랜드 및 웨일즈 법원(High Court) 계속 중인 관리절차 (Administration)]	2016. 10. 10. 인용	
23		2016국지100001	국제도산관리인 선임	2016. 11. 9. 인용	
			종결	2020. 6. 23. 인용	
24	썬에디슨 프로덕츠 싱가포르 프라이빗 리미티드 (Sunedison Products Singapore Pte. Ltd.)	2017국승100001	승인[미합중국 뉴욕남부파산법원(Southern District of New York)에 계속 중인 11장 절차]	2017. 3. 10. 인용	
			승인 전 명령(강제집행 등 금지)	2017. 2. 21. 인용	직권발령
25	에이치에이치아이씨-필 잉크 (HHIC-Phil Inc.)	2019국승100000	승인[필리핀 올롱가포시 지방법원(Regional Trial Court, Olongapo City)에 계속 중인 회생절차]	2019. 1. 25. 인용	
			승인 전 명령	2019. 1. 24. 인용	
			강제집행 등 금지	2019. 1. 25. 인용	승인과 동시발령
26	양○○	2021국승100000	승인[호주연방법원(Federal Court of Australia)에 계속 중인 파산보호절차]	2021. 7. 28. 인용	
			승인 전 명령	2021. 7. 14. 인용	직권발령
27	피상속인 박○○2)의 상속재산	2021국승100001	승인[일본국 요코하마지방재판소(横浜地方裁判所)에 계속 중인 파산절차]	2021. 11. 3. 인용	
28		2021국지100000	국제도산관리인 선임	2021. 11. 3. 인용	

하였다.

순번	채무자	사건번호	내용	결정	비고
29	유엘 팬 퍼시픽 리미티드 (UL Pan Pacific Limited)	2021국승1 00002	중화인민공화국 홍콩특별행정구 고등법원에 계속 중인 청산절차	2021. 11. 24. 인용	
		2021국지1 00001	국제도산관리인 선임3)	2021. 11. 24. 인용	

[별지 3]

EU도산규정이 적용되는 국가(2023. 12. 현재)

No	Member State	Note
1	Austria	
2	Belgium	
3	Bulgaria	
4	Croatia	
5	Republic of Cyprus	
6	Czech Republic	
7	Estonia	
8	Finland	
9	France	
10	Germany	
11	Greece	CBI 모델법 채택
12	Hungary	
13	Ireland	
14	Italy	
15	Latvia	
16	Lithuania	
17	Luxembourg	
18	Malta	
19	Netherlands	
20	Poland	CBI 모델법 채택
21	Portugal	
22	Romania	CBI 모델법 채택
23	Slovakia	
24	Slovenia	CBI 모델법 채택
25	Spain	
26	Sweden	
Note	※ Denmark에는 적용되지 않음(EU회원국임에도 EU도산규정의 적용을 유보하였음) ※ Switzerland는 EU의 비(非)회원국 ※ 영국은 브렉시트(Brexit)로 탈퇴	

[별지 4]

서울회생법원 2014국지1호(국제도산지원) 사건에 관한 미국 버지니아동 부파산법원의 공조결정

UNITED STATES BANKRUPTCY COURT
EASTERN DISTRICT OF VIRGINIA
Alexandria Division

In re:)
)
MIN SIK KANG   )   Case No. 10-18839-BFK
and MAN SUN KANG,   )   Chapter 11
)
)
Debtors.   )

**ORDER ESTABLISHING PROTOCOL
FOR COMMUNICATION WITH THE
SEOUL BANKRUPTCY COURT (SOUTH KOREA)**

The Court has before it a Cooperation Request from the Seoul Bankruptcy Court (South Korea). A copy of the Cooperation Request is attached as Exhibit A. This Court is of the understanding that the Honorable Young Seok Kim, a Judge of that Court, is seeking this Court's cooperation. Although the Court is prohibited under U.S. federal law from giving advisory opinions, the Court views the request from the Seoul Bankruptcy Court as ancillary to the administration of this bankruptcy estate and as having an effect on property that is potentially property of the estate under Section 541(a) of the Bankruptcy Code. To that end, the Cooperation Request seeks to pose certain questions concerning U.S. bankruptcy law. The Court appreciates Judge Kim's inquiry, and will be happy to engage in such a dialogue in an effort to resolve matters among the various parties, if possible, pursuant to Section 105(a) of the Bankruptcy Code. 11 U.S.C. § 105(a).

Although this is not a Chapter 15 case, the Court looks to Chapter 15 for guidance on principles of comity and cooperation in cross-border cases. *See, e.g., In re Nortel Networks, Inc., et al.*, Case No. 09-10138 (KG), U.S. Bankruptcy Court for the District of Delaware, Order Pursuant to 11 U.S.C. § 105(a) Approving Cross-Border Court-to-Court Protocol (January 15, 2009) ("the implementation of administrative procedures and cross-border guidelines is both

1

necessary and desirable to coordinate certain activities in the Insolvency Proceedings, protect the

rights of the parties thereto, ensure the maintenance of the Courts' respective independent

jurisdiction and give effect to the doctrines of comity.") Section 1525 of the U.S. Bankruptcy

Code provides as follows:

> (a) Consistent with section 1501, the court shall cooperate to the maximum extent possible with a foreign court or a foreign representative, either directly or through the trustee.
>
> (b) The court is entitled to communicate directly with, or to request information or assistance directly from, a foreign court or a foreign representative, subject to the rights of a party in interest to notice and participation.

11 U.S.C. § 1525(a)-(b).

Further, Section 1527 of the U.S. Bankruptcy Code provides: "Cooperation referred to in

sections 1525 and 1526 may be implemented by any appropriate means, including . . .

communication of information by any means considered appropriate by the court." 11 U.S.C. §

1527(2).

This Court also will protect the due process rights of all of the parties appearing before it.

The Court, therefore, will establish this protocol for inquiries from the Seoul Bankruptcy Court:

1.   The Seoul Bankruptcy Court may make its inquiries in writing to the undersigned

by e-mail addressed to the undersigned.

2.   Upon receipt of a written inquiry, the Court will post the written inquiry to the

Court's publicly available cm-ecf web site under the above bankruptcy case number. The parties

in the case will then have **fifteen (15) days** from the date of any posted inquiries to file a

Memorandum of Law, stating their views on the matter, should they choose to do so (but, they

are not required to respond if they choose not to do so). Any party may request oral argument on

a particular inquiry, which the Court may grant or deny in its discretion.

2

3.   At the expiration of the said fifteen days, this Court will issue an Order
Responding to the inquiries posed by the Seoul Bankruptcy Court.

4.   It is not clear to the Court, at this stage, whether any Order Responding issued by
this Court will be considered a final order from which an appeal may be taken, or if a particular
Order Responding would come within the collateral order doctrine under U.S. bankruptcy law.
Any party may also move for the certification of an interlocutory appeal of an Order Responding
pursuant to the procedures of Section 158 of Title 28 of the U.S. Code (28 U.S.C. § 158) and
Bankruptcy Rule 8006.

5.   The Court will e-mail a copy of this Order, and will e-mail copies of any Orders
Responding, directly to Judge Young Suk Kim.

6.   The Clerk of Court will mail copies of this Order, or will provide cm-ecf notice of
its entry, to the parties below.

Date: Oct 27 2017   /s/ Brian F. Kenney

Alexandria, Virginia   Brian F. Kenney
                                           United States Bankruptcy Judge

                                           Entered on Docket: October 30, 2017

Copies to:

Min Sik Kang   James Vidmar, Esquire
Man Sun Kang   Yumkas, Vidmar, Sweeney & Mulrenin, LLC
9001 Lake Braddock Drive   10211 Wincopin Circle, Suite 500
Burke, VA 22015   Columbia, MD 21044
Chapter 11 Debtors   *Counsel for Chapter 11 Debtors*

Jeffrey Tarkenton, Esquire
Womble Carlyle Sandridge & Rice, LLP
1200 Nineteenth Street, NW, Suite 500
Washington, DC 20036
Counsel for Raymond Yancey, Plan Administrator

3

Bradford Englander, Esquire
Whiteford Tayler & Preston, LLP
3190 Fairview Park Drive, Suite 800
Falls Church, VA 22042
Special Counsel for Raymond Yancey, Plan Administrator

Joseph Guzinski, Esquire
Office of the United States Trustee
115 South Union Street, Room 210
Alexandria, VA 22314
Counsel for the United States Trustee

The Honorable Young Seok Kim
Seoul Bankruptcy Court

EXHIBIT A

Case 10-18839-BFK   Doc 1941   Filed 10/30/17   Entered 10/30/17 11:11:16   Desc Main
Document   Page 6 of 6

Cooperation request from Seoul Bankruptcy Court (South Korea)
████   to: ████-Judge_Kenney   10/26/2017 09:34 AM
Please respond to ████.

Dear Honorable Judge Brian F. Kenney, (or to whom it may concern)

Warm greetings from South Korea.
I am Judge Young Seok KIM, who is in charge of Cross-border Insolvency cases
in our court, the Seoul Bankruptcy Court that was newly established this
March. We held our first Judicial Conference this September, through which I
could meet a few distinguished legal experts, including the Honorable Judge
Robert Drain from S.D.N.Y. Bankruptcy Court.

This is the first time I contact to E.D.V.A. Bankruptcy Court, and I am
writing this email to ask a few questions in terms of the Case In Re : MIN SIK
KANG, MAN SUN KANG, No. 10-18839-RGM in your court, as part of cooperation
request between courts. This is because the Seoul Bankruptcy Court recognized
your proceeding as a foreign proceeding, are now considering to repatriate
proceeds of real estate what was once owned by the debtors in the case Seoul
Bankruptcy Court 2014-Kukji-1, which is similar to in the Chapter 15 of the
U.S. Bankruptcy Code.

However, before transmitting the proceeds, we want to check whether Korean
creditors have been protected well in your proceedings, such as being
serviced, notified or given chance to participate in the voting of the
Liquidation Plan.

Hence, I'd be very appreciated if you allow me to ask you a few questions by
email or other reasonable means.

Best Regards,
Young Seok KIM

[별지 5]

제3자 면제조항(third-party release)에 관한 미연방항소법원의 입장

제3자 면제조항	연방항소법원	충족되어야 하는 조건
전면적 부정 by § 524(e)	제5연방항소법원(Louisiana, Mississippi, Texas)	
	제9연방항소법원(Alaska, Arizona, California, Guam, Hawaii, Idaho, Oregon, Montana, Nevada, Northern Mariana Islands, Washington)	
	제10연방항소법원(Colorado, Kansas, New Mexico, Oklahoma, Utah, Wyoming)	
제한적 인정 by § 105(a)	제1연방항소법원(Maine, Massachusetts, New Hampshire, Puerto Rico, Rhode Islands)	-*In re Master Mortg. Inv. Fund, Inc.*, 168 B.R. 930 (Bankr. W.D.Mo. 1994)에서 확립된 요건
	제8연방항소법원(Arkansas, Iowa, Minnesota, Missouri, Nebraska, North Dakota, South Dakota)	
	제2연방항소법원(Connecticut, New York, Vermont)	-Unusual circumstances -*In re Metromedia Fiber Network, Inc.*, 416 F.3d 136 (2nd Circuit, 2005)에서 확립된 요건
	제7연방항소법원(Illinois, Indiana, Wisconsin)	
	제3연방항소법원(Delaware, New Jersey, Pennsylvania, U.S. Virgin Islands)	-Fair and Necessary -*In re Zenith Electronics Corp.*, 241 B.R. 92 (Bankr. Del. 1999)에서 확립된 요건
	제4연방항소법원(Maryland, North Carolina, South Carolina, West Virginia, Virginia)	-*In re Dow Corning Corp.*, 280 F.3d 648 (6th Circuit, 2002)에서 확립된 요건
	제6연방항소법원(Kentucky, Michigan, Ohio, Tennessee)	
	제11연방항소법원(Alabama, Florida, Georgia)	

[별지 6]

프랑스상법상 도산절차

구분		주요 특징	비고
TITRE ler (도산방지 절차) L.611-1 ~L.611-16	경고/면담 절차	-담당 법관이 부실징후가 있는 기업의 대표자를 소환하여 면담 -면담 과정에서 채무자에게 특별관리인절차/조정절차의 신청을 권유할 수 있고, 직권으로 회생/파산절차를 개시할 수도 있음	·지급정지 상태에 이르기 전에만 신청 可 ·집행중지 X ·EU도산규정 부속서 A의 외국도산절차 X
	특별관리인 절차 (mandat ad hoc)	-절차를 관리하는 대표자(mandataire ad hoc) 선임 -대표자가 채무자와 채권자들의 협상을 지원 -합의가 성립되지 않을 시 절차 종료	
	조정절차 (conciliation)	-지급정지 상태에 빠졌다고 하더라도 그로부터 45일 이내라면 신청 可 -절차를 관리하는 조정인(conciliateur) 선임 -채권자들과의 합의에 법원이 확인(constatation)이나 인가(homologation)를 함으로써 집행력 부여 -채권자들과 합의하지 못하면 절차 종료	
TITRE Ⅱ (예방적 도산절차)	보호절차 (Procédure de sauvegarde)	-L.620-1~L.627-4	·지급정지 상태에 이르기 전에만 신청 可 ·집행중지 O ·EU도산규정 부속서 A의 외국도산절차 O
	신속보호 절차 (Sauvegarde accélérée)	-L.628-1~L.628-8 -조정절차(conciliation)를 진행하였던 채무자만이 신청 가능 -법원은 조정인으로부터 조정절차의 진행경과, 조정절차에서 채권자들과 협의된 채무조정안의 채택 가능성 등을 보고받고, 개시 여부를 결정 -개시결정일로부터 1개월 이내에 인가되지 않으면 절차 종료 -우리나라의 사전회생계획안 제도(채무자회생법 제223조)와 유사	

구분		주요 특징	비고
TITRE Ⅲ, Ⅳ (도산절차)	신속금융 보호절차 (Sauvegarde financière accélée)	-L.628-9~L.628-10 -(보호절차를 진행하는 중에) 채무조 정안이 금융채권자들로 구성된 채 권자협의회로부터만 가결을 얻을 것으로 예상되는 경우 채무자가 신 청 가능 -금융기관 채권자들에게만 영향을 미침 -개시결정일로부터 3개월 이내에 인 가되지 않으면 절차 종료 -우리나라의 공동관리절차 내지 주 채권은행 관리절차에 유사(기업구조 조정촉진법 제8, 21조)	
	회생절차 (Redressement Judiciaire)	-L.631-1~L.632-4 -관리인(administrateur judiciaire) 선임 -회생계획(plan de redressment)을 수 립하여 인가받아야 하는 등 채무자 회생법상의 회생절차와 유사하나, 파산의 원인인 사실이 생길 염려가 있는 정도만으로는 신청할 수 없다 는 점에서 그 범위가 더 좁음	·지급정지 상태에 빠진 후에만 신청 可(채무자는 45일 이내에 회생/파산 절차를 신청해야 하는 의무 有) ·집행중지 O ·EU도산규정 부속 서 A의 외국도산 절차 O
	파산절차 (Liquidation judiciaire)	-L.640-1~L.645-12 -파산관재인(liquidateur) 선임 -파산재단의 환가 및 배당 등의 절차 를 거친다는 점에서 채무자회생법 상의 파산절차와 유사	

[별지 7]

대법원 2009마1600 사건에 관한 미국 캘리포니아중부파산법원의
면책결정

Case 8:04-bk-10816-ES   Doc 181   Filed 12/16/05   Entered 12/16/05 17:59:06   Desc
b1811   Page 1 of 1

United States Bankruptcy Court
Central District Of California

411 West Fourth Street, Suite 2030 Santa Ana, CA 92701-4593

DISCHARGE OF DEBTOR

DEBTOR(S) INFORMATION:
Todd Oh
SSN: xxx-xx-6273
EIN: N/A
aka WON KYUNG OH, aka WON K OH, aka
WON K. OH, aka KYUNG OH WON, aka WON
KYUNG, ...

47 Oak View Drive
Aliso Viejo, CA 92656

BANKRUPTCY NO. 8:04-bk-10816-RA
CHAPTER 11

A petition commencing a case under Title 11, United States Code, was filed by or against the debtor named above on February 9, 2004 and no complaint objecting to the discharge of the debtor was filed within the time fixed by the Court **(or that a complaint objecting to discharge of the debtor was filed and, after due notice and hearing, was not sustained). Therefore,**

IT IS ORDERED THAT:

1)   The debtor has no personal liability for debts discharged under 11 U.S.C. Section 727 (or) 1141 (or) 1228 (or) 1328, except those debts determined by order of a court with competent jurisdiction not to be discharged pursuant to 11 U.S.C. Section 523;

2)   Any judgment heretofore or hereafter obtained in any court other than this court is null and void as a determination of the personal liability of the debtor with respect to any debts discharged under 11 U.S.C. Section 727 (or) 1141 (or) 1228 (or) 1328, except those debts determined by order of a court with competent jurisdiction not to be discharged; and

3)   All creditors whose debts are discharged by this order and all creditors whose judgments are declared null and void by this order are enjoined from instituting or continuing any action or employing any process or engaging in any act to collect such debts as personal liabilities of the debtor.

[별지 8]

서울회생법원 2017국승100001호, 2019국승100000호 사건의 주요내용

1. 서울회생법원 2017국승100001호(썬에디슨 사건)

구분	내 용
외국도산 절차 승인신청 경위	-채무자 썬에디슨 프로덕츠 싱가포르 프라이빗 리미티드(Sunedison Products Singapore Pte. Ltd.)는 싱가포르 스트레이츠 트레이드 빌딩 15-01 배터 리로드 9(9 Battery Road, #15-01 Straits Trading Building Singapore)에 등 록된 사무소 소재지를 가지고 있는 싱가포르국 법인임 -위 채무자는 지주회사인 미국법인 썬에디슨 인코퍼레이티드(SunEdison, Inc.), 모회사인 미국법인 썬에디슨 인터내셔널 인코퍼레이티드 (SunEdison International Inc.) 등과 함께 썬에디슨이라는 기업집단을 이 루는 하나의 계열사인데, 위 기업집단에 속한 26개의 법인들(채무자 포함)은 2016. 4. 21. 뉴욕남부파산법원에 미연방파산법 제11장 절차를 자발적으로 신청(voluntary petition)하는 방법으로 도산절차를 개시함 -채무자는 처음에는 별도의 독립된 사건번호(No. 16-11014)를 부여받았 으나 다른 계열사들과 함께 지주회사인 썬에디슨 인코퍼레이티드에 관한 도산절차(No. 16-10992)에 절차적으로 병합되어 일괄 진행됨 -이후 채무자에 관한 DIP(Debtor-In-Possession)로서의 지위를 가지는 푸 넷굽타(Puneet Gupta)가 2017. 2. 20. 서울회생법원에 외국도산절차에 관한 승인을 신청함
승인 전 명령 (2017국승 100001)	-위 채무자는 2017. 2. 20. 승인신청만 하였을 뿐 별도로 채무자회생법 제635조에 규정된 승인 전 명령을 신청하지는 않았음 -그러나 서울회생법원은 2017. 2. 21. 채무자회생법 제635조 제1항, 제 636조 제1항 제2호를 근거로 "이 사건 외국도산절차의 승인결정이 있 을 때까지 외국도산절차의 채무자에 대하여 채무자의 업무 및 재산에 대한 강제집행, 담보권실행을 위한 경매, 가압류·가처분 등 보전절차 를 금지 또는 중지한다"는 승인 전 명령을 내림 -이는 서울회생법원이 ① 2012국지1[일본국 법인 산코기센(三光汽船)], ② 2015국지100001[일본국 법인 다이이찌주오기센(第一中央汽船)] 이후 세 번째로 내린 승인 전 명령이지만, 법원이 "직권으로" 발령하였다는 점에서는 최초의 사례임(위 두 건은 모두 신청인의 신청을 받고 발령 된 사안임) -따라서 당사자의 신청에 의해서 승인 전 명령을 내리는 경우 '국지'라 는 별도의 지원결정 사건 번호를 붙이는 것과 달리, 본건은 승인신청 사건 번호인 '국승'을 사용하여 그대로 승인 전 명령을 발령하였음

구분	내 용
승인결정 (2017국승 100001)	-한편, 서울회생법원은 2017. 3. 10. ① 이 사건 신청이 채무자회생법 제631조 제1항 소정의 요건을 구비하고 있고, ② 이 사건 외국도산절차가 당해 외국에서 적법하게 계속 중이며, ③ 푸넷굽타(Puneet Gupta)가 그 절차의 대표자로 선임되어 있는 사실이 소명되는 한편, ④ 채무자회생법 제632조 제2항 소정의 기각사유가 인정되어 있지 아니하다는 이유를 들어 승인결정을 내림

2. 서울회생법원 2019국승100000호(에이치에이치 아이씨-필 사건)

구분	내 용
외국도산 절차 승인신청 경위	-채무자 에이치에이치아이씨-필(HHIC-Phil Inc.)은 필리빈 수빅베이 프리포트존 차왁 리돈도 페니슐라 그린비치 원(Greenbeach I, Redondo Peninsula, Cawag, Subic Bay Freeport Zone, Philippines)에 등록된 사무소 소재지를 가지고 있는 필리핀국 법인임 -위 채무자는 주식회사 한진중공업이 상선을 전문으로 수주하여 건조하는 사업을 영위할 목적으로 2006. 2. 16. 필리핀에 설립한 한진중공업의 종속회사임 -위 채무자는 조선업시장의 침체, 조선소의 공급과잉 및 선박 발주 물량의 감소 등으로 재무구조가 악화되자, 2019. 1. 9. 필리핀 올롱가포시 지방법원(Regional Trial Court, Olongapo City)에 Financial Rehabilitation and Insolvency Act of 2010상의 Court-Supervised Rehabilitation(Chapter II) 절차(사건번호: SEC 19-001)를 신청하여, 2019. 1. 14. 그 개시결정을 받음 -이후 위 필리핀 도산절차에서 채무자의 Rehabilitation Receiver로 선임된 Stefani C. Sano가 2019. 1. 23. 서울회생법원에 외국도산절차에 관한 승인을 신청함
승인 전 명령 (2019국승 100000)	-한편, 위 채무자는 2019. 1. 23. 승인신청과 동시에 "승인결정 시까지의 금지명령을 내려달라"는 취지의 승인 전 명령도 함께 신청함 -서울회생법원은 2019. 1. 24. 채무자회생법 제635조 제1항, 제636조 제1항 제2호를 근거로 "이 사건 외국도산절차의 승인결정이 있을 때까지 외국도산절차의 채무자에 대하여 채무자의 업무 및 재산에 대한 강제집행, 담보권실행을 위한 경매, 가압류·가처분 등 보전절차를 금지 또는 중지한다"는 승인 전 명령을 내림 -이는 서울회생법원이 ① 2012국지1[일본국 법인 산코기센(三光汽船)], ② 2015국지100001[일본국 법인 다이이찌주오기센(第一中央汽船)], ③ 2017국승100001[싱가포르 법인 썬에디슨 프로덕츠 싱가포르 프라이빗 리미티드(Sunedison Products Singapore Pte. Ltd.)] 이후 네 번째로 발령한 승인 전 명령 사건임

구분	내 용
	-종래 당사자의 신청에 의해서 승인 전 명령을 내리는 경우에는 '국지'라는 별도의 지원결정 사건 번호를 붙이고, 직권으로 승인 전 명령을 내리는 경우에는 승인신청 사건 번호인 '국승'을 사용하여 왔는데, 당해 사건은 당사자의 신청에 의한 승인 전 명령임에도 별도의 지원결정 사건번호를 붙이지 아니하였다는 점에 특색이 있음
승인결정 /지원결정 (2019국승 100000)	-한편, 위 채무자는 2019. 1. 23. 승인신청과 동시에 "금지명령" 신청도 함께 신청함(승인 전 명령만으로는 승인결정 시까지 밖에 효력이 지속되지 않기 때문임) -서울회생법원은 2019. 1. 25. ① 이 사건 신청이 채무자회생법 제631조 제1항 소정의 요건을 구비하고 있고, ② 이 사건 외국도산절차가 당해 외국에서 적법하게 계속 중이며, ③ 스테파니 씨 사노(Stefani C. Sano)가 그 절차의 대표자로 선임되어 있는 사실이 소명되는 한편, ④ 채무자회생법 제632조 제2항 소정의 기각사유가 인정되어 있지 아니하다는 이유를 들어 승인결정(주문 제1항)을 내림 -한편, 서울회생법원은 같은 결정문에서 "이 사건 금지명령 신청도 그 이유가 있고 외국도산절차의 승인결정과 동시에 할 필요성이 인정되며, 같은 법 제636조 제3항에서 정한 기각사유가 인정되지 않는다"는 이유를 들어 "위 외국도산절차의 채무자에 대하여 채무자의 업무 및 재산에 대한 강제집행, 담보권실행을 위한 경매, 가압류·가처분 등 보전절차를 금지한다"라는 지원결정(주문 제2항)도 함께 내림 -이는 서울회생법원이 2012국지2[일본국 법인 산코기센(三光汽船)], 2015국지100001[일본국 법인 다이이찌주오기센(第一中央汽船)], 이후 세 번째로 승인결정과 동시에 발령한 지원결정 사건인데, 기록상 별도의 지원신청이 있었음에도 지원신청 사건에 대해 별도의 독립된 "국지" 사건번호를 붙이지 아니하고 "국승" 사건번호가 이미 부여된 승인절차의 일부로서 결정을 내렸다는 점에 특색이 있음

찾 아 보 기

김영석

· 서울대학교 법과대학 졸업
· 사법연수원 제37기 수료
· 서울대학교 대학원 법학석사, 법학박사
· 미국 버지니아대학(University of Virginia)
  법학석사(LL.M.) 및 뉴욕주변호사
· 뉴욕남부파산법원(U.S. Bankruptcy Court for the Southern District of New York)
  실무수습(Judicial Externship, 2019. 8. ~ 2019. 12.)
· 육군법무관, 서울회생법원 등 판사
· 대법원 재판연구관(상사조, 부장판사)

국제도산에서 도산절차와 도산관련재판의
승인 및 집행에 관한 연구

초판 1쇄 인쇄 | 2024년 05월 17일
초판 1쇄 발행 | 2024년 05월 24일

지 은 이 김영석

발 행 인 한정희
발 행 처 경인문화사
편   집 김지선 한주연 이보은 김숙희
마 케 팅 하재일 유인순
출판번호 제406-1973-000003호
주   소 경기도 파주시 회동길 445-1 경인빌딩 B동 4층
전   화 031-955-9300 팩 스 031-955-9310
홈페이지 www.kyunginp.co.kr
이 메 일 kyungin@kyunginp.co.kr

ISBN 978-89-499-6790-5 93360
값 38,000원

서울대학교 법학연구소 법학 연구총서